Enciclopédia,
ou Dicionário razoado das ciências,
das artes e dos ofícios

DENIS DIDEROT E JEAN LE ROND D'ALEMBERT

Enciclopédia, ou Dicionário razoado das ciências, das artes e dos ofícios

Volume 5
Sociedade e artes

Organização
Pedro Paulo Pimenta e Maria das Graças de Souza

Tradução
Maria das Graças de Souza, Pedro Paulo Pimenta, Fábio Yasoshima, Luís Fernandes do Nascimento e Thomaz Kawauche

editora unesp

Título original: *Encyclopédie, ou Dictionnaire raisonné des sciences, des arts et des métiers*

Direitos de publicação reservados à:
Fundação Editora da Unesp (FEU)
Praça da Sé, 108
01001-900 – São Paulo – SP
Tel.: (0xx11) 3242-7171
Fax: (0xx11) 3242-7172
www.editoraunesp.com.br
www.livrariaunesp.com.br
feu@editora.unesp.br

CIP – Brasil. Catalogação na publicação
Sindicato Nacional dos Editores de Livros, RJ

D552e

Diderot, Denis, 1713-1784
Enciclopédia, ou Dicionário razoado das ciências, das artes e dos ofícios. Volume 5: Sociedade e artes / Denis Diderot, Jean le Rond d'Alembert; organização Pedro Paulo Pimenta, Maria das Graças de Souza; tradução Maria das Graças de Souza ... [et al.]. – 1.ed. – São Paulo: Editora Unesp, 2015.

Tradução de: *Encyclopédie, ou Dictionnaire raisonné des sciences, des arts et des métiers*
ISBN 978-85-393-0590-2

1. Diderot, Denis, 1713-1784. 2. Filosofia francesa – Século XVIII. 3. Filosofia moderna – Século XVIII. 4. Arte – Filosofia. 5. Ciência política – Filosofia. d'Alembert, Jean le Rond, 1717-1783. II. Título.

15-22260 CDD: 194
CDU: 1(44)

Editora afiliada:

Asociación de Editoriales Universitarias de América Latina y el Caribe

Associação Brasileira de Editoras Universitárias

Sumário

O edifício da sociedade[1]

Luís F. S. Nascimento

Para Jean Briant

O que tornaria legítimo aproximar temas relacionados ao comportamento, à promoção e à manutenção da vida em sociedade (como a afeição, a amizade, os costumes e os hábitos, as virtudes e os deveres) de questões próprias da análise e da criação de artes como a música, a escultura, a poesia e a pintura? Acostumamo-nos a conceber as artes como sendo elementos fundamentais para o processo de elaboração da época e da cultura às quais pertencem. Mais do que meros retratos do tempo, do povo e da língua de que fazem parte, as artes seriam um dos modos pelos quais certa sociedade se manifesta e se cristaliza. Mais do que isso: à medida que se tornam universais e transcendem a cultura na qual foram criadas, as artes nos chamariam a atenção para algo maior, próprio do ser humano e de sua natureza. Nesse sentido, elas são edificadoras, pois aprimorariam as faculdades e as condições pelas quais o homem se faz homem. Mas como, exatamente, isso ocorreria? Ou antes, como este volume, que reúne verbetes que têm nas artes e na sociedade o seu fio condutor, nos sugere que a *Enciclopédia* trata o assunto?

---

1 Agradecemos a Lisa Broussois e a Daniel Garroux.

Por definição edificante, a arte do arquiteto pode nos oferecer um modo de pensar a questão. Escrito por Blondel para o primeiro volume da *Enciclopédia*, o verbete *Arquitetura* começa por definir o seu objeto como sendo a "arte de compor e construir prédios para a comodidade e os diferentes usos da vida, tais como os edifícios sagrados, os palácios dos reis e as casas dos particulares, bem como pontes, praças públicas, teatros, arcos de triunfos etc.".[2] A origem dessa arte, explica-nos o autor, perde-se no tempo. Desde que o homem sentiu necessidade de construir um abrigo, a arquitetura se fez presente. Porém, como arte mais elaborada, capaz de construir edifícios mais proporcionais e simétricos, a arquitetura teria surgido no Egito, embora só tenha atingido seu ápice em solo grego: "consideramos a Grécia como o berço da boa arquitetura, seja porque as regras dos egípcios não chegaram até nós, seja porque o que resta de seus edifícios, ao nos mostrar uma arquitetura sólida e colossal (tais como as famosas pirâmides que triunfaram sobre o tempo após tantos séculos), não nos *afeta* como os restos dos monumentos que temos da Grécia antiga".[3] O que, a partir dos gregos, se explicita na arquitetura é um tipo de consideração que tende a destacar nas construções o que Blondel chama de "justeza das proporções", "conveniência e a correção do desenho", atributos que dignificariam essa arte. A arquitetura passa a ser cada vez mais julgada pela simplicidade de suas formas, por sua harmonia e adequação, e não meramente pela funcionalidade de suas construções. Se os prédios agora nos afetam, como dizia Blondel, é porque podem ser vistos e criados como objetos belos e, desse modo, seriam capazes de despertar um tipo de prazer que não é meramente físico e sensorial, mas, como nos explica o verbete *Paixões*, relacionado ao espírito e às faculdades intelectivas:

"Os *prazeres do espírito* ou da *imaginação* formam a segunda fonte de nossas paixões [a primeira é formada pelos prazeres e os sofrimentos dos sentidos];

2 Verbete *Arquitetura*, de Blondel, tradução de Thomas Kawauche, I, 617. Nesse mesmo verbete, Blondel chega a contemplar três tipos de arquitetura: a militar, a naval e a civil. Em seguida, nos lembra que a arquitetura propriamente dita, da qual tratará o seu verbete, é a civil, cuja definição foi citada.

3 Verbete *Arquitetura*, de Blondel, tradução de Thomas Kawauche, I, 617, grifo nosso.

tais são aqueles que a visão oferece, ou a percepção da beleza tomada num sentido geral, tanto no caso das belezas da natureza e da arte quanto daquelas que só são apreendidas pelos olhos do entendimento, ou seja, daquelas que se encontram nas verdades universais, que decorrem das leis gerais, das causas fecundas. Aqueles que buscaram o princípio geral da beleza notaram que os objetos próprios para fazer nascer em nós um sentimento de prazer são aqueles que reúnem a variedade com a ordem ou a uniformidade. [...] Na arquitetura, as belas proporções são aquelas que guardam um justo meio entre uma uniformidade entediante e uma variedade excessiva que constitui o gosto gótico. [...] Uma unidade sabiamente combinada com a variedade mais agradável. A ordem e a proporção possuem de tal maneira o direito de nos agradar que exigimos isso até mesmo das produções tão variadas do entusiasmo, nessas pinturas que fazem da poesia e da eloquência movimentos tumultuosos da alma. Com mais forte razão, a ordem deve reinar nas obras feitas para instruir. O que nos faz achá-las belas? A unidade de desígnio, o acordo perfeito entre as diversas partes entre si e com relação ao todo, a pintura ou a imitação exata dos objetos dos movimentos, dos sentimentos, das paixões, a conveniência dos meios com seu fim, uma justa relação dos modos de pensar e de se exprimir com a tarefa a que se propõe".[4]

A exemplo do que faz Diderot no verbete *Belo*, quando propõe uma definição segundo a qual a beleza é a *percepção de relações*,[5] o trecho que citamos

4 Verbete *Paixões*, de autor desconhecido, tradução de Thomas Kawauche, 12,142.

5 Segundo Diderot, foi a percepção de relações que deu origem ao termo *belo* e que, por isso, estaria no fundamento da noção de beleza. Explicando o que entende por percepção de relações, ele nos diz: "Quando digo tudo o que desperta em nós a ideia de relações, não entendo por isto que, para considerar belo um objeto, seria necessário apreciar qual é a espécie de relações que nele reina; não exijo que quem vê uma peça de arquitetura esteja em condições de assegurar algo que até o próprio arquiteto pode ignorar, que esta parte está para aquela outra assim como um número está para um outro; ou que quem ouve um concerto saiba mais algumas vezes do que o músico, que este som está para outro na relação de 2 para 4 ou de 4 para 5. Basta que ele perceba e sinta que os membros desta arquitetura, ou os sons desta peça de música, têm relações, seja entre si, seja com outros objetos" (verbete *Belo*, de Diderot, tradução de Maria das Graças de Souza, 2, 176). Nesse mesmo verbete, Diderot mostra as razões pelas quais acredita que a concepção de

recupera e leva em consideração aspectos de uma concepção que tem no britânico Francis Hutcheson o seu maior porta-voz.[6] De acordo com ele, belos são aqueles objetos capazes de reunir em si uma multiplicidade de elementos de maneira conveniente e bem organizada, isto é, sem destruir a sua unidade. Daí a ideia de que a beleza se mostra em uma totalidade que se afirma na proporção e na simetria das partes que a compõem. No lugar de comprometer a unidade, a diversidade dos componentes apenas a atesta. Do justo equilíbrio entre o que é uno (que por si só seria "entediante", como nos dizia a passagem citada) e do que é múltiplo (que poderia ser excessivo e desagregador, se não fosse ordenado) nasce o belo. Sem deixar de nos aprazer, de nos tocar e nos comover, sem deixar de estar vinculada às paixões, a beleza pode nos instruir na medida em que põe em atividade e exercita nossas faculdades, fazendo-as apreciar e julgar noções como as de ordem, simetria, proporção, noções a que podemos chegar quando consideramos as diversas relações que, em um objeto belo, se pode estabelecer entre todo e parte, entre unidade e variedade. Assim, ao admirarmos a beleza de um edifício não estamos mais limitados à consideração de sua serventia, e sim em um âmbito para o qual importa sobretudo a avaliação de suas formas,

---

beleza de Hutcheson ainda necessitaria de aprimoramento: "Hutcheson se propôs dois objetivos: o primeiro, o de explicar a origem do prazer que experimentamos na presença do belo, e o segundo, de procurar as qualidades que deve ter um ser para ocasionar em nós esse prazer individual, e, consequentemente, nos parecer belo. Ele provou menos a realidade do seu sexto sentido, o que mostra a dificuldade de desenvolver, sem esse recurso, a fonte do prazer que nos é dado pelo belo; seu princípio da uniformidade na variedade não é geral; ele faz das figuras da Geometria uma aplicação mais sutil do que verdadeira, e esse princípio não se aplica de modo algum a toda uma outra espécie de belo, que é a das demonstrações das verdades abstratas e universais" (verbete *Belo*, de Diderot, tradução de Maria das Graças de Souza, 2, 175). Para uma melhor compreensão da ideia de *sentido* ou *senso interno* em Hutcheson, bem como sua relação com a apreciação e apreensão do belo, ver o ensaio de Márcio Suzuki: "A multiplicação dos sentidos e o mistério do senso interno", p.171-236.

6 Hutcheson apresenta sua noção de belo no primeiro dos dois tratados que compõem a sua *Investigação sobre a origem de nossas ideias de beleza e virtude*. Ver Hutcheson, *An Inquiry into the Original of Our Ideas of Beauty and Virtue*.

o modo como o arquiteto (já elevado à condição de artista, no mesmo sentido que um poeta o é) soube unificar uma diversidade de elementos em prol da harmonia do prédio. Embora possamos reconhecer que há aqui um aprendizado, uma instrução ainda mais ampla é vislumbrada quando surge uma terceira classe de prazeres: o que o verbete *Paixões* chama de *prazeres do coração*. Esse terceiro tipo de prazer, que parece estar ligado aos prazeres do espírito, pressupõe o vínculo entre a beleza e as noções ou valores de bem e de bom. É então que o belo poderá ser dito virtuoso, e seu contrário torna-se vicioso: "De todas as belezas, existem poucas que nos tocam mais do que a da virtude, que constitui nossa perfeição; e de todas as fealdades, não existe outra à qual somos ou deveríamos ser mais sensíveis que a do vício",[7] diz-nos o verbete *Paixões*. Se a beleza é agora tomada como moralmente útil, se com ela aprendemos algo que nos auxilia em nossa maneira de agir e portar, é porque sua contemplação nos coloca em uma disposição da qual não podemos ser conscientes sem atentar para a correspondência entre essa situação em que o belo nos põe e nossa própria natureza, como nos explica o mesmo verbete:

"Nesse momento, não podemos perceber em nós tais faculdades e sentir que delas fazemos um uso conveniente em relação à nossa natureza, à sua destinação e ao nosso fim, sem experimentar uma alegria secreta, uma satisfação interior, que é o mais agradável de todos os sentimentos."[8]

A visão da ordem e da harmonia que a beleza nos oferece acabaria por fazer que encontrássemos o que somos ou o que deveríamos ser: nossa natureza, nossa destinação, nosso fim. É agora a harmonia ou a *conveniência*, para usar o termo empregado na citação, entre nossas faculdades e nossas disposições naturais que estão em jogo. A busca pelo equilíbrio entre nossas capacidades e nossos fins, equilíbrio que nos tornaria virtuosos, mostra-se então como passível de admiração, pode ser vista como bela. Ela mesma bastante complexa, a *virtude* é definida no verbete que leva o seu nome como sendo algo que melhor se apreende pelo sentimento do que por raciocínios:

7 Verbete *Paixões*, de autor desconhecido, tradução de Thomas Kawauche, 12, 143.
8 Idem.

que não se limita ao espírito e exige coração. Por esse motivo, é preciso ir além do mero termo *virtude* quando se pretende entender com maior precisão o seu significado, pois "é uma palavra abstrata, que não oferece inicialmente àqueles que a ouvem uma ideia precisa e determinada".[9] Compreender a virtude passa por reconhecer que ela é um atributo tipicamente humano e que, por isso, pressupõe o entendimento de peculiaridades próprias da natureza do homem e do lugar ou da situação em que ela se manifesta ou se realiza: a sociedade. Primeiramente, diz-nos o verbete *Virtude*, é preciso reconhecer que a natureza humana não é exatamente como uma coisa que se atinge ou que se adquire, mas antes algo que exige prática e que se exerce. Nesse sentido, não bastaria ser homem, é necessário manter-se homem, aperfeiçoar-se como homem. Há aqui toda uma ideia de movimento e de esforço pelas quais a natureza humana é pensada: "Vencer-se a si mesmo, sujeitar suas tendências à sua razão, eis o exercício contínuo da virtude".[10] Ser virtuoso aparece, então, como uma prática permanente pela qual o homem equilibra-se, torna-se *razoável*, emprega sua razão. Deus, explica-nos o verbete *Virtude*, não pode ser virtuoso, pois é essencialmente bom: ele é perfeito sem nada carecer, sem nenhum "esforço".[11] Já o homem, que sempre é passível de se desequilibrar e tornar-se vil, tem de estar constantemente em busca da harmonia e, assim, como vimos, a virtude pode ser entendida como essa procura permanente ou, antes, como um processo que exige manutenção e reajuste. Mas o que exatamente faria que os homens pudessem perder seu rumo e distanciar-se de sua natureza? O que os desequilibra? Vejamos como o verbete *Virtude* responde a essa questão:

"Confesso que o coração humano é de tal modo uma presa das paixões, nosso espírito é tão inconsequente, tão inconstante, que as noções mais claras parecem algumas vezes se obscurecer. Mas é preciso apenas um momento de calma para fazê-las brilhar com todo seu fulgor. Quando as paixões cessam de berrar, a consciência bem sabe nos falar num tom que não pode ser desprezado."[12]

---

9 Verbete *Virtude*, de Romilly e Diderot, tradução de Thomas Kawauche, 17, 176.

10 Idem.

11 Idem.

12 Verbete *Virtude*, de Romilly e Diderot, tradução de Thomas Kawauche, 17, 176.

As paixões são as grandes causadoras de problemas. São elas que nos agitam, que nos movem e que podem nos levar a tomar direções que atentam contra o bom curso de nossa natureza. No entanto, como afirma o verbete *Virtude* e como deixa evidente o verbete *Paixões*, elas não nos são externas, ao contrário: são parte integrante de nossa natureza. Paradoxalmente, é pelos mesmos motivos que as paixões são louváveis e censuráveis. São elas que nos animam, que nos dão vida e alma, como é dito no verbete *Paixões*. São igualmente imprescindíveis à sociedade, e qualidades como amor, afeição, amizade, honradez e respeito, sem as quais a vida social estaria fadada ao fracasso, não podem ser pensadas senão como tendo elementos passionais que fazem delas muito mais do que meras palavras vazias. A questão está em encontrar o equilíbrio que nos tornaria capazes de fazer um bom uso das paixões; "abandonadas a si mesmas, [as paixões] trazem mil obstáculos a nossos conhecimentos e a nossa felicidade".[13] É a razão que modera as paixões, que as abranda, as acalma, as faz parar de berrar e lhes confere uma voz sensata.

Longe de opor completamente razão e paixões, como se houvesse uma distinção qualitativa entre elas, essas passagens da *Enciclopédia* parecem mostrá-las mais como momentos de uma mesma natureza humana que se desenvolve e se aperfeiçoa quando as segundas são reguladas pela primeira. Desse ponto de vista, o discurso racional (na medida em que nos toca, nos comove, nos suscita ideias e nos movimenta) ainda seria passional, mas de uma paixão moderada, sensata e, por isso, também virtuosa. Do mesmo modo, uma vez que aquilo que nos moveria a estabelecer e a manter a sociedade são paixões que nos são naturais, então, quanto mais abrandados e nobres forem esses sentimentos, mais virtuosa será a sociedade. Como nos explica Maria das Graças de Souza, ao citar Jacques Proust, de modo geral é possível reconhecer nos autores que escreveram para a *Enciclopédia* uma concepção de natureza humana fundamentada na noção de sociabilidade, isto é: o homem seria naturalmente disposto à vida social.[14] Indo ao encon-

13 Verbete *Paixões*, de autor desconhecido, tradução de Thomas Kawauche, 12, 145.

14 Souza, Aspectos do pensamento político na *Enciclopédia* de Diderot e D'Alembert. In: Diderot; D'Alembert, *Verbetes políticos da* Enciclopédia. A obra de Jacques Proust aqui mencionada é *Diderot et l'*Encyclopédie.

tro dessa ideia, o verbete *Virtude* irá defender uma noção de virtude que é natural ao ser humano e que estaria na base das leis civis e da organização da sociedade. Contra Hobbes e os advogados da ideia de que as regras sociais seriam arbitrárias e convencionais, aqui se afirma a existência de normas naturais anteriores a toda instituição de leis positivas:

"Vemos que esse sistema sombrio de Hobbes e de seus seguidores só vai subverter todos os princípios morais sobre os quais repousa, como sobre uma base inabalável, todo o *edifício da sociedade.* [...] Longe de a lei positiva ter dado ser à virtude, ela mesma não passa da aplicação mais ou menos direta da razão ou da lei natural nas diversas circunstâncias em que o homem se encontra na sociedade: os deveres do bom cidadão existiam, pois, antes que houvesse cidade, eles existiam como germe no coração do homem e apenas se desenvolveram."[15]

Essas regras naturais, que talvez jamais sejam totalmente apreendidas de modo claro e preciso pelo espírito e pelo entendimento, e que dependeriam do sentimento e do coração, razão pela qual o verbete *Virtude* dirá que, por vezes, é mais fácil que pessoas simples e pouco cultivadas tenham até mais facilidade em captá-las do que certos letrados, seriam o fundamento sobre o qual se constrói o edifício da sociedade. Antes de as regras se tornarem códigos civis, normas de conduta ou regras morais, elas foram sentidas naturalmente. Podemos pensar que do mero sentimento até a escritura das leis algo pode ser perdido, deturpado, esquecido e que, diante da imagem do prédio já construído, quase não reconhecemos a pedra fundamental que o sustenta. Uma má apreciação da construção pode então estar na origem de visões equivocadas, como aquela de Hobbes.

Podemos agora retornar ao início de nosso texto e, com os elementos apresentados, voltar ao tema da arte e nos perguntarmos: em que medida pode uma arte como a arquitetura, a pintura ou a poesia nos ajudar a reencontrar essa origem e nos fazer ver aquelas boas e nobres paixões que nos tornam seres sociáveis e virtuosos? O problema, como nos dizia o verbete *Virtude*, é que por vezes o tema se torna tão abstrato que mesmo certos

---

15 Verbete *Virtude*, de Romilly e Diderot, tradução de Thomas Kawauche, p.178, grifo nosso.

filósofos, justamente por não fazerem senão uso da faculdade que abstrai, têm problemas em compreendê-lo: "'Vejo os costumes e os propósitos dos camponeses', diz Montaigne, 'comumente mais ordenados, segundo a prescrição da verdadeira filosofia, do que entre os filósofos'."[16] Os verdadeiros filósofos não podem ignorar o que aqui é denominado coração ou sentimento, sem os quais, como vimos, a virtude e a própria natureza humana não passariam de palavras frias, que a ninguém tocaria ou comoveria. O mesmo Montaigne também é citado no verbete *Vício* (aqui definido de modo geral como sendo aquilo que é "contrário às leis naturais e aos deveres")[17] como sendo um autor com credibilidade em assuntos morais, justamente por ser um "homem do mundo":[18] seu modo de trabalhar com a natureza humana não faz dela um mero termo desprovido de vida. Se a virtude apenas é totalmente apreendida pelo sentimento, para ensiná-las aos homens ou, antes, para fazer que eles atentem para a sua própria natureza virtuosa, é necessário que se encontrem maneiras ou meios que lhes toquem o coração, para além do espírito.

O verbete *Virtude* destaca a história e os modelos que podemos retirar da própria sociedade e pergunta: "diga, na integridade de teu coração, se não vês com mais entusiasmo e veneração Régulo retornando a Cartago do que Sila rejeitando sua pátria".[19] O mesmo exemplo de Régulo, general romano que prefere voltar aos braços do inimigo a discutir com o Senado os termos de seu resgate e o de seus subordinados, é mencionado por Diderot no *Paradoxo sobre o comediante* quando se busca ilustrar a simplicidade e a grandeza que reinava nos atos e nos discursos dos antigos. Contrariamente ao que se pode pensar, o simples e o grandioso estão juntos na composição de um caráter honrado. Nesse texto, Régulo, personagem histórico que ilustra

16 Verbete *Virtude*, de Romilly e Diderot, tradução de Thomas Kawauche, p.176.

17 Verbete *Vício*, de Jaucourt, tradução de Thomas Kawauche, 17, 235.

18 Verbete *Vício*, de Jaucourt, tradução de Thomas Kawauche, 17, 235. Nesse trecho, cita-se os *Ensaios*, livro III, cap.2.

19 Verbete *Virtude*, de Romilly e Diderot, tradução de Thomas Kawauche, 17, 178. Em uma passagem em que se critica o modo com que Mandeville comenta essa figura histórica, Régulo também aparece como homem virtuoso na Primeira Seção do *Segundo Tratado* da *Inquiry* de Hutcheson. Ver: Hutcheson, *An Inquiet into the Original of Our Ideas of Beauty and Virtue*, p.97.

as narrativas que têm nas Guerras Púnicas o seu objeto, surge justamente quando se critica o tom artificial dos "autores dramáticos"[20] da França do século XVIII e que teriam nos versos de Corneille e Racine os seus modelos. A história daria aqui uma medida para que a arte (no caso, o teatro) não se entregue a uma linguagem por demais rebuscada e que, por isso, já não tocaria ou comoveria ninguém. Desse ponto de vista, a linguagem do teatro francês que o *Paradoxo* ataca se equivaleria aos termos meramente abstratos denunciados pelo verbete *Virtude*, isto é, na medida em que perderiam algo de fundamental, a capacidade de comover e falar ao coração. No entanto, quando se trata de tocar e emocionar o público, o mesmo *Paradoxo* dá proeminência ao teatro em relação à história, justamente porque nele há o trabalho da arte, de uma linguagem feita para comover e nos chamar a atenção para a reflexão acerca das boas condutas: "Aquilo que a própria paixão não conseguiu fazer, a paixão bem imitada o executa".[21] Se a história é vista como o relato das ações de homens e mulheres eminentes, isto é, como um retrato de suas paixões, opiniões, atos e sentimentos tais como foram, então a arte tem de ser considerada como uma elaboração ou imitação dessas paixões, como nos dizia Diderot. Transformada em personagem de teatro, de poema, de música ou de pintura, a Cleópatra que agora vemos já não seria mais exatamente aquela que viveu – sua fala, suas feições e modos foram trabalhados pelo artista e ela não é mais propriamente uma pessoa, mas o que o *Paradoxo* chama de um *modelo ideal*. O tema também está presente em outra obra de Diderot, o *Discurso sobre a poesia dramática*. Nela, o filósofo francês afirma que o poeta dramático é "menos verdadeiro e mais verossímil do que o historiador".[22] Em nota à sua tradução do *Discurso*, Franklin de Matos nos lembra que essa relação entre poeta e historiador remonta a uma distinção feita por Aristóteles na *Poética*.[23] Se ao historiador cabe narrar o que ocorreu, o poeta (e o artista em geral) tem de pintar o que poderia ter ocorrido: o verossímil. Por isso, a arte não pode ser limitada

---

20 Diderot, Paradoxo sobre o comediante. In: ______, *Diderot-Obras II*: Estética, poética e contos, p.68.

21 Ibid.

22 Diderot, *Discurso sobre a poesia dramática*.

23 Trata-se da nota 39. In: Diderot, *Discurso sobre a poesia dramática*.

à apresentação de pessoas particulares, tal como são na vida, e sim ao que talvez possamos chamar de *tipos*, que representam muito mais do que um único indivíduo. Assim, explica-nos o *Paradoxo*, a arte dramática não nos apresenta um tartufo, mas o Tartufo; não um avaro, mas o Avaro.[24] Mesmo no caso de gêneros artísticos que se baseiam em narrativas conhecidas e em histórias, como é o caso da tragédia,[25] esse tipo de operação deve ocorrer. Tal procedimento garante à arte o que Aristóteles, em sua *Poética*,[26] denomina uma *referência ao universal*: ainda que dê nome aos seus personagens, ainda que se apresentem como indivíduos, os personagens dos poetas não vivem e nunca viveram numa ordem que é a da verdade e sim naquela que é a da verossimilhança. Paradoxalmente, posicionar-se no domínio do possível, naquilo que não é exatamente verdade no sentido histórico do termo, é o que garante à arte a sua universalidade – é por não apresentar ninguém em particular que a arte pode atingir a todos em geral. Seu discurso torna-se, assim, mais abrangente, e o prazer que proporciona, ainda mais amplo. A distância que toma do modo como as paixões se apresentam na vida real, se assim podemos dizer, faz que as artes se aproximem daquelas paixões e prazeres que agradam ao espírito, sem deixar de tocar o coração. Quando bem-feita, a arte pode então nos apresentar verdadeiros modelos ou exemplos de virtude, exemplos e modelos universais, postos em situações igualmente universais, capazes de comover a todos. É nesse sentido que a arte pode se tornar filosófica: ao apresentar a virtude, bem como o exercício e o esforço que lhe são característicos, sem que se caia em abstrações, mas sem que se perca a capacidade de ser universalmente compreensível, como nos explica Marmontel a partir de Molière:

"O que falta à maioria dos pintores de caracteres que Molière, esse grande modelo, possuía de modo eminente, é essa visada filosófica, que apreende não somente os extremos, mas o meio das coisas: entre o hipócrita pérfido e o devoto crédulo, vê-se o homem de bem que desmascara a perfídia de um e que lamenta a credulidade do outro. Molière opõe os

---

24 Diderot, Paradoxo sobre o comediante, op. cit., p.53.

25 Ver Diderot, *Discurso sobre a poesia dramática*, 1986, p.59-61.

26 Referimo-nos à *Poética*, IX, o mesmo trecho citado por Franklin de Matos.

costumes corrompidos da sociedade à probidade selvagem do Misantropo: entre dois excessos aparece a moderação do sábio, que odeia o vício e não odeia os homens. Que fundo de filosofia não é necessário para captar assim o ponto fixo da virtude!"[27]

Como nos sugere o verbete que leva o seu nome, a virtude é sempre a mesma, o que muda e está sempre sujeito às vicissitudes é o homem: ela é o ponto fixo – o equilíbrio que se busca. Ao nos apresentar personagens como os de Molière, artes como a poesia dramática nos fazem refletir acerca da conduta humana, nos ajudando a diferenciar o vicioso do virtuoso. Pelo que vimos, como estamos diante de noções que não podem ser esgotadas por uma definição fria e abstrata, as ideias morais necessitam de imagens e exemplos que as apresentem e lhes deem corpo. Esses modelos tornam-se melhores e mais eficazes para a transmissão da virtude quando adquirem uma parcela de idealidade e transformam-se em um personagem ou no que o *Paradoxo sobre o comediante* chama de "grande fantasma",[28] que pode ter sua origem na história ou então ser fruto da imaginação do artista e não encontrar semelhanças mais diretas com pessoas que viveram. Não se trata, portanto, de jogar fora a história, mas de torná-la mais artística: na medida em que agora os fatos históricos tornam-se exemplares, são apreciados e admirados, tidos como belos, feios, virtuosos ou viciosos. No limite, a história já se disporia a esse contato com as artes, uma vez que, na própria composição de seus textos, o historiador estaria às voltas com questões artísticas, como nos diz Voltaire, ele mesmo um poeta e um historiador, autor de livros como *O século de Luís XIV*:

"Pergunta-se se a eloquência é permitida aos historiadores. A eloquência que lhes é própria consiste na arte de preparar os acontecimentos, em sua exposição sempre clara e elegante, ora viva e rápida, ora alongada e florida, na pintura verdadeira e forte dos costumes gerais e dos principais personagens, nas reflexões naturalmente incorporadas aos relatos e que não parecem ter sido acrescentadas."[29]

27 Verbete *Comédia*, de Marmontel. Tradução de Maria das Graças de Souza, 3, 668.

28 Diderot, Paradoxo sobre o comediante, op. cit., p.33.

29 Verbete *Eloquência*, de Voltaire. Tradução de Maria das Graças de Souza, 5, 530. Para uma melhor compreensão do modo como a *Enciclopédia* trata o tema da história,

Embora comprometido com a narração da verdade do que acontece, o historiador ainda pode ser comparado a um pintor que retrata uma cena: destacando certos personagens, focalizando alguns eventos, dispondo em sua tela elementos a partir de uma ordem que é a sua, a da sua maneira de narrar. Essa sua "arte", sua eloquência, não poderia causar danos à verdade que expõe e, nesse sentido, o historiador permanece afastado da atividade que caracteriza o poeta ou o pintor. No entanto, a distância entre a história (pela qual mantemos a memória dos eventos que marcam a sociedade) e as artes já não parece mais tão grande, como indica o verbete *Escultura*. Esse texto, que se inicia com uma notificação dizendo que ele reproduzirá, com o consentimento de seu autor, passagens das recém-publicadas "reflexões do Sr. Etienne Falconet sobre a escultura em geral",[30] não tarda a afirmar a correspondência entre a arte do escultor e a história. Esculturas tornam ainda mais sensível e tocante o material oferecido pelo historiador, ajudam a despertar em nós "um sentimento de nobre emulação",[31] que nos põe em contato com nossos antepassados, fazendo que desejemos atingi-los e ultrapassá-los. "Do ponto de vista moral", escreve Falconet, a escultura deve "perpetuar a memória dos homens ilustres e oferecer modelos de virtude". "Temos a imagem de Sócrates e o veneramos",[32] ele conclui. O Sócrates que é conhecido através dos textos ganha agora um rosto e pode ser visto. Fortalece-se então o fato de ser ele uma imagem da virtude: um modelo que ajuda cada um a se encontrar com sua própria natureza, com o que cada um deve buscar ser.

Oferecer esse tipo visão seria, portanto, a função moral das artes, aquilo que as torna virtuosas e promotoras da sociabilidade. A própria sociabilidade e o movimento pelo qual a natureza humana se efetua figurariam nelas quando, por exemplo, reconhecemos na atividade do arquiteto uma imagem que nos ajuda a pensar como uma sociedade pode ser fundada, erigida, mantida e aperfeiçoada.

---

ver, por exemplo, o verbete *História*, do mesmo Voltaire, ou *Dicionários históricos*, de D'Alembert. Sobre o tema, ver o livro de Maria das Graças de Souza, *Ilustração e história: o pensamento sobre a história no Iluminismo francês*.

30 Verbete *Escultura*, de Falconet. Tradução de Thomaz Kawauche, 14, 834.

31 Idem.

32 Idem.

Referências bibligráficas

DIDEROT, D. *Discurso sobre a poesia dramática*. Tradução, apresentação e notas de Franklin de Matos. São Paulo: Brasiliense, 1986.

______. Paradoxo sobre o comediante. In: ______. *Diderot – Obras II*; Estética, poética e contos. Tradução, organização e notas de J. Guinsburg. São Paulo: Perspectiva, 2000.

HUTCHESON, F. *An Inquiry into the Original of Our Ideas of Beauty and Virtue*. Indianapolis: Liberty Fund, 2008.

PROUST, J. *Diderot et l'*Encyclopédie. Paris: A. Colin, 1967.

SOUZA, M. G. Aspectos do pensamento político na *Enciclopédia* de Diderot e D'Alembert. In: DIDEROT, D.; D'ALEMBERT, J. *Verbetes políticos da* Enciclopédia. São Paulo: Discurso Editorial/Editora Unesp, 2006.

______. *Ilustração e história*: o pensamento sobre a história no Iluminismo francês. São Paulo: Discurso Editorial, 2001.

SUZUKI, M. A multiplicação dos sentidos e o mistério do senso interno. In: *A forma e o sentimento do mundo*: jogo, humor e arte de viver na Filosofia do século XVIII. São Paulo: Editora 34, 2014.

I – Sociedade

Admiração (*Moral*), Diderot [1, 140]

Admiração é o sentimento produzido em nós pela presença de um objeto qualquer, intelectual ou físico, ao qual atribuímos alguma perfeição. Se o objeto for verdadeiramente belo, a admiração perdura. Se a beleza for apenas aparente, a admiração desaparece, através da reflexão. Se o objeto for tal que, quanto mais o examinarmos, mais perfeições descobrimos nele, a admiração aumenta. Só admiramos muito o que está acima **[141]** de nossas forças ou conhecimentos. Assim, a admiração ora é filha de nossa ignorância, ora de nossa incapacidade: tais princípios são tão verdadeiros que o que é admirável para um pode nem mesmo chamar a atenção de outro. É preciso não confundir surpresa com admiração: uma coisa feia ou bela, desde que não seja ordinária em seu gênero, causa-nos surpresa; mas só as belas têm o dom de produzir em nós a surpresa e a admiração. Esses dois sentimentos podem estar relacionados ou não. Saint-Evremond diz que a admiração é sinal de um espírito medíocre. Tal pensamento é falso: para torná-lo justo, ele deveria dizer que a admiração por algo comum é sinal de pouco espírito, embora haja ocasiões em que a extensão da admiração é, por assim dizer, a medida da beleza da alma e da grandeza do espírito. Quanto mais um ser criado e pensante perscruta a natureza, mais discernimento possui, e mais admira. De resto, é preciso estar um pouco alerta contra esse primeiro movimento de nossa alma diante da presença de objetos e só nos entregarmos a eles quando estivermos seguros, seja pelo conhecimento acerca desses objetos, seja pelos modelos aos quais podemos associar aquele objeto que se apresenta a nós. É preciso que tais modelos sejam de uma beleza universalmente aceita. Há espíritos extremamente difíceis de serem impressionados: são aqueles que a Metafísica elevou acima das coisas feitas, que falam sobre tudo que veem, entendem etc., e que encontram em si mesmos um modelo ideal abaixo do qual sempre estão os seres criados.

(Tradução: Thomaz Kawauchi)[1]

1 Doravante TK.

Adultério (*Moral*), Yvon, Toussaint [I, 150]

Não colocarei em questão aqui se o *adultério* é um crime, nem se ele desfigura a sociedade. Não há ninguém que, em sã consciência, sinta que isso deva ser questionado, a menos que queira se atordoar com raciocínios que não passam de sutilezas do amor-próprio. Mas outra questão, digna de ser discutida, e cuja solução diz respeito à precedente, é a de saber quem é mais nocivo à sociedade: aquele que perverte a mulher do outro ou aquele que, sendo uma pessoa livre, evita assumir a responsabilidade pelas crianças geradas mediante um compromisso regular.

Julgamos com razão e em conformidade com o sentimento de todas as nações, que o adultério, depois do homicídio, é, de todos os crimes, o que mais merece punição, porque é o mais cruel de todos os roubos, um ultraje capaz de ocasionar mortes e excessos os mais deploráveis.

A outra espécie de conjunção ilegítima não produz normalmente as mesmas faíscas que o adultério. Os males que ela causa à sociedade não são tão aparentes, mas não menos reais, e, embora em grau menor de enormidade, são talvez muito maiores por suas implicações.

É verdade que o adultério é a união de dois corações corrompidos e cheios de injustiça, que deveriam ser objeto de horror um para o outro, assim como dois ladrões estimam-se menos quanto melhor se conhecem. O adultério pode prejudicar extremamente as crianças que dele provêm, porque elas não terão nem os efeitos da ternura materna, da parte de uma mulher que vê as crianças somente como objetos de inquietude ou castigo pela infidelidade, nem qualquer vigilância sobre seus costumes, da parte de uma mãe que não possui mais costumes e que perdeu o gosto pela inocência. Mas, sejam quais forem as grandes desordens, como o mal é secreto, a sociedade sofre aparentemente pouco com ele: as crianças são alimentadas e até mesmo recebem uma espécie de educação honesta. O mesmo não ocorre com a união passageira das pessoas descompromissadas.

Os prazeres que Deus quis associar à sociedade conjugal tendem a fazer crescer o gênero humano: efeito em acordo com a instituição da Providência, quando esses prazeres se sujeitam a uma regra. Mas as ligações irregulares resultam infalivelmente na ruína da fecundidade e no opróbrio da sociedade.

Primeiro, resultam na ruína da fecundidade. A mulheres que desconhecem deveres desagrada tornar-se mãe, pois pensam que não teriam o respaldo de um marido. Ou, as que se tornam mães, receiam acima de tudo o fruto de seu comércio. É frustrante ver essas crianças infelizes nascerem. Parece que não tinham direito e que isso poderia ser prevenido por remédios mortais. Ou as matamos logo após o nascimento, ou nos livramos delas abandonando-as. E, desse monte de crianças lançadas à própria sorte, forma-se uma cidade populosa sem educação, sem bens, sem trabalho. A extrema liberdade em que sempre viveram as deixa necessariamente sem princípio, sem regra e sem reserva. São sempre dominadas pela frustração e pelo furor, e, para compensarem o fato de terem sido abandonadas, conduzem-se segundo os excessos mais funestos.

O menor dos males decorrente desses amores ilegítimos seria recobrir a terra com cidadãos desafortunados, que morrem sem poder se unir e nada mais fazem senão causar mal a esta sociedade que só os vê com desprezo.

Nada, portanto, é mais contrário ao crescimento e à tranquilidade da sociedade do que a doutrina e o celibato infame desses falsos filósofos que ouvimos no mundo, que só nos falam do bem da sociedade, quando na verdade arruínam os verdadeiros fundamentos desta. Por outro lado, não há nada tão salutar para um Estado quanto a doutrina e o zelo da Igreja, pois ela só honra o celibato na intenção de ver os que a abraçam se tornarem mais perfeitos e mais úteis aos outros. A Igreja dedica-se a inculcar, tanto nos grandes quanto nos pequenos, a dignidade do casamento, a fim de que todos se fixem numa sociedade honrada e santa. Enfim, é ela que trabalha com inquietude para recuperar, alimentar e instruir essas crianças abandonadas por uma filosofia totalmente bestial. (**Yvon**)

Os antigos romanos não possuíam lei formal contra o adultério. A acusação e a pena eram arbitrárias. O imperador Augusto foi o primeiro a criar uma lei e teve a infelicidade de vê-la executada contra suas próprias crianças: **[151]** a Lei Júlia estabelecia pena de morte aos culpados. Todavia, embora ela tornasse a acusação de adultério pública e permitida a todos, é certo que o adultério sempre foi considerado, no mais das vezes, um crime doméstico e privado, não um crime público. De tal maneira que raramente se permitia aos estrangeiros levar a cabo a vingança, sobretudo se o casamento era tranquilo e sem queixa do marido.

Imperadores que o sucederam também ab-rogaram essa lei que permitia aos estrangeiros a acusação de adultério, pois tal acusação não podia ser intentada sem dividir marido e mulher, sem deixar a situação das crianças na incerteza e sem lançar o marido no desprezo e no escárnio. Pois, como o marido é o principal interessado em examinar as ações de sua mulher, deve-se supor que as examinará com mais circunspecção do que qualquer outro, de modo que, quando não diz nada, ninguém se vê no direito de falar.

Eis o porquê de, em certos casos, a lei ter estabelecido o marido como juiz e executor em causa própria, tendo-lhe sido permitido se vingar por si mesmo da injúria que lhe era feita ao surpreender em flagrante os dois culpados que lhe arrebatavam a honra. É verdade que, quando o marido se aproveitava da perversão de sua mulher, ou quando dissimulava e sofria em silêncio sabendo de sua desordem, o adultério se tornava um crime público. Por isso, a Lei Júlia decretava penas tanto contra o marido quanto contra a mulher.

Atualmente, na maioria das regiões da Europa, o adultério não é reputado crime público. Só o marido pode acusar sua mulher. Nem mesmo o ministério público pode fazê-lo, a menos que haja um grande escândalo.

Além disso, embora o marido que viola a lei conjugal seja culpado tanto quanto a mulher, não é permitido a esta acusá-lo, nem persegui-lo em razão desse crime.

Sócrates conta que, sob o imperador Teodósio, no ano 380, uma mulher comprovadamente adúltera foi oferecida, como punição, a qualquer um que desejasse ultrajá-la.

Licurgo puniu um homem comprovadamente adúltero como parricida. Os lócrios furavam-lhe os olhos. A maioria dos povos orientais pune esse crime com muita severidade.

Antigamente, os saxões queimavam a mulher adúltera e, sobre suas cinzas, erguiam um patíbulo, onde estrangulavam o cúmplice. Na Inglaterra, o rei Edmundo punia o adultério como assassinato, mas Canuto ordenou que o homem deveria ser banido e a mulher ter o nariz e as orelhas cortados. Na Espanha, punia-se o culpado pelo corte das partes que haviam sido instrumento do crime.

Na Polônia, antes do estabelecimento do cristianismo, punia-se o adultério e a fornicação de maneira bem singular. Conduzia-se o criminoso em praça pública, onde era preso com um gancho pelos testículos, deixando-se uma tesoura ao seu alcance, de maneira que, para se libertar, fosse necessário ele se mutilar, a menos que preferisse morrer naquela condição.

O direito civil, reformado por Justiniano, que, por advertência de sua mulher Teodora, moderou o rigor da Lei Júlia, estabelecia que a mulher fosse açoitada e trancafiada num convento por dois anos; e se, durante esse tempo, o marido não decidisse reavê-la, ela teria os cabelos cortados e seria enclausurada por toda sua vida. Essa prática era denominada autêntica, pois a lei que continha tais disposições era ou autêntica ou nova.

As leis concernentes ao adultério são hoje bem mais brandas. Toda pena que se aplica à mulher comprovadamente adúltera consiste em privá-la de seu dote e de todas as suas convenções matrimoniais, relegando-a a um monastério. Ela nem mesmo apanha, pois teme-se que, se o marido estivesse disposto a retomá-la, tal afronta pública o faria mudar de ideia.

No entanto, os herdeiros não seriam recebidos no caso de intentarem contra a viúva ação de adultério, a fim de privá-la de suas convenções matrimoniais. Poderiam somente exigir que ela perdesse o direito às convenções se a ação tivesse sido intentada pelo marido. Mas era-lhes permitido provar sua falta de pudor durante o ano do luto, a fim de privá-la de seu dote.

A mulher condenada por adultério nem por isso deixa de estar sob o poder do marido.

Houve um tempo em que os lacedemônios, longe de punir o adultério, permitiam-no ou, pelo menos, toleravam-no, segundo nos diz Plutarco.

O adultério torna ilícito o casamento entre dois culpados e forma o que os teólogos chamam de impedimento por crime (*impedimentum criminis*).

Os gregos e alguns cristãos do Oriente são da opinião de que o *adultério* rompe o liame do casamento, de modo que o marido pode, sem mais formalidades, desposar outra mulher. Mas o Concílio de Trento (XXIV, 7) condena tal opinião e, de certa forma, anatematiza aqueles que a defendem.

Na Inglaterra, uma mulher casada que abandonasse seu marido para viver com um adúltero perdia seu dote e não poderia obrigar o marido a lhe dar qualquer outra pensão: *Sponte virum mulier fugiens, & adultera facta, Dote suâ careat, nisi sponso sponte retracta.* (**Toussaint**)

(TK)

Afecção (*Fisiologia*), Diderot [1, 158]

Pode-se tomar *afecção* em geral pela impressão que exercem em nossa alma seres que estão ou acima ou abaixo ou fora de nós. Mais comum, no entanto, é que se tome afecção por esse vivo sentimento de prazer ou aversão que os objetos ocasionam em nós, quaisquer que sejam. Diz-se de um quadro que representa seres que na natureza ofendem os sentidos, que ele nos afeta desagradavelmente. Diz-se de uma ação heroica, ou antes de sua narração, que ela nos afeta deliciosamente.

Nossa constituição é tal que, por ocasião desse estado da alma, em que ela sente amor ou ódio, gosto ou aversão, realizam-se no corpo movimentos musculares dos quais, segundo tudo indica, dependeriam a intensidade ou a remissão do sentimentos mesmos. A alegria não se encontra nunca sem uma grande dilatação do coração, a pulsação aumenta, o coração palpita até saltar, a transpiração torna-se tão abundante que pode ser seguida de um desmaio ou mesmo de morte. A cólera suspende ou intensifica todos os movimentos, sobretudo a circulação do sangue, o corpo treme, esquenta, enrubesce... Ora, é evidente que esses sintomas serão mais ou menos violentos segundo a disposição das partes e o mecanismo do corpo. Mas esse mecanismo raramente é tal que a liberdade da alma seja suspendida por ocasião das impressões. Contudo, isso pode às vezes acontecer. No mecanismo do corpo deve-se buscar pela causa da diferença de sensibilidade dos diferentes homens em relação ao mesmo objeto. Sob esse aspecto, parecemo-nos com instrumentos musicais cujas cordas distendem-se diferentemente: os objetos exteriores estão para essas cordas como arcos, e estamos para cordas que emitem sons mais ou menos agudos. Uma pontada de alfinete arranca gritos de uma mulher educada que seja mais delicada; um golpe de taco quebra a perna de Epiteto e ele mal se comove. Nossa constituição, nossa educação, nossos princípios, nossos sistemas, nossos preconceitos, tudo modifica nossas afecções e os movimentos do corpo que se seguem a elas. Uma afecção pode ter desde o início tamanha vivacidade que a lei que a qualifica como movimento primeiro considere os seus efeitos como atos não livres. Em todo caso, é evidente, pelo que foi dito, que o primeiro movimento é mais ou menos duradouro dependendo das diferentes constituições e de uma infinidade de outras circunstâncias. Sejamos por isso circunspectos ao julgar as ações ocasionadas pelas paixões violentas. Mais vale ser excessivamente indulgente do que excessivamente severo, supor nos homens antes fraqueza do que maldade, ser mais circunspecto em relação ao primeiro desses sentimentos do que em relação ao último. Temos piedade pelos fracos, detestamos os malvados; e parece-me que o estado de comiseração é preferível ao de ódio.

(Tradução: Pedro Paulo Pimenta)[1]

Afetação, na linguagem e na conversação, d'Alembert [I, 157]

A *afetação* é um vício bastante comum de pessoas conhecidas por falarem corretamente. Consiste em dizer coisas triviais e corriqueiras em termos bastante rebuscados e às vezes ridiculamente preciosos. Por essa razão os fraseadores geralmente são tidos como insuportáveis pelas pessoas de espírito, que buscam antes pensar bem do que dizer bem, ou melhor, que creem que para dizer bem é suficiente pensar bem, que um pensamento novo, forte, justo e luminoso traz consigo a sua própria expressão, e que um pensamento comum não deve jamais ser apresentado a não ser como aquilo o que é, a saber, expressão simples.

(PPP)

Afetação, no estilo, d'Alembert [I, 157]

Afetação no estilo é quase o mesmo que afetação na linguagem, com a diferença de que o que é escrito é naturalmente um pouco mais ponderado do que o que é dito, pois supõe-se ter sido amadurecido pelo escritor. Segue-se que afetação na linguagem nem sempre é afetação no estilo. A afetação no estilo está para a afetação na linguagem assim como a afetação de um grande fidalgo está para a de um homem ordinário. Ouvi certas pessoas serem elogiadas por *falarem como um livro*. Se o que tais pessoas dizem estivesse por escrito, poderia ser suportável. Mas parece-me que é um defeito considerável falar assim, marca quase certa de que se é desprovido de ardor

1 Doravante PPP.

e de imaginação, tanto pior para quem nunca comete solecismos ao falar. Poder-se-ia dizer que essas pessoas só leem, nunca falam. É interessante notar que os que falam bem geralmente são escritores muito ruins. A razão disso é muito simples: ou escrevem como falariam, convencidos de que falam como se deve escrever, e permitem-se, nesse caso, uma infinidade de negligências e expressões inapropriadas que escapam no discurso, ou, guardadas as devidas proporções, põem-se a escrever com o mesmo cuidado com que falam, e, nesse caso, a afetação de seu estilo é, por assim dizer, proporcional à de sua linguagem, e, por conseguinte, ridícula.

(**PPP**)

Amizade (*Moral*), Yvon, Diderot [1, 361]

A *amizade* nada mais é do que o *hábito de estabelecer com alguém uma relação honesta e agradável*. Seria apenas isso? A amizade, dir-se-á, não se restringe a isso, ela vai além desses limites estreitos. Contudo, os que fazem tal observação não consideram que, sem serem amigas, duas pessoas não estabelecem uma ligação que não tenha nada de vicioso e que lhes proporcione prazer recíproco. O comércio que podemos ter com os homens diz respeito ao espírito ou ao coração. O puro comércio de espírito chama-se simplesmente *conhecimento*. Amizade é o comércio que interessa ao coração pelo deleite que experimentamos com ela. Não vejo noção mais exata e mais própria para expor tudo o que é a amizade em si mesma, inclusive suas propriedades.

Ela é, por isso, distinta da caridade, que consiste numa disposição em fazer o bem a todos. A amizade só é devida àqueles com quem se tem atualmente uma relação. O gênero humano, considerado de modo geral, é muito extenso para que possa ter relações com cada um de nós ou para que cada um de nós se relacione com ele. A amizade supõe a caridade ou, pelo menos, a caridade natural. Mas ela acrescenta um hábito de ligação particular que produz entre duas pessoas um deleite de relação mútua.

É a insuficiência de nosso ser que faz nascer a amizade, e é a insuficiência da própria amizade que a destrói. Sentimos a miséria de estarmos sós. Sentimos necessidade de apoio. Procuramos um cúmplice para nossos gostos, uma companhia para nossos prazeres e sofrimentos. Desejamos um homem com o qual possamos ocupar o coração e o pensamento. Então, parece a amizade o que há de mais doce no mundo? Se tivermos o que esperamos, mudamos de sentimento?

Quando notamos de longe algum bem, ele determina os desejos. Quando o alcançamos, nada sentimos. Nossa alma, cuja visão esse bem prendia à distância, quando vê para além dele, não poderia mais repousar sobre ele. Assim, a amizade, que de longe limitava todas as nossas pretensões, cessa de limitá-las de perto. Ela não preenche o vazio que havia prometido preencher. Deixa-nos necessidades que nos distraem e nos conduzem a outros bens. Então, negligenciamo-nos, tornamo-nos difíceis, exigimos logo como tributo as complacências que, inicialmente, havíamos recebido como dom. É característico dos homens apropriar-se pouco a pouco até dos favores que fazemos a eles. Uma posse duradoura nos acostuma naturalmente a vermos como nossas as coisas dos outros; o hábito persuade-nos acerca do direito natural sobre a vontade dos amigos; desejaríamos obter deles um título para governá-los: quando essas pretensões são recíprocas, como sempre acontece, o amor-próprio se irrita, grita dos dois lados e produz agruras, indiferenças, explicações amargas e ruptura.

Assim, às vezes, descobrimos em nós defeitos que estavam ocultos, nos quais caímos nas paixões que tiram o sabor da amizade, como as doenças violentas tiram o sabor dos mais doces prazeres. Tampouco os homens extremados, capazes de oferecer as maiores provas de devoção, são mais capazes de uma amizade constante. Não a encontramos em lugar algum tão viva e tão sólida, a não ser nos espíritos tímidos **[362]** e sérios, cuja alma moderada conhece a virtude: o sentimento doce e tranquilo da amizade alivia seu coração, descontrai seu espírito, engrandece-o, torna-os mais confiantes e mais vivos, se mistura às suas brincadeiras, a seus afazeres e a seus prazeres misteriosos. É a alma de toda a vida deles.

Os mais jovens são muito sensíveis à amizade, mas a vivacidade de suas paixões os distrai e os torna frívolos. A sensibilidade e a confiança se desgastam nos velhos, mas a necessidade os aproxima e a razão é seu vínculo. Uns amam mais ternamente, outros mais solidamente.

Os deveres da amizade se estendem para além do que se acredita. Deve-se à amizade na medida de seu grau e de seu tipo, o que produz diferentes graus e tipos de deveres. Reflexão importante para acabar com o sentimento injusto daqueles que se queixam de terem sido abandonados, mal servidos ou pouco considerados pelos amigos. Um amigo com quem só se relacionasse em meios literários acharia estranho se não se demonstrasse confiança nele. O feitio da amizade não exige esse procedimento. Um amigo que tivéssemos cultivado pela doçura e pelo deleite do entretenimento exige de vós um serviço que compromete vossa fortuna: a amizade não chega a ponto de merecer tal sacrifício.

Um amigo, homem de bom conselho que, efetivamente, vos deu conselhos úteis, comunica formalmente que não o havíeis consultado em uma ocasião particular. Ele errou, pois, em tal ocasião, era preciso uma confidência que só se faz a amigos de família e a parentes: eles devem ser os únicos instruídos sobre certas particularidades que nem sempre convêm serem comunicadas a outros amigos, por mais íntimos que sejam. A justa medida do que os amigos devem exigir se diversifica por uma infinidade de circunstâncias, segundo a diversidade de graus e tipos de amizade. Em geral, para combinar com cuidado o que deve contribuir para a satisfação mútua dos amigos e para a doçura de seu comércio, é preciso que, em suas necessidades, um espere ou exija sempre menos, e não mais, de seu amigo; e que, segundo suas faculdades, o outro dê sempre mais, e não menos, a seu amigo.

Com base nas reflexões expostas, esclarece-se, no que concerne à amizade, uma máxima importante, a saber, que a amizade deve encontrar e estabelecer a igualdade entre os amigos: *amicitia aut pares invenit, aut facit*. Não poderia um monarca possuir amigos? Seria preciso, para isso, que os procurasse em meio a outros monarcas? Ou que concedesse a seus outros amigos um caráter que fosse equivalente ao poder soberano? Eis o verdadeiro sentido da máxima estabelecida.

Em relação às coisas que constituem a amizade, devemos encontrar entre dois amigos uma liberdade de sentimento e de linguagem tal que um não seja superior nem inferior ao outro. A igualdade deve se encontrar em ambas as partes, na doçura do comércio da amizade. Essa doçura está em propor mutuamente seus pensamentos, seus gostos, suas dúvidas e suas dificuldades, mas sempre na esfera do caráter de amizade estabelecido.

A amizade estabelece tanta igualdade quanto a relação de sangue. A filiação entre parentes de posições sociais muito diferentes não permite certa familiaridade: é conhecida a resposta de um príncipe a um senhor que lhe mostrou a estátua equestre de um herói que era avô comum dos dois: *aquele que se encontra abaixo é o vosso, aquele que se encontra acima é o meu*. É que o ar de familiaridade não convinha ao respeito devido à posição social do príncipe; é uma circunstância que, tanto na amizade quanto na filiação, é preciso observar. (**Yvon**)

Os antigos divinizaram a amizade, mas parece que, diferentemente das outras divindades, ela não tinha templos nem altares de pedra. Esse fato não me contraria. Embora o tempo não tenha conservado nenhuma de suas representações, Lilio Geraldi defende, em sua obra sobre os deuses do paganismo, que a amizade fora esculpida na figura de uma jovem mulher, cabeça nua, vestida com um hábito grosseiro, o peito descoberto até a região do coração, onde ela colocava a mão, abraçando do outro lado um pequeno olmo seco. Essa última ideia parece-se sublime. (**Diderot**)

(**TK**)

Bem (*Moral*), Yvon [2, 243]

Bem é um termo equívoco: significa o prazer que nos torna feliz, ou a causa do prazer. O primeiro sentido é explicado no verbete *Prazer*; assim, tomaremos aqui a palavra apenas no segundo sentido.

A rigor, só Deus merece o nome de bem, porque apenas ele produz em nossa alma sensações agradáveis. Pode-se, contudo, dar esse nome a todas as coisas que, na ordem estabelecida pelo autor da natureza, são canais pelos quais, por assim dizer, ele faz o prazer fluir até a alma. Quanto mais vivos, sólidos e duráveis forem os prazeres que elas nos proporcionam, mais elas participarão da qualidade de bem.

Encontramos em Sexto Empírico uma citação de uma obra de Crantor sobre a preeminência dos diferentes bens. Esse filósofo célebre imaginava que, a exemplo das deusas que haviam submetido sua beleza ao julgamento de Paris, a riqueza, a volúpia, a saúde e as virtudes tinham se apresentado a todos os gregos nos jogos olímpicos, a fim de que eles assinalassem a cada uma o seu lugar, segundo o grau de sua influência sobre a felicidade dos homens. A riqueza exibiu sua magnificência, e começou a seduzir os seus juízes, quando a volúpia objetou que o único mérito da riqueza era o de conduzir ao prazer. Ela já ia obter o primeiro lugar quando foi contestada pela saúde, sem a qual a dor logo toma o lugar da alegria. Por fim, a virtude encerrou a disputa, e levou os gregos a concordar que, no seio da riqueza, do prazer e da saúde, sem o auxílio da prudência e do valor logo nos tornaríamos o joguete de nossos inimigos. O primeiro lugar foi-lhe atribuído, o segundo foi dado à saúde, o terceiro ao prazer, o quarto à riqueza. Com efeito, todos esses bens só merecem esse nome quando estão sob a guarda da virtude. Tornam-se males para quem não sabe usá-los. O prazer da paixão não é duradouro; encontra-se sujeito a vagas de desgosto ou amargura. O que antes divertira agora entedia; o que havia agradado começa a desagradar; o que havia sido objeto de delícias torna-se com frequência uma causa de arrependimento e até de horror. Não pretendo negar, contra os adversários da virtude e da moral, que a paixão e a libertinagem ofereçam, para alguns, momentos de prazer: mas, por sua vez, eles não podem se recusar a admitir que frequentemente experimentam situações das mais constrangedoras pelo desgosto por si mesmos e por sua própria conduta, pelos efeitos naturais de suas paixões, pelo estardalhaço, pelas censuras que atraem para si, pela desordem em seus negócios, por sua vida, que é abreviada, por sua saúde que se deteriora, por sua reputação que é atingida, o que os submete às vezes à miséria. "O imperador Venceslau", diz Shaftesbury no *Ensaio sobre o mérito e a virtude*, "tinha gosto por volúpias indignas, que eram sua ocupação, e pela avareza que o dominava. Mas poderia encontrar algum gosto no opróbrio com que foi deposto e na paralisia em que definhou em Praga, para onde a depravação o atraíra? Abramos os *Anais* de Tácito, esse registro da maldade dos homens; percorramos os reinos de Tibério, de Cláudio, de Calígula, de Nero, de Galba, e o triste e rápido destino de todos os seus cortesãos, e renunciemos a nossos princípios se encontrarmos um só homem feliz na multidão de insignes bandidos que corroeram as entranhas de sua pátria, e cujos furores ensanguentaram todas as passagens, todas as linhas dessa história. Designemos cada um deles. As delícias de Capreu fazem ter inveja da condição de Tibério? Remontemos à origem de sua grandeza, sigamos sua fortuna, consideremo-lo em seu exílio, assinalemos seu fim. E, tendo examinado tudo, perguntemo-nos se gostaríamos de ser hoje o que ele foi outrora, o tirano de seu país, o assassino dos seus próximos, o escravo de uma tropa de prostitutas e o protetor de um bando de escravos. Isso não é tudo: Nero manda matar seu irmão Britânico, sua mãe Agripina, sua mulher Otávia, sua mulher Popeia, sua cunhada, a bela Antônia, seus professores Sêneca e Burrus. Acrescentai a esses assassinatos uma multidão de outros crimes de toda espécie; eis a sua vida. Por essa razão, ele não tinha um momento de felicidade; vemo-lo em eternos horrores; seus transes chegam por vezes a um estado de alienação do espírito. Nessas ocasiões, ele percebe a caverna de Tenário entreabrir-se; acredita que as fúrias o perseguem; não sabe onde nem como escapar de suas flamas vingadoras; e todas as festas suntuosas que ordena não são nem a diversão que ele busca nem as distrações que procura". Parece-me que nada prova melhor que os exemplos que acabamos de citar que só são verdadeiros bens aqueles cujo uso é regrado pela virtude. A libertinagem e a paixão semeiam em nossa vida alguns instantes de prazer, mas, para conhecer o seu valor, é preciso fazer uma comparação com os que são prometidos pela virtude e por uma conduta regrada. Só existem esses dois partidos. Mesmo que o primeiro tenha mais atrativos do que supomos, não se poderia sensatamente preferi-lo ao segundo. Deve-se pesar numa justa balança qual dos dois nos leva mais ao fim comum ao qual todos aspiramos, que é viver feliz, não por um momento, mas na parte mais considerável de nossa vida. Assim, quando um homem sensual entorpece seu espírito com os vapores grosseiros que lhe são enviados pelo vinho e embriaga-se de volúpia, não é a moral que irá afastá-lo disso, dizendo-lhe simplesmente que é um falso prazer, passageiro e contrário às leis da ordem. Ele responderia logo, ou pelo menos diria a si mesmo que o prazer não é falso, já que experimenta atualmente o seu deleite; que é sem dúvida passageiro, mas que dura o suficiente para alegrá-lo; que, quanto às leis da temperança e da honestidade, ele não as inveja de ninguém, já que elas não convêm ao seu contentamento, que é a única coisa que deseja. Entretanto, mesmo que eu pudesse concordar com essa resposta, se eu pudesse levá-lo a alguns momentos de reflexão, ele não precisaria de muito tempo para concordar comigo sob outro ponto de vista. Aceitaria que os prazeres aos quais se entrega de maneira desmedida e desenfreada são seguidos de inconvenientes muito maiores do que os prazeres que experimenta; então, por pouco que utilize a razão, não concluirá ele que, mesmo para obter a satisfação e o contentamento que busca, deve se privar de certas satisfações e de certos prazeres? O prazer pago com a dor, dizia um dos mais sutis epicuristas do mundo, não vale nada e nada poderia valer; o mesmo se aplica, com mais forte razão, a um prazer pago com uma grande dor, ou a um único prazer, pago com a privação de mil outros; a balança não é igual. Se amais vossa felicidade, amai-a constantemente, evitai destruí-la pelo próprio meio que usais para obtê-la. A razão vos é dada para discernir, dentre os objetos, onde deveis encontrá-la mais completa e [244] mais constante. Se me dizeis que unicamente o sentimento do presente é que atua sobre vós, e não o pensamento do futuro, eu vos digo que nisso não sois homem; sois homem tão somente graças à razão e ao que fazeis dela: ora, esse uso consiste na lembrança do passado e na previdência do futuro tanto quanto na atenção ao presente.

Essas três relações com o tempo são essenciais para a nossa conduta: devem inspirar-nos a escolher no tempo presente, para o tempo que virá, os meios que, no passado, reconhecemos como sendo os mais adequados para chegar à felicidade. Assim, para alcançá-la, não se deve olhar precisamente em cada ação que se faz, ou em cada partido que se toma, o que há de prazer ou de dor. Nos partidos opostos de virtude ou do vício, a satisfação e a insatisfação encontram-se uma ao lado da outra. É preciso ver o seu resultado, na sequência geral da vida, para entrever uma compensação justa. Deve-se examinar, por exemplo, o que aconteceria a dois homens do mesmo temperamento e da mesma condição que se encontrassem de início nas mesmas ocasiões de adotar o partido da virtude ou da volúpia: ao final de sessenta anos, de que lado haveria menos dor ou menos arrependimento, mais satisfação e tranquilidade? Se for do lado da sabedoria e da virtude, atrair a atenção dos homens sobre um tratado de moral que contribua para esse fim significaria conduzir os homens para a sua verdadeira felicidade. Se a maioria dos homens, apesar do desejo impresso em sua alma de tornar-se feliz, não conseguem sê-lo, é que, voluntariamente seduzidos pela sedução enganosa do prazer presente, e por não saber prever o futuro e aproveitar o passado, renunciam ao que mais contribuiria para sua felicidade em toda a sua vida. De tudo o que acabamos de dizer, segue-se que a virtude é mais fecunda em sentimentos deliciosos do que o vício, e, consequentemente, que ela é um bem maior do que este, já que o bem, comparado ao prazer, é o único que pode nos tornar felizes.

Mas o que dá à virtude uma superioridade tão grande sobre todos os outros bens é que ela é de natureza a nunca se tornar um mal por um uso incorreto. O remorso do passado, a tristeza do presente, a inquietação em relação ao futuro, não têm acesso a um coração dominado pela virtude, pois esta encerra os desejos na extensão do que está a nosso alcance, conforma-nos à razão, submete-nos plenamente à ordem imutável estabelecida pela soberana inteligência; afasta de nós as dores, que são frutos da intemperança; os prazeres do espírito andam atrás dela, e a acompanham até na solidão e na adversidade. A virtude liberta-nos, tanto quanto possível, do capricho do outro e do império da fortuna, porque situa nossa perfeição não na posse de objetos sempre prestes a escapar de nós, mas na posse do próprio Deus, que quer ser nossa recompensa. A morte, esse momento fatal que desespera os outros homens, porque é o termo de seus prazeres e o começo de suas dores, não é, para o homem virtuoso, senão uma passagem para uma vida mais feliz. O homem voluptuoso e apaixonado vê a morte como um terrível fantasma, que a cada instante dá um passo em sua direção, envenena seus prazeres, agrava seus males e se prepara pra se entregar a um Deus vingador da inocência. O que ele veria nela de mais feliz seria que ela o mergulhasse para sempre no abismo do nada. Mas essa esperança vergonhosa é combatida no fundo de sua alma pela autoridade da revelação, pelo sentimento interior de sua indivisibilidade pessoal, pela ideia de um Deus justo e todo-poderoso. A sorte de um homem perfeitamente virtuoso é bem diferente: ela lhe abre o seio de uma inteligência benfeitora, da qual sempre respeitou as leis e cujas vontades sempre sentiu. Ver *Sabedoria* e *Virtude*.

(Tradução: Maria das Graças de Souza)[1]

Civilidade, Polidez, Afabilidade (*Gramática, Moral*), Jaucourt [3, 497]

Civilidade, polidez, afabilidade, são maneiras honestas de agir e conversar com outros homens na sociedade. Mas a afabilidade, que consiste nessa insinuação de benevolência com a qual um superior recebe seu inferior, ra-

1 Doravante MGS.

ramente se diz de igual para igual, e nunca de inferior para superior. Entre os grandes, ela é apenas uma virtude artificial que serve a seus projetos de ambição, uma baixeza de alma que se aproveita das criaturas (pois isso é um sinal de baixeza). Ignoro por que a palavra *afabilidade* não agradou o sr. Patru. Seria uma pena bani-la de nossa língua, pois é a única para exprimir o que só poderia ser dito por perífrase.

A civilidade e a polidez consistem numa certa conveniência nas maneiras e na fala, tendendo a agradar e a indicar a consideração que temos uns em relação aos outros.

Sem necessariamente emanar do coração, elas dão ao homem sua aparência e o fazem parecer por fora o que deveria ser interiormente. Trata-se, segundo La Bruyère, de uma certa atenção para com nossa fala e nossas maneiras a fim de contentarmos os outros.

A civilidade não diz tanto quanto a polidez, sendo desta apenas um caso particular. É uma espécie de temor de errar, de ser visto como homem grosseiro: civilidade é um passo para ser estimado e polido. Daí que, no uso desse termo, a polidez parece reservada às pessoas de corte e de qualidade, e a civilidade às pessoas de condição inferior, à maioria dos cidadãos.

Li livros sobre a civilidade tão carregados de máximas e preceitos associados ao cumprimento dos deveres, a ponto de me fazerem preferir não a prática dessa civilidade inoportuna, que eles elogiam tanto, mas a rudeza e a grosseria. Quem não pensaria como Montaigne? "Gosto de seguir as leis da civilidade, mas não tão covardemente a ponto de minha vida permanecer constrangida. Elas têm algumas formas penosas que não deixam de ter graça, desde que nos esqueçamos delas por comedimento, e não por erro. Sempre vi homens incivis com muita civilidade, assim como importunos corteses. É, de resto, uma ciência tão útil como a arte de se conduzir em sociedade. Ela é como a graça e a beleza conciliadora dos primeiros traços da sociedade e da familiaridade e, por conseguinte, abre-nos a porta para nos instruir por meio de exemplos de outrem, bem como para explorar e produzir nosso exemplo, se ele tiver algo de instrutivo e comunicável" (*Ensaios*, I, 13).

Mas a civilidade cerimoniosa é igualmente fatigante e inútil: por essa razão, ela está fora de moda entre os mundanos. Sobre suas ruínas, os cortesãos, sobrecarregados de afazeres, ergueram um edifício chamado polidez, que faz no presente a base e a moral da bela educação, e que, por conseguinte, merece um verbete à parte. Contentamo-nos em dizer aqui apenas que, de ordinário, ela só tem a arte de dispensar-se das virtudes que imita.

Considerada no sentido que devemos lhe dar, a civilidade tem um valor real. Vista como uma diligência que conduz ao respeito e à consideração em relação aos outros por meio de um sentimento interior conforme à razão, é uma prática de direito natural tanto mais louvável quanto mais livre e bem fundada.

Alguns legisladores quiseram que as maneiras representassem os costumes e fizeram deles um artigo de suas leis civis. É verdade que, ao formar as maneiras, Licurgo não teve por objetivo a civilidade. Mas é que pessoas sempre corrigindo ou sempre corrigidas, como diz Montesquieu, tão simples quanto rígidas, não tinham necessidade de aparências: exerciam as virtudes entre si mais do que se preocupavam com ela.

Os chineses, que criaram ritos para tudo, até para pequenas ações da vida, e que construíram seu império sobre a ideia do governo de uma família, desejaram que os homens sentissem que dependiam uns dos outros. Por conseguinte, seus legisladores deram às regras de civilidade a maior extensão. Pode-se ler, sobre esse assunto, o padre Duhalde.

Assim, terminamos este verbete com a reflexão do autor de *O espírito das leis*: "Vemos na China os citadinos observarem cerimônias entre si como as pessoas de condição superior: meios muito próprios para manter o povo em paz e boa ordem, e para tirar todos os vícios originários de um espírito duro, vão e orgulhoso. Essas regras da civilidade valem bem mais que as da polidez. Esta bajula os vícios dos outros, enquanto a civilidade nos impede de expressarmos os nossos. Trata-se de uma barreira que os homens levantam entre si para evitar se corromper".

(TK)

Compaixão (*Moral*), d'Alembert [3, 760]

Compaixão, aflição que experimentamos ao ver, ouvir ou lembrar os males de uma pessoa. É um sentimento a que nos entregamos com uma espécie de prazer: "Se nos deleitamos com o sofrimento alheio, não é porque nos deleite que o outro sofra, mas é porque é doce ver que somos poupados desse sofrimento". *Non quia vexari quemquam est jucunda voluptas, Sed quibus ipse malis careas, quia cernere suave est.* Lucrécio, *De rerum natura*, II, 3-4. O prazer que experimentamos vem ainda de constatarmos que temos humanidade. Quanto mais se sofre, mais suscetível se é de compaixão. Não somente esse sentimento não é recusado, como, às vezes, até buscam-se ocasiões para excitá-lo. É por isso, e não por um sentimento bárbaro, que o **[761]** povo acode às execuções públicas.

(PPP)

Conservação (*Moral*), Diderot [4, 39]

A lei da *conservação* é uma das principais leis da natureza. Ela é, em relação às outras leis, o que é a existência, em relação às outras qualidades: cessando a existência, todas as outras qualidades cessam; infringida a lei de conservação, o fundamento das outras leis é abalado. Destruir a si mesmo, de qualquer maneira que seja, é tornar-se culpado por suicídio. É preciso existir, pelo maior tempo possível, para si, para seus amigos, para seus parentes, para a sociedade, para o gênero humano. Em vista disso, todas as relações honestas e brandas nos convêm. Aquele que peca contra a lei da conservação pisa nos calos dos outros. É como se lhes dissesse: Não quero mais ser seu pai, não quero mais ser seu irmão, seu esposo, seu amigo, seu filho, seu concidadão, seu semelhante. Algumas dessas relações nós contraímos livremente; não depende de nós dissolvê-las sem injustiça. É um pacto a que não fomos forçados ou constrangidos; não podemos rompê-lo com nossa própria autoridade, precisamos do consentimento daqueles com os quais o contraímos. As condições para o cumprimento desse tratado tornaram-se onerosas para nós, mas nada nos impediu de prever que seria assim; e podem tornar-se onerosas também para os outros e para a sociedade, e, nesse caso, não estaremos sós. Persistamos então. Não há, moralmente falando, ninguém sobre a superfície da terra que seja tão inútil e tão isolado que possa partir sem pedir licença para outro além de si mesmo. A injustiça dessa maneira de proceder pode ser maior ou menor, mas haverá sempre injustiça. Faz de tal modo que todas as vossas ações busquem a vossa conservação e a dos outros: é o grito da natureza. Mas sede acima de tudo um homem honesto. Entre a existência e a virtude, a escolha está feita.

(TK, PPP)

Constância (*Moral*), Diderot [4, 58]

Com a virtude da *constância*, perseveramos em nosso vínculo com tudo o que acreditamos que deve ser considerado verdadeiro, belo, bom, decente e honesto. Não se pode contar com o que diz o mentiroso; não se pode contar com o que faz o homem inconstante: um anula, tanto quanto pode, o único sinal que os homens possuem para se entender; o outro anula o único fundamento que possuem para apoiar-se uns nos outros. Se a inconstância fosse tão grande e geral quanto fosse possível imaginá-la, não haveria nada de permanente sobre a superfície da Terra, e as coisas humanas cairiam num caos terrível. Se o vínculo está mal estabelecido, a constância assume o nome de teimosia e a inconstância, o de razão. Os antigos fizeram da constância uma divindade, cuja imagem vemos sempre nas medalhas.

(TK)

Contestação, Disputa, Debate, Altercação (*Gramática*), d'Alembert [4, 112]

Disputa se diz de uma conversação entre duas pessoas com opiniões diferentes sobre uma mesma matéria, e, quando misturada a alacridade, chama-se *altercação*. *Contestação* se diz de uma disputa entre muitas pessoas ou entre duas pessoas consideráveis, a respeito de um objeto importante, ou entre dois particulares a propósito de uma questão jurídica. *Debate* é a *contestação* tumultuada entre muitas pessoas. A *disputa* não deve jamais degenerar em *altercação*. Os reis da França e da Inglaterra estão em *contestação* a respeito de tal artigo de um tratado. Houve no Concílio de Trento grandes *contestações* sobre a residência. Pedro e Tiago estão em *contestação* acerca dos limites de suas terras. O Parlamento da Inglaterra envolve-se em importantes *debates*.

(PPP)

Conveniência (*Gramática, Moral*), Diderot [4, 160]

Antes de dar a definição da palavra *conveniência*, não será despropositado aplicá-la a alguns exemplos que nos ajudem a determinar sua noção. Se o que está em questão é um casamento arranjado, diz-se que há conveniência entre os partidos quando não há disparates entre as idades, quando as fortunas se aproximam e quando os nascimentos são iguais. Quanto mais multiplicardes esses tipos de relação, considerando neles o temperamento, a figura e o caráter, mais aumentareis a conveniência. De um homem que reuniu convivas em sua casa, diz-se que guardou as conveniências na medida em que consultou a idade, o estado, os humores e os gostos das pessoas convidadas; e quanto mais ele tiver reunido essas condições que facilitam a convivência entre os homens, melhor terá atendido às conveniências. Em muitas ocasiões, as razões de conveniência são as únicas que devem nos fazer pensar em agir de uma maneira em vez de outra, e se entrarmos no detalhe dessas razões, veremos que são considerações por sua saúde, seu estado, sua fortuna, seu humor, seu gosto, suas ligações etc. A virtude, a razão, a equidade, a decência, a honestidade, o decoro, são, portanto, outra coisa além de conveniência. O decoro e a conveniência só se aproximam no caso em que se diz, *isso era decoroso para com ele; ele foi privado disso por conveniência*. Donde se vê que a conveniência é sempre, para os grandes e para os soberanos, um princípio de injustiça, e para os pequenos, o motivo de muitas tolices. Com efeito, haveria nas **[161]** alianças alguma circunstância mais vantajosa que a conveniência das fortunas? No entanto, que faria de melhor um homem honesto que possui riquezas senão partilhá-las com uma mulher que só possui virtude, talentos e encantos? Do que precede, segue-se que a conveniência consiste em considerações, ora razoáveis, ora ridículas, sobre as quais os homens são persuadidos que o que lhes falta e o que buscam torná-los-á mais doce ou menos onerosa a posse do que têm. Ver os verbetes *Virtude*, *Honestidade*, *Decência* etc.

(TK)

Conveniente (*Gramática, Moral*), Diderot [4, 160]

Observarei, primeiramente, que conveniência não é o substantivo de *conveniente*, se consultarmos as ideias ligadas a tais palavras. A conveniência se dá entre coisas, o conveniente, entre as ações. Há determinada maneira de se vestir que não é *conveniente* a um eclesiástico: encarregamo-nos frequentemente de uma comissão que não é *conveniente* à posição que ocupamos;

não é suficiente que uma recompensa seja proporcional ao serviço, é preciso ainda que ela seja conveniente para a pessoa. O conveniente consiste sempre na conformidade de sua conduta com os usos estabelecidos e as opiniões recebidas. É, se for permitido exprimir-se assim, o *honesto arbitrário*. Ver *Conveniência, Decência, Honesto, Virtude*.

(TK)

Conversação, Diálogo (*Gramática*), d'Alembert [4, 165]

As palavras *conversação* e *diálogo* designam em geral o discurso recíproco entre duas ou mais pessoas, com a diferença que conversação se diz em geral de qualquer discurso como esse, enquanto diálogo se diz de um discurso como esse, porém sobre um objeto determinado. Assim, quando se diz que a conversação de um homem é boa, isso quer dizer que ele sabe falar a respeito dos diferentes objetos sobre os quais tem oportunidade de falar; mas não se diria que ele dialoga bem. Diálogo é utilizado para se referir à conversa entre um superior e um inferior; não se diz de um súdito que ele participou de uma conversação com o rei, diz-se que teve um diálogo com o rei. A palavra *diálogo* é utilizada também quando o discurso versa sobre uma matéria importante; diz-se, por exemplo, que dois príncipes dialogaram sobre os meios de estabelecer a paz entre eles. Diálogo se diz em geral de conversações impressas, a menos que o tema da conversação não seja sério; referimo-nos aos diálogos de Cícero sobre a natureza dos deuses, à conversação entre o padre Canaye e o marechal d'Hoquincourt. Diálogo cabe a conversações dramáticas, colóquio a conversações polêmicas e públicas, que têm por objeto questões de doutrina, como o colóquio de Poissy. Quando muitas pessoas, principalmente mais de duas, reúnem-se e falam entre si, diz-se que elas *conversam*, não que *dialogam*.

As leis gerais da conversação são as seguintes. Não se deter em nenhum objeto, passar ligeiramente, sem esforço e sem afetação, de um assunto a outro; saber falar sobre coisas frívolas bem como sobre coisas sérias; lembrar que a conversação é uma distração, não um luta de esgrima ou um jogo de xadrez; saber ser descurado ou mais do que descurado, se necessário for: numa palavra, deixar que o espírito, por assim dizer, corra livremente, como quiser e como puder; não se apoderar da palavra de maneira prepotente e tirânica; evitar a todo custo o tom dogmático e professoral, pois nada choca tanto os que nos escutam, predispondo-os contra nós. **[166]** A conversação talvez seja a ocasião em que menos conseguimos esconder nosso amor-próprio, e este sempre tem algo a perder com a mortificação do amor-próprio alheio: uma vez atingido, quer se vingar, é ardiloso na busca de meios para executar o seu desígnio e com frequência os encontra no calor da hora. Quem nunca deu ao amor-próprio alheio mil armas para a sua vingança? Outra falta a ser evitada é falar na conversação como quem se dirige aos seus leitores, ter o que se costuma chamar de *conversa bem escrita*. Uma conversação não deve ser um livro, assim como um livro não deve ser uma conversação. O que é singular é que os que incorrem no primeiro desses defeitos incorrem também, via de regra, no segundo: por terem o hábito de falar como escreveriam, imaginam que devem escrever como falariam. É preciso resguardar-se quando se fala em público e sentir-se à vontade quando se fala com os seus. Ver *Afetação*.

(**PPP**)

Costumes (*Moral*), Diderot [10, 611]

Costumes são as ações livres dos homens, naturais ou adquiridas, boas ou más, suscetíveis de regra e de direção.

Sua variedade entre os diversos povos do mundo depende do clima, da religião, das leis, do governo, das necessidades, da educação, das maneiras e dos exemplos. À medida que em cada nação uma dessas causas age com mais força, as outras lhe cedem na mesma proporção.

Para justificar todas essas verdades, seria preciso entrar em detalhes que os limites desta obra não permitiriam esmiuçar, só é possível lançar os olhos sobre as diferentes formas de governo de nossos climas temperados; então, entreveríamos com bastante exatidão, por essa única consideração, os costumes dos cidadãos. Assim, numa república que somente pode subsistir do comércio de economia, a simplicidade dos costumes, a tolerância em matéria de religião, o amor pela frugalidade, a contenção de despesas, o espírito de interesse e de avareza deverão necessariamente dominar. Numa monarquia limitada, onde cada cidadão toma parte na administração do Estado, a liberdade será ali vista como um bem tão grande que toda guerra empreendida para defendê-la passará por um mal pouco considerável; os povos dessa monarquia serão altivos, generosos, profundos nas ciências e na política, sem nunca perder de vista seus privilégios, nem mesmo em meio ao lazer e à devassidão. Numa monarquia absoluta rica, onde as mulheres dão o tom, a honra, a ambição, a galanteria, o gosto pelos prazeres, a vaidade e a lassidão serão a marca distintiva dos súditos; e como esse governo produz ainda a ociosidade, esta, na medida em que corromper os *costumes*, fará nascer em lugar deles a polidez das maneiras. Ver *Maneiras*.

(TK)

Decência (*Moral*), Diderot [4, 664]

Decência é a conformidade das ações exteriores com as leis, os costumes, os usos, o espírito, a religião, a honra e os preconceitos da sociedade da qual se é membro. De onde se vê que a decência varia de um século a outro no mesmo povo e de um lugar da Terra a outro em diferentes povos; e que ela é, por conseguinte, muito diferente da virtude e da honestidade, cujas ideias devem ser eternas, invariáveis e universais. Aparentemente, não poderíamos dizer de uma *mulher de Esparta* que se entregaria à morte porque algum mal ou alguma injúria lhe teria tornado a vida desprezível, o que tão bem disse Ovídio de Lucrécia: *Tunc quoque jam moriens, ne non procumbat honeste, Respicit; haec etiam cura cadentis erat* [Mesmo assim, já a morrer, ela cuida para não cair descomposta: com isso se preocupava enquanto caía].

Pensemos da decência tudo o que quisermos, certo é que essa última atenção de Lucrécia expirante concede à sua virtude um caráter particular, que não podemos deixar de respeitar.

(TK)

Decoro (*Moral*), Diderot [2, 245]

Decoro, em geral, consiste na conformidade de uma ação com o tempo, os lugares e as pessoas. É o uso que nos torna sensíveis a tal conformidade. Faltar com o decoro implica sempre expor-se ao ridículo e, às vezes, indica um vício. O medo do embaraço faz sempre esquecer os decoros. Decoro não se diz apenas em sentido moral, mas também em sentido físico, e confunde-se às vezes com conveniência: *este pedaço de terra me convém*, quando sua aquisição aumenta um domínio, embeleza um jardim etc. Infeliz de um tiranete cujo Estado está à revelia da conveniência de um príncipe mais poderoso!

(TK)

Etiqueta (*História moderna*), Duclos [6, 58]

Etiqueta, cerimonial escrito ou tradicional que regulamenta os deveres exteriores no que concerne às posições, lugares e dignidades.

Se a nobreza e as posições fossem apenas a recompensa do mérito e sempre acompanhassem os seus graus, jamais teríamos imaginado a etiqueta; o respeito pela posição seria naturalmente confundido com o respeito pela pessoa. Mas, como a nobreza e muitas outras distinções tornaram-se hereditárias, aconteceu de as crianças não terem o mérito de seus pais; na distribuição das posições, houve necessariamente abusos que nem sempre eram possível prever ou reparar, e foi necessário não deixar os particulares serem juízes das considerações que desejavam possuir e dos deveres que teriam que cumprir: a boa ordem, a própria filosofia e, por conseguinte, a justiça obrigaram a estabelecer regras de subordinação. Com efeito, seria muito perigoso num Estado deixar os postos e as posições serem aviltados por um desprezo, ainda que fundamentado por aqueles que os ocupam; sem isso, o capricho, a inveja, o orgulho e a injustiça atacariam igualmente os homens mais dignos de suas posições. Assim, a etiqueta, sendo um abrigo contra o desprezo pessoal, é também uma salvaguarda para o verdadeiro mérito; e, o que é mais importante, ela é responsável pela manutenção da boa ordem. Os particulares são senhores de seus sentimentos, mas não de seus deveres.

É preciso convir que, falando de modo geral, a severidade e as minúcias da etiqueta não formam um preconceito favorável no caso de um povo que se ocupa muito dela. A etiqueta estende-se à medida que o mérito diminui. O despotismo faz da etiqueta uma espécie de culto. De outro lado, há povos bastante livres (os ingleses, que servem de joelhos ao seu rei) que conservam uma etiqueta bem cerimoniosa para com o seu príncipe: parece que querem adverti-lo, dessa maneira, que ele é apenas a representação da autoridade. É quase nesse mesmo sentido que se chamam de etiquetas certos cartazes pequenos que se colocam em sacos, caixas ou vasos, para distinguir coisas que ali se encontram contidas, e que sem isso poderiam ser confundidas com outras.

Havia uma etiqueta entre os imperadores do Baixo Império, ou seja, quando não havia mais romanos, embora houvesse um governo que levava esse nome.

Em todos os tempos houve distinção de posições e de funções num Estado; mas a *etiqueta* propriamente dita não é muito antiga no sistema atual da Europa: não acredito que se tenha encontrado um detalhe dessa forma antes da segunda casa de Borgonha. Filipe, o Bom, tão poderoso quanto um rei, sofria impacientemente de não portar tal título: foi talvez por isso que mandou construir um tipo de casa que pudesse eclipsar aquelas dos reis pela magnificência, pelo número de oficiais e pelo detalhe de suas funções. Essa etiqueta passava, na casa da Áustria, pelo casamento de Maria com Maximiliano. Os mores tinham levado a galanteria e as festas para a Espanha; a etiqueta levou para lá a insolência e o tédio.

A *etiqueta* não é severa nem regular na França. Há poucas ocasiões especiais em que se é obrigado a buscar o que se praticou na corte em circunstâncias similares; nós a esquecemos, e, se tratamos de nos lembrar dela, é para esquecê-la novamente. O francês é bastante disposto a estimar o que deve respeitar e a amar o que estima: não é próprio dele cumprir fria nem gravemente certos deveres: ele se abstém deles com leveza, ou os cumpre com ardor. O que em outro lugar poderia ser uma falta de servilismo, na França nada mais é do que um efeito da inclinação e do caráter, sempre.

(TK)

Feliz, Felizmente (*Gramática, Moral*), Voltaire [8, 194]

A palavra francesa *heureuse* vem evidentemente de *fortuna* [*heur*], da qual *hora* [*heure*] é a origem. Daí as antigas expressões *em boa hora, em má hora*, pois nossos pais, cuja filosofia em sua totalidade não passava de preconceitos das nações mais antigas, admitiam horas favoráveis e funestas.

Considerando que, outrora, a felicidade era somente uma *hora afortunada*, poderíamos prestar mais honra aos antigos do que eles mereciam e concluir disso que viam a felicidade como uma coisa passageira, tal como ela efetivamente é.

O que chamamos de felicidade é uma ideia abstrata, composta de algumas ideias de prazer; pois quem tem apenas um momento de prazer não é um homem feliz, da mesma forma que um momento de dor não faz um homem infeliz. O prazer é mais rápido que a felicidade e a felicidade é mais passageira do que a beatitude. Quando se diz, sou feliz neste momento, abusa-se da palavra e isso significa apenas que tenho prazer; quando se tem prazeres um pouco repetidos, pode-se nesse intervalo de tempo dizer feliz. Quando essa felicidade dura um pouco mais, trata-se de um **[195]** estado de felicidade. Algumas vezes, está-se bem longe de ser feliz na prosperidade, como um doente sem paladar não come nada num grande festim preparado para ele.

O antigo adágio *não se deve chamar ninguém de feliz antes de sua morte* parece apoiar-se sobre princípios bem falsos. Dir-se-ia por essa máxima que só se deveria atribuir o adjetivo feliz a um homem que o fosse constantemente desde seu nascimento até sua última hora. Tal série contínua de momentos agradáveis é impossível pela constituição de nossos órgãos, dos elementos de que dependemos, dos homens dos quais dependemos muito mais. Pretender ser sempre feliz é a pedra filosofal da alma; já é suficiente para nós não permanecermos por muito tempo num estado de tristeza; mas aquele que supostamente esteve sempre no gozo de uma vida feliz e pereceu miseravelmente teria certamente merecido o nome de *afortunado*, até a morte. E poderíamos afirmar, audaciosamente, que ele foi o mais afortunado dos homens. Admite-se sem problemas que Sócrates tenha sido o mais feliz dos gregos, embora juízes supersticiosos e absurdos, ou iníquos, ou tudo isso, tenham-no envenenado juridicamente aos 70 anos, sob suspeita de que ele acreditava num Deus único.

Essa máxima filosófica tão contestada, *nemo ante obitum felix*, parece, pois, absolutamente falsa em todos os sentidos. E se ela significa que um homem afortunado pode morrer de uma morte desafortunada, ela não significa nada além do trivial. O provérbio do povo *feliz como um rei* é ainda mais falso; qualquer um que leu ou viveu deve saber o quanto o vulgo se engana.

Pergunta-se se há uma condição mais feliz do que outra, se o homem em geral é mais feliz do que a mulher. Seria preciso ter sido homem e mulher, como Tirésias e Ífis, para decidir essa questão; para julgá-la, seria preciso ainda ter vivido em todas as condições com um espírito igualmente próprio a cada uma e ter passado por todos os estados possíveis do homem e da mulher.

Pergunta-se ainda se, entre dois homens, um é mais feliz do que o outro. É bem claro que, de modo geral, aquele que tem a pedra e a gota, que perde seu bem, sua honra, sua mulher e suas crianças, e que é condenado a ser enforcado imediatamente após ter sido retalhado é menos feliz neste mundo do que um jovem sultão vigoroso ou do que o sapateiro de La Fontaine.

Mas deseja-se saber qual é o mais feliz entre dois homens igualmente saudáveis, igualmente ricos e de uma condição igual: é claro que o seu humor decide isso. O mais moderado, o menos inquieto e, ao mesmo tempo, o mais sensível é o mais feliz; mas, desafortunadamente, o mais sensível é sempre o menos moderado: não é nossa condição, mas a têmpera de nossa alma que nos torna felizes. Essa disposição de nossa alma depende de nossos órgãos, e nossos órgãos foram arranjados sem que tivéssemos a menor parte nisso: cabe ao leitor fazer, a partir daí, suas reflexões; há mais artigos sobre os quais se pode dizer isso do que o contrário: em matéria de arte, é preciso instruir, em matéria de moral, é preciso deixar pensar.

Há cães que acariciamos, penteamos, alimentamos com biscoitos, aos quais damos cadelas bonitas; há outros que são cobertos de sarna, que morrem de fome, que caçamos e maltratamos, e que em seguida um jovem cirurgião disseca lentamente, após ter enfiado quatro grossos pregos em suas patas. Dependeu desses pobres cães serem felizes ou infelizes?

Dizemos pensamento feliz, trecho feliz, réplica feliz, fisionomia feliz, clima feliz; esses pensamentos, esses trechos felizes, que vêm a nós como inspirações súbitas e que chamamos de boas fortunas de homens de espírito, nos são dados como a luz que entra nos olhos, sem esforço, sem que a busquemos. Eles não estão sob nosso poder mais do que a fisionomia feliz; ou seja, doce, nobre, tão independente de nós e tão frequentemente enganosa.

Clima feliz é aquele que a natureza favorece: assim são as imaginações felizes, assim é o gênio feliz, ou seja, o grande talento. E quem pode dar a si mesmo o gênio? Quem pode, quando recebeu alguns raios dessa chama, conservá-la sempre brilhante? Pois se a palavra *feliz* vem da boa hora, e *infeliz*, da má hora, poderíamos dizer que aqueles que pensam, que escrevem com gênio, que são bem-sucedidos nas obras de gosto, escrevem em boa hora; o grande número é daqueles que escrevem em má hora.

Dizemos, em matéria de arte, gênio feliz, e nunca gênio infeliz; a razão disso é palpável: é que aquele que não tem êxito carece absolutamente de gênio.

O gênio é apenas mais ou menos feliz; o de Virgílio foi mais feliz no episódio de Didon do que na fábula de Lavínia; mais na descrição da tomada de Troia do que na guerra de Turno. Homero é mais feliz na invenção do cinto de Vênus do que na dos ventos encerrados num odre.

Dizemos invenção feliz ou infeliz, mas do ponto de vista moral, considerando os males que uma invenção produz: a infeliz invenção da pólvora; a feliz invenção da bússola, do astrolábio, do compasso de proporção etc.

Quando o cardeal Mazarino pediu por um general *heureux*, entendia ou deveria entender por isso um general *hábil*. Quando há êxitos reiterados, habilidade e felicidade são de ordinário sinônimos.

Quando dizemos *celerado feliz* entendemos por essa expressão os seus feitos, *felix Sylla, afortunada Sylla*; um Alexandre VI ou um duque de Bórgia tiveram a felicidade de pilhar, trair, envenenar, saquear, degolar. Há forte suspeita de que foram muito infelizes, ainda que não tenham temido seus semelhantes.

Pode ser que um celerado mal-educado, um grão-turco, por exemplo, a quem teria sido dito que lhe era permitido não ter fé nos cristãos, mande apertar o pescoço de seus vizires ricos com um cordão de seda, lançar no canal do Mar Negro seus irmãos estrangulados ou massacrados, e saquear, para sua glória, cem léguas. Pode ser que, digo, forçosamente esse homem não tivesse mais remorsos do que seu mufti e fosse muito feliz. É sobre o que o leitor pode ainda pensar muito; tudo o que se pode dizer aqui é que se deseja que esse sultão seja o mais infeliz dos homens.

Provavelmente, o que de melhor se escreveu sobre os meios de se tornar afortunado é o livro de Sêneca, *De vita beata*. Mas esse livro não tornou afortunado nem seu autor, nem seus leitores.

Havia outrora planetas felizes, outros infelizes; felizmente, estes não existem mais.

Quiseram privar o público deste *Dicionário* útil; *felizmente*, essa tentativa não teve êxito.

Almas enlameadas, fanáticos tresloucados previnem todos os dias os poderosos e os ignorantes contra os filósofos. Se tivéssemos a *infelicidade* de escutá-los, cairíamos na mesma barbárie, da qual **[196]** somente os filósofos puderam nos tirar.

(TK)

Fidelidade (*Moral*), Jaucourt [6, 686]

Fidelidade é a virtude que consiste em guardar firmemente sua palavra, suas promessas ou suas convenções, desde que elas não encerrem nada de contrário às leis naturais, pois, nesse caso, tornam ilícitos a palavra dada, as promessas feitas e os compromissos contratados. De outra forma, nada pode dispensar daquilo a que se está compromissado com alguém: menos ainda é permitido, ao falar, ao prometer, ao contratar, o uso de equívocos ou outras obscuridades na linguagem. Estes são apenas artifícios odiosos.

Os vícios não devem tampouco atingir a fidelidade: eles não fornecem, por si mesmos, um motivo suficiente para recusar a um homem vicioso a realização daquilo que lhe foi prometido. Quando um poeta, diz Cícero admiravelmente nos *Deveres* (livro III, cap.29), coloca na boca de Atreu essas palavras: "não dei e não dou minha fé a quem não a possui", ele tem razão em fazer falar assim a esse rei mau para bem representar seu caráter: mas se queremos estabelecer isso como regra geral, que é nula a fé dada a um homem sem fé, temo que buscamos sob esse véu especioso apenas uma desculpa para o perjúrio e para a infidelidade. Assim, o juramento, a promessa, a palavra uma vez dada de fazer algo, demandam absolutamente a sua execução; a boa-fé não tolera raciocínios incertos.

A fidelidade é a fonte de quase todo comércio entre os seres razoáveis: é um laço sagrado, que estabelece o único bem da confiança na sociedade de particular a particular; pois a partir do instante em que tivermos colocado como máxima que podemos faltar à fidelidade sob um pretexto qualquer – por exemplo, devido a um grande interesse –, não é possível confiar em outrem quando este possa encontrar uma grande vantagem em violar a fé que deu. Mas, se essa fé é inviolável entre os particulares, ela é ainda mais para os soberanos, seja entre eles, seja em relação aos seu súditos: até mesmo se fosse banida do resto do mundo, dizia o infortunado rei João, ela deveria sempre permanecer inabalável na boca dos príncipes.

(TK)

Fineza (*Gramática, Filosofia Moral*), Voltaire, Marmontel [6, 815]

Fineza não significa, em sentido próprio ou figurado, *magreza*, *leveza*, *delgadez*, de feitio raro, frágil, tênue; exprime algo de *delicado* e *fino*. Um lençol leve, um tecido macio, uma renda frágil, uma fita estreita, nem sempre são [**816**] *finos*. Essa palavra tem relação com *findar*: daí vêm as finezas da arte; assim, fala-se da fineza do pincel de Vanderwerf, de Mieris; fala-se de um cavalo fino, do ouro fino, de um diamante fino. O cavalo fino é oposto ao cavalo grosseiro; o diamante fino, ao falso; o ouro fino, ou refinado, ao misturado com ligas. Fineza se diz comumente das coisas delicadas e da leveza da mão de obra. Embora se diga um cavalo fino, não se diz a fineza de um cavalo. Fala-se a fineza dos cabelos, de uma renda, de um tecido. Quando se quer, por essa palavra, exprimir a falha ou o mau emprego de algo, acrescenta-se o advérbio *demasiado*. Esse fio se rompeu, ele era demasiado fino; esse tecido é demasiado fino para a estação.

No sentido figurado, fineza aplica-se à conduta, aos discursos, às obras de espírito. Na conduta, fineza sempre exprime, como nas artes, algo de delicado; pode, às vezes, subsistir sem a habilidade; é raro que não esteja mesclada com um pouco de duplicidade; a política a admite e a sociedade a reprova. O provérbio *das finezas costuradas com fio branco* prova que essa palavra, no sentido figurado, vem do sentido próprio de costura fina, tecido fino.

Fineza não é exatamente sutileza. Monta-se uma armadilha com fineza, escapa-se dela com sutileza; temos uma conduta fina, fazemos um truque sutil; inspiramos desconfiança quando empregamos sempre fineza. Enganamo-nos quase sempre ao aceitar fineza em tudo. Fineza nas obras de espírito, assim como na conversação, consiste na arte de não exprimir diretamente seu pensamento, mas deixá-lo facilmente perceptível: é um enigma pelo qual as pessoas de espírito decifram subitamente a palavra. Certo dia, como um chanceler oferecesse sua proteção ao Parlamento, o primeiro presidente vira-se para os presentes e diz, *Senhores, agradeçamos ao senhor chanceler; ele nos dá mais do que lhe pedimos*. Eis aí uma réplica muito fina. Fineza, na conversação e nos escritos, difere de delicadeza; a primeira se estende tanto às coisas picantes e agradáveis, à acusação e ao elogio, até mesmo às coisas indecentes, cobertas de um véu através do qual as vemos sem rubor. Fala-se das coisas chocantes com fineza. Delicadeza exprime sentimentos suaves e agradáveis, elogios finos: assim, *fineza* convém mais ao epigrama, e a delicadeza ao madrigal. Os ciúmes dos amantes incluem a delicadeza, mas não a fineza. Os elogios que Despréaux fazia a Luís XIV nem sempre eram delicados; suas sátiras nem sempre eram bastante finas. Quando Ifigênia, em Racine, recebeu a ordem de seu pai de não mais ver Aquiles, ela grita: *deuses mais doces, nada mais pedistes que minha vida*. O verdadeiro caráter desse verso é antes a delicadeza que a fineza. (**Voltaire**)

Fineza é a faculdade de perceber, nas relações superficiais das circunstâncias e das coisas, as facetas quase insensíveis que se correspondem, os pontos indivisíveis que se tocam, os fios delgados que se entrelaçam e se unem.

Fineza difere de penetração na medida em que esta faz ver o todo, aquela, o pequeno detalhe. O homem penetrante vê de longe; o homem fino vê com clareza, mas de perto: essas duas faculdades podem ser comparadas ao telescópio e ao microscópio. Um homem penetrante, vendo Brutus imóvel e pensativo diante da estátua de Catão, combinando o caráter de Catão com o de Brutus, com o estado de Roma, com a posição usurpada por César, com o descontentamento dos cidadãos etc., teria podido dizer: *Brutus medita algo extraordinário*. Um homem fino teria dito: *Eis Brutus, que se admira em um desses caracteres*, e teria feito um epigrama sobre a vaidade de Brutus. Um fino cortesão, vendo a desvantagem do campo do sr. de Turenne, teria aparentado não perceber a situação; um granadeiro penetrante não se importa em trabalhar nas trincheiras e responde ao general: *eu vos conheço, não dormiremos aqui*.

Fineza não pode se seguir à penetração, mas às vezes também lhe escapa. Um homem profundo é impenetrável para um outro que é apenas fino, pois este não combina senão as superfícies; mas o homem profundo é às vezes surpreendido pelo homem fino; sua visão chocante, vasta e rápida desdenha ou negligencia a percepção dos pequenos meios: Hércules corre e um inseto pica-o no calcanhar.

Delicadeza é fineza do sentimento que não reflete; é uma percepção viva e rápida do resultado das combinações.

Malo me Galatoea petit, lasciva puella, Et fugit ad salices, & se cupit ante videri [Com uma maçã Galatea me acertou, lasciva menina, e fugiu em direção aos salgueiros, sendo que antes desejava ser vista]. Se acompanhada de muita sensibilidade, a delicadeza assemelha-se ainda mais à sagacidade do que à fineza.

A sagacidade difere da fineza 1º) na medida em que ela é o tato do espírito, assim como a delicadeza é o tato da alma; 2º) na medida em que a fineza é superficial, enquanto a sagacidade é penetrante: não uma penetração progressiva, mas súbita, que ultrapassa o meio das ideias e toca o fim desde o primeiro passo. É o golpe de vista do grande Condé. Bossuet chama isso de iluminação; com efeito, assemelha-se às grandes iluminações.

Ardil se distingue de fineza na medida em que emprega a falsidade. Ardil exige fineza, para se disfarçar mais habilmente e tornar mais sutis as armadilhas do artifício e da mentira. Fineza serve apenas para, às vezes, descobrir e vencer essas armadilhas; pois o ardil é sempre ofensivo, e a fineza pode não sê-lo. Um homem honesto pode ser fino, mas não astucioso. De resto, é tão fácil e tão perigoso passar de um a outro, que pouca gente honesta se orgulha de ser fina. O bom homem e o grande homem têm isso em comum: não podem se decidir a sê-lo.

Astúcia é uma fineza prática no mal, mas não muito: é a fineza que prejudica ou que quer prejudicar. Na astúcia, a fineza vem acompanhada da maldade, assim como da falsidade no ardil – palavra que, embora tenha caído em desuso, merece ser conservada, pois introduz uma nuance.

Perfídia supõe mais do que fineza; é uma falsidade sombria e profunda, que emprega meios mais poderosos e mobiliza recursos mais ocultos do que a astúcia e o ardil. Estes, para serem dirigidos, precisam apenas da fineza, e a fineza basta para escapar deles; mas para observar e desmascarar a perfídia, é preciso penetração. Perfídia é um abuso de confiança fundado sobre garantias inevitáveis, como a humanidade, a boa-fé, a autoridade das leis, o reconhecimento, a amizade, os direitos de sangue etc. Quanto mais sagrados esses direitos, mais a confiança descansa tranquila e, por conseguinte, mais a perfídia está acobertada. Desconfiamos menos de um cidadão do que de um estrangeiro, menos de um amigo que de um concidadão etc. Assim, por grau, a perfídia é mais atroz na medida em que a confiança violada era mais bem estabelecida.

Observamos esses sinônimos menos para prevenir o abuso dos termos na língua do que para fazer sentir o abuso das ideias nos costumes. Se não fosse o exemplo, um pérfido que surpreendeu ou arrancou um segredo para trair não aplaudiria a si mesmo por ter sido fino. (**Marmontel**)

(TK)

Fornicação (*Moral*), Voltaire, d'Alembert [7, 188]

O dicionário de Trévoux diz que fornicação é um termo de Teologia. Vem da palavra latina *fornix*, pequenas câmaras abobadadas nas quais se mantinham as mulheres públicas de Roma. Empregou-se esse termo para significar o *comércio das pessoas livres*. Não é usual na conversação e até hoje foi recebida tão somente no estilo de Marot. A decência baniu-a da cátedra. Os casuístas faziam grande uso dela e a distinguiam em muitas espécies. Traduziu-se pela palavra *fornicação* as impiedades do povo judeu em relação aos deuses estrangeiros, porque entre os profetas tais impiedades são chamadas impurezas, sujeiras. É pela mesma extensão que se diz que os judeus haviam prestado homenagem adúltera aos falsos deuses. (**Voltaire**)

A fornicação, enquanto união ilegítima de duas pessoas livres e sem parentesco, é propriamente um comércio carnal cuja permissão não foi dada por um padre. A antiga lei condena aquele que cometeu a fornicação com uma virgem a desposá-la ou a lhe dar dinheiro, caso o seu pai rejeite o casamento (*Êxodo*, 22). Ela não parece ter imposto pena para a fornicação com uma jovem pública, ou mesmo com uma viúva. Isso não quer dizer que tal fornicação tenha sido permitida. Vemos por uma passagem dos *Atos dos apóstolos*, XV, 20-9, que prescrevia aos judeus recém-convertidos que, entre outras observações legais, conservassem a abstinência da fornicação e das carnes refogadas. Essa atenção em colocar lado a lado duas abstinências tão diferentes parece provar que o consumo das carnes refogadas (indiferente em si mesmo) era tratado pela lei dos judeus como um grande mal, ou que a fornicação era vista como uma simples falta contra a lei, mais do que como um crime. A nova lei foi mais severa e mais justa. Um cristão considera um mal pior desfrutar de um comércio carnal, o qual não é revestido da dignidade do sacramento, do que comer a carne de suíno ou carne refogada.

Mas a simples fornicação, embora grave em matéria de pecado, é, de todas as uniões ilegítimas, a que o cristianismo menos condena; o adultério é, com razão, tratado pelo Evangelho [189] como um crime muito maior. Ver *Adultério*. Com efeito, acompanham o pecado da fornicação dois outros: o furto, porque rouba-se o bem de outrem, e a fraude, por meio da qual se dá a um cidadão herdeiros que não devem sê-lo. No entanto, feita a abstração da religião e até mesmo da probidade, e considerando unicamente a economia da sociedade, não é difícil sentir que a fornicação é, num certo sentido, mais nociva que o adultério, pois ela tende a multiplicar na sociedade a miséria e a desordem na medida em que introduz cidadãos sem estado e sem recurso, ou, o que é talvez ainda mais funesto, em que tende a facilitar o despovoamento pela ruína da fecundidade. Essa observação não tem por objeto diminuir o justo horror que se deve ter do adultério, mas somente tornar sensíveis os diferentes aspectos sob os quais se pode apreciar a moral, seja em relação à religião, seja em relação ao Estado. Os legisladores decretaram penas sobretudo contra os delitos que causavam problemas entre os homens. Existem outros crimes que a religião não condena, mas cuja punição é reservada ao Ser supremo. A incredulidade, por exemplo, é para um cristão um crime tão grande e talvez até pior do que o roubo; no entanto, há leis contra o roubo e não há leis contra os incrédulos que não atacam abertamente a religião dominante; isso porque opiniões (mesmo absurdas) que não buscamos difundir não levam os cidadãos a nenhum prejuízo: assim, há mais incrédulos que ladrões. Em geral, pode-se observar que, para vergonha e infelicidade do gênero humano, a religião nem sempre é um freio suficientemente poderoso contra os crimes que as leis não punem, e nem mesmo o governo faz uma busca severa, preferindo ignorar a punir. É, portanto, ter uma ideia muito falsa do cristianismo, injuriosa até, considerá-lo, por uma política totalmente humana, como unicamente destinado a ser uma barragem contra os delitos. A natureza dos preceitos da religião, as penas com as quais ameaça, na verdade tão certas quanto temíveis, mas cujo efeito nunca é presente, enfim, o justo perdão que ela concede sempre a um arrependimento sincero, a tornam mais própria, não tanto para impedir o mal, mas muito mais para buscar o bem da sociedade. É à moral doce e benfazeja do Evangelho que se deve o primeiro desses efeitos; leis rigorosas e bem executadas produzirão o segundo.

Notou-se antes, com razão, que a fornicação é considerada na Escritura não somente como uma união ilegítima, mas mais ainda para significar a *idolatria* e a *heresia*, que são vistas como *fornicações espirituais*, como uma espécie de cópula, se nos é permitido assim falar, com o espírito das trevas. Essa distinção pode servir para explicar certas passagens da Escritura contra a fornicação e a conciliá-las com outras. (**d'Alembert**)

(TK)

Fortuna (*Moral*), d'Alembert [7, 205]

A palavra *fortuna* possui diferentes acepções em nossa língua: significa a série de eventos que torna os homens felizes ou infelizes, que é a acepção mais geral; ou um estado de opulência, e é nesse sentido que dizemos fazer fortuna, ter fortuna. Enfim, quando essa palavra é acompanhada da palavra *boa*, ela designa os favores do sexo: ir em boa fortuna, ter boa fortuna. O objeto dessa última acepção não é suficientemente sério para ser tratado numa obra como a nossa; o que diz respeito à palavra *fortuna* tomada no primeiro sentido foi suficientemente aprofundado na **[206]** palavra *Fatalidade*; então, limitar-nos-emos aqui a dizer algo sobre a palavra *fortuna*, tomada na segunda acepção.

Para fazer fortuna, ou seja, adquirir riquezas, há os meios vis, os criminosos e os honestos.

Os meios vis consistem, em geral, no talento desprezível de fazer de modo vil a sua corte. Esse talento reduz-se, como dizia outrora um príncipe de muito espírito, em saber estar de acordo com os grandes, sem humor e sem honra. É preciso, no entanto, observar que, de alguma maneira, os meios vis de atingir a opulência cessam de existir quando os empregamos somente para procurar o estritamente necessário. Com exceção do crime, tudo é permitido para sair de um estado de miséria profundo; daí decorre que é sempre mais fácil enriquecer-se partindo da indigência absoluta do que partindo de uma fortuna estreita e limitada. Ao tornar quase todos os meios desculpáveis, a necessidade de se libertar da indigência se familiariza imperceptivelmente com esses meios; é menos custoso, em seguida, fazê-los servir ao aumento de sua fortuna.

Os meios de se enriquecer podem ser criminosos do ponto de vista moral, embora permitidos pelas leis. É contrário ao direito natural e à humanidade que milhões de homens sejam privados do necessário, como o são em certos países, para alimentar o luxo escandaloso de um pequeno número de cidadãos ociosos. Uma injustiça tão gritante e tão cruel não pode ser autorizada para fornecer recursos ao Estado em tempos difíceis. Multiplicar os infelizes para aumentar os recursos é como cortar um braço para dar mais alimento ao outro. Tal desigualdade monstruosa entre a fortuna dos homens que faz uns perecerem de indigência enquanto outros regurgitam o supérfluo era um dos principais argumentos dos epicuristas contra a Providência e deveria parecer sem réplica, para filósofos privados das luzes do Evangelho. Os homens engordados pela substância pública possuem apenas um meio para redimir sua opulência perante a moral: é devolver abundantemente aos indigentes o que retiraram deles, supondo até mesmo que a moral seja perfeitamente recompensada quando se dá a uns o de que se privou os outros. Mas, normalmente, os que causaram a miséria do povo acreditam estar desobrigados ao lamentarem essa miséria, até mesmo, ao se dispensarem de lamentá-la.

Os meios honestos de fazer fortuna são aqueles que vêm do talento e da indústria; deve-se reconhecer o principal deles no comércio. Que diferença para o sábio entre a fortuna de um cortesão, produzida mediante baixezas e intrigas, e aquela de um negociante que deve sua opulência apenas a si e que, por meio dela, procura o bem do Estado! Que o comércio, isto é, a maneira mais nobre de enriquecer, seja visto pelos nobres com desprezo, e que, não obstante, ele sirva para comprar a nobreza, isso é uma barbárie estranha em nossos costumes e, ao mesmo tempo, uma contradição bem ridícula. Mas o cúmulo da contradição e da barbárie é que se possa adquirir nobreza com riquezas obtidas por toda sorte de vias. Ver *Nobreza*.

Um meio seguro de fazer fortuna é estar continuamente ocupado com esse objeto e não ser escrupuloso sobre a escolha dos caminhos que podem conduzir a ele. Perguntava-se a Newton como ele havia conseguido encontrar o sistema do mundo: "é", dizia esse grande filósofo, "por ter pensado nele incessantemente". Com mais forte razão ter-se-á sucesso nessa obstinação nos empreendimentos menos difíceis, sobretudo quando estivermos resolvidos a empregar todo tipo de vias. O espírito de intriga e de maquinação é, portanto, bem desprezível, uma vez que é o espírito de todos aqueles que desejariam tê-lo, mas tem que se contentar com o seu. Não é preciso outro talento para fazer fortuna a não ser a resolução bem determinada de fazê-la, paciência e audácia. Digamos mais: os meios honestos de se enriquecer, embora suponham algumas dificuldades reais de serem superadas, nem sempre são tantos quanto poderíamos pensar. Sabemos a história do filósofo que era censurado pelos inimigos por desprezar as riquezas apenas por não ter o espírito de adquiri-las. Ele se meteu no comércio, se enriqueceu com isso em um ano, distribuiu seu ganho entre seus amigos e, em seguida, se pôs a filosofar.

(TK)

Galanteria (*Moral*), Diderot [7, 427]

Podemos considerar a palavra *galanteria* em duas acepções gerais: 1º) nos homens, é uma atenção marcada para dizer às mulheres, de maneira fina e delicada, coisas que lhes agradem e que deem boa opinião delas mesmas e de nós. Essa arte, que poderia torná-las melhores e consolá-las, no mais das vezes serve apenas para corrompê-las.

Dizemos que todos os homens da corte são polidos. **[428]** Supondo-se que isso seja verdade, não é verdade que todos sejam galantes.

O uso do mundo pode dar a polidez comum: mas só a natureza dá esse caráter sedutor e perigoso, que torna um homem galante, ou que o dispõe a tornar-se um.

Pretendeu-se que a galanteria era a leve, a delicada, a perpétua mentira do amor. Mas, talvez, o amor dure apenas por causa dos suportes que a galanteria lhe oferece: seria por isso que ela não tem mais lugar entre os esposos quando o amor cessa?

O amor infeliz exclui a galanteria, pois as ideias que ela inspira exigem liberdade de espírito; esta é concedida pela felicidade.

Os homens verdadeiramente galantes tornaram-se raros. Parecem ter sido substituídos por uma espécie de homens presunçosos, que colocam apenas afetação no que fazem, porque não possuem graça e jargão no que dizem, porque não possuem espírito e substituíram os encantos da galanteria pelo tédio do enfado.

Entre os selvagens, que não possuem governo regrado e vivem quase sem vestimenta, o amor é uma mera necessidade. Num estado em que todos são escravos, não há galanteria, pois os homens ali vivem sem liberdade, e as mulheres, sem império. Num povo livre, encontrar-se-ão grandes virtudes, mas, também, modos rudes e grosseiros: um cortesão da corte de Augusto seria um homem bem singular para uma de nossas cortes modernas. Num governo em que uma única pessoa é encarregada dos negócios de todos, o cidadão ocioso, posicionado numa situação que não poderia mudar, pensará pelo menos em torná-la suportável, e dessa necessidade comum nascerá uma sociedade mais desenvolvida: as mulheres ali terão mais liberdade, os homens criarão o hábito de agradá-las e veremos formar-se, pouco a pouco, uma arte que será a da galanteria: então, a galanteria difundirá uma tintura sobre os costumes da nação e sobre suas produções em todos os gêneros. Elas ali perderão grandeza e força, mas ganharão doçura, e não sei qual ornamento original que os outros povos tratarão de imitar e que lhes dará um ar enviesado e ridículo.

Há homens cujos costumes tenderam sempre mais para sistemas particulares do que para a conduta geral. São os filósofos: nós os censuramos por não serem galantes. Mas é preciso confessar que, entre eles, seria difícil que a galanteria se aliasse à ideia severa que possuem da verdade.

No entanto, o filósofo possui, algumas vezes, essa vantagem sobre o homem do mundo: quando lhe escapa uma palavra que seja verdadeiramente galante, o contraste da palavra com o caráter da pessoa o faz se sobressair e o torna tanto mais adulador.

2º) A galanteria considerada como um vício do coração é apenas a libertinagem à qual se deu um nome honesto. Em geral, os povos não perdem a oportunidade de mascarar os vícios comuns por denominações honestas. As palavras *galante* e *galanteria* possuem outras acepções.

(TK)

Gozo (*Gramática, Moral*), Diderot [8, 889]

Gozar é conhecer, provar, sentir as vantagens de possuir. Com frequência possuímos sem gozar. De quem são estes magníficos palácios? Do soberano. Quem plantou estes jardins imensos? O soberano. Quem desfruta deles? Eu.

Mas deixemos para outros esses palácios magníficos que o soberano construiu, esses jardins encantadores por onde ele nunca passeia, e detenhamo-nos na volúpia que perpetua a cadeia dos seres vivos, à qual consagramos a palavra *gozo*.

Entre os objetos que a natureza oferece em toda parte a nossos desejos, dizei-me, vós que tendes alma, haveria algum mais digno de nossa busca, cuja posse e gozo poderiam nos tornar tão felizes, quanto o ser que pensa e sente como vós, que tem as mesmas ideias, que prova o mesmo calor, que experimenta os mesmos transportes, que estende seus braços ternos e delicados em direção aos vossos, que vos abraça, e cujas carícias serão seguidas da existência de um novo ser, que, por sua vez, será semelhante a um de vós, que desde os primeiros movimentos procurará vos enlaçar a ambos, que criareis ao vosso lado, que amareis juntos, que vos protegereis em vossa velhice, que vos respeitareis ao longo da vida, e cujo nascimento feliz já fortaleceu o laço que vos unia?

Os seres brutos que nos cercam, insensíveis, imóveis, privados de vida, podem servir à nossa felicidade, mas não estão cientes disso e não a compartilham conosco. Nosso gozo estéril e destrutivo, que afeta a todos eles, é insuficiente para reproduzi-los.

Se houvesse um homem perverso que se ofendesse com o elogio que faço da mais augusta e mais generalizada das paixões, eu evocaria diante dele a Natureza, daria a ela uma voz, e ela diria: por que enrubesceis ao ouvir pronunciado o nome de uma volúpia que não vos enrubesce quando a experimentais na sombra da noite? Acaso ignorais qual é a sua finalidade e o que deveis a ela? Ou acreditais que vossa mãe teria exposto sua vida para vos dar uma, se eu não tivesse acrescentado um encanto inexprimível aos abraços de seu esposo? Calai-vos, infeliz, e sabeis que o prazer é que vos tirou do nada.

A propagação dos seres é o grande objetivo da natureza. Ela solicita-o imperiosamente de ambos os sexos, tão logo tenham recebido o que lhes destinou de força e beleza. Uma inquietude vaga e melancólica adverte-os quanto ao momento; o estado deles é um misto de sofrimento e prazer;

então, eles dão ouvidos aos seus sentidos e dirigem-se um para o outro, com deliberação. Um indivíduo apresenta-se diante de outro da mesma espécie e de sexo diferente: suspende-se então o sentimento de toda outra necessidade, o coração palpita, os membros tremem, imagens voluptuosas vagueiam no cérebro, torrentes de espíritos correm pelos nervos e os irritam, dirigindo-se à sede de um novo sentido, que se pronuncia e incomoda. A visão é perturbada, o delírio é despertado, a razão, escrava do instinto, limita-se a servi-lo, e a natureza está satisfeita.

Foi assim que as coisas se passaram no nascimento do mundo, e é assim que continuam a se passar no âmago das profundezas do selvagem adulto.

Quando a mulher começa a discernir, quando parece ponderar sua escolha, e, entre os muitos homens pelos quais passa o seu olhar, guiado pela paixão, há um que o captura, que ela imagina ser o de sua preferência, um coração que parece merecer a mesma estima que ela tem pelo seu próprio, que lhe promete o prazer como recompensa de um mérito; quando os véus com que o pudor cobre os encantos deixam à imaginação inflamada o poder de dispor deles à vontade, então as ilusões mais delicadas concorrem com o sentido mais refinado para intensificar a felicidade, a alma é tomada por um entusiasmo quase divino, dois jovens corações, exaltados de amor, devotaram-se um ao outro para sempre, e o céu ouve as primeiras juras indiscretas.

Quantos momentos felizes não tem o dia, antes do instante em que a alma inteira mergulha e se perde na alma do objeto amado! Gozaram-se os momentos em que se esperava por esse instante.

Mas a entrega, o tempo, a natureza e a liberdade das carícias conduziram ao esquecimento de si mesmo. Jurou-se, depois de se ter provado a última gota de embriaguez, que não haveria outra que pudesse se lhe comparar. E isso se mostra verdadeiro, todas as vezes em que se utilizam órgãos sensíveis e viçosos, em que há um coração terno e uma alma inocente, que ainda não conhecem a desconfiança ou o remorso.

(TK, PPP)

Gula (*Moral*), Jaucourt [7, 754]

Gula é o amor refinado e desordenado pela boa refeição. Horácio chama isso de *ingrata ingluvies*. Era também a definição de Calímaco, que acrescentava a ela esta reflexão: "Tudo o que dei a meu ventre desapareceu, e conservei toda a pastagem que dei a meu espírito".

Varrão, irritado contra um dos Curtilos de seu século, que se aplicavam em combinar a oposição, a harmonia e as proporções dos diferentes sabores para fazer da mistura um excelente ensopado, diz a esse homem: "Se, de todos os sofrimentos que tivestes para tornar bom vosso cozinheiro, tivésseis consagrado alguns a estudar a Filosofia, teríeis vos tornado vós mesmos bons".

A observação de Varrão não corrigiu esse rico lascivo nem os seus semelhantes; ao contrário, eles ridicularizaram o mais instruído dos romanos acerca da vida rústica, o mais douto acerca da Gramática, da História e de tantos outros assuntos. Não nos espantemos com isso: a gula é um mérito nos países de luxo e vaidade, onde os vícios são ostentados como virtudes. É fruto da lassidão opulenta, que se forma em seu seio, aperfeiçoa-se pelo hábito e, por fim, se torna tão delicada que é preciso todo o gênio de um cozinheiro para satisfazer seus refinamentos.

Os romanos sucumbiram sob o peso de sua grandeza quando a temperança caiu no desprezo e quando se via suceder, à frugalidade dos Cúrios e dos Fabrícios, a sensualidade dos Cátios e dos Apícios. Três homens com esse último nome se tornaram célebres por suas pesquisas em gula. Era preciso não apenas que suas mesas fossem cobertas de faisões, os quais eram buscados atravessando-se os perigos do mar, mas também que as línguas de pavão e de rouxinol parecessem-lhes deliciosamente preparadas. Se não me engano, é o segundo dos três que Plínio chama de *nepotum ominium altissimus gurges*: ele manteve escola de sua arte na teoria e na prática, empregou 5 milhões de libras, em valores atuais, para torná-la excelente, e julgava-se arruinado porque não lhe restaram senão 500 mil francos. Envenenou-se, temendo morrer de fome com tão pouco dinheiro.

Nesse tempo, Roma alimentava *gourmets* que pretendiam ter o paladar fino a ponto de discernir se o peixe se chamava *lobo do mar*, havia sido pescado no Tibre entre duas pontes ou perto da embocadura desse rio; pois só era estimado o que havia sido pescado entre duas pontes. Rejeitavam os fígados de gansos engordados com figos secos; só faziam caso deles quando os gansos haviam sido engordados com figos frescos.

Não falaremos dos excessos da mesa de um Antíoco Epifânio, das dissoluções desse tipo de um Vitélio, nem daquelas de um Heliógabalo. Tampouco lembraremos as pesquisas vergonhosas dos antigos sibaritas, que defendiam a isenção de qualquer imposto aos pescadores de não sei qual peixe, porque possuíam gosto extremamente refinado. Não passaremos em revista os sibaritas modernos, que devoram numa refeição a subsistência de cem famílias. Os efeitos desse vício são cruéis: os que se entregam a ele com excesso estão expostos a males de toda espécie.

Homero mostrava isso a seus contemporâneos servindo apenas carne assada à mesa de seus heróis e não excetuando dessa regra nem o tempo de núpcias nem os festejos de Alcino, nem a velhice de Nestor, nem mesmo as depravações dos pretendentes de Penélope.

Parece que Agesilau, rei da Lacedemônia, seguiu constantemente o preceito de Homero, pois sua mesa era a mesma dos capitães gregos imortalizados na *Ilíada*. E como, um dia, os tasianos lhe deram de presente guloseimas de grande valor, ele as distribuiu no campo dos hilotas para provar aos lacedemônios que a simplicidade de sua vida, semelhante à dos cidadãos de Esparta, não era alterada.

O próprio Alexandre tira proveito da lição de seu poeta favorito. Plutarco conta que Ada, rainha da Cândia, tendo obtido a proteção desse príncipe contra Orondonbate, senhor persa, acreditou poder lhe mostrar seu reconhecimento enviando-lhe todos os tipos de pratos refinados e os melhores cozinheiros que podia encontrar. Mas Alexandre devolve tudo a ela e responde que não tinha necessidade alguma daqueles pratos tão delicados, que Leônidas, seu governador, lhe havia outrora dado os melhores cozinheiros de todo o universo, ensinando-lhe que, para almoçar com prazer, era preciso se levantar pela manhã e praticar exercício, e que, para jantar com prazer, era preciso almoçar sobriamente.

A refeição mais deliciosa é a que é paga apenas com o apetite. Não encontrareis uma sopa de crustáceos tão boa quanto um pedaço de toucinho parece a nossos trabalhadores ou as cebolas de Gayette parecem ao papa Júlio III.

Quereis ter a certeza de que o melhor preparo é o da fome? Oferecei pão a um homem sensual e difícil, e ele o recusará. Mas esperai até a noite, *panem illum tenerum & siligineum fames ipsi reddet.*

Concluamos que, longe de correr atrás da boa refeição como se buscam os bens da vida, podemos ver a busca como perniciosa à saúde. O frescor e a feliz velhice dos persas e dos caldeus eram um bem que eles deviam a seu pão de cevada e a sua água de fonte. Tudo o que vai além da natureza é inútil e costuma ser nocivo. Não se deve nem mesmo seguir sempre a natureza até onde ela permite ir: vale mais manter-se aquém dos limites que ela nos prescreve do que ultrapassá-los. Enfim, o gosto se esgota, é amortecido pelos pratos mais delicados e um sem-número de enfermidades vingam a natureza ultrajada. Justo castigo dos excessos de uma sensualidade que não soube se conter na gratificação de suas delícias!

(TK)

Hábito (*Moral*), Diderot [8, 17]

Hábito é uma inclinação adquirida pelo exercício dos mesmos sentimentos ou pela repetição frequente das mesmas ações. O hábito instrui a natureza, ele a altera; dá energia aos sentidos, facilidade e força aos movimentos do corpo e às faculdades do espírito, enfraquece a pontada da dor. Por ele, o mais amargo absinto não há de parecer mais do que insípido. Dos objetos que a imaginação havia embelezado, o hábito priva uma parte dos encantos, dá o justo valor a bens cujo mérito nossos desejos haviam exagerado, e, se desgosta, é porque desengana. O hábito torna o gozo insípido e a privação cruel.

Quando nosso coração está preso a seres dignos de nossa estima, quando nos entregamos a ocupações que nos salvam do tédio e nos honram, o hábito fortifica em nós a necessidade dos mesmos objetos, dos mesmos trabalhos; estes tornam-se um modo essencial de nossa alma, uma parte de nosso ser. Então, não os separamos mais de nossa quimera de felicidade. Há, sobretudo, um prazer que nem o tempo nem o hábito conseguem estragar, porque a reflexão o aumenta: é o prazer de fazer o bem.

Distinguem-se os hábitos em hábitos do corpo e hábitos da alma, embora ambos pareçam ter origem na disposição natural ou adquirida dos órgãos do corpo: uns, na disposição dos órgãos exteriores, como os olhos, a cabeça, os braços, as pernas; outros, na disposição dos órgãos internos, como o coração, o estômago, os intestinos, as fibras do cérebro. Estes são sobremaneira difíceis de remediar. Um movimento é excitado involuntariamente; surge uma ideia, que nos agita, que nos atormenta e nos arrasta com ímpeto, em direção a objetos cujo uso nos é proibido pela razão, pela idade, pela saúde, pelo decoro e por uma infinidade de outras considerações. É assim que, com mãos ressecadas, trêmulas, atacadas pela gota e com dedos curvados, buscamos na velhice objetos que exigem o calor e a vivacidade dos sentidos da juventude. O gosto permanece, a coisa nos escapa, e somos tomados pela tristeza.

Considerando-se o quanto, por vezes, as crianças se assemelham a seus pais, não duvidemos que existam inclinações hereditárias. Se tais inclinações nos conduzem a coisas honestas e louváveis, somos bem-nascidos; se nos conduzem a coisas desonestas e vergonhosas, somos malnascidos.

Os hábitos tomam o nome de virtudes ou vícios segundo a natureza das ações. Fazei vossas crianças adquirirem o hábito do bem. Acostumai as pequenas máquinas a dizer a verdade, a estender a mão para amparar o infeliz, e logo elas farão por gosto, com facilidade e prazer, o que fizeram como autômatos. Não é desde cedo que seus corações inocentes e **[18]** ternos se deixam comover com os acenos do elogio.

A força dos hábitos é tão grande e sua influência se estende tão longe que, se pudéssemos ter uma história suficientemente fiel de toda nossa vida e um conhecimento suficientemente exato de nossa organização, descobriríamos a origem de uma infinidade de bons e de falsos gostos, de inclinações razoáveis e de loucuras que frequentemente duram tanto quanto nossa vida. Quem conhece bem toda a força de uma ideia ou do terror lançado precocemente numa alma completamente nova?

Adquire-se o hábito de respirar um certo ar e de viver de certos alimentos; acostumamo-nos a um tipo de bebida, de movimentos, de remédios, de venenos etc.

Uma mudança súbita do que se nos tornou familiar para coisas novas é sempre penosa, e algumas vezes perigosa, até mesmo quando se passa do que é visto como contrário à saúde para o que a experiência nos fez ver como salutar.

Uma freira do Hôtel-Dieu visitava sua família a cada ano em Saint-Germain-en-Laye; ela sempre adoecia ali e só se curava quando voltava a respirar o ar daquele hospital.

Seriam assim os hábitos morais? E um homem chegaria a adquirir um tal hábito do vício a ponto de só poder ser infeliz pelo exercício da virtude?

Se os órgãos adquiriram o hábito de se comover na presença de certos objetos, eles se comoverão a despeito de todos os esforços da razão. Por que Hobbes não conseguia ficar no escuro sem tremer e sem ver aparições? É que seus órgãos, que haviam sido acostumados pelas oscilações do temor pelos contos de sua ama, captavam essas oscilações involuntariamente.

A palavra *hábito* possui várias acepções diferentes. Em Medicina, é o estado geral da máquina; o *hábito do corpo é mau*. Ver *Hábito* (*Medicina*). É sinônimo de *conhecimentos*; e diz-se que *é preciso não se ausentar muito tempo da corte para não perder os hábitos que se tinham ali*. Diz-se também de um tipo de timidez natural que causa aversão a objetos novos; *é um homem de hábito*; *sou mulher de hábito, não gosto de novos rostos*; há poucos desse tipo. Ocasionalmente, emprega-se o termo para designar uma paixão duradoura que o uso tornou respeitável, ou, pelo menos, desculpável; *é um hábito de vinte anos*. Algumas vezes, hábito possui entre os filósofos o mesmo sentido que relação; mas então eles falam latim em francês.

(TK)

Honestidade (*Moral*), Jaucourt [8, 287]

Honestidade é pureza de costumes, de postura e de palavras. Cícero a definia como uma sábia conduta em que as ações, as maneiras e os discursos correspondem ao que somos e ao que devemos ser. Ele não a colocava no nível dos modos, mas das virtudes e dos deveres, por ela ser um deles, fonte de exemplos da prática de todo o bem. Simples omissões nos usos aceitos do decoro, que dizem respeito apenas ao tempo, **[288]** aos lugares e às pessoas, não passam de aparência da honestidade. Embora demande regularidade das ações exteriores, ela é fundada sobretudo nos sentimentos interiores da alma. Se o drapejamento na pintura produz um dos grandes ornamentos da tela, sabe-se que seu principal mérito é o de deixar entrever o nu, sem disfarçar as junções e as marcas. As vestimentas devem sempre estar de acordo com o caráter do assunto que querem imitar. Assim, a honestidade consiste 1º) em nada fazer que não traga consigo o caráter da bondade, da retidão e da sinceridade, eis o ponto principal; 2º) em nada fazer, mesmo que a lei natural permita ou ordene, a não ser da maneira e com as reservas prescritas pela decência. Para o que concerne à honestidade considerada no direito natural, vide *Honesto*.

(TK)

Humanidade (*Moral*), Diderot [8, 348]

Humanidade é um sentimento de benevolência por todos os homens que somente se inflama numa alma grande e sensível. Esse nobre e sublime entusiasmo atormenta-se com os sofrimentos dos outros e a necessidade de aliviá-los; desejaria percorrer o universo para abolir a escravidão, a superstição, o vício e o mal.

Ele esconde-nos os erros de nossos semelhantes ou nos impede de senti-los. Mas nos torna severos para com os crimes: arranca das mãos do celerado a arma que seria funesta ao homem de bem. O que ele faz não é nos afastar de elos particulares, mas, ao contrário, torna-nos amigos melhores, cidadãos melhores, esposos melhores. Ele se apraz em expandir-se pela benevolência em relação aos seres que a natureza aproximou de nós. Vi essa virtude, fonte de tantas outras, em muitas cabeças e em poucos corações.

(TK)

Indecente (*Gramática, Moral*), Diderot [8, 667]

Indecente, que é contra o dever, o decoro e a honestidade. Uma das principais marcas de uma bela alma é o sentimento da decência. Quando levado à extrema delicadeza, a nuance se dissemina, sobretudo sobre as ações, os discursos, os escritos, o silêncio, o gesto, a postura; dá relevo ao mérito distinto; disfarça a mediocridade; embeleza a virtude; dá graça à ignorância.

A indecência produz efeitos contrários. Perdoam-se os homens quando ela é acompanhada de uma certa originalidade de caráter, de uma alegria particular e cínica, que os coloca acima dos costumes; nas mulheres, é insuportável. Uma bela mulher indecente é uma espécie de monstro, que eu me sentiria à vontade para comparar a um cordeiro feroz. Não é algo que se queira encontrar. Há profissões das quais não se ousa exigir a decência: o anatomista, o médico, a parteira, são indecentes sem consequência. É a presença das mulheres que torna a sociedade dos homens decente. Homens sozinhos são menos decentes. Mulheres são menos decentes entre si do que com os homens. Quase não há vício que não leve a alguma ação indecente. É raro que o vicioso receie parecer indecente. Acredita-se afortunado quando não tem senão essa barreira a vencer. Há uma indecência particular e doméstica; há outra geral e pública. Nós a ferimos, talvez, todas as vezes que, arrastados por um gosto imponderado pela verdade, não somos suficientemente indulgentes para com os erros públicos. O luxo de um cidadão pode se tornar indecente em tempos de calamidade, e não se mostrar sem insultar a miséria de uma nação. Seria indecente regozijar-se de um sucesso particular no momento de uma aflição pública. Como a decência consiste numa atenção **[668]** escrupulosa em relação a circunstâncias delicadas e minuciosas, ela quase desaparece no transporte das grandes paixões. Uma mãe que perde o filho não percebe a desordem de suas vestimentas. Uma mulher terna e apaixonada que, devido à inclinação de seu coração, a perturbação de seu espírito e a embriaguez de seus sentidos, abandona-se ao ímpeto dos desejos de seu amante, seria ridícula se se lembrasse de ser decente no instante em que se esqueceu considerações mais importantes. Ela voltou ao estado de natureza: segue suas impressões, que controlam seus movimentos. Passado o momento do transporte, a decência renasce e, se é que ela ainda suspira, seus suspiros serão decentes.

(TK)

Indolência (*Moral*), Diderot [8, 686]

Indolência é uma privação de sensibilidade moral. O homem indolente não é tocado nem pela glória, nem pela reputação, nem pela fortuna, nem por laços de sangue, nem por amizade, nem pelo amor, nem pelas artes, nem pela natureza. Ele goza de seu repouso, que ele ama, e é isso o que distingue sua indiferença da inquietude, bem como do tédio. A essa tranquila destruidora, dos talentos, dos prazeres e das virtudes, levam-nos os pretensos sábios, que atacam incessantemente as paixões. Esse estado de indolência é bem próximo do estado natural do homem selvagem e, talvez, do estado de um espírito desenvolvido, que tudo viu e tudo comparou.

(TK)

Inquietude (*Gramática, Moral*), Diderot [8, 773]

Agitação da alma que tem múltiplas causas. Quando se torna habitual, a *inquietude* costuma ser encontrada em homens cujos deveres, cuja situação ou fortuna contrariam o instinto, os gostos, os talentos. Sentem com frequência a necessidade de fazer outra coisa que não o que estão fazendo. No amor, na ambição, na amizade, a inquietude é quase sempre efeito do descontentamento consigo mesmo, da dúvida em relação a si mesmo e do preço altíssimo que se atribui à posse de sua senhora, de um lugar, de seu amigo. Há outro gênero de inquietude, que é efeito do tédio, da necessidade, das paixões, do desgosto. Há também uma inquietude do remorso.

(PPP)

Insensibilidade (*Filosofia Moral*), Diderot [8, 787]

A indiferença está para a alma assim como a tranquilidade está para o corpo, e a letargia está para o corpo assim como a insensibilidade está para a alma. Essas últimas modificações são, uma como a outra, o excesso das duas primeiras e, por conseguinte, igualmente viciosas.

A indiferença tira do coração os movimentos impetuosos, os desejos fantásticos, as inclinações cegas; a insensibilidade barra a entrada da terna amizade, do nobre reconhecimento, de todos os sentimentos mais justos e mais legítimos. Ao destruir as paixões do homem, ou antes, nascendo da inexistência delas, faz que a razão exerça seu império livremente e sem rivais. E esta, ao destruir o próprio homem, transforma-o num ser selvagem e isolado, que rompeu a maior parte dos liames que o prendiam ao resto do universo. Enfim, pela ação da primeira, a alma tranquila e calma assemelha-se a um lago cujas águas sem ondas, sem corrente, ao abrigo da ação dos ventos e não tendo elas mesmas nenhum movimento particular, só tomam aquele que o remo do barqueiro nelas imprime. Tornada letárgica pela segunda, ela é semelhante a esses mares glaciais que um frio excessivo paralisa até o fundo de seus abismos, e cuja superfície endureceu de tal modo que as impressões de todos os objetos que a tocam morrem ali mesmo, sem poder passar adiante, mesmo sem ter causado nela o menor abalo ou a mais leve alteração.

A indiferença faz sábios, a insensibilidade faz monstros. Mas ela não consegue ocupar inteiramente o coração do homem, pois é essencial a um ser animado ter sentimento. Pode contaminar alguns a ponto de afetar sua propensão para a sociedade. Conservamos sempre uma sensibilidade para o que nos toca pessoalmente, quando não a inflamos à custa da sensibilidade que deveríamos ter para com os outros. É uma verdade que os grandes infalivelmente se encarregam de nos instruir. Se algum vento contrário surge nas alturas em que as tempestades se formam, então é comum vermos correr com abundância as lágrimas desses semideuses, que parecem ter olhos de bronze quando olham os males dos que a fortuna fez inferiores, a natureza seus iguais, e a virtude, talvez, seus superiores.

Acredita-se, em geral, que Zenão e seus discípulos, os estoicos, faziam profissão da insensibilidade. Confesso que é o que se deve pensar, supondo-se que eles raciocinavam consequentemente, mas isso seria honrá-los demais, sobretudo quanto a esse ponto. Diziam que a dor não é um mal, o que parece anunciar que haviam encontrado alguns meios para ser insensíveis a ela ou, pelo menos, vangloriavam-se de tal feito. Mas não era nada disso. Jogando com o equívoco dos termos, como dizia Cícero ao reprová-los em sua segunda tusculana, e recorrendo a vãs sutilezas que ainda hoje não foram banidas das escolas, eis como provavam seu princípio: *nada é um mal a não ser o que desonra, o que é um crime; ora, a dor não é um crime;* ergo *a dor não é um mal. No entanto*, acrescentam, *ela deve ser rejeitada, porque é uma coisa triste, dura, desagradável, contra a natureza, difícil de suportar.* Amálgama de palavras que significam precisamente a mesma coisa que entendemos por *mal* quando aplicado a *dor.* **[788]**

Vemos claramente por aí que, ao rejeitar o nome, reconheciam o sentido que se dá a ele e não se vangloriavam de ser insensíveis. Quando Possidônio conversava com Pompeu, gritando nos momentos em que a dor vinha com mais força, dizia: "Não, dor, não importa o que faças; embora sejas importuna, nunca confessarei que sejas um mal". Sem dúvida, ele não pretendia dizer que não sofria, e sim que o que sofria não era um mal. Miserável puerilidade, pálido lenitivo para a sua dor, embora servisse de alimento para seu orgulho.

O excesso da dor produz algumas vezes a insensibilidade, sobretudo nos primeiros momentos. O coração golpeado com excessiva vivacidade é aturdido pela grandeza de seus ferimentos. Ele permanece, de início, sem movimento, ou, se me é permitida a expressão, o sentimento é afogado, durante algum tempo, pelo dilúvio de males que inunda a alma. No mais das vezes, porém, a espécie de insensibilidade que certas pessoas demonstram em meio aos maiores sofrimentos é simplesmente exterior. O preconceito, o costume, o orgulho ou o medo da vergonha impedem que a dor exploda para fora, e ela é encerrada inteiramente no coração. Vemos pela história que, na Lacedemônia, as crianças chicoteadas aos pés dos altares até a efusão de sangue, e algumas vezes inclusive até a morte, não deixavam escapar o menor gemido. Não se deve acreditar que esses esforços fossem reservados à constância dos espartanos. Os bárbaros e os selvagens, com os quais esse povo tão vaidoso tinha mais de um traço de semelhança, sempre mostraram uma força parecida ou, melhor dizendo, uma aparente insensibilidade. Hoje, no país dos iroqueses, a glória das mulheres é dar à luz sem se queixar, e é uma grande injúria entre eles dizer: *gritaste quando estavas em trabalho de parto.* Qual não é a força do preconceito e do costume! Acredito que esse uso não será facilmente transplantado para a Europa, e, embora as mulheres na França tenham paixão pelas novas modas, duvido que essa de colocar no mundo crianças sem gritar tenha alguma chance de vingar entre elas.

(TK)

Interesse (*Moral*), Saint-Lambert [8, 818]

A palavra *interesse* possui muitas acepções em nossa língua. Tomada em sentido absoluto, e sem relacioná-la imediatamente com um *indivíduo*, um *corpo* ou um *povo*, significa esse vício que nos faz buscar nossas vantagens a despeito da justiça e da virtude; ou seja, é uma vil ambição. É a avareza, a paixão pelo dinheiro, como nos versos de La Pucelle:

E o interesse, esse vil rei da terra, [*Para que se faça a paz e a guerra,*] *Triste e pensativo diante de um cofre forte, Vende o mais fraco ao crime de um mais forte.*

Quando se diz o interesse de um indivíduo, de um corpo, de uma nação: meu interesse, o interesse do Estado, seu interesse, então, essa palavra significa o que importa ou o que convém ao Estado, à pessoa, a mim etc., fazendo-se abstração do que convém aos outros, sobretudo quando se acrescenta a ela o adjetivo *pessoal*.

Nesse sentido, a palavra interesse é sempre empregada, ainda que impropriamente, como amor-próprio; grandes moralistas caíram nessa falha, que não é uma pequena fonte de erros, disputas e injúrias.

O amor-próprio, ou o desejo contínuo pelo bem-estar, o apego a nosso ser, é um efeito necessário de nossa constituição, de nosso instinto, de nossas sensações, de nossas reflexões, um princípio que, ao tender para nossa conservação e ao responder às visões da natureza, seria antes virtuoso que vicioso no estado de natureza.

Mas o homem nascido em sociedade tira dela vantagens que deve pagar em forma de serviços: o homem tem deveres a cumprir, leis a seguir, o amor-próprio dos outros a administrar.

Seu amor-próprio é então justo ou injusto, virtuoso ou vicioso, e, segundo as diferentes qualidades, recebe diferentes denominações: vimos as de interesse e interesse pessoal, e em qual sentido.

Quando o amor-próprio é a estima demasiada por nós mesmos e desprezo pelos outros, chama-se orgulho; quando ele quer se expandir para fora e, sem mérito, atrair a atenção dos outros, chama-se vaidade.

Nesses diferentes casos, o amor-próprio é desordenado, ou seja, fora de ordem.

Mas esse amor-próprio pode inspirar paixões, buscar prazeres úteis à ordem, à sociedade; então, está bem longe de ser um princípio vicioso.

O amor de um pai por suas crianças é uma virtude, embora ele se ame nelas, embora a lembrança do que foi e a previdência do que será sejam os principais motivos dos cuidados que dá a elas.

Os serviços prestados à pátria serão sempre ações virtuosas, embora sejam inspiradas pelo desejo de conservar nosso bem-estar ou pelo amor à glória.

A amizade será sempre uma virtude, embora seja fundamentada somente na necessidade que uma alma tem de outra alma.

A paixão pela ordem, pela justiça, será a primeira virtude, o verdadeiro heroísmo, embora tenha sua fonte no amor de nós mesmos.

Eis as verdades que deveriam ser tão somente triviais e jamais contestadas: mas uma classe de homens do último século quis fazer do amor-próprio um princípio sempre vicioso; é partindo dessa ideia que Nicole fez vinte volumes de moral, que nada mais são que uma reunião de sofismas metodicamente arranjados e pesadamente escritos.

O próprio Pascal, o grande Pascal, quis ver em nós, como uma imperfeição, esse sentimento de amor de nós mesmos que Deus nos deu, e que é o móbil eterno de nosso ser. O sr. de la Rochefoucault, que se exprimia com precisão e graça, escreveu quase no mesmo espírito que Pascal e Nicole; ele não reconhecia mais virtudes em nós, porque o amor-próprio é o princípio de nossas ações. Quando não se tem nenhum interesse de tornar os homens viciosos, quando se ama apenas as obras que encerram ideias precisas, não se pode ler seu livro sem ser atingido pelo abuso quase contínuo que ele faz das palavras *amor-próprio, orgulho, interesse* etc. Apesar **[819]** desse defeito e de suas contradições, esse livro teve muito sucesso, porque suas máximas são sempre verdadeiras em certo sentido; porque o abuso das palavras só foi percebido por bem pouca gente; porque, enfim, o livro era em máximas: é a loucura dos moralistas generalizar suas ideias, fazer máximas. O público ama as máximas porque elas satisfazem a preguiça e a presunção; elas são sempre a linguagem dos charlatões repetidas pelos otários. Esse livro do sr. de la Rochefoucault e o de Pascal, que estavam nas mãos de todo mundo, acostumaram insensivelmente o público francês a tomar sempre a palavra *amor-próprio* como algo ruim; somente há pouco tempo um pequeno número de homens começou a não mais associar a ela necessariamente as ideias de vício, orgulho etc.

Milorde Shaftesbury foi acusado de não considerar devidamente o amor-próprio no homem, pois ele aponta como nossos principais móveis o amor à ordem, o amor ao belo moral e à benevolência. Porém, esquece-se que ele considera essa benevolência, esse amor à ordem e até mesmo o sacrifício mais completo de si como efeitos de nosso amor-próprio. É certo, porém, que Milorde Shaftesbury exige um desinteresse que não pode existir; e ele não vê o suficiente que esses nobres efeitos do amor-próprio, do amor à ordem, do belo moral, da caridade, não podem influir muito sobre as ações dos homens que vivem nas sociedades corrompidas.

O sr. Helvétius, autor do livro *Do espírito*, foi acusado de estabelecer que, em última instância, não há nenhuma virtude; e não se lhe fez essa censura por ele haver dito que a virtude é puramente o efeito das convenções humanas, mas por ter quase sempre se servido da palavra *interesse* em lugar de *amor-próprio*: não conhecemos o bastante a força da ligação das ideias nem o quanto um certo som evoca necessariamente certas ideias; estamos acostumados a associar a palavra *interesse* com ideias de avareza e baixeza; ela as evoca ainda, às vezes, quando vemos que significa o que nos importa, o que nos convém; mas, mesmo que ela não evocasse tais ideias, não significa a mesma coisa que a palavra *amor-próprio*.

Na sociedade, na conversação, o abuso das palavras *amor-próprio*, *orgulho*, *interesse*, *vaidade* é ainda bem mais frequente; é preciso um fundo prodigioso de justiça para não dar ao amor-próprio de nossos semelhantes, que não se dobram diante de nós e que disputam conosco acerca de qualquer coisa, os nomes *vaidade*, *interesse* e *orgulho*.

(TK)

Jogar[1] (*Gramática, Matemática Pura*), Diderot [8, 884]

Jogar é arriscar-se a perder ou ganhar uma soma em dinheiro, ou qualquer coisa que possa servir como medida comum, a partir de um resultado que depende da empenho do jogador ou do acaso.

Logo se vê que há duas espécies de jogos, os de destreza e os de azar. Chamam-se jogos de destreza aqueles em que o resultado favorável é obtido pela inteligência, pela experiência, pelo exercício, pela penetração, em suma, por qualidades adquiridas ou naturais, do corpo ou do espírito de quem joga. Chamam-se jogos de azar aqueles em que o resultado parece não depender de maneira alguma das qualidades do jogador. Acontece de um jogo de destreza se tornar jogo de azar devido à ignorância dos dois jogadores; assim também acontece de um jogo de azar se tornar jogo de destreza devido à sutileza de um dos jogadores.

Há países em que os jogos públicos, de qualquer natureza, são proibidos, e a autoridade legal pode exigir a restituição do dinheiro apostado.

1 Tradução parcial. (N. T.)

Na China, o jogo é proibido para os grandes bem como para os pequenos, o que não impede que os habitantes desse país joguem e cheguem mesmo a perder terras, habitações, bens, e a apostar suas mulheres e filhos numa cartada.

Não há jogo de destreza que não tenha um pouco de jogo de azar. Um dos jogadores está com a cabeça mais livre e desimpedida do que seu adversário; com essa vantagem inicial, ele adquire, por acidente, uma superioridade sobre o outro e vence aquele que, em outras circunstâncias, o teria derrotado. Ao final de uma partida de xadrez ou de damas que tenha envolvido um grande número de lances entre jogadores de força praticamente igual, ganhar ou perder depende às vezes de um arranjo que nenhum deles poderia prever ou mesmo antecipar. **[885]**

Um jogador que aposta com um dinheiro cuja perda não lhe faria falta não se encontra, a rigor, em pé de igualdade com outro, para quem a perda do dinheiro apostado o privaria da satisfação das necessidades essenciais da vida.

Uma consequência natural desse princípio é que não é permitido ao soberano jogar a dinheiro com um de seus súditos. Qualquer que seja o resultado, não é nada para um deles; precipita o outro na miséria.

Indagou-se por que razão as dívidas contraídas no jogo são pagas com tanto rigor por pessoas que não hesitam em negligenciar débitos muito mais importantes. A resposta é que no jogo está empenhada a palavra de um homem, num caso em que não se podem aplicar leis contra ele. Foi-lhe concedida uma marca de confiança, que ele deve honrar. Em outras circunstâncias, se ele não cumprir com seus compromissos, existe sempre a força da autoridade dos tribunais para garantir que sejam satisfeitos.

Os jogos de azar estão submetidos a uma análise que é competência exclusiva das Matemáticas. Seja a probabilidade de ganhar a mesma para todos os jogadores, seja ela desigual, pode sempre ser compensada pela desigualdade de apostas ou quantias. Pode-se perguntar, a cada momento, qual a intenção de um jogador; e como sua intenção de acumular quantias será proporcional às jogadas a seu favor, o cálculo determina sempre, rigorosamente ou por aproximação, qual a parte dessa soma que lhe caberá, caso o jogo não comece ou, uma vez começado, se queira interrompê-lo.

Muitos autores se dedicaram à análise dos jogos. Há um tratado elementar de Huyghens; um mais profundo, de Moivre; há extratos muito doutos de Bernoulli a respeito. A análise de jogos de azar por Montamur tem seu mérito.

* * *

[888] Vê-se, pela complicada solução dos problemas relacionados aos jogos, que o espírito de jogo não é tão desprezível quanto se pensa. Consiste em realizar, no calor da hora, avaliações aproximadas de vantagens e desvantagens muito difíceis de discernir. Os jogadores executam num piscar de olhos, com as cartas à mão, o que o matemático mais sutil pena para descobrir em seu gabinete. Ouvi dizer que, quaisquer que sejam as afinidades entre as funções do geômetra e do jogador, é tão raro encontrar bons geômetras que sejam grandes jogadores quanto grandes jogadores que sejam bons geômetras. Se é mesmo assim, isso se deve a uns estarem acostumados a soluções rigorosas e não se contentarem com aproximações, enquanto os outros, ao contrário, por terem o hábito de se contentar com aproximações, não conseguem se submeter à precisão geométrica.

Como quer que seja, a paixão pelo jogo é uma das mais funestas que poderia nos possuir. Agita o homem com uma violência tal que ele não suporta nenhuma outra ocupação. Após ter perdido a sua fortuna, é condenado ao tédio pelo resto da vida.

(PPP)

Jogo (Direito natural, Moral), *Jaucourt, Diderot* [8, 531]

Jogo é uma espécie de convenção muito em uso, na qual a habilidade, o puro acaso, ou o acaso misturado à habilidade, segundo a espécie de jogo, decide uma perda ou ganho estipulado por convenção entre duas ou mais pessoas.

Pode-se dizer que, nos jogos que passam por ser de puro espírito, destreza ou habilidade, o próprio acaso entra, porque não se conhecem sempre as forças daquele contra quem se joga, porque algumas vezes sobrevêm casos imprevistos, e, enfim, porque o espírito ou o corpo não se encontram sempre igualmente bem dispostos e não desempenham sempre suas funções com o mesmo vigor.

Seja como for, o amor ao jogo é o fruto do amor pelo prazer, que varia ao infinito. Desde a Antiguidade, os homens buscaram se divertir, relaxar, distrair-se com jogos de toda espécie, de acordo com seu gênio e temperamento. Bem antes dos lídios, antes do cerco de Troia e durante ele, os gregos, para passar o tempo e amenizar a fadiga, ocupavam-se de diferentes jogos, que do campo passaram para as cidades, sob a proteção do lazer e do repouso.

Os lacedemônios foram os únicos que baniram inteiramente o jogo de sua república. Conta-se que Quílon, um de seus cidadãos, tendo sido enviado para concluir um tratado de aliança com os coríntios, ficou de tal modo indignado ao encontrar os magistrados, as mulheres, os velhos e os jovens capitães todos ocupados com jogos, que prontamente retornou, após lhes dizer que se aliar a um povo de jogadores seria ferir a glória da Lacedemônia, que acabara de fundar Bizâncio.

Não devemos nos espantar com a paixão dos coríntios por um prazer que comumente reina nos Estados na proporção da ociosidade, do luxo e das riquezas. Foi para impedir, de alguma maneira, o mesmo furor que as leis romanas permitiam jogos, ainda que apenas até uma certa soma. Mas essas leis não foram executadas. Entre os excessos que Juvenal reprova nos romanos, o de **[532]** arriscar todo o seu bem no acaso do jogo é notado precisamente na primeira sátira, verso 88: "O frenesi dos jogos de azar nunca foi tão grande? Pois não pensais que nos contentamos em arriscar, nessas academias de jogos, o dinheiro que ocasionalmente se tem conosco; ali se levam deliberadamente cofres cheios de ouro, para jogá-los em um lance de dado". ... *Alea quando Hos animos? Neque enim loculis comitantibus Ad casum tabuloe, posita sed luditur arca.*

Mais singular é que os próprios germanos gostavam tanto de jogos de azar que, após terem apostado todos os seus bens, diz Tácito, terminavam por se apostar a si mesmos e arriscavam perder, *novissimo jactu*, para me servir de sua expressão, sua pessoa e sua liberdade. Se hoje vemos as dívidas do jogo como as mais sagradas de todas, talvez seja uma herança que chega a nós da maneira estrita como os antigos germanos cumpriam esse tipo de compromisso.

Tantas pessoas de todos os países colocaram e colocam uma parte considerável de seus bens à mercê das cartas e dos dados, sem ignorar os males advindos disso, que não podemos deixar de investigar as causas desse atrativo tão poderoso.

Um jogador hábil, diz o abade Dubos, poderia ter todos os dias um ganho certo, desde que arriscasse seu dinheiro somente nos jogos em que o sucesso depende mais da habilidade dos participantes do que do acaso das cartas e dos dados. No entanto, ele prefere sempre os jogos em que o ganho depende inteiramente do capricho dos dados e das cartas, nos quais seu talento não lhe confere superioridade em relação aos jogadores. A razão principal de uma predileção tão oposta a seus interesses procede da ganância ou da esperança de aumentar prontamente sua fortuna.

Além dessa razão, os jogos em que o resultado depende em grande parte da habilidade do jogador exigem uma contenção de espírito inabalável e não mantêm a alma naquela emoção contínua que se encontra em jogos como o passa-dez, o lansquenê, o *bassette* e outros, em que os eventos dependem inteiramente do acaso. Nestes últimos, todos os lances são decisivos e cada evento faz perder ou ganhar alguma coisa. Por isso eles mantêm a alma numa espécie de agitação, de movimento, de êxtase, e o fazem sem que haja necessidade de a alma contribuir para seu prazer por uma atenção séria, que nossa preguiça natural dispensa de bom grado.

O sr. Montesquieu confirma tudo isso por algumas rápidas reflexões sobre o assunto. "O jogo agrada-nos em geral", diz ele, "porque desperta nossa ganância, ou seja, a esperança de ter mais. Bajula nossa vaidade, com a ideia da preferência que a fortuna nos dá e da atenção dos outros sobre nossa felicidade. Ao proporcionar um espetáculo, ele satisfaz nossa curiosidade. Enfim, ele nos dá os diferentes prazeres da surpresa. Jogos de azar interessam-nos particularmente, pois apresentam-nos sem cessar eventos novos, imediatos e inesperados. Jogos de sociedade também nos agradam, pois são uma sequência de eventos imprevistos, que têm como causa a destreza, acompanhada do acaso."

O jogo é visto na sociedade como um mero entretenimento, e concedo a ele essa denominação favorável, com o receio de que uma outra, mais exata, faça enrubescer muita gente. Se há mesmo tantos sábios que jogam à vontade, é porque não veem quais são os descaminhos ocultos do jogo, suas violências e dissipações. Não que eu pretenda que os jogos mistos ou mesmo os jogos de azar não tenham algo de justo, a julgá-los segundo o direito natural; pois, com exceção do que se compromete de boa vontade no jogo, cada jogador expõe seu dinheiro a um perigo igual; cada um, também, como supomos, joga seu próprio bem, do qual pode, por conseguinte, dispor. Os jogos e outros contratos em que o acaso tem um papel são legítimos, desde que o que se arrisca a perder seja igual de parte a parte, e desde que o perigo de perder, bem como a esperança de ganhar, tenham de parte a parte uma proporção com a coisa jogada.

No entanto, esse entretenimento raramente se mantém nos limites que seu nome promete; sem falar do tempo precioso que ele nos faz perder e que poderíamos melhor empregar, ele se transforma em hábito pueril, quando não se torna uma paixão funesta pela isca do ganho. Quanto a esse assunto, conhecemos os versos tão delicados e tão cheios de verdade de M. de Deshoulieres: "O desejo de ganhar, que noite e dia ocupa,/É um perigoso aguilhão:/Sempre, embora o espírito, embora o coração seja bom, Começa-se como bobo,/Termina-se como escroque".

É perfeitamente sabido que as pessoas arruinadas pelo jogo são em maior número que as pessoas robustas que os médicos tornaram enfermas. Iludimo-nos dizendo que nos contaremos entre o pequeno número daqueles que seus favores beneficiaram desde a origem do mundo.

Mas, como o soberano deve prestar atenção para impedir a ruína dos cidadãos em todos os tipos de contrato, cabe a ele regular e verificar até onde o interesse do Estado e o dos particulares exigem que ele proíba o jogo ou tolere o que ele permite em geral. As leis dos governos sábios nunca reprimiriam em demasia as academias de *Filócubos* (para me servir de um termo de Aristêneto) e aquelas de todos os jogos de azar desproporcionados.

O sr. Barbeyrac publicou um *Tratado dos jogos* em Amsterdã, em 1709, *in-12*, no qual esse assunto, considerado de acordo com os princípios de moral e direito natural, é tratado a fundo com tantas luzes quanto juízo: remeto a ele os leitores curiosos. (**Jaucourt**)

O jogo ocupa e ilude o espírito por um uso fácil de suas faculdades; e entretém, pela esperança do ganho. Para amá-lo com paixão, é preciso ser ganancioso ou estar completamente entediado. Poucos homens têm uma aversão sincera pelo jogo. A boa companhia pretende que sua conversa, sem o auxílio do jogo, impediria que se sinta o peso da desocupação: não se joga o bastante. (**Diderot**)

(TK)

Lassidão (*Moral*), Jaucourt [10, 631]

Lassidão é a delicadeza de uma vida efeminada, filha do luxo e da abundância; produz falsas carências, que o hábito torna necessárias, e, reforçando assim os laços que nos prendem à vida, torna a perda deles ainda mais dolorosa. Esse vício tem o inconveniente de duplicar todos os males que sofremos, sem poder dar prazeres sólidos. Alimentados em seus braços, mergulhados em suas vergonhosas delícias, vemos os costumes de alguns povos da Antiguidade como uma bela fábula; esses povos veriam os nossos como um sonho monstruoso: não somos a raça desses robustos gauleses, que se endureciam graças a penosos trabalhos do campo. Passavam seus dias cultivando a terra, sob os olhos de uma mãe vigilante; traziam eles mesmos suas colheitas quando o sol, terminando seu percurso, movia a sombra das montanhas para o lado do seu levante; liberava o jugo dos bois fatigados e reconduzia os trabalhadores ao repouso:

Mas que não alterem os tempos impiedosos! Nossos pais, mais abatidos que nossos ancestrais, tiveram como sucessores crianças desprezíveis, que serão substituídas por indignos sobrinhos.

(TK)

Libertinagem (*Moral*), Diderot [9, 476]

Libertinagem é o hábito de ceder ao instinto que nos conduz aos prazeres dos sentidos. Não respeita os costumes, mas não os afeta a ponto de desafiá-los. É sem delicadeza e só justifica suas escolhas por sua inconstância. Mantém-se no meio entre a volúpia e a devassidão. Quando é o efeito da idade ou do temperamento, não exclui nem os talentos nem um belo caráter. César e o marechal de Saxe foram libertinos. Quando a libertinagem mantém-se no espírito, quando se busca mais necessidades do que prazeres, a alma necessariamente perde o gosto pelo belo, pelo grande e pelo honesto. A comida, assim como o amor, tem sua libertinagem. Horácio, Chalieu, Anacreão eram libertinos segundo todas as maneiras de sê-lo, mas puseram tanta filosofia, tanto bom gosto e tanto espírito em sua libertinagem, que só podem ser perdoados; tiveram mesmo imitadores, que a natureza destinou a serem sábios.

(TK)

Luxo, Saint-Lambert [9, 763]

Luxo é o uso que fazemos das riquezas e da indústria para nos proporcionar uma existência agradável.

O luxo tem por causa primeira esse descontentamento com nosso estado; esse desejo de melhorar, que existe e deve existir em todos os homens. Neles está a causa de suas paixões, de suas virtudes e de seus vícios. Esse desejo deve necessariamente fazê-los amar e procurar as riquezas; portanto, o desejo de se enriquecer entra e deve entrar no número de recursos de todo governo que não é fundamentado sobre a igualdade e a comunidade de bens; ora, o objeto principal desse desejo deve ser o luxo; há, portanto, luxo em todos os estados, em todas as sociedades: o selvagem tem sua rede, a qual compra com peles de animais; o europeu tem seu sofá, sua cama; nossas mulheres usam vermelho e diamantes, as mulheres da Flórida usam azul e bolas de vidro.

O luxo foi, em todos os tempos, o assunto de declamações dos moralistas, que o censuraram com mais mau humor do que luz, e, depois de algum tempo, tornou-se objeto de alguns políticos que falaram dele, não como filósofos ou homens de Estado, mas como mercadores ou vendedores.

Disseram que o luxo contribuiu para o aumento da população.

A Itália, segundo Tito Lívio, nos tempos do mais alto grau da grandeza e do luxo da república romana, tinha menos da metade da população do que quando foi dividida em pequenas repúblicas quase sem luxo e sem indústria.

Disseram que o luxo enriquece os estados.

Há poucos estados em que há maior luxo do que em Portugal; e Portugal, com os recursos de seu solo, de sua situação e de suas colônias, é menos rico que a Holanda, a qual, além de não possuir as mesmas vantagens, ainda tem costumes em que reinam a frugalidade e a simplicidade.

Disseram que o luxo facilita a circulação de moeda.

A França é hoje uma das nações onde reina o maior luxo, mas, com razão, ali se queixa da falta de circulação das moedas, que passam das províncias para a capital, sem refluir igualmente da capital para as províncias.

Disseram que o luxo abranda os costumes e difundia as virtudes privadas.

Há muito luxo no Japão e os costumes ali são sempre atrozes. Havia mais virtudes privadas em Roma e Atenas, mais caridade e humanidade no tempo de sua pobreza do que no tempo de seu luxo.

Disseram que o luxo é favorável aos progressos dos conhecimentos e das belas-artes.

Que progressos as belas-artes e os conhecimentos fizeram entre os sibaritas, entre os lídios e entre os tonquineses?

Disseram que o luxo aumenta tanto o poder das nações quanto a felicidade dos cidadãos.

Os persas, sob Ciro, tinham pouco luxo e subjugaram os ricos e industriosos assírios. Enriquecidos, os persas tornaram-se ainda o povo onde o luxo mais reinava; foram subjugados pelos macedônios, povo pobre. São selvagens que subverteram ou usurparam os impérios dos romanos, dos califas da Índia e da China. Quanto à felicidade do cidadão, se o luxo concede um maior número de comodidades e prazeres, vereis, ao percorrer **[764]** a Europa e a Ásia, que pelo menos não é assim para a maioria dos cidadãos.

Os fatos contradizem todos os censores do luxo.

Dizem que nunca houve luxo sem uma extrema desigualdade nas riquezas, ou seja, sem que o povo estivesse na miséria e um pequeno número de homens, na opulência; mas essa desproporção nem sempre se encontra nos países de maior luxo: ela se verifica na Polônia e nos outros países que têm menos luxo do que Berna e Genebra, onde o povo está na abundância.

Dizem que o luxo faz sacrificar as artes úteis pelas agradáveis, e arruína os campos ao reunir os homens nas cidades.

A Lombardia e a Flandres são repletas de luxo e belas cidades; no entanto, seus trabalhadores são ricos, seus campos são cultivados e povoados. Há pouco luxo na Espanha e a agricultura ali é negligenciada; a maioria das artes úteis ainda é ignorada.

Dizem que o luxo contribui para o despovoamento.

Há um século, o luxo e a população da Inglaterra aumentaram na mesma proporção; ela possui colônias imensas e povoadíssimas.

Dizem que o luxo enfraquece a coragem.

Sob as ordens de Luxembourg, de Villars e do conde da Saxônia, os franceses, o povo do maior luxo conhecido, se mostraram os mais corajosos. Sob Sila, César e Lúculo, o luxo prodigioso dos romanos levado aos seus exércitos não diminuiu em nada sua coragem.

Dizem que o luxo difunde os sentimentos de honra e amor pela pátria.

Para provar o contrário, eu mencionaria o espírito de honra e o luxo dos franceses antes e depois dos belos anos de Luís XIV; mencionaria o fanatismo pela pátria, o entusiasmo da virtude, o amor pela glória que caracterizam, nesse momento, a nação inglesa.

Não pretendo reunir aqui todo o bem e todo o mal que se disse do luxo; limito-me a dizer o principal, sejam elogios, sejam censuras, e a mostrar que a história contradiz tanto uns quanto as outras.

Os filósofos mais moderados que escreveram contra o luxo sustentaram que ele é funesto aos estados somente por seu excesso, e identificaram tais excessos no maior número de seus objetos e de seus meios, ou seja, no número e na perfeição das artes nesse momento de maior progresso da indústria, quando as nações desenvolveram o hábito de gozar de uma multidão de comodidades e de prazeres que se lhes tornaram necessários. Enfim, esses filósofos só viram os perigos do luxo entre as nações mais ricas e mais esclarecidas; mas não foi difícil aos filósofos que possuíam mais lógica e humor do que os homens moderados de lhes provar que o luxo tinha sido vicioso entre nações pobres e quase bárbaras; e, de consequência em consequência, para poupar o homem dos inconvenientes do luxo, desejou-se recolocá-lo nas florestas e num certo estado primitivo, que jamais existiu e que não pode existir.

Os apologistas do luxo não responderam nada de bom até o presente àqueles que, seguindo o fio dos acontecimentos, dos progressos e da decadência dos impérios, viram o luxo se elevar gradativamente com as nações, os costumes se corromperem, e os impérios se enfraquecerem, declinarem e caírem.

Temos os exemplos dos egípcios, dos persas, dos gregos, dos romanos, dos árabes, dos chineses etc., cujo luxo aumentou ao mesmo tempo que esses povos engrandeceram e que, desde o momento de seu maior luxo, não cessaram de perder suas virtudes e seu poder. Esses exemplos têm mais força para provar os perigos do luxo do que as razões de seus apologistas para justificá-lo. Por isso, a opinião mais geral hoje é que, para tirar as nações de sua fraqueza e de sua obscuridade, e para dar-lhes uma força, uma consistência e uma riqueza que as elevem sobre as outras nações, é preciso que haja luxo: é preciso que esse luxo sempre cresça para fazer avançar as artes, a indústria, o comércio e para conduzir as nações a esse ponto de maturidade seguido necessariamente de sua velhice e, enfim, de sua destruição. Essa opinião é bastante geral e nem mesmo o sr. Hume se afasta dela.

Admira que nenhum dos filósofos e políticos que tomaram o luxo por objeto de suas especulações não tenha dito: na origem das nações, somos e devemos ser mais apegados aos princípios do governo; nas sociedades nascentes, todas as leis e todas as regras são caras aos seus membros, desde que a sociedade seja estabelecida livremente; e se não o é, todas as leis e todas as regras se apoiam na força do legislador, cuja visão ainda não variou e cujos meios não diminuíram nem em força, nem em número; enfim, o interesse pessoal de cada cidadão, esse interesse que combate em quase toda parte o interesse geral e que, sem cessar, tende a se separar dele, tem tido menos tempo e meios para combatê-lo com vantagem, é mais confundido com ele; por conseguinte, nas sociedades nascentes, mais do que nas sociedades antigas, deve haver um espírito patriótico, costumes e virtudes.

Mas também nas origens das nações, a razão, o espírito e a indústria fizeram menos progresso. Há menos riquezas, artes, luxo, menos maneiras de se buscar, mediante o trabalho dos outros, uma existência agradável; há, necessariamente, pobreza e simplicidade.

Assim como é da natureza dos homens e das coisas que os governos se corrompam com o tempo, também é da natureza dos homens e das coisas que, com o tempo, os estados se enriqueçam, as artes se aperfeiçoem e o luxo aumente.

Não vimos como causa e como efeito um do outro aquilo que, sem ser nem o efeito nem a causa um do outro, se encontram juntos e caminham próximos a passos iguais?

Sem ser transformado em amor pelas riquezas, pelos prazeres, enfim, nessas paixões que conduzem o luxo, o interesse pessoal não causou mudanças, ora por parte dos magistrados, ora por parte do soberano ou do povo, na constituição do Estado que os corrompeu? Ou esse interesse pessoal, o hábito e os preconceitos não impediram de provocar mudanças que as circunstâncias tinham tornado necessárias? Enfim, não há falhas na constituição ou na administração que, muito independentemente do luxo, provocaram a corrupção dos governos e a decadência dos impérios?

Sob Ciro, os antigos persas, virtuosos e pobres, conquistaram a Ásia, tomaram dela o luxo e se corromperam. Mas, tenham eles se corrompido por terem conquistado a Ásia ou por terem tomado seu luxo, não é a extensão de seu domínio que mudou seus costumes! Não era impossível que, num império dessa extensão, subsistisse uma boa ordem ou mesmo qualquer ordem? A Pérsia não devia cair no abismo do despotismo? Ora, em toda parte onde se vê o despotismo, por que buscar outras causas de corrupção?

O despotismo é o poder arbitrário de um único sobre o grande número pelo recurso de um pequeno número; [765] mas o déspota não pode alcançar o poder arbitrário sem ter corrompido esse pequeno número.

Atenas, diz-se, perdeu sua força e suas virtudes depois da Guerra do Peloponeso, época de suas riquezas e de seu luxo. Encontro uma causa real da decadência de Atenas no poder do povo e no aviltamento do Senado; quando vejo o poder executivo e o poder legislativo nas mãos de uma multidão cega, ao mesmo tempo que vejo o Areópago sem poder, julgo então que a república de Atenas não podia conservar nem poder nem boa ordem; foi ao rebaixar o Areópago, e não ao edificar os teatros, que Péricles perdeu Atenas. Quanto aos costumes dessa república, ela os conservou ainda por muito tempo, e, na guerra que a destruiu, faltou-lhe mais prudência do que virtudes, e menos costumes do que bom senso.

O exemplo da Roma antiga, citado com tanta confiança pelos censores do luxo, não me embaraçaria mais. Primeiro, consideraria as virtudes de Roma, a força e a simplicidade de seus costumes nascerem de seu governo e de sua situação: mas esse governo devia dar aos romanos inquietação e turbulência; ele lhes tornava a guerra necessária, e a guerra fomentava neles a força dos costumes e o fanatismo pela pátria. Consideraria que, no tempo em que Carnéades ia a Roma, quando se transportavam para lá as estátuas de Corinto e de Atenas, havia em Roma dois partidos, dos quais um devia subjugar o outro, uma vez que o Estado não teria mais nada a temer do estrangeiro. Consideraria que o partido vencedor devia necessariamente conduzir esse imenso império ao despotismo ou à anarquia; e que, ainda que nunca se tivesse visto em Roma nem o luxo nem riquezas de Antioquia e de Cartago, nem os filósofos, nem as obras-primas da Grécia, a república romana, sendo constituída tão somente para crescer sem cessar, cairia no momento de sua grandeza.

Parece-me que, se para me convencer dos perigos do luxo, fosse citada a Ásia mergulhada no luxo, na miséria e nos vícios, eu pediria que se me mostrasse na Ásia, com exceção da China, uma única nação em que o governo se ocupasse dos costumes e da felicidade da maioria de seus súditos.

Não ficaria embaraçado por aqueles que, para provar que o luxo corrompe os costumes e enfraquece as coragens, me mostrassem a Itália moderna, que vive no luxo e que, com efeito, não é guerreira. Diria que, se fizermos abstração do espírito militar, que não entra no caráter dos italianos, esse caráter é comparável aos das outras nações. Não vereis em nenhum outro lugar mais humanidade e caridade, em nenhum lugar a sociedade possui mais encantos do que na Itália, em nenhum lugar se cultivam mais virtudes privadas. Diria que a Itália, submetida de um lado à autoridade de um clero que prega somente a paz, e de outro a uma república em que o objetivo do governo é a tranquilidade, não pode, em absoluto, ser guerreira. Diria até mesmo que de nada serviria sê-la, pois, por não estar unida sob um único governo pelo fato de encontrar-se situada entre quatro grandes potências, a saber, a Turquia, a casa da Áustria, a França e a Espanha, a Itália não poderia resistir a nenhuma delas, independentemente de quais fossem seus costumes. Ela deve, portanto, ocupar-se apenas com as leis civis, com a política, com as artes e com tudo o que pode tornar a vida tranquila e agradável. Eu concluiria dizendo que não é o luxo, mas sua situação e a natureza de seus governos que impedem a Itália de ter costumes fortes e virtudes guerreiras.

Depois de termos visto que o luxo poderia não ter sido a causa da queda nem da prosperidade dos impérios e do caráter de certas nações, examinarei se o luxo estaria relacionado à situação dos povos, ao gênero de suas produções, bem como à situação e ao gênero de produções de seus vizinhos.

Eu diria que os holandeses, fabricantes e mercadores das nações, devem conservar sua frugalidade, sem a qual não poderiam oferecer, a baixos preços, o frete de seus navios e transportar as mercadorias do universo.

Eu diria que, se os suíços tiravam da França e da Itália muito vinho, tecidos de ouro e de seda, quadros, estátuas e pedras preciosas, não tiravam de seu solo estéril o que dar em troca ao estrangeiro; diria ainda que um grande luxo só pode lhes ser permitido quando sua indústria tiver reparado a escassez de produções do país.

Supondo-se que na Espanha, em Portugal e na França a terra fosse mal cultivada, e que as manufaturas de primeira e segunda necessidade fossem negligenciadas, essas nações ainda estariam em condição de sustentar um grande luxo.

Portugal, por suas minas do Brasil, seus vinhos, suas colônias da África e da Ásia, terá sempre o que fornecer ao estrangeiro e poderá figurar entre as nações ricas.

A Espanha, por pouco que seja o trabalho e a cultura em sua metrópole e suas colônias, terá sempre as produções das regiões férteis que compõem seu domínio nos dois mundos; e as ricas minas do México e do Potosí sustentarão o luxo da corte e o da superstição.

A França, mesmo que aceite a decadência de agricultura e de suas manufaturas de primeira ou segunda necessidade, ainda teria ramos de comércio abundantes em riquezas; a pimenta da Índia, o açúcar e o café de suas colônias, seus óleos e seus vinhos, fornecer-lhe-iam trocas para ofertar ao estrangeiro, das quais ela tiraria uma parte de seu luxo. A França sustentaria ainda esse luxo por suas modas: essa nação, há muito admirada na Europa, ainda é imitada hoje. Se, por acaso, seu luxo fosse excessivo relativamente à produção de suas terras e de suas manufaturas de primeira ou segunda necessidade, esse luxo seria um remédio para si mesmo, alimentaria uma multidão de trabalhadores de moda e retardaria a ruína do estado.

Dessas observações e reflexões, eu concluiria que o luxo é contrário ou favorável à riqueza das nações, conforme consuma mais ou menos o produto de seu solo e de sua indústria, ou conforme consuma o produto do solo e da indústria do estrangeiro; concluiria ainda que o luxo deve ter um maior ou menor número de objetos, segundo essas nações tenham mais ou menos riquezas: desse ponto de vista, o luxo é, para os povos, o que é para os particulares; é preciso que a multidão dos gozos seja proporcional aos meios de gozar.

Eu veria que esse anseio de gozar por parte daqueles que possuem riquezas, bem como o anseio de enriquecer por parte daqueles que possuem apenas o necessário, devem excitar as artes e toda espécie de indústria. Eis o primeiro efeito do instinto e das paixões que nos conduzem ao luxo e do próprio luxo; essas novas artes e esse crescimento da indústria dão ao povo novos meios de subsistência e devem, por conseguinte, aumentar a população. Sem luxo, há menos trocas e menos comércio; sem comércio, as nações devem ser menos populosas; aquela que em seu seio possui apenas agricultores deve ter menos homens do que aquela que fomenta agricultores, marinheiros, tecelões. A Sicília, que **[766]** não tem muito luxo, é um dos países mais férteis da Terra: encontra-se sob um governo moderado e, no entanto, não é rica nem populosa.

Depois de ter visto que as paixões que inspiram o luxo, e o próprio luxo, podem ser vantajosas para a população e para a riqueza dos estados, não vejo ainda como esse luxo e essas paixões possam ser contrárias aos costumes. No entanto, não posso negar que, em algumas partes do universo, há nações que possuem o maior comércio e o maior luxo, e que perdem todos os dias alguma coisa de sua população e de seus costumes.

Se houvesse governos estabelecidos sob perfeita igualdade, sob a uniformidade de costumes, de maneiras e de estado entre todos os cidadãos, tais como foram mais ou menos os governos de Esparta, de Creta e de alguns povos que chamamos de selvagens, é certo que o desejo de enriquecer não poderia ali ser inocente. Quem quer que desejasse tornar sua fortuna maior do que a de seus concidadãos teria já deixado de amar as leis de seu país e não teria mais a virtude no coração.

Mas, em nossos governos modernos, onde a constituição do Estado e das leis civis encoraja e assegura as propriedades; em nossos grandes estados, onde são necessárias riquezas para manter sua grandeza e seu poder, parece que qualquer um que trabalhe para se enriquecer é um homem útil ao Estado, e que qualquer rico que quer gozar de suas riquezas é um homem razoável. Como então conceber que cidadãos, buscando se enriquecer e gozar de suas riquezas, arruínam algumas vezes o Estado e corrompem os costumes?

Para resolver essa dificuldade, é preciso lembrar-se dos principais objetivos dos governos.

Eles devem assegurar as propriedades de cada cidadão; mas como devem ter por tarefa a conservação do todo, devem assegurar também as vantagens do maior número, mantendo-as e até mesmo estimulando nos cidadãos o amor pela propriedade, o desejo de aumentar suas propriedades e o de usufruir delas. Por outro lado, devem fomentar e excitar neles o espírito de comunidade, o espírito patriótico; devem prestar atenção na maneira como os cidadãos querem se enriquecer e na maneira como podem gozar das riquezas; é preciso que os meios de enriquecimento contribuam para a riqueza do Estado e que a maneira de gozar das riquezas seja ainda útil ao Estado; cada propriedade deve servir à comunidade; o bem-estar de alguma ordem de cidadãos não deve ser sacrificado pelo bem-estar da outra; enfim, o luxo e as paixões que conduzem ao luxo devem ser subordinados ao espírito de comunidade e aos bens da comunidade.

As paixões que levam ao luxo não são as únicas necessárias nos cidadãos; elas devem se aliar a outras: a ambição, o amor pela glória e a honra.

É preciso que todas essas paixões sejam subordinadas ao espírito de comunidade; só ele as mantém na ordem, e sem ele as paixões levariam a frequentes injustiças e provocariam destruição.

É preciso que nenhuma dessas paixões destrua as outras, e que todas se equilibrem; se o luxo tiver extinguido essas paixões, ele se torna vicioso e funesto, e então não diz mais respeito ao espírito de comunidade; mas permanece subordinado a esse espírito, a menos que a administração o tenha tornado independente, ou a menos que, numa nação onde haja riquezas, indústria e luxo, a administração tenha extinguido o espírito de comunidade.

Enfim, em toda parte onde víssemos o luxo vicioso, em toda parte onde víssemos o desejo de riquezas e seu uso contrário aos costumes e ao bem do Estado, diria que o espírito de comunidade, essa base necessária sobre a qual devem agir todos os recursos da sociedade, enfraqueceu-se por faltas do governo; diria que o luxo, útil sob uma boa administração, só se torna perigoso pela ignorância ou por má vontade dos administradores, e pôr-me-ia a examinar o luxo nas nações onde a ordem está em vigor e naquelas onde se enfraqueceu.

Vejo primeiramente a agricultura abandonada na Itália sob os primeiros imperadores, e todas as províncias desse centro do Império Romano cobertas de parques, casas de campo, bosques plantados, grandes estradas, e digo a mim mesmo que, antes da perda da liberdade e da subversão da constituição do Estado, os principais senadores, devorados pelo amor da pátria e ocupados com o cuidado de aumentar-lhe a força e a população, não teriam comprado o patrimônio do agricultor para fazer dele um objeto de luxo e não teriam convertido suas fazendas úteis em casas de prazer: estou mesmo certo de que, se os campos da Itália não tivessem sido divididos muitas vezes entre os soldados dos partidos de Sila, de César e de Augusto, que negligenciaram seu cultivo, a própria Itália sob os imperadores teria conservado por mais tempo sua agricultura.

Lanço meu olhar para os reinos onde impera o maior luxo e onde os campos se tornam desertos; mas, antes de atribuir essa infelicidade ao luxo das cidades, pergunto-me qual foi a conduta dos administradores desses reinos; e vejo nascer dessa conduta o despovoamento atribuído ao luxo, vejo nascerem disso os abusos do próprio luxo.

Se nesses países os habitantes do campo foram sobrecarregados com impostos e corveias; se o abuso de uma autoridade legítima os manteve frequentemente sob a inquietação e o aviltamento; se os monopólios pararam a distribuição de seus víveres; se foram cometidas essas e outras faltas de que nem posso falar, uma parte dos habitantes dos campos teve que abandoná-los para buscar a subsistência nas cidades; esses infelizes ali encontraram o luxo e, ao se consagrarem ao seu serviço, puderam viver em sua pátria. O luxo, ocupando nas cidades os habitantes do campo, não fez mais do que retardar o despovoamento do Estado: digo retardar, e não impedir, porque os casamentos são raros em campos miseráveis, e mais raros ainda entre a espécie de homens que se refugia do campo nas cidades; eles chegam para aprender a trabalhar nas artes do luxo, e como levam um tempo considerável antes de estar em condição de assegurar, por seu trabalho, a subsistência de uma família, acabam deixando passar os momentos em que a natureza solicita fortemente a união dos dois sexos, e, além disto, a libertinagem vem desviá-los de uma união legítima. Aqueles que tomam o partido de ter um mestre estão sempre em situação incerta: não têm nem o tempo nem a vontade de se casar; mas se algum deles cria um estabelecimento, devem isto ao luxo e à prodigalidade do homem opulento.

A opressão dos campos basta para ter estabelecido a extrema desigualdade de riquezas cuja origem se atribui ao luxo, embora ele possa, por si só, restabelecer um tipo de equilíbrio entre as fortunas: o camponês oprimido cessa de ser proprietário, vende o campo de seus pais ao mestre a quem se ofereceu e todos os bens do Estado passam imperceptivelmente para um pequeno número de mãos.

Num país onde o governo cai em tão grandes erros, não é preciso luxo para extinguir o amor pela pátria ou fazê-la ser odiada pelo cidadão infeliz: ensina-se aos outros que ela é indiferente para com aqueles que a conduzem, e isso é o bastante para que ninguém mais a ame com paixão. **[767]**

Há países onde o governo tomou ainda outros meios para aumentar a desigualdade das riquezas, e nos quais foram concedidos e assegurados privilégios exclusivos aos empreendedores de diversas manufaturas, a alguns cidadãos para valorizar colônias e a algumas companhias tão somente para estabelecer um rico comércio. Em outros países, a essas concessões acrescentaram-se o de tornar excessivamente lucrativos os encargos financeiros que era preciso honrar.

Por todos esses meios, tem-se dado origem a fortunas odiosas e rápidas: se os homens favorecidos que as acumularam não tivessem habitado a capital antes de serem ricos, chegariam ali então como ao centro do poder e dos prazeres; somente lhes resta a desejar o crédito e os gozos, e é na capital que vêm buscar essas coisas: é preciso ver o que a reunião de tantos homens opulentos no mesmo lugar deve produzir.

Os homens na sociedade comparam-se continuamente entre si, tentam incessantemente estabelecer a ideia de superioridade, primeiro em sua própria opinião e, em seguida, nas dos outros. Essa rivalidade torna-se mais viva entre os homens que possuem um mérito do mesmo gênero; ora, só há um governo que tornou as riquezas inúteis, onde os homens eram capazes de não considerar o mérito pelas riquezas: Esparta. Uma vez que fazem dela um mérito, devem fazer esforços para parecer ricos; introduz-se, pois, em todas as condições, um gasto excessivo para a fortuna de cada particular e um luxo que se chama decoro: sem um imenso supérfluo, cada ordem acredita ser miserável.

É preciso observar que, em quase toda a Europa, a emulação de parecer rico e a consideração pelas riquezas devem ter sido introduzidas independentemente de causas tão naturais com as de que acabo de falar. Nos tempos de barbárie, quando o comércio era ignorado e as manufaturas grosseiras não enriqueciam os fabricantes, as únicas riquezas eram as rendas da terra, e os proprietários eram os únicos homens opulentos. Ora, esses grandes proprietários eram senhores de feudos. As leis dos feudos e o direito de possuir com exclusividade certos bens mantinham as riquezas nas mãos dos nobres; porém, os progressos do comércio, da indústria e do luxo haviam criado, por assim dizer, um novo gênero de riquezas, as quais eram porção do plebeu, de modo que o povo, acostumado a respeitar a opulência de seus superiores, respeitava a de seus iguais: estes acreditavam se igualar aos grandes na medida em que imitavam seu fasto; os grandes, por outro lado, acreditavam estar caindo na hierarquia que os elevava acima do povo e, por isso, aumentaram os gastos para conservar suas distinções: é quando o luxo de decoro se torna oneroso para todos os estados e perigoso para os costumes. Essa situação dos homens provocou a degeneração do anseio pelo enriquecimento em cupidez excessiva: em alguns países ela se tornou a paixão dominante e acabou calando as paixões nobres, as quais não deveriam destruí-la, mas comandá-la.

Quando a extrema cupidez agita todos os corações e os entusiasmos virtuosos desaparecem, ela não avança sem o mais excessivo espírito de propriedade; a alma então se extingue, pois ela se extingue quando se concentra.

O governo, embaraçado, não pode mais recompensar, senão por meio de somas imensas, aqueles que recompensava com leves marcas de honra.

Os impostos se multiplicam mais ainda e pesam sobre as rendas da terra e sobre a indústria necessária, que é mais fácil de taxar do que o luxo, seja porque, por suas contínuas vicissitudes, ele escapa do governo, seja porque os homens mais ricos se libertam dos impostos por terem crédito para isso, apesar de ser moralmente impossível que eles não tenham mais crédito do que deveriam ter. Quanto mais suas fortunas são fundamentadas sobre abusos, e quanto mais tenham sido excessivas e rápidas, mais têm necessidade de crédito e de meios para obtê-las. Eles procuram e conseguem corromper aqueles que são feitos para reprimi-los.

Numa república, eles seduzem os magistrados e os administradores; numa monarquia, apresentam prazeres e riquezas à nobreza, depositária do espírito nacional e dos costumes, assim como os corpos de magistratura são os depositários das leis.

Um dos efeitos do crédito dos homens ricos quando as riquezas são desigualmente divididas, um efeito do uso fastuoso das riquezas, um efeito da necessidade que se tem dos homens ricos, da autoridade que eles assumem, dos acordos de sua sociedade, é a confusão das posições de que eu já disse algo; então, perdem o tom, a decência, as distinções de cada estado, que servem mais do que se pensa para conservar o espírito de cada estado; quando não se consideram mais as marcas de sua posição, não se está mais vinculado à ordem geral; é quando não se quer cumprir os deveres de seu estado, que se negligencia uma aparência, um tom, maneiras que lembrariam a ideia desses deveres aos outros e a si mesmo. Aliás, não se conduz um povo nem por raciocínios, nem por definições; é preciso impor a seus sentidos e anunciar-lhe por marcas distintivas seu soberano, os grandes, os magistrados, os ministros da religião; é preciso que seu exterior anuncie o poder, a bondade, a gravidade, a santidade, o que é ou o que deve ser um homem de uma certa classe, o cidadão revestido de certa dignidade; por conseguinte, o emprego das riquezas que dariam ao magistrado a equipagem de um jovem senhor, os recursos da lassidão e o aparato afetado do guerreiro, o ar de dissipação do padre, o cortejo da grandeza do simples cidadão, enfraqueceriam necessariamente no povo a impressão que deve ter diante da presença dos homens destinados a conduzi-lo, e, com os decoros de cada estado, ver-se-ia apagar-se até o menor traço da ordem geral, nada poderia lembrar os ricos de seus deveres e tudo os incitaria a gozar das riquezas.

É moralmente necessário que o uso das riquezas seja contrário à boa ordem e aos costumes. Quando as riquezas são adquiridas sem trabalho ou por abusos, os novos-ricos se dão prontamente o gozo de uma fortuna rápida e primeiramente se acostumam à inação e à necessidade das dissipações frívolas: odiados pela maior parte de seus concidadãos, aos quais eles foram injustamente preferidos, às fortunas dos quais se tornaram obstáculos, eles não buscam obter daqueles o que não poderiam esperar, a estima e a benevolência. São sobretudo as fortunas dos monopolistas, dos administradores e dos receptores dos fundos públicos as mais odiadas e, por conseguinte, aquelas de que somos mais tentados a abusar. Depois de ter sacrificado a virtude e a reputação de probidade aos desejos de se enriquecer, não se pensa em fazer de suas riquezas um uso virtuoso; busca-se cobrir sob o fasto e as decorações de luxo a origem de sua família e a de sua fortuna, busca-se perder nos prazeres a lembrança do que se fez e do que se foi.

Sob os primeiros imperadores, homens de uma outra classe daquela de que acabo de falar se reuniam em Roma, aonde vinham entregar os despojos das províncias dominadas. Os patrícios sucediam-se nos governos dessas províncias, muitos deles nem habitavam nelas e se contentavam em visitá-las algumas vezes; o questor pilhava **[768]** para ele e para o procônsul, que os imperadores amavam reter em Roma, sobretudo se ele fosse de uma família poderosa. Ali, o patrício não precisava esperar pelo crédito, nem pela parte do governo que estava nas mãos dos isentos; entregava-se então à lassidão e aos prazeres. Não se encontrava mais nada da força e do orgulho da antiga Roma nos senadores que compravam a segurança pelo aviltamento; não era o luxo que os havia aviltado, era a tirania. A paixão pelos espetáculos não teria conseguido encenar no teatro os senadores e os imperadores se o esquecimento perfeito de toda a ordem, de toda a decência e de toda a dignidade não tivesse precedido e conduzido essa paixão.

Se ali houvesse governos em que o legislador tivesse fixado bem os grandes na capital; se estes tivessem cargos, comandos etc. que não lhes dessem nada para fazer; se não fossem obrigados a merecer seus lugares e suas honras à custa de grande serviço; se não se excitasse neles a emulação do trabalho e das virtudes; se, enfim, fosse-lhes permitido esquecer o que devem à pátria, contentes com as vantagens de suas riquezas e de sua posição, eles abusariam delas na ociosidade.

Em muitos países da Europa há um tipo de propriedade que não exige do proprietário nem cuidados econômicos, nem manutenção: refiro-me às dívidas nacionais. Esse tipo de bem é ainda muito próprio para aumentar, nas grandes cidades, as desordens que são os efeitos necessários de uma extrema opulência unida à ociosidade.

Desses abusos, dessas faltas, desse estado de coisas nas nações, vede que caráter o luxo deve assumir e quais devem ser os caracteres das diferentes ordens de uma nação.

Entre os habitantes do campo, não há nenhuma elevação nos sentimentos, há pouco dessa coragem que diz respeito à estima de si mesmo e ao sentimento de suas forças; seus corpos não são robustos, eles não têm nenhum amor pela pátria, a qual para eles não passa do teatro de seu aviltamento e de suas lágrimas. Entre os artesãos das cidades, há a mesma baixeza de alma; estão muito perto daqueles que os desprezam para estimarem-se a si mesmos; seus corpos enervados pelos trabalhos sedentários são pouco apropriados a suportar as fadigas. As leis que, num governo bem regrado, promovem a segurança de todos, num governo onde o grande número geme sob a opressão são, para esse grande número, tão somente uma barreira que lhes tira a esperança de um melhor estado. Deve-se desejar uma maior licença mais do que o restabelecimento da ordem: aqui, o povo, ali, as outras classes.

A ordem do estado intermediário, entre o povo e os grandes, composta dos principais artesãos do luxo, dos homens de finança e de comércio, e de quase todos aqueles que ocupam os segundos lugares da sociedade, trabalha sem cessar para passar de uma fortuna medíocre para uma maior; a intriga e a desonestidade são sempre seus meios. Quando o hábito dos sentimentos honestos não mais retêm em justos limites a cupidez e o amor imoderado do que se chama prazeres, quando a boa ordem e o exemplo não imprimem o respeito e o amor pela honestidade, a segunda ordem do estado reúne ordinariamente os vícios da primeira e da última.

Para os grandes, os ricos sem função e os condecorados sem ocupação, o único móbil é a fuga do tédio, que, não dando nem mesmo gostos, faz a alma passar de objeto em objeto, distraindo-a sem preenchê-la e sem ocupá-la; tem-se nesse estado não entusiasmos, mas alegrias por qualquer coisa que prometa prazer. Na torrente de modas, fantasias, divertimentos, dos quais nenhum dura e um destrói o outro, a alma perde até a força de gozar, e se torna tão incapaz de sentir o grande e o belo quanto de produzi-lo; é então que não se trata mais de saber qual é o mais estimável, Corbulão ou

Traséas, mas se daremos mais preferência a Piladio ou a Batile; é então que abandonamos a *Medeia* de Ovídio, a *Tieste* de Varo e as peças de Terêncio pelas farsas de Labério. Os talentos políticos e militares caem, pouco a pouco, assim como a filosofia, a eloquência e todas as artes da imitação: homens frívolos que só gozam esgotaram o belo e buscam o extraordinário. Então, entra o incerto, o afetado, o pueril nas ideias da perfeição; pequenas almas, que espantam e humilham o grande e o forte, preferem o pequeno, o bufão, o ridículo, o afetado; os talentos mais encorajados são aqueles que adulam os vícios e o mau gosto e perpetuam essa desordem geral que não trouxe o luxo, mas que corrompeu o luxo e os costumes.

O luxo desordenado destrói-se a si mesmo, esgota suas fontes, seca seus canais.

Os homens ociosos que querem passar sem intervalo de um objeto de luxo a outro vão buscar as produções e a indústria de todas as partes do mundo: as obras de suas nações saem de moda entre eles, e os artesãos são desencorajados ali. O Egito, as costas da África, a Grécia, a Síria e a Espanha serviam ao luxo dos romanos sob os primeiros imperadores e não lhes bastavam.

O gosto por despesas excessivas espalhado em todas as classes dos cidadãos leva os trabalhadores a exigir um preço excessivo por seus trabalhos. Mas, independentemente desse gosto pela despesa, eles são forçados a aumentar o preço da mão de obra porque moram em grandes cidades, cidades opulentas, onde os alimentos necessários nunca são baratos: em pouco tempo, nações mais pobres, cujos costumes são mais simples, fazem as mesmas coisas; e, vendendo-as a um preço mais baixo, têm a preferência na venda. A indústria da própria nação, a indústria do luxo, diminui, seu poder se enfraquece, suas cidades se despovoam, suas riquezas passam para o estrangeiro e, normalmente, resta-lhe a lassidão, a languidez e o hábito de escravidão.

Depois de termos visto qual é o caráter de uma nação onde reinam certos abusos no governo; depois de termos visto que os vícios dessa nação são menos o efeito do luxo do que esses abusos, vejamos o que deve ser o espírito nacional de um povo que reúne em si todos os objetos possíveis do maior luxo, mas que sabe manter na ordem um governo sábio e vigoroso, atento à conservação tanto das verdadeiras riquezas do estado quanto dos costumes.

Essas riquezas e esses costumes são o fruto da comodidade da maioria e, sobretudo, da atenção extrema por parte do governo em dirigir todas as suas operações para o bem geral, sem levar em conta conceitos de classe, nem de particulares, e em se mostrar incessantemente aos olhos do público com essas intenções virtuosas.

Essa maioria é ou deve ser composta, em todo lugar, por habitantes do campo e lavradores; para que tenham conforto, é preciso que sejam laboriosos; para que sejam laboriosos, é preciso que tenham esperança de que seu trabalho lhes proporcionará uma condição agradável; é preciso ainda que desejem isso. Os povos que se desencorajaram contentam-se voluntariamente com o simples necessário, assim como os habitantes dessas regiões férteis, onde a natureza dá tudo e onde tudo perece se o legislador não sabe introduzir a vaidade e, na sequência, um pouco de luxo. É preciso que haja nas cidades, e até mesmo nos menores burgos, manufaturas de utensílios, tecidos etc., **[769]** necessárias para a manutenção e mesmo para a vestimenta grosseira dos habitantes do campo; essas manufaturas ainda aumentarão ali a comodidade e a população. Era o projeto do grande Colbert, que muito foi acusado de ter desejado fazer dos franceses uma nação puramente comercial.

Quando os habitantes do campo são bem tratados, imperceptivelmente o número de proprietários aumenta entre eles; vemos ali diminuir a distância extrema entre pobre e rico, bem como a vil dependência do primeiro em relação ao segundo. Daí esse povo terá sentimentos elevados, coragem, força de alma, corpos robustos, amor pela pátria, respeito, compromisso com os magistrados e com os príncipes, uma ordem, além de leis às quais deve seu bem-estar e seu repouso: ele treme menos diante de seu senhor, mas teme sua consciência, a perda de seus bens, de sua honra e de sua tranquilidade. Venderá a alto preço seu trabalho para os ricos e não veremos o filho do trabalhador honorável abandonar tão facilmente o nobre ofício de seus pais para se infectar com as marcas e o desprezo do homem opulento.

Se não concedemos os privilégios exclusivos de que falei, se o sistema das finanças não acumula as riquezas, se o governo não favorece a corrupção dos grandes, haverá menos homens opulentos fixados na capital, e aqueles que ali se fixarem não serão ociosos; haverá poucas grandes fortunas e nenhuma terá sido acumulada rapidamente: os meios de se enriquecer, partilhados entre um maior número de cidadãos, dividirão naturalmente as riquezas. A extrema pobreza e a extrema riqueza serão igualmente raras.

Quando os homens acostumados ao trabalho alcançam uma grande fortuna lentamente e por degraus, conservam o gosto pelo trabalho e poucos prazeres os distraem, pois eles não apenas gozam do próprio trabalho, mas também porque há muito tempo tomaram o amor pela ordem e pela moderação nos prazeres nas ocupações assíduas e na economia de uma fortuna moderada.

Quando os homens alcançam a fortuna por meios honestos, conservam sua honestidade, conservam esse respeito por si, o qual não permite que alguém se abandone a mil fantasias desordenadas. Quando um homem, por aquisição de riquezas, serviu seus concidadãos proporcionando novos fundos ao Estado ou fazendo florescer um gênero de indústria útil, sabe que sua fortuna é menos invejada que honrada; e, contando com a estima e a benevolência de seus concidadãos, ele quer conservar tanto uma quanto a outra.

Haverá, no povo das cidades e um pouco no dos campos, uma certa busca por comodidades e até mesmo um luxo de decoro, mas que sempre dirá respeito ao útil; e o amor desse luxo jamais degenerará em uma louca emulação.

Reinará na segunda classe de cidadãos um espírito de ordem e uma aptidão para a discussão que naturalmente são assumidos pelos homens que se ocupam de seus negócios. Essa classe de cidadãos buscará a solidez mesmo nos divertimentos; será orgulhosa, porque maus costumes não a terão aviltado; objeto de ciúme dos grandes, que não a terão corrompido, ela vigiará a sua conduta; sentir-se-á lisonjeada em esclarecê-los, e será dela que partirão luzes que cairão sobre o povo e remontarão em direção aos grandes.

Estes terão deveres, e aqueles que se consagrarão ao ofício da guerra, que é sua condição, aprendê-lo-ão nos exércitos e na fronteira; aqueles que se destinarão a algumas partes do governo se instruirão por muito tempo com assiduidade, com aplicação; e se recompensas pecuniárias nunca forem acumuladas sobre aqueles que terão prestado os maiores serviços, se os grandes lugares, os governos, os mandamentos nunca forem dados no nascimento sem os serviços, se sempre tiverem uma função, os grandes não perderão num luxo ocioso e frívolo seu sentimento e a faculdade de se esclarecer:

menos atormentados pelo tédio, não esgotarão nem sua imaginação, nem a de seus aduladores na busca dos prazeres pueris e das modas fantásticas; não ostentarão um fasto excessivo porque terão prerrogativas reais e um mérito verdadeiro que o público levará em consideração. Menos reunidos e vendo ao seu lado menos homens opulentos, não levarão seu luxo de decoro ao excesso: testemunhas do interesse que o governo toma na manutenção da ordem e no bem do Estado, serão apegados uns aos outros; inspirarão o amor pela pátria e todos os sentimentos de uma honra virtuosa e severa; serão apegados à decência dos costumes, terão a compostura e o tom de seu estado.

Então, a população aumenta, pois nem a miséria, nem a necessidade de um gasto excessivo impedem os casamentos. Sustentam-se assim o luxo e as riquezas da nação: esse luxo é de representação, de comodidade e de fantasia; ele reúne nesses diferentes gêneros todas as artes meramente úteis e todas as belas-artes; mas, mantido nos justos limites pelo espírito de comunidade, pela aplicação aos deveres e por ocupações que não deixam ninguém na necessidade contínua dos prazeres, ele é dividido, assim como as riquezas; e todas as maneiras de gozar, bem como todos os objetos mais opostos, não são, de modo algum, reunidos no mesmo cidadão. Então, os diferentes ramos do luxo e seus diferentes objetos se posicionam segundo a diferença dos estados: o militar terá belas armas e cavalos de valor, terá sofisticação no equipamento da tropa que lhe será confiada; o magistrado conservará em seu luxo a gravidade de seu estado, seu luxo terá dignidade e moderação; o negociante e o homem de finanças terão sofisticação nas comodidades. Todos os estados sentirão o valor das belas-artes e desfrutarão dele; mas, então, essas belas-artes conduzem ainda o espírito dos cidadãos aos sentimentos patrióticos e às verdadeiras virtudes; para eles, não se trata apenas de objetos de dissipação, pois encontram neles lições e os tomam como modelos. Homens ricos, cuja alma é elevada, elevam a alma dos artistas; eles não lhes pedem uma Galateia maneirista, pequenas Dafnes, uma Madeleine, um Jerônimo, mas propõem a eles que representem Saint-Hilaire perigosamente ferido, mostrando a seu filho o grande Turenne, perdido para a pátria.

Tal foi o emprego das belas-artes na Grécia, antes que os governos fossem corrompidos por elas. É assim ainda na Europa, sempre nas nações esclarecidas, que não se afastaram dos princípios de sua constituição. A

França ergueu um túmulo em Pigalle para o general que veio cobri-la de glória: seus templos são repletos de monumentos erigidos em favor dos cidadãos que a honraram, e seus pintores sempre santificaram seus pincéis com os retratos de homens virtuosos. A Inglaterra demoliu o castelo de Bleinheim para a glória do duque de Malborough, seus poetas e oradores celebram continuamente seus concidadãos ilustres, desde sempre recompensados pelo grito da nação e pelas honras que o governo lhes presta. Que força, que sentimentos patrióticos, que elevação, que amor pela honestidade, pela ordem e pela humanidade inspiram as poesias de Corneille, Addison, Pope e Voltaire! Se, às vezes, algum poeta canta a lassidão e a volúpia, seus versos se tornam expressões de que se serve um povo feliz nos momentos de embriaguez passageira que [770] nada tira de suas ocupações e seus deveres.

A eloquência recebe sentimentos de um povo bem governado; por sua força e seus encantos, ela despertaria os sentimentos patrióticos nos momentos em que estes estivessem prontos para se extinguir. A Filosofia, que se ocupa com a natureza do homem, com a política e com os costumes, se empenha em difundir as luzes úteis por todas as partes da administração, em esclarecer acerca dos principais deveres, em mostrar às sociedades seus fundamentos sólidos que somente o erro poderia abalar. Reanimemos ainda em nós o amor pela pátria, pela ordem, pelas leis, e as belas-artes cessarão de se profanar com a devoção à superstição e à libertinagem: elas escolherão objetos úteis aos costumes e tratá-los-ão com força e nobreza.

O emprego das riquezas ditado pelo espírito patriótico não se limita ao vil interesse pessoal e aos gozos falsos e pueris: daí que o luxo não se opõe aos deveres de pai, de esposo, de amigo e de homem. O espetáculo de dois jovens pobres unidos pelo casamento por um homem rico, que os vê contentes na porta de sua cabana, causa-lhe um prazer mais sensível, mais puro e mais durável do que o espetáculo do conjunto de Salmacis e Hermafrodita instalado em seus jardins. Não acredito que num Estado bem administrado, onde por conseguinte reine o amor pela pátria, as mais belas relíquias da China tornem tão felizes aqueles que as possuem como o seria o cidadão que, voluntariamente, tivesse contribuído com seus tesouros para a reparação de uma via pública.

O excesso de luxo não está na multidão de seus objetos e de seus meios: o luxo raramente é excessivo na Inglaterra, embora haja nessa nação todos os gêneros de prazeres que a indústria pode acrescentar à natureza, além de muitos indivíduos ricos que buscam para si tais prazeres. Na França, isso se verificou somente após as infelicidades da guerra de 1700, que desordenou as finanças e causou alguns abusos. Havia mais luxo nos belos anos do século de Luís XIV do que em 1720, e em 1720 esse luxo era excessivo.

O luxo é excessivo em todas as ocasiões em que os particulares sacrificam seus deveres ou os interesses da nação por seu fasto, por sua comodidade, por sua fantasia; e os particulares são conduzidos a esse excesso apenas por algumas falhas na constituição do Estado, ou por alguns erros na administração. Quanto a isso, não importa que as nações sejam ricas ou pobres, esclarecidas ou bárbaras, se não se mantiver nelas o amor pela pátria e as paixões úteis, nelas os costumes serão depravados e o luxo assumirá o papel de costumes: haverá no povo fraqueza, preguiça, languidez, desestímulo. O império do Marrocos não é policiado, nem esclarecido, nem rico, e alguns fanáticos comprados pelo imperador, oprimindo o povo em seu nome e por eles mesmos, transformaram esse povo num vil bando de escravos. Sob os reinados fracos e cheios de abuso de Filipe III, Filipe IV e Carlos II, os espanhóis eram ignorantes e pobres, sem força de costumes, assim como sem indústria; eles só haviam conservado virtudes que a religião deve dar, e até mesmo nos exércitos havia um luxo sem gosto e uma extrema miséria. Nos países em que reina um luxo grosseiro, sem arte e sem luzes, os tratamentos injustos e duros que os mais fracos recebem em toda parte dos mais fortes são mais atrozes. Sabemos quais foram os horrores do governo feudal e qual foi nesse tempo o luxo dos senhores. Nas margens do Orenoco, as mães se enchem de júbilo quando podem, em segredo, afogar ou envenenar suas jovens filhas para poupá-las do trabalho a que a preguiça feroz e o luxo selvagem de seus esposos as condenam.

Um pequeno emir, um nababo e seus principais oficiais esmagam o povo para entreter serralhos numerosos. Um pequeno soberano da Alemanha arruína a agricultura pela quantidade de animais de caça que mantém em seus estados. Uma mulher selvagem vende seus filhos para comprar ornamentos e aguardente. Entre os povos policiados, uma mãe sustenta o que chama de grande situação e deixa suas crianças sem patrimônio. Na Europa, um jovem senhor esquece os deveres de seu estado e se entrega a nossos gostos polidos e a nossas artes. Na África, um jovem príncipe negro passa os dias a semear caniços aquáticos e a dançar. Eis o que é o luxo nos países onde os costumes se alteram; mas ele adquire o caráter das nações: ele não se apresenta, ora afeminado, ora cruel e bárbaro. Acredito que, para os povos, vale mais obedecer aos epicuristas frívolos do que aos selvagens guerreiros, assim como vale mais alimentar o luxo dos bandidos voluptuosos e esclarecidos do que aquele dos ladrões heroicos e ignorantes.

Uma vez que o desejo de enriquecer e o de gozar das riquezas encontram-se na natureza humana desde que ela se encontra em sociedade; uma vez que esses desejos sustentam, enriquecem, vivificam todas as grandes sociedades; uma vez que o luxo é um bem e que, por si mesmo, não faz mal algum, não é preciso atacar o luxo em si, nem como filósofo, nem como soberano.

O soberano corrigirá os abusos que possamos cometer, bem como o excesso a que ele pode chegar, quando reformar na administração ou na Constituição as faltas ou os erros que conduziram a esse excesso ou a esses abusos.

Num país onde as riquezas estivessem empilhadas em massa numa capital e só fossem partilhadas entre um pequeno número de cidadãos entre os quais reinasse sem dúvida o maior luxo, seria um grande absurdo estabelecer de uma só vez a necessidade de os homens opulentos diminuírem seu luxo. Seria fechar os canais por onde as riquezas podem fluir do rico ao pobre; e reduziríeis ao desespero uma multidão inumerável de cidadãos que o luxo faz viver; ou bem esses cidadãos, sendo artesãos menos apegados à sua pátria do que à agricultura, mudariam em massa para o estrangeiro.

Com um comércio tão extenso, uma indústria tão universal, uma multidão de artes aperfeiçoadas, não esperai hoje reconduzir a Europa à antiga simplicidade. Isso seria reconduzir à fraqueza e à barbárie. Demonstrarei, em outro lugar, quanto o luxo contribui para a felicidade da humanidade. Vanglorio-me de que resulta deste verbete que o luxo contribui para a grandeza e para a força dos estados, e que é preciso encorajá-lo, esclarecê-lo e dirigi-lo.

Existe apenas uma espécie de lei suntuária que não é absurda: é uma lei que carregaria de impostos um ramo de luxo vindo do estrangeiro, ou que favorecesse muito um gênero de indústria à custa de muitas outras; há mesmo tempos em que essa lei poderia ser perigosa.

Qualquer outra lei suntuária não pode ter nenhuma utilidade. Com riquezas muito desiguais, ociosidade entre os ricos e extinção do espírito patriótico, o luxo passará sem cessar de um abuso a outro: se tirardes um de seus meios, ele o substituirá por outro igualmente contrário ao bem geral.

Príncipes que não viam as verdadeiras causas da mudança nos costumes tomavam para si ora um objeto de luxo, ora outro: comodidades, fantasias, belas-artes, filosofia, tudo foi proscrito, um a um, pelos imperadores romanos e gregos; nenhum deles quis ver que o luxo não fazia [771] os costumes, mas adquiria o caráter que era o do governante.

A primeira operação a fazer para recolocar o luxo na ordem e restabelecer o equilíbrio das riquezas é aliviar a sobrecarga dos campos. Um príncipe de nossos dias cometeu, parece-me, um grande erro, ao impedir que os trabalhadores de seu país se estabelecessem nas cidades; somente tornando o seu estado agradável é que é permitido torná-lo necessário, e então pode-se aplicar, sem consequência, alguns impostos sobre o supérfluo dos artesãos do luxo, que refluirão aos campos.

A diminuição do número de habitantes da capital deve acontecer pouco a pouco, forçando os homens estabelecidos a ocupar-se dos deveres que os chamam às províncias.

Se é preciso separar os ricos, é preciso dividir as riquezas. Mas não proponho leis agrárias, uma nova partilha de bens, meios violentos, e, sim, que haja mais privilégios exclusivos para certos manufatureiros e certos gêneros de comércio, que a finança seja menos lucrativa, que os encargos e os benefícios sejam menos acumulados sobre as mesmas cabeças, que a ociosidade seja punida pela vergonha ou pela privação dos empregos; e, sem atacar o luxo em si, e até mesmo sem perturbar muito os ricos, vereis insensivelmente as riquezas se dividirem e aumentarem, o luxo aumentar e se dividir como as riquezas, e tudo voltará à ordem. Sinto que a maioria das verdades encerradas neste artigo deveriam ser tratadas com mais extensão; mas concentrei tudo porque faço um verbete, e não um livro. Rogo aos leitores que abram mão tanto dos preconceitos de Esparta como dos de Síbaris; e, na aplicação que, em seu século ou em sua nação, poderiam fazer de alguns traços difundidos nesta obra, rogo a vós, assim como a mim mesmo, ver com boa vontade sua nação e seu século, sem prevenções demasiadas ou muito pouco favoráveis, e sem entusiasmo, bem como sem humor.

(TK)

Maneiras, Modos (*Sinônimos*), Diderot [10, 36]

Maneiras são a expressão dos costumes da nação, *modos* são maneiras exageradas, ou as maneiras estudadas de alguns indivíduos. Maneiras tornam-se modos quando são afetadas. Modos são maneiras que não são gerais, mas pertencem a um caráter em particular, via de regra menor e vil.

(PPP)

Ares, Maneiras (Gramática), *Diderot* [1, 236]

Os *ares* parecem ter nascido conosco, impressionam à primeira vista. As *maneiras* vêm da educação. Ares agradam, maneiras distinguem. Os ares previnem, **[237]** as maneiras atraem. Este tipo desagrada-vos e vos repele com seus ares, e logo depois atrai-vos e vos encanta com suas maneiras. Dão-se ares, afetam-se maneiras. Ares compõem-se, maneiras estudam-se. Ver Girard, *Synonymes français*. É impossível ser um cretino sem se dar ares e afetar maneiras; sem isso, sequer é possível ser um bom ator. Quem não sabe compor seus ares e estudar suas maneiras é mau cortesão; e devem-se evitar todas as situações em que se é obrigado a parecer diferente do que se é realmente.

(PPP)

Moderação (*Moral*), Jaucourt [10, 601]

Moderação é a virtude que governa e regula nossas paixões. É um efeito da prudência, graças ao qual se retêm os desejos, os esforços e as ações nos limites mais conformes à bondade, ao fim e à necessidade ou utilidade dos meios. Ora, a prudência dirige nossa alma na busca do melhor fim e no uso dos meios necessários para realizar isso; daí o porquê de a verdadeira moderação ser inseparável da integridade, bem como da diligência ou da aplicação. Ela se mostra principalmente nos atos da vontade e nas ações; é a marca de um espírito sábio e é a fonte da maior felicidade de que podemos gozar aqui embaixo. Acredito mais em Horácio do que em Sêneca. "Feliz", diz ele, "aquele que pode moderar seus desejos e seus afetos; não é alarmado nem pelos mugidos de um mar furioso, nem pelo levantar ou deitar das constelações tempestuosas; se suas vinhas forem maltratadas pelo granizo, se suas esperanças forem enganadas por uma colheita infiel, isso não o perturba; se as chuvas, a seca, o rigor dos invernos levarem à esterilidade seus pomares, esses tipos de males não o lançam no desespero." *Desiderantem qued satis est, neque Tumultuosum sollicitat mare Nec soevus arcturi cadentis Impetus, nec orientis hoedi, Nec verberatoe grandine vineoe, Fundusque mendax, arbore nunc aquas Culpante, nunc torrentia agros Sydera, nunc hiemes iniquas* (*Ode* I, livro III).

É que um homem moderado, contente com o que a natureza lhe oferece para suas verdadeiras necessidades, está bem longe de criar quimeras para si; se é engajado no comércio para prevenir a indigência, ou para proporcionar a suas crianças uma subsistência honesta, sua virtude ainda o sustenta contra as desgraças da fortuna.

(TK)

Moral (*Ciência dos costumes*), Jaucourt [10, 699]

Moral é a ciência que nos prescreve uma sábia conduta e os meios de conformarmos a ela nossas ações.

Se convém a criaturas razoáveis aplicar suas faculdades às coisas a que são destinadas, a moral é a própria ciência dos homens; porque é um conhecimento geralmente proporcionado à sua capacidade natural e do qual depende o seu maior interesse. A moral, portanto, traz consigo provas de seu valor, e se alguém tiver necessidade de raciocinar muito para se convencer, trata-se de um espírito demasiadamente corrompido para ser conduzido pelo raciocínio.

Confesso que não se pode tratar a moral por argumentos demonstrativos, e conheço duas ou três razões principais disto. 1ª) A falta dos signos. Não possuímos marcas sensíveis que representem aos olhos as ideias morais; possuímos apenas palavras para exprimi-las: ora, embora tais palavras permaneçam as mesmas quando são escritas, as ideias que elas significam podem variar no mesmo homem, e é muito raro que não sejam diferentes em diferentes pessoas; 2ª) as ideais morais são comumente mais compostas do que aquelas das figuras empregadas nas Matemáticas. Ocorre daí que não apenas os nomes das ideias morais têm uma **[700]** significação mais incerta, como, além disso, o espírito não pode reter com facilidade combinações precisas para examinar as relações e as inadequações das coisas; 3ª) o interesse humano, essa paixão tão enganosa, opõe-se à demonstração das verdades morais; pois é verossímil que, se os homens quisessem se aplicar à busca dessas verdades segundo o mesmo método e com a mesma indiferença com que buscam as verdades matemáticas, iriam encontrá-las com a mesma facilidade.

A ciência dos costumes pode ser adquirida até um certo grau de evidência por todos aqueles que querem fazer uso de sua razão em qualquer estado em que se encontrem. A experiência mais comum da vida e um pouco de reflexão sobre si mesmo e sobre os objetos que nos cercam por todos os lados bastam para fornecer às pessoas mais simples as ideias gerais de certos deveres, sem as quais a sociedade não poderia se manter. Com efeito, as pessoas menos esclarecidas mostram, por seus discursos e por sua conduta, que possuem ideias bastante retas em matéria de moral, embora nem sempre possam desenvolvê-las bem, nem exprimir precisamente tudo o que sentem; mas aquelas que têm mais penetração devem ser capazes de adquirir, de maneira distinta, todas as luzes de que precisam para se conduzir.

Não é questão em moral conhecer a essência real das substâncias: basta apenas comparar com cuidado certas relações que concebemos entre as ações humanas e uma certa regra. A verdade e a certeza dos discursos de moral são consideradas independentemente da vida dos homens e da existência que as virtudes de que tratam têm atualmente no mundo. Os *Deveres* de Cícero não são menos conformes à verdade pelo fato de não haver quase ninguém que pratique exatamente essas máximas e regule a vida sobre o modelo de um homem de bem tal como Cícero nos descreveu em sua obra. Se é verdade, na especulação, que o homicídio merece a morte, sê-lo-á similarmente no que concerne a toda ação real, conforme essa ideia de homicídio.

As dificuldades que às vezes embaraçam em matéria de moral não vêm tanto da obscuridade que encontramos nos preceitos quanto da sua aplicação em certas circunstâncias particulares; mas essas circunstâncias particulares não provam a incerteza do preceito, da mesma forma quanto a dificuldade em aplicar uma demonstração de Matemática não diminui sua infalibilidade. Além disso, essas dificuldades dizem respeito não aos princípios gerais, nem às máximas que, com ou sem mediação, decorrem delas, mas somente a algumas consequências distantes. Por menos uso que se faça do bom senso, não se duvidará de modo algum da certeza das regras seguintes: que é preciso obedecer às leis da Divindade na medida em que elas nos são conhecidas; que não é permitido fazer mal a outrem; que, se causarmos dano, devemos repará-lo; que é justo obedecer às leis de um soberano legítimo desde que ele não prescreva nada de contrário às máximas invariáveis do direito natural ou a alguma lei divina claramente revelada etc. Essas verdades e muitas outras semelhantes são de uma tal evidência que não poderíamos opor a elas nada de plausível.

Se a ciência dos costumes foi em todos os tempos extremamente negligenciada, não é difícil de se descobrir as causas disso. É certo que as diversas necessidades da vida, verdadeiras ou imaginárias, os falsos interesses, as impressões do exemplo e dos costumes, a torrente da moda e das opiniões recebidas, os preconceitos de infância e, sobretudo, as paixões desviam os espíritos de um estudo sério da moral. A Filosofia, diz agradavelmente o autor moderno dos *Diálogos dos mortos*, enxerga apenas os homens, e de modo algum o resto do universo. O astrônomo pensa nos astros, o físico, na natureza, e os filósofos, neles mesmos: mas, como essa Filosofia os incomodaria se ela se mesclasse com seus negócios e se ela pretendesse regular suas paixões, eles a enviam para o céu, a fim de que ordene os planetas e meça os seus movimentos; ou, ainda, eles a levam para passear sobre a terra para fazê-la examinar tudo o que veem: enfim, eles a ocupam sempre com o que há de mais distante, tanto quanto isso lhes é possível.

No entanto, é certo que, apesar dessa brincadeira do sr. Fontenelle, que em todos os tempos foram os filósofos laicos que melhor deram conta da moral; e é uma verdade que podemos estabelecer por todos os escritos dos sábios da Grécia e de Roma. Sócrates, o homem mais honesto da Antiguidade, fez um estudo particular da moral e a tratou tanto com grandeza quanto com exatidão; em particular, tudo o que ele diz da Providência é digno das luzes do Evangelho. Também em Platão, a moral é difundida ao longo de suas obras. Aristóteles fez dela um sistema metódico, segundo os mesmos princípios e a mesma economia de seu mestre. A moral de Epicuro não é menos bela do que reta em seus fundamentos. Admito que sua doutrina sobre a felicidade poderia ser mal interpretada e que dela resultam efeitos inoportunos que desacreditam a seita; mas, no fundo, essa doutrina era bastante razoável, e não o poderíamos negar, pois, ao tomarmos a palavra *felicidade* no sentido dado por Epicuro, ela consiste tão somente no sentimento do prazer, ou, em geral, no contentamento do espírito.

Entretanto, Zenão, contemporâneo de Epicuro, traçava uma rota ainda mais gloriosa ao fundar a seita dos estoicos. Com efeito, não há filósofos que tenham falado com tanta ênfase da fatal necessidade das coisas, nem mais magnificamente da liberdade do homem do que o fizeram os estoicos. Nada é mais belo do que sua moral, considerada em si mesmo; e excetuando-se algumas de suas máximas, nada é mais conforme às luzes da reta razão. O grande princípio deles é que é preciso viver em conformidade com a constituição da natureza humana, e que o bem soberano do homem consiste na virtude; ou seja, nas luzes da reta razão, que nos fazem considerar o que convém verdadeiramente a nosso estado. Eles viam o mundo como um reino do qual Deus é o príncipe, ou, ainda, como um todo no qual cada pessoa que dele faz parte deve concorrer para sua utilidade e reportar todas as suas ações, sem nunca preferir a vantagem particular em lugar do interesse comum. Acreditavam que eram nascidos, não cada um para si, mas para a sociedade humana; aí estavam o caráter distintivo de sua seita e a ideia que davam da natureza do justo e do honesto. Não há filósofos que tenham reconhecido tão bem e recomendado tão fortemente os deveres indispensáveis de todos os homens uns em relação aos outros, precisamente enquanto homens. Segundo eles, nascemos para buscar o bem para todos os humanos; exercer a beneficência para com todos; contentar-se de ter praticado uma boa ação e, de alguma maneira, até mesmo esquecê-la em vez de achar que se merece alguma recompensa; passar de uma boa ação a outra boa ação; acreditar-se suficientemente pago por ter tido a ocasião de prestar serviço aos outros e, por conseguinte, não buscar fora de si nem o lucro, nem o louvor. Quanto a nós, é preciso, dizem os estoicos, ter no coração apenas a [701] virtude; jamais se deixar desviar de seu dever, nem pelo desejo da vida, nem pelo temor dos tormentos, nem pelo temor da morte; menos ainda por algum dano ou alguma perda, seja ela qual for. Não devo entrar aqui em maiores detalhes, mas um sábio inglês, Thomas Gataker, no prefácio de seu vasto e instrutivo *Comentário sobre Marco Aurélio*, nos deu um resumo dos mais belos preceitos da moral dos estoicos, extraído do próprio livro desse imperador, bem como daqueles de Epiteto e de Sêneca, três filósofos dessa seita estimável, que são os únicos, com Plutarco, de que nos restam alguns escritos.

Desde Epicuro e Zenão, não se viu mais belos gênios tentarem novas rotas na ciência da moral: cada um seguia a seita que achava mais a seu gosto. Os romanos, que receberam dos gregos as artes e as ciências, retiveram os sistemas de seus mestres. No tempo de Augusto, um filósofo de Alexandria chamado Potamon introduziu uma maneira de filosofar que se chamou eclética, porque consistia em escolher, de todos os dogmas dos filósofos, aqueles que pareciam mais razoáveis. Cícero segue bem de perto esse método em seu livro dos *Deveres*, em que é ora estoico, ora peripatético. Esse excelente livro, que todos conhecem, é, sem contradição, o melhor tratado de moral, o mais regular, o mais metódico e o mais exato que temos. Não há menos coisas boas nesse do que nas *Leis*, por mais imperfeito que possa ser; mas é muito lamentável que se tenha perdido seu *Tratado da república*, do qual os poucos fragmentos que nos restam dão a mais alta ideia.

No que concerne à moral de Sêneca e de Plutarco, eu aceitaria bastante a opinião de Montaigne no juízo que ele faz desse assunto. Esses dois autores, diz ele, convergem na maior parte das opiniões úteis e verdadeiras; assim como a fortuna deles os fez nascer quase no mesmo século, ambos vindos de país estrangeiro, ambos ricos e poderosos. Sua instrução é a *nata filosófica*: Plutarco é mais uniforme e constante; Sêneca, mais ondulante e diverso: este se enrijece e se tensiona para armar a virtude contra a fraqueza, o temor e os apetites viciosos; o outro parece não estimar tanto seu esforço, desdenhando acelerar o passo e colocar-se em posição de defesa. Parece que Sêneca se adapta um pouco à tirania dos imperadores de seu tempo;

Plutarco é livre em tudo. Sêneca é cheio de ironias e tiradas; Plutarco, de coisas: aquele vos aquece mais e vos comove; este vos contenta de antemão e vos paga melhor, ele nos guia; o outro nos incita. Em Plutarco, ora os discursos são extensos, ora ele simplesmente os toca, mostrando somente com o dedo por onde iremos se nos agradar, contentando-se em dar apenas um golpe no mais vivo de um repouso. É preciso arrancá-los de lá, colocá-los na praça do mercado.

Acrescento que os objetos das morais de Plutarco são, em geral, tratados superficialmente, e que as obras de Sêneca, até mesmo a melhor delas, a dos *Benefícios*, não têm ordem. Epiteto é mais simples e mais puro, mas lhe faltam visão e elevação. Marco Aurélio mostra um espírito mais vasto e maior que seu império. Ele não se contentou em explicar solidamente os preceitos de seus mestres: sempre os corrigiu e lhes deu uma nova força, seja pela maneira engenhosa e natural como as propôs, seja pelas novas descobertas que acrescentou a elas.

Os platônicos que se tornaram célebres nos séculos III e IV, um Plotino, um Amélio, um Porfírio, um Jâmblico, um Próclo etc., se dedicam muito mais a explicar as especulações, ou antes, os devaneios do fundador de sua seita, do que a cultivar sua moral. Um pequeníssimo número de doutores da Igreja cristã não foi mais feliz ao se envolver com ideias quiméricas, alegorias, disputas frívolas, e ao se deixar levar pela impetuosidade de sua imaginação ardente. Seria supérfluo percorrer os séculos seguintes, nos quais a ignorância e a corrupção não deixaram quase nada além de uma fagulha de bom senso e de moral.

No entanto, Aristóteles, abandonado, reapareceu no século VI. Ao traduzir algumas obras do filósofo de Estagira, Boécio lança os fundamentos dessa autoridade despótica que a filosofia peripatética veio a adquirir com o passar do tempo. Os árabes se obstinaram com ela no século XI e a introduziram na Espanha, onde permanece: dali nascia a filosofia escolástica, que se difundiu em toda a Europa, e cuja barbárie carregou ainda mais preconceito na religião e na moral do que nas ciências especulativas.

A moral dos escolásticos é uma obra de peças reunidas, um corpo confuso, sem regra e sem princípio, uma mistura dos pensamentos de Aristóteles, do direito civil, do direito canônico, das máximas da santa Escritura e dos

Pais [da Igreja]. O bem e o mal se encontram misturados, mas de maneira em que há muito mais mal que bem. Os casuístas dos últimos séculos só a aumentaram de vãs sutilezas e, o que é pior, de erros monstruosos. Passemos todos esses tempos infelizes e cheguemos enfim àquele em que a ciência dos costumes é, por assim dizer, ressuscitada.

O famoso chanceler Bacon, que terminou sua carreira no começo do século XVII, é um desses grandes gênios a quem a posteridade será eternamente devedora das belas visões que forneceu para o restabelecimento das ciências. Foi a leitura das obras desse grande homem que inspirou a ideia de Hugo Grócio de ousar ser o primeiro a formar um sistema de moral e direito natural. Ninguém era mais adequado que Grócio para tentar esse empreendimento. Um amor sincero da verdade, uma clareza de espírito admirável, um discernimento diferente, uma profunda meditação, uma erudição universal, uma leitura prodigiosa, uma aplicação contínua ao estudo em meio a um grande número de provações e funções penosas de diversos empregos consideráveis, são as qualidades que não poderíamos, sem ignorância nem injustiça, recusar a esse grande homem. Se a Filosofia de seu século era ainda repleta de trevas, ele quase supriu essa falta pela força de seu bom senso e de seu juízo. Sua obra, hoje tão conhecida, foi publicada em Paris pela primeira vez em 1625.

Embora Selden tenha prodigalizado a mais vasta erudição em seu sistema das leis dos hebreus, falta muito, quanto à moral e ao direito natural, para que ele tivesse eclipsado, nem mesmo se igualado a Grócio. Além da desordem e da obscuridade que reinam na maneira de escrever desse sábio inglês, seus princípios não são baseados nas luzes da razão, mas em sete preceitos dados a Noé, que são fundamentados apenas numa tradição duvidosa, ou em decisões dos rabinos.

Pouco tempo antes da morte de Grócio, surgiu em cena o famoso Thomas Hobbes. Se esse belo gênio tivesse filosofado sem prevenção, teria prestado serviços consideráveis na busca da verdade; mas ele coloca como princípio das sociedades a conservação de si mesmo e a utilidade particular; além disso, estabelece sobre essa suposição que o estado de natureza é um estado de guerra de cada um contra todos; e, ainda, dá aos reis uma autoridade sem limites, pretendendo que a [702] vontade dos soberanos estabelece a religião e tudo o que é justo ou injusto.

Foi reservado a Samuel Puffendorf tirar vantagem das luzes de todos aqueles que o haviam precedido e acrescentar a eles suas próprias descobertas. Ele desenvolve distintamente as máximas fundamentais da moral que Grócio havia apenas indicado; por consequências ordenadas, deduziu delas os principais deveres do homem e do cidadão em qualquer estado onde se encontre. Não toma emprestados os pensamentos dos autores sem desenvolvê-los, sem estendê-los, sem tirar deles um maior partido. Mas é ao sr. Barbeyrac que o leitor deve as principais vantagens que pode hoje tirar da leitura do direito da guerra e da paz, bem como do direito da natureza e dos povos. A estes, é preciso acrescentar o estudo de Shaftesbury, de Hutcheson, de Cumberland, de Wolaston, de La Placette e d'*O Espírito das leis*, que respira a pura moral do homem em qualquer estado onde se encontre.

Falta-nos talvez uma obra filosófica sobre a conformidade da moral do Evangelho com as luzes da reta razão; pois uma e outra marcham em passos iguais e não podem ser separadas. A revelação supõe nos homens conhecimentos que já possuem ou que podem adquirir fazendo uso de suas luzes naturais. A existência de uma divindade infinita enquanto poder, sabedoria e bondade, sendo um princípio evidente em si mesmo, não faz que os escritores sagrados se preocupem em estabelecê-lo. É pela mesma razão que não fazem um sistema metódico da moral e que se contentem com preceitos gerais, dos quais nos deixam tirar consequências para aplicá-los ao estado de cada um e aos diversos casos particulares.

Enfim, seria conhecer mal a religião relevar o mérito da fé à custa da moral; pois, embora a fé seja necessária a todos os cristãos, pode-se antecipar com verdade que a moral predomina sobre a fé em diversos aspectos. 1º) Porque podemos estar em condições de fazer o bem e de nos tornar mais úteis ao mundo mais pela moral sem a fé do que pela fé sem a moral; 2º) porque a moral dá uma maior perfeição à natureza humana na medida em que tranquiliza o espírito, acalma as paixões e antecipa a felicidade de cada um em particular; 3º) porque a regra para a moral é ainda mais certa que a da fé, pois as nações civilizadas do mundo estão de acordo quanto aos pontos essenciais da moral, enquanto diferem quanto àqueles da fé;

4º) porque a incredulidade não é de uma natureza tão maligna quanto o vício; ou, para considerar a mesma coisa de outro ponto de vista, porque, em geral, convimos que um incrédulo virtuoso possa ser salvo, sobretudo no caso de uma ignorância invencível, mas que não há salvação para um crente vicioso; 5º) porque a fé parece tirar sua principal virtude, para não dizermos toda ela, da influência que possui sobre a moral.

(TK)

Mulher (*Moral*), Desmahis [6, 472]

O nome *mulher*, por si só, toca a alma, mas nem sempre a eleva. Ele faz nascer somente ideias agradáveis, que, no instante seguinte, tornam-se sensações inquietantes ou sentimentos ternos; e o filósofo que acredita contemplar, logo não passa de um homem que deseja ou um amante que sonha.

Uma mulher se fazia pintar; o que lhe faltava para ser bela era precisamente o que a tornava bonita. Ela queria que se aumentasse a sua beleza sem tirar nada de suas graças. Queria tudo ao mesmo tempo, que o pintor fosse infiel e que o retrato fosse semelhante. Eis o que todas serão para o escritor que deve falar delas.

Essa metade do gênero humano, comparada fisicamente à outra, é superior em encantos e inferior em força. A curva das formas, a fineza dos traços, o brilho do semblante, eis seus atributos distintivos.

As mulheres não diferem menos dos homens pelo coração e pelo espírito do que pelo tamanho e pela figura. Mas a educação modificou suas disposições naturais de tantos modos, a dissimulação, que parece-lhes ser um dever de estado, tornou a alma delas tão secreta, as exceções tão numerosas, tão confusas com as generalidades, que, quanto mais observações se fazem, menos resultados se encontram.

Ocorre na alma das mulheres o mesmo que acontece com sua beleza; parece que elas só se fazem perceber para deixar imaginar. Isso se dá tanto nos caracteres gerais quanto nas cores; há primitivas, há cambiantes; para passar de uma a outra, há infinitas nuances. As mulheres não possuem caracteres mistos, intermediários ou variáveis, seja porque a educação altera mais sua natureza do que a nossa, seja porque a delicadeza de sua organização faz de sua alma um gelo que recebe os objetos, apresenta-os vivamente e não conserva nenhum deles.

Quem pode definir as mulheres? Na verdade, tudo fala nelas, mas numa linguagem equívoca. Aquela que parece mais indiferente é, por vezes, a mais sensível; a mais indiscreta passa sempre pela mais falsa; sempre prevenidos, o amor ou o despeito dita os juízos que fazemos delas; e o espírito mais livre, aquele que mais estudos tem, ao acreditar resolver problemas, não faz mais do que propor novos. Há três coisas, dizia um pedante, que sempre amei muito sem nada compreender: a pintura, a música e as mulheres.

Se é verdade que a timidez nasce da fraqueza, a fineza da timidez, e a falsidade da fineza, é preciso concluir que a verdade é uma virtude bem estimável nas mulheres.

Se essa mesma delicadeza de órgãos que torna a imaginação das mulheres mais viva, torna seu espírito menos capaz de atenção, pode-se dizer que elas percebem mais rapidamente, podem ver bem, olham por menos tempo.

Como admiro as mulheres virtuosas, se elas são tão firmes na virtude quanto as mulheres viciosas me parecem intrépidas no vício!

A juventude das mulheres é mais curta e mais brilhante que a dos homens; a velhice delas é mais deplorável e mais longa.

As mulheres são vingativas. A vingança, que é o ato de um poder momentâneo, é uma prova de fraqueza. As mais fracas e mais tímidas devem ser cruéis: é a lei geral da natureza, que em todos os seres sensíveis proporciona o ressentimento ao perigo.

Como seriam elas discretas? Elas são curiosas. E como não seriam curiosas? Fazemos-lhes mistério de tudo: elas não são chamadas nem ao conselho, nem à execução.

Há menos união entre mulheres do que entre homens, porque elas têm apenas um objeto.

Distintos por desigualdades, os dois sexos têm vantagens quase iguais. A natureza colocou de um lado a força e a majestade, a coragem e a razão; de outro, as graças e a beleza, a fineza e o sentimento. Essas vantagens nem sempre são incompatíveis; por vezes, são atributos diferentes que servem de contrapeso um ao outro, algumas vezes são as mesmas qualidades, mas em graus diferentes. O que é encanto ou virtude num sexo é defeito ou deformidade no outro. As diferenças da natureza devem ser submetidas à educação: é a mão do estatuário que podia dar tanto valor a um pedaço de argila.

Para os homens que partilham entre si as ocupações da vida civil, o estado ao qual são destinados decide a educação e a diferencia. Para as mulheres, a educação é tanto pior quanto mais geral ela for, tanto mais negligente quanto mais útil. Devemos estar surpresos que almas tão incultas possam produzir tantas virtudes e que nelas não germinem mais vícios.

Mulheres que renunciaram ao mundo antes de conhecê-lo são encarregadas de dar princípios àquelas que devem viver nele. É daí que frequentemente uma jovem é levada ao altar para se impor por juramento deveres que ela absolutamente não conhece e se unir para sempre a um homem que nunca viu. No mais das vezes, ela é chamada de volta a sua família para ali receber uma segunda educação, que subverte todas as ideias da primeira e que, enfatizando mais as maneiras do que os costumes, substitui continuamente diamantes mal lapidados ou mal produzidos por pedras de composição.

É, então, depois de ter passado três quartos do dia diante de um espelho e de um cravo que Cloé entra com sua mãe no labirinto do mundo: ali, seu espírito errante se perde em mil desvios, dos quais só se consegue sair com muita experiência; ali, sempre correta e silenciosa, sem nenhum conhecimento do que é digno de estima ou desprezo, ela não sabe o que pensar, teme sentir, não ousa ver nem ouvir. Ou ainda, observando tudo com tanta curiosidade quanto ignorância, enxerga mais do que existe, ouve mais do que se diz, envergonha-se indecentemente, sorri por contrassenso, e, certa de ser igualmente refém do que pareceu saber e do que ignora, ela espera com impaciência, na obrigação e no tédio, que uma mudança de nome leve à independência e ao prazer.

Conversa-se apenas sobre sua beleza, que é um meio simples e natural de agradar quando não se está ocupado, e da vestimenta, que é um sistema de meios artificiais para aumentar o efeito do primeiro, ou para substituí-lo, mas que, frequentemente, não faz nem uma coisa nem outra. O elogio do caráter ou do espírito de uma mulher é quase sempre uma prova de feiura: parece que o sentimento e a razão não passam de suplemento da beleza. Depois de ter formado Cloé para o amor, tem-se o cuidado de lhe proibir seu uso.

A natureza parece ter conferido aos homens o direito de governar. As mulheres recorreram à arte para se libertar. Ambos os sexos abusaram reciprocamente de suas vantagens, da força e da [473] beleza, esses dois meios de lhes fazer infelizes. Os homens aumentaram seu poder natural pelas leis que ditaram; as mulheres aumentaram o valor de sua posse pela dificuldade de obtê-la. Não seria difícil dizer de qual lado está hoje a servidão. Seja como for, a autoridade é o alvo que as mulheres buscam alcançar: o amor que elas dão conduzem-nas até esse alvo; o amor que elas recebem as afastam dele. Tentar inspirar-se nele, esforçar-se por não sentir ou, pelo menos, de ocultar o que sentem: eis toda sua política e toda sua moral.

Essa arte de agradar, esse desejo de agradar a todos, esse anseio de agradar mais que um outro, esse silêncio do coração, esse desregramento do espírito, essa mentira contínua chamada *coquetismo*, parece ser nas mulheres um traço primitivo, originário da sua condição naturalmente subordinada, injustamente servil, estendida e fortificada pela educação, e só pode ser enfraquecida por um esforço de razão e destruída por um grande calor de sentimento: comparou-se esse traço até mesmo ao fogo sagrado que nunca se apaga.

Vede Cloé entrar na cena do mundo. Aquele que vem lhe dar o direito de ir sozinha, muito amável para amar sua mulher, ou muito desgraçado por natureza, por demais constrangido pelo dever para ser amado por ela, parece dar-lhe ainda o direito de amar outro. Vã e superficial, mais aplicada a se mostrar do que a ver, Cloé voa a todos os espetáculos, a todas as festas: ela mal parece notar que está cercada por esses homens que, confiantes e desdenhosos, sem virtudes e sem talentos, seduzem as mulheres obliquamente, fazem sua glória ao desonrá-las, aprazem-se em desesperá-las; homens que, pelas indiscrições, infidelidades e rupturas, parecem aumentar a cada dia o número de suas boas fortunas; espécies de caçadores de pássaros que fazem os pássaros caçados cantarem para chamar outros.

Segui Cloé em meio a essa multidão zelosa. É a coquete vinda da ilha de Creta ao templo de Cnido. Ela sorri a um, fala ao ouvido de outro, apoia seu braço num terceiro, faz sinal a dois outros para seguirem-na. Um deles fala-lhe de seu amor: é Armídio; ela o abandona nesse momento, retorna um momento depois e, em seguida, abandona-o novamente. Têm eles ciúmes uns dos outros? É a Célimène do *Misantropo*, ela os tranquiliza, alternadamente, pelo mal que diz aos seus respectivos rivais. Assim, misturando artificiosamente os desdéns e as preferências, ela reprime a temeridade por um olhar severo, reanima a esperança com um sorriso terno: é a mulher enganosa de Arquíloco, que carrega a água numa das mãos e o fogo na outra.

Mas, quanto mais as mulheres aperfeiçoaram a arte de fazer desejar, esperar, perseguir o que elas decidiram não conceder, tanto mais os homens multiplicaram os meios de obter a sua posse: a arte de inspirar desejos que não se pretende satisfazer produziu, sobretudo, a arte de fingir sentimentos que não se tem. Cloé quer se ocultar somente após ter sido vista; Dâmis sabe interceptá-la fingindo não a ver: um e outro, depois de terem percorrido todos os desvios da arte, se encontram finalmente onde a natureza os havia colocado.

Há em todos os corações um princípio secreto de união. Há um fogo que, oculto por mais ou menos tempo, se alumia imperceptivelmente; tanto mais se acende quanto mais se faz esforços para apagá-lo, e que em seguida se extingue a despeito de nós. Há um germe no qual se encontram encerrados o medo e a esperança, a dor e o prazer, o mistério e a indiscrição; que contém as querelas e os acordos, as queixas e os risos, as lágrimas doces e amargas; espalhado por toda parte, está mais ou menos pronto para se desenvolver, segundo os auxílios que lhe damos e os obstáculos que lhe opomos.

Como uma criança frágil que protege, Cloé toma o Amor sobre seus joelhos, brinca com seu arco, se alegra com seus traços, corta a extremidade de suas asas, amarra-lhe as mãos com flores e, já presa ela mesma nos vínculos que não vê, se acredita ainda em liberdade. Enquanto o aproxima de seu seio, escuta-o, sorri para ele, diverte-se tanto com os que se queixam dele quanto com aqueles que o temem, e, enquanto faz tudo isso, um charme involuntário a faz repentinamente apertá-lo em seus braços: o amor já está em seu coração. Ela ainda não ousa admitir que ama, mas começa a pensar na doçura de amá-lo. Quanto a todos esses amantes que arrasta em triunfo atrás de si, ela sente mais desejo de desfazer-se deles do que prazer em atraí-los. Dentre eles, há um para o qual os olhos dela se dirigem sem cessar, desviando-se sempre dele. Diríamos, por vezes, que ela raramente nota sua presença, mas não há nada que ele faça que ela não tenha visto. Se ele fala, ela não parece ouvi-lo, mas não há nada que ele diga que ela não tenha escutado. Se, ao contrário, é ela quem fala, sua voz se torna mais tímida, suas expressões mais animadas. Ela vai ao espetáculo e deixa de vê-lo? Ao contrário, ele é o primeiro que ela vê, o nome dele está sempre em último lugar, após todos os que ela pronuncia. Se o sentimento de seu coração é ainda ignorado, não é mais somente dela: ele foi desvelado por tudo o que ela se esforçou por ocultar. Ele se irritou por tudo o que ela fez para anulá-lo: ela está triste, mas sua tristeza é um dos encantos do amor. Ela, enfim, cessa de ser coquete à medida que se torna sensível e parece não ter armado perpetuamente armadilhas nas quais ela mesma caía.

Li que, de todas as paixões, o amor é a mais adequada às mulheres. Pelo menos é verdade que elas trazem esse sentimento, que é a mais terna marca da humanidade, a um grau de delicadeza e de vivacidade tal que há bem poucos homens capazes de alcançar. A alma delas parece ter sido feita somente para sentir, elas parecem ter sido formadas somente para o doce emprego do amor. A essa paixão que lhes é tão natural, dá-se por antagonista uma privação que se chama honra; mas dissemos, e isso é bem verdade, que a honra parece ter sido imaginada somente para ser sacrificada.

Raramente Cloé disse o que seria fatal à sua liberdade: que ela faz de seu amante o objeto de todas as suas atenções, o alvo de todas as suas ações, o árbitro de sua vida. Ela só conhecia a diversão e o tédio, ignorava a dor e o prazer. Todos os seus dias são plenos, todas as horas são vivas, por mais que haja intervalos de abatimento. O tempo, sempre muito lento ou muito rápido para ela, corre no entanto sem que ela perceba. Todos esses nomes tão vãos, tão caros, esse doce comércio de olhares e sorrisos, esse silêncio mais eloquente que a fala, mil lembranças, mil projetos, mil ideias, mil sentimentos renovam sua alma a todo instante e engrandecem sua existência. Mas a prova última de sua sensibilidade é a primeira época da inconstância de seu amante. Será, pois, que os laços do amor nunca podem se apertar de um lado sem que se afrouxem do outro?

Se existem entre os homens algumas almas privilegiadas em que o amor, longe de ser enfraquecido pelos prazeres, parece retirar deles novas forças, para a maior parte ele é um falso regozijo que, precedido de um desejo incerto, é imediatamente seguido de um desgosto acentuado, que muitas vezes ainda é acompanhado pelo ódio ou pelo desprezo. Diz-se que, na beira de um mar, crescem frutos de rara beleza que, uma vez tocados, caem podres: é a imagem desse amor efêmero, vão capricho da imaginação, frágil obra dos sentidos, fraco tributo que se paga à beleza. Quando a fonte dos prazeres está no coração, ela não seca; o amor fundado [474] sobre a estima é inalterável, é o encanto da vida e o valor da virtude.

Unicamente ocupada com seu amante, Cloé percebe primeiramente que ele está menos terno; suspeita logo que ele é infiel; ela se queixa, ele a consola; ele continua a enganá-la, ela recomeça a se queixar. As infidelidades se sucedem de um lado, as censuras se multiplicam de outro: as querelas são vivas e frequentes, os bate-bocas longos, as reconciliações frias. Os encontros rareiam, as conversas a sós se abreviam, todas as lágrimas são amargas. Cloé reivindica justiça ao Amor. O que aconteceu, diz ela, com a fé nas promessas? Mas não adianta, Cloé é deixada; ela é deixada por uma outra, ela é deixada ostensivamente.

Abandonada à vergonha e à dor, ela faz tantas promessas de nunca mais amar quantas havia feito de amar sempre. Mas, uma vez que se tenha vivido para o amor, não se pode mais viver a não ser para ele. Quando ele se estabelece numa alma, lança ali sabe-se lá que encanto, que altera a fonte de todos os outros prazeres. Quando ele desaparece, deixa ali todo o horror do deserto e da solidão: é sem dúvida o que fez dizer que é mais fácil encontrar uma mulher que não tenha tido nenhum compromisso do que encontrar uma que tenha tido apenas um.

O desespero de Cloé muda insensivelmente para uma languidez que faz de todos os seus dias uma série contínua de aborrecimentos. Abatida pelo peso de sua existência, ela não sabe mais o que fazer da vida, um rochedo árido ao qual ela se encontra presa. Mas antigos amantes voltam à sua casa com esperança, novamente se declaram, mulheres organizam jantares; ela consente em se distrair, termina por se consolar. Fez uma nova escolha que, embora mais voluntária, não será muito mais feliz que a primeira e logo será seguida de outra. Ela pertencia ao amor, eis que ela pertence ao prazer; seus sentidos estavam a serviço de seu coração, seu espírito, a serviço de seus sentidos. A arte, tão fácil de se distinguir em toda parte para além da natureza, está aqui separada dela somente por uma nuance imperceptível:

Cloé se engana algumas vezes. Ah, que importa que, com isso, seu amante seja enganado, se ele é feliz! Algumas mentiras da galanteria são como ficções de teatro, em que a verossimilhança tem sempre mais atrativos do que a verdade.

Horácio faz assim a pintura dos costumes de seu tempo (*Od.* VJ, livro III): "Tão logo uma jovem deixa os jogos inocentes da tenra infância, ela se deleita em estudar danças voluptuosas e todas as artes e mistérios do amor. Tão logo uma mulher senta-se à mesa de seu marido, ela busca com olhar inquieto um amante; logo ela não escolhe mais, acredita que, na obscuridade, todos os prazeres são legítimos". Logo também Cloé chegará a esse último período da galanteria. Ela já concede à volúpia todas as aparências do sentimento, à complacência todos os encantos da volúpia. Ela sabe igualmente dissimular desejos, fingir sentimentos, afetar risos, verter lágrimas. Raramente tem na alma o que tem nos olhos. Nunca tem sobre os lábios o que tem nos olhos nem o que tem na alma. O que ela faz em segredo, persuade-se de que não o fez. O que a vimos fazer, ela pode nos persuadir de que não vimos. O que o artifício das palavras não pode justificar, suas lágrimas o fazem desculpar, suas carícias o fazem esquecer.

As mulheres galantes também possuem sua moral. Cloé fez para si um código no qual disse que tomar o amante de uma mulher de sua sociedade é desonesto, a despeito do gosto que se tenha por ela ou da paixão que lhe testemunhemos. Diz ainda ali que não há amores eternos, mas que nunca se deve assumir um compromisso quando se prevê seu fim; ela acrescentou que, entre uma ruptura e um novo laço, é preciso um intervalo de seis meses, após o que estabeleceu que jamais é preciso abandonar um amante sem lhe ter designado um sucessor.

Cloé pensa, enfim, que só há um compromisso sólido, chamado por ela de um caso duradouro, que pode arruinar uma mulher. Ela se conduz de acordo com esse pensamento. Não possui mais do que gostos passageiros, que chama de fantasias, as quais bem podem deixar criar uma suspeita, mas nunca lhe dão tempo de se transformar em certeza. Tão logo o público lança seu olhar sobre um objeto, este lhe escapa e é logo substituído por outro. Não ouso dizer que com frequência se lhe apresentam vários objetos ao mesmo tempo. Nas fantasias de Cloé, o espírito é primeiramente subordinado pela imagem, e logo a imagem é subordinada à fortuna. Ela negligencia na corte aqueles que buscou na cidade, ignora na cidade aqueles que evitou no campo e, pela manhã, esquece tão perfeitamente a fantasia da noite que chega a duvidar daquele que foi seu objeto. Em seu desapontamento, ele acredita estar dispensado de calar-se sobre o que o dispensou de seu mérito, esquecendo-se por sua vez que uma mulher tem sempre o direito de negar o que um homem jamais teve o direito de dizer. É bem mais seguro mostrar desejos a Cloé do que lhe declarar sentimentos: algumas vezes ela permite ainda juramentos de constância e fidelidade, mas quem a persuade é inábil, quem mantém a palavra é pérfido. O único meio que haveria de torná-la constante seria talvez perdoá-la por ser infiel: ela teme mais o ciúme do que o perjúrio, mais a inconveniência do que o abandono. Ela perdoa a todos os seus amantes e permite tudo a si mesma, exceto o amor.

Mais do que galante, ela acredita ser apenas faceira. Convencida disso, numa mesa de jogo, ora atenta, ora distraída, ela toca os joelhos de um, aperta a mão de outro elogiando seu rendado, e ao mesmo tempo lança algumas palavras convencionais a um terceiro. Acha que não tem preconceitos, pois não possui princípios: ela se arroga o título de homem do mundo porque renunciou ao de mulher do mundo e o que talvez seja o mais surpreendente é que, em toda a variedade de suas fantasias, o prazer raramente lhe serviria de desculpa.

Ela tem um grande nome e um marido fácil: enquanto tiver beleza ou graças ou, pelo menos, os encantos da juventude, os desejos dos homens, a inveja das mulheres, lhe fariam as vezes de consideração. Suas imperfeições só a exilariam da sociedade quando fossem confirmadas pelo ridículo. Enfim, esse ridículo se confirma, mais cruel que a desonra. Cloé deixa de agradar e não quer deixar de amar; ela quer sempre parecer e ninguém quer se mostrar com ela. Nessa posição, sua vida é um sono inquieto e sofrível, um abatimento profundo, misturado com agitações; ela tem apenas a alternativa do belo espírito ou da devoção. A verdadeira devoção é o asilo mais honesto para as mulheres galantes; mas são poucas as que ali podem passar do amor dos homens ao amor de Deus. Há poucas que choram de arrependimento, persuadindo-se de que há do que se arrepender; há poucas até que, depois de terem praticado o vício, possam se determinar a pelo menos fingir a virtude.

Em menor número ainda são as que conseguem passar do templo do amor ao santuário das musas, e que ganham, ao se fazerem ouvir, o que elas perdem quando se deixam ver. De todo modo, Cloé, que tantas vezes se perdeu correndo sempre atrás de vãos prazeres e sempre se distanciando da felicidade, se perde novamente ao tomar uma nova rota. Depois de ter desperdiçado quinze ou vinte anos olhando com o canto dos olhos, zombando, [475] fazendo trejeitos afetados, intrigas e assédios; depois de ter tornado infeliz algum homem honesto, ter se abandonado a um presunçoso, ter se dado a uma turba de tolos, essa louca muda de papel, passa de um teatro a outro e, não podendo mais ser Frineia, acredita ser Aspásia.

Estou certo de que nenhuma mulher se reconheceria no retrato de Cloé. Com efeito, há poucas delas cuja vida tenha tido períodos tão marcados.

Há uma mulher que possui espírito para se fazer amar e não para se fazer temer, virtude para se fazer estimar e não para desprezar os outros, e beleza suficiente para dar valor à sua virtude. Igualmente distanciada da vergonha de amar sem reservas, do tormento de não ousar amar e do enfado de viver sem amor, ela possui tanta indulgência para com as fraquezas de seu sexo que a mulher mais galante a perdoa por ser fiel; ela possui tanto respeito pelo decoro que a mais beata a perdoa por ser terna. Deixando para as loucas que a rodeiam a coqueteria, a frivolidade, os caprichos, as invejas, todas essas pequenas paixões, todas essas bagatelas que tornam sua vida nula ou contenciosa; em meio a esses comércios contagiosos, ela sempre prefere consultar seu coração, que é puro, e sua razão, que é sã, em vez da opinião, essa rainha do mundo que governa tão despoticamente os insensatos e os tolos. Feliz a mulher que possui tais vantagens, mais feliz ainda aquele que possui o coração de uma tal mulher!

Enfim, existe outra ainda mais solidamente feliz. Sua felicidade consiste em ignorar o que o mundo chama de prazeres, sua glória consiste em viver ignorada. Encerrada em seus deveres de mulher e de mãe, consagra seus dias à prática das virtudes obscuras: ocupada no governo de sua família, reina sobre seu marido pela complacência, sobre suas crianças pela doçura, sobre seus serviçais pela bondade: sua casa é o lugar dos sentimentos religiosos, da piedade filial, do amor conjugal, da ternura materna, da ordem, da paz interior, do doce sono e da saúde; econômica e sedentária, ela afasta do lar as paixões e as necessidades; o indigente que se apresenta à sua porta nunca é expulso; o homem licencioso ali não se apresenta. Ela possui um caráter de reserva e de dignidade que a torna respeitável, de indulgência e de sensibilidade que a torna amável, de prudência e de firmeza que a torna temida; espalha ao seu redor um doce calor, uma luz pura que ilumina e vivifica tudo o que a rodeia. É a natureza que a dispôs ou a razão que a conduziu à posição suprema em que a vejo?

(TK)

Paixões (*Filosofia, Lógica, Moral*), Autor desconhecido [12, 142]

As tendências, as inclinações, os desejos e as aversões, levados a um certo grau de vivacidade, acrescidos de uma sensação confusa de prazer ou de dor, ocasionados por ou acompanhados de algum movimento irregular do sangue e dos espíritos animais, são o que denominamos *paixões*. Elas chegam a levar à privação da liberdade, estado em que a alma é, de alguma maneira, tornada passiva; daí o seu nome.

A inclinação, ou certa disposição da alma, nasce da opinião que temos segundo a qual um grande bem ou um grande mal está encerrado num objeto que, por isso mesmo, excita a paixão. Quando, pois, essa inclinação é posta em atividade (e isso ocorre por conta de tudo o que, para nós, é prazer ou sofrimento), logo a alma, atingida imediatamente pelo bem ou pelo mal e não moderando a sua opinião de que é para ela uma coisa muito importante, acredita, por isso mesmo, tratar-se de algo digno de toda sua atenção. Volta-se inteiramente para esse lado, fixa-se a isso, prende-se a ele com todos os seus sentidos e dirige todas as suas faculdades para considerá-lo, esquecendo, nessa contemplação, nesse desejo ou nesse temor, quase todos os outros objetos: então, ela fica como no caso de um homem arrasado por uma doença aguda; ele não tem a liberdade de pensar em outra coisa senão no que teria causado seu mal. É assim que as paixões são as doenças da alma.

I. Todas as nossas sensações, nossas imaginações e até mesmo as ideias intelectuais são acompanhadas de prazer ou sofrimento, de sentimentos agradáveis ou dolorosos, e esses sentimentos são independentes de nossa vontade; pois, se essas duas fontes de bem e mal pudessem se abrir e se fechar por vontade própria, ela evitaria a dor e admitiria somente o prazer. Tudo o que produz em nós esse sentimento agradável, tudo o que é próprio para nos dar prazer, para entretê-lo, para fazê-lo crescer, para afastar ou diminuir o sofrimento e a dor, nomeamos bem. Tudo o que excita um sentimento oposto, tudo o que produz um efeito contrário, chamamos mal.

O prazer e o sofrimento são, portanto, os pivôs sobre os quais giram todos os nossos afetos, conhecidos pelo nome de inclinações e paixões, que são apenas diferentes graus das modificações de nossa alma. Esses sentimentos estão, pois, ligados intimamente às paixões; são os seus princípios e nascem, eles mesmos, de diversas fontes, que podemos resumir a quatro.

1º) *Os prazeres e os sofrimentos dos sentidos*. Essa doçura ou esse desgosto que acompanha a sensação, sem que se conheça sua causa, sem que se saiba como os objetos excitam esse sentimento, o qual surge antes de termos previsto o bem e o mal que a presença e o uso desse objeto pode produzir, o que se pode dizer disto é que a bondade divina acrescentou um sentimento agradável ao exercício moderado de nossas faculdades corpóreas. Tudo o que satisfaz nossas necessidades sem ir além delas produz o sentimento de prazer. A visão de uma luz suave, cores alegres sem serem ofuscantes, objetos ao nosso alcance, sons claros, notáveis sem serem ensurdecedores, odores que não repugnam nem são fortes demais, gostos que são picantes sem serem ácidos, um calor temperado, o toque de um corpo liso; tudo isso apraz porque exercita nossas faculdades sem fatigá-las. O contrário ou o excesso produzem um efeito totalmente oposto.

2º) *Os prazeres do espírito* ou *da imaginação* formam a segunda fonte de nossas paixões; tais são aqueles oferecidos pela visão ou pela percepção da beleza tomada num sentido geral, tanto no caso das belezas da natureza e da arte quanto daquelas que só são apreendidas pelos olhos do entendimento, ou seja, daquelas que se encontram nas verdades universais, que decorrem das leis gerais, das causas fecundas. Aqueles que buscaram o princípio geral da beleza notaram que os objetos próprios para fazer nascer em nós um sentimento de prazer são os que reúnem a variedade com a ordem ou a uniformidade. A variedade nos ocupa pela multidão de objetos que nos apresenta; a uniformidade torna a sua percepção fácil na medida em que nos coloca em condições de apreendê-los juntos a partir de um mesmo ponto de vista. Pode-se pois dizer que os prazeres do espírito, como os dos sentidos, possuem uma mesma origem, um exercício moderado de nossas faculdades.

Recorrei à experiência; vede na música as consonâncias tirar sua graça daquilo que possuem de simples e variado; variadas, elas chamam nossa atenção; simples, não nos fatigam em demasia. Na arquitetura, as belas proporções são as que guardam um justo meio entre uma uniformidade entediante e uma variedade excessiva que constitui o gosto gótico. Não encontrou a escultura, nas proporções do corpo humano, essa harmonia, esse acordo nas relações e essa variedade das diferentes partes que constituem a beleza de uma estátua? A pintura está sujeita às mesmas regras.

Para remontar da arte à natureza, a beleza de um rosto não toma emprestados seus encantos das cores suaves e variadas, da regularidade dos traços, do ar que exprime diferentes sentimentos da alma? Não consistem as graças do corpo numa justa relação entre os movimentos e o fim que é proposto? O que nos oferece a natureza mesma, embelezada por suas cores suaves e variadas, por essa quantidade de objetos proporcionais e que se relacionam todos a um todo? Uma unidade sabiamente combinada com a variedade mais agradável. A ordem e a proporção possuem de tal maneira o direito de nos agradar que exigimos isso até mesmo das produções tão variadas do entusiasmo, nessas pinturas que fazem da poesia e da eloquência movimentos tumultuosos da alma. Com mais forte razão, a ordem deve reinar nas obras feitas para instruir. O que nos faz achá-las belas? A unidade de desígnio, o acordo perfeito entre as diversas partes entre si e com relação ao todo, a pintura ou a imitação exata dos objetos dos movimentos, dos sentimentos, das paixões, a conveniência dos meios com seu fim, uma justa relação dos modos de pensar e de se exprimir com a tarefa a que se propõe.

É assim que o entendimento encontra seus prazeres na mesma fonte que o espírito e a imaginação; ele se apraz em meditar sobre verdades universais que, por meio de expressões claras, compreendem uma multidão de verdades particulares, cujas consequências se multiplicam quase ao infinito. É isso que, para certos espíritos, constitui os encantos da Metafísica, da [143] Geometria e das ciências abstratas, sem o que seriam inteiramente tediosas. É esse tipo de beleza que faz nascer mil prazeres, tanto da descoberta das leis gerais que toda a natureza observa com uma fidelidade inviolável, quanto da contemplação das causas fecundas que se diversificam ao infinito em seus efeitos, sendo todas submetidas a uma única e primeira causa.

Podemos estender esse princípio de nossos prazeres, bem como sua privação, fonte de nossos sofrimentos, a todos os objetos que dizem respeito ao espírito. Encontrá-lo-emos em toda parte; e se houver algumas exceções, elas no fundo são apenas aparentes, podendo surgir ou de prevenções arbitrárias, acerca das quais não seria mesmo difícil mostrar que o princípio não é alterado, ou do que há de limitado em nossa visão sobre objetos finos e delicados.

3º) Uma terceira ordem de prazeres e de sofrimentos são aqueles que, ao afetarem o coração, fazem nascer em nós inclinações ou paixões tão diferentes. A fonte disso está no sentimento de nossa perfeição ou de nossa imperfeição, de nossas virtudes ou de nossos vícios. De todas as belezas, existem poucas que nos tocam mais do que a da virtude, que constitui nossa perfeição; e, de todas as fealdades, não existe outra à qual somos ou deveríamos ser mais sensíveis que a do vício. O amor de si mesmo, essa paixão tão natural, tão universal e que, podemos dizer, está na base de todos os nossos afetos, nos faz buscar incessantemente em nós e fora de nós provas do que somos no que concerne à perfeição; mas onde encontrá-las? Seria o uso de nossas faculdades conveniente com a nossa natureza? Ou um uso em conformidade com a intenção do Criador? Ou com a tarefa a que nos propomos, que é a felicidade? Reunamos esses três diferentes modos de se considerar a felicidade e encontraremos aí a regra que nos prescreve esse terceiro princípio de nossos prazeres e nossos sofrimentos. É que nossa perfeição e a felicidade consistem na posse e no uso das faculdades próprias para nos oferecer um bem-estar sólido, de acordo com as intenções de nosso autor, manifestas na natureza que ele nos deu.

Nesse momento, não podemos perceber em nós tais faculdades e sentir que delas fazemos um uso conveniente em relação à nossa natureza, à sua destinação e ao nosso fim, sem experimentar uma alegria secreta, uma satisfação interior, que é o mais agradável de todos os sentimentos. Aquele que, ao contrário, olhasse para si mesmo e visse apenas imperfeição e abuso contínuo dos talentos dados por Deus, poderia até aplaudir fortemente o fato de ter chegado por suas desordens ao topo da fortuna, mas sua alma estaria secretamente dilacerada por mordazes remorsos que colocariam, sem cessar, sua vergonha diante dos olhos, tornando assim sua existência detestável. Em vão ele se ocupa, se distrai, procura fugir de si, seja para sufocar tal sentimento doloroso, seja para dele desviar sua atenção. Ele não pode se furtar a esse juiz terrível que carrega por toda parte dentro de si mesmo.

É ainda, portanto, um uso moderado de nossas faculdades, seja do coração, seja do espírito, que faz sua perfeição; esse uso faz nascer em nós sentimentos agradáveis, dos quais se produzem inclinações e paixões convenientes à nossa natureza.

4º) Dissemos que o amor de si mesmo nos faz buscar fora de nós provas de nossa perfeição: é exatamente isso que nos revela uma quarta fonte de prazeres e de sofrimentos na felicidade e na infelicidade de outrem. Será que a percepção que temos no caso em que somos testemunhas ou quando pensamos nisso fortemente produz uma imagem suficientemente semelhante a seu objeto para nos tocar quase como se provássemos efetivamente o próprio sentimento que ela representa? Ou haveria alguma operação secreta da natureza que, tendo nos formado de um mesmo sangue, quis nos ligar uns aos outros tornando-nos sensíveis aos bens e aos males de nossos semelhantes? Seja como for, uma coisa é certa: esse sentimento pode ser interrompido pelo amor-próprio ou por interesses particulares, mas ele infalivelmente se manifesta em todas as ocasiões em que nada o impede de se desenvolver. Na verdade, ele encontra-se em todos os homens, em diferentes graus. A própria dureza parte, algumas vezes, de um princípio de humanidade; somos duros para com o perverso, ou para com aqueles assim considerados no mundo, tendo em vista torná-los bons, ou para tirá-los do estado de prejudicar os outros. Essa sensibilidade não é igual em todos os homens; aqueles que ganharam nossa amizade e nossa estima pelos bons serviços, por qualidades estimáveis, por sentimentos recíprocos; aqueles a quem somos ligados por laços de sangue, do hábito, por uma pátria comum, por um mesmo partido, por uma mesma profissão, por uma mesma religião, todos esses possuem diferentes direitos ao nosso sentimento. Ele se estende até personagens de romances ou de tragédias; tomamos parte do bem e do mal que acontece com eles, mais ainda se estamos convencidos de que esses traços são verdadeiros. Daí, os encantos da História, que, na medida em que mostra quadros da humanidade, toca-nos e comove-nos nesse ponto preciso da vivacidade que faz nascer os sentimentos agradáveis. Daí, em uma palavra, todas as inclinações e as paixões que nos afetam tão facilmente como desdobramento de nossa sensibilidade para com o gênero humano.

Tais são as fontes de nossos sentimentos variados, segundo os diferentes tipos de objetos que nos agradam por si mesmos e que podemos chamar os bens agradáveis; mas existem outros que nos levam aos bens úteis, ou seja, aos objetos que, sem produzir imediatamente em nós esses bens agradáveis, servem para nos proporcionar ou assegurar o gozo. Podemos reduzi-los a três pontos principais: o desejo da glória, do poder e das riquezas. Já vimos que tudo o que parece nos provar que temos alguma perfeição não pode deixar de nos agradar: é o caso da aprovação, do amor, da estima pelos elogios dos outros; daí os sentimentos de honra ou de confusão; daí a ideia que formamos do poder, do crédito que adula a vaidade do ambicioso e que, assim como as riquezas, são consideradas pelo homem sábio somente como um meio de alcançar algo melhor.

Mas ocorre que, no mais das vezes, desejamos esses bens úteis por si mesmos, confundindo assim o meio com o fim. Queremos, a todo preço, criar com eles uma boa ou má reputação; não vemos nas honras nada além das próprias honras; desejamos as riquezas para possuí-las e não para desfrutar delas. Abandonar-se assim a paixões tão inúteis quanto perigosas é tornar-se semelhante a esses infelizes que passam sua triste vida a remexer nas entranhas da terra para tirar daí riquezas cujo gozo é reservado a outros. É preciso convir que tal abuso dos bens úteis decorre sempre da educação, do costume, dos hábitos, das sociedades que frequentamos, que estão na alma estranhas associações de ideias, das quais nascem prazeres e sofrimentos, gostos ou aversões, inclinações, paixões por objetos em si mesmos indiferentes. Imitando aqueles com quem vivemos, atrelamos nossa felicidade à ideia de posse de um bem frívolo, que nos tira toda a tranquilidade; nós o amamos com uma paixão que espanta aqueles que não notam que a esfera de nossos pensamentos e de nossos desejos é limitada. **[144]**

Ao indicar assim o abuso que fazemos desses bens úteis, acreditamos mostrar o remédio e, àqueles que não gostariam de parar por aqui, assegurar o gozo dos bens e dos prazeres agradáveis em si mesmos.

(Até aqui, fizemos muito uso de uma pequena porém excelente obra, *Théorie des sentiments agréables* [A teoria dos sentimentos agradáveis, Lévesque de Pouilly, 1747], para não lhe prestar toda a justiça que ela merece.)

II. Quando refletimos sobre o que se passa em nós mesmos ao vermos objetos próprios a nos dar prazer ou a nos causar sofrimento, sentimos nascer uma tendência, uma determinação da vontade que é algo diferente do próprio sentimento do bem e do mal. Ela o toca de perto, mas é uma maneira de ser mais ativa, é uma vontade nascente que podemos seguir ou abandonar, ao passo que não temos nenhum império sobre essa primeira modificação da alma que é o sentimento. É essa tendência, esse gosto que nos determina para o bem, ou que parece fazê-lo, que nomeamos afeição ou desejo, no caso de possuirmos o bem ou o esperarmos, respectivamente; é ela que nos retira do mal ou do que julgamos que ele seja, e que se chama aversão quando o mal é presente, ou distanciamento, quando é ausente. É assim que o belo, ou o que nos agrada, nos afeta com um sentimento que, por sua vez, excita o desejo e faz nascer a paixão. O contrário segue a mesma via.

A admiração é a primeira e mais simples de nossas paixões: ela quase não merece esse nome; é esse sentimento vivo e súbito de prazer que se excita em nós quando vemos um objeto cuja perfeição nos surpreende. Poderíamos opor-lhe o espanto, se essa palavra não estivesse restrita a exprimir um sentimento parecido com o sofrimento que nasce quando vemos uma deformidade pouco comum, ou o horror em particular causado pela visão de um vício ou um crime extraordinário. Essas paixões são normalmente excitadas pela novidade; mas, se for por um mérito mais real, então a admiração pode ser útil. Por essa razão, um observador atento encontra sempre nos objetos mais comuns tantas ou até mais coisas dignas de sua admiração do que nos objetos mais raros e mais novos.

A admiração ou o espanto produzem a curiosidade, ou o desejo de conhecer melhor o que conhecemos apenas imperfeitamente; paixão razoável, e que se volta em nosso benefício, quando trata de investigações verdadeiramente úteis e não frívolas ou simplesmente curiosas; se é bastante discreta para não nos levar a querer conhecer o que devemos ignorar; e se é bastante constante para não nos fazer voltear de objeto em objeto sem nos aprofundarmos em nenhum deles.

Depois do que foi dito acerca dos prazeres e dos sofrimentos, não sei se podemos colocar a alegria e a tristeza no campo das paixões ou se não deveríamos olhar de uma vez por todas esses dois sentimentos como a base e o fundo de todas as paixões. A alegria é propriamente apenas uma reflexão contínua, viva e animada acerca do bem de que gozamos; a tristeza, uma reflexão segura e profunda acerca do mal que nos acomete. Tomamos sempre a alegria por uma disposição para sentir vivamente o bem, da mesma forma que entendemos a tristeza como uma disposição para ser sensível ao mal. As paixões que tendem à alegria parecem ser doces e agradáveis; aquelas que se relacionam à tristeza são inoportunas e sinistras. A alegria abre o coração e o espírito, mas dissipa-se. A tristeza aperta, desgasta e se fixa sobre seu objeto.

A esperança e o temor normalmente precedem a alegria e a tristeza. Dizem respeito ao bem e ao mal que provavelmente devem nos acometer. Se o olharmos com muita segurança, sentimos confiança; ou, ao contrário, se é o mal, caímos em desespero. O temor chega ao medo ou ao pânico quando percebemos de repente um mal imprevisto prestes a nos atingir, e chega ao terror se, além disso, o mal é assustador. Não há nome para exprimir as nuances da alegria em circunstâncias paralelas.

O combate entre o temor e a esperança produz a inquietude; disposição tumultuosa, paixão mista, que sempre nos faz prever o mal e perder o bem. Quando o temor e a esperança se sucedem alternadamente, trata-se de irresolução. Se a esperança triunfa, sentimos nascer a coragem; se é o temor, caímos no abatimento. Quando um bem que esperamos demora demais, temos a impaciência ou o tédio. Algumas vezes, quando nos persuadimos que o temor de um mal é pior que o próprio mal, até ficamos impacientes para ele chegar. O tédio também vem da ausência de todo bem, mas, no mais das vezes, da falta de ocupações que nos prendem. A alegria de ter evitado um mal que tínhamos motivo para temer ou de ter obtido um bem após longa espera se transforma em júbilo. Mas, se esse bem não corresponde à nossa expectativa, se está abaixo da ideia que tínhamos dele, o desgosto sucede o júbilo e é sempre seguido da aversão.

Toda boa ação traz consigo sua recompensa na medida em que é seguida por um sentimento de júbilo puro que se nomeia satisfação ou contentamento interior. Ao contrário, a reprovação, os arrependimentos e os remorsos são os sentimentos que surgem em nosso coração diante de nossos erros.

A alegria e a tristeza não param por aí: produzem ainda muitas outras paixões. Tal como a satisfação que experimentamos ao obter a aprovação dos outros e, sobretudo, daqueles que acreditamos serem os melhores juízes de nossas ações, e que designamos sob o nome de glória. Contrariamente, a tristeza que experimentamos quando somos acusados ou desaprovados se chama vergonha. Essas afecções da alma são tão naturais e tão necessárias ao bem da sociedade que damos o nome de impudência à sua privação; porém, levadas ao excesso, elas podem ser tão perniciosas quanto seriam úteis se permanecessem restritas aos justos limites. Podemos dizer o mesmo do desejo das honras, que é uma nobre emulação quando dirigida pela justiça e pela sabedoria, e uma ambição perigosa quando se afrouxa o cabresto. Assim também ocorre com o amor moderado das riquezas, paixão legítima se buscada por vias dignas e com a intenção de fazer bom uso delas, mas que, levada longe demais, é ganância, palavra que exprime duas paixões diferentes quando se deseja com ardor as riquezas, a saber, para ajuntá-las sem usufruir delas ou para dissipá-las.

Assim como não possuímos nome próprio para designar esse amor moderado pelas riquezas, tampouco há um para indicar um amor moderado pelos prazeres dos sentidos. A palavra *volúpia* é, de certa forma, destinada a esse tipo de prazeres. O *voluptuoso* é aquele que está demasiadamente preso a tais prazeres; e se o gosto que se tem por eles vai longe demais, chama-se essa paixão de sensualidade.

O mesmo se aplica ao desejo razoável ou excessivo dos prazeres do espírito; não há termo fixo para designá-los. Aquele que os ama e os conhece bem é um homem de gosto; aquele que sabe procurá-los é um homem de talento.

Todas essas paixões terminam em nós mesmos e se apoiam sobre o amor de si. Esse estado da alma, que a ocupa e a afeta tão vivamente para tudo o que ela acredita ser relativo à sua felicidade e à sua perfeição, distingue-se do amor-próprio na medida em que este subordina tudo a seu bem particular, faz-se o centro [145] de tudo e é para si mesmo seu objeto e seu fim; trata-se do excesso de uma paixão que é natural e legítima quando permanece nos limites do amor de si, deixa à alma a liberdade de se expandir e de buscar sua conservação, sua perfeição e sua felicidade tanto fora de si como em si mesma. Assim, o amor de si não destrói, mas possui uma ligação íntima e algumas vezes imperceptível com esse sentimento que nos faz ter prazer na felicidade dos outros, ou ao que imaginamos ser a felicidade deles; não se opõe a todas as outras paixões que se irradiam sobre aqueles que nos cercam, e que são ramos do amor tanto quanto do ódio. Este é a disposição de se deleitar com a infelicidade de alguém e, por uma consequência natural, em se afligir com sua felicidade. Odeia-se aquele cuja ideia é desagradável, aquele que consideramos mau ou nocivo para nós ou para aqueles que amamos. Se algumas vezes acredita-se odiar a si, não é a si mesmo que se odeia, mas a alguma imperfeição que se descobre em si, da qual desejar-se-ia estar livre. O ódio deveria se limitar às más qualidades, aos defeitos; mas ele se estende às pessoas.

A admiração, junto com alguns graus de amor, produz a *estima*. Se a visão das falhas não produz o ódio, ela faz nascer o desprezo.

O sofrimento que sentimos em relação ao mal que acomete aqueles que amamos, ou em geral a nossos semelhantes, é a compaixão; aquele que resulta do bem que acontece com aqueles que odiamos é a inveja. Essas duas paixões excitam-se apenas quando julgamos nosso amigo, ou aquele por quem nos interessamos, como indigno do mal que experimenta, e aquele que não amamos, do bem que desfruta.

O reconhecimento é o amor que temos por alguém por causa do bem que nos fez ou que teve intenção de fazer. Se é por causa do bem que fez a outros, ou, em geral, por alguma boa qualidade moral que amamos nele, é favor. O ódio que sentimos em relação àqueles que erraram para conosco é a cólera. A indignação diz respeito àquele que prejudicou os outros. Uma e outra são sempre seguidas do desejo de restituir o mal com o mal: é a vingança.

III. Se fôssemos capazes de dar a nós mesmos um caráter, considerando talvez os abismos em que a veemência das paixões pode nos lançar, nós o formaríamos sem paixões. No entanto, elas são necessárias à natureza humana, e foi por uma visão cheia de sabedoria que nossa natureza se tornou suscetível a elas. São as paixões que põem tudo em movimento, que animam o quadro desse universo, que dão, por assim dizer, a alma e a vida a suas diversas partes. Aquelas que dizem respeito a nós, foram-nos dadas para nossa conservação, para nos alertar e nos excitar na busca do que nos é necessário e útil, e para fugirmos do que nos é nocivo. Aquelas que têm os outros como objeto servem ao bem e à manutenção da sociedade. Se as primeiras tiveram necessidade de algo que despertasse a nossa preguiça, as segundas, para conservar a balança, deviam ser vivas e ativas em proporção. Todas não iriam além dos justos limites se soubéssemos fazer bom uso de nossa razão para manter esse perfeito equilíbrio; elas se nos tornariam úteis e a natureza, mesmo com suas falhas e imperfeições, seria ainda um espetáculo agradável aos olhos do Criador, levado a aprovar nossos virtuosos esforços e a desculpar e perdoar nossas fraquezas.

Mas é preciso admitir, e a experiência nos diz isto de modo suficiente: nossas inclinações ou nossas paixões, abandonadas si mesmas, trazem mil obstáculos a nossos conhecimentos e a nossa felicidade. Aquelas que são violentas e impetuosas representam-nos tão vivamente seu objeto que não nos permitem dirigir nossa atenção a não ser para ele. Não nos permitem nem mesmo mirá-lo de outro ponto de vista que não seja aquele em que o apresentam a nós e que é sempre mais favorável a elas. São vidros coloridos através dos quais vemos espalhada por toda parte a cor que é própria delas. Elas tomam posse de todas as potências de nossa alma; deixam a ela apenas uma sombra de liberdade; elas a atormentam com um barulho tão tumultuoso que se torna impossível dar ouvidos aos conselhos suaves e pacíficos da razão.

As paixões mais suaves chamam insensivelmente nossa atenção sobre o objeto; elas nos fazem encontrar nele tantos encantos que tudo o mais nos parece insípido, e logo não podemos mais considerar senão o objeto. Fracas em seu princípio, elas adquirem seu poder dessa fraqueza mesma; a razão não desconfia de um inimigo que parece, de início, tão pouco perigoso; mas, quando o hábito está formado, ela é surpreendida ao ver-se subjugada e cativa.

Os prazeres do corpo nos prendem tão mais facilmente quanto mais nossa sensibilidade para eles é toda natural. Sem cultura e sem estudo, amamos o que adula agradavelmente nossos sentidos; abandonados à facilidade desses prazeres, não pensamos que nada é mais apropriado a nos desviar de fazer bom uso de nossas faculdades; perdemos o gosto de todos os outros bens que demandam alguns cuidados e alguma atenção, e a alma, submetida às paixões que esses prazeres engendram, não tem mais elevação nem sentimento para tudo o que verdadeiramente digno dela.

Os prazeres do espírito são bem suaves e legítimos quando não os colocamos em oposição com os do coração. Mas se as qualidades do espírito se fazem anular por falhas de caráter, ou se elas somente amortecem nossa sensibilidade pelos encantos da virtude e pelas doçuras da sociedade, não passam de sereias enganosas, cujos cantos sedutores nos desviam do caminho da verdadeira felicidade. Até mesmo quando as vemos apenas como acessórios da perfeição, elas podem produzir maus efeitos que é perigoso não prevenir. Se nos deixamos levar por todos os nossos gostos, deslizamos sobre tudo e tornamo-nos superficiais e frívolos; ou se nos contentamos em querer parecer sábios, seremos um falso sábio ou um homem inflado, presunçoso, obstinado. Quantos outros perigos não existem aos quais os prazeres do espírito nos arrastam?

Nada parece mais digno de nossos desejos do que o próprio amor pela virtude. É o que conserva os prazeres do coração; é o que alimenta em nós as paixões mais legítimas. Querer sinceramente a felicidade de outrem, ligar-se numa terna amizade com pessoas de mérito, é abrir para si uma abundante fonte de delícias. Mas se essa inclinação nos faz aprovar e abraçar com calor todos os pensamentos, todas as opiniões, todos os erros de nossos amigos; se ela nos leva a corrompê-los por meio de falsos elogios e vãs complacências, se ela nos faz preferir sobretudo o bem particular em vez do bem público, ela sai dos limites que lhe são prescritos pela razão; e a amizade e a benevolência, esses afetos tão nobres e tão legítimos da alma, se tornam, para nós, uma fonte de armadilhas e perigos.

As paixões possuem todas, sem excetuar aquelas que nos inquietam e nos atormentam mais, uma espécie de suavidade que as justifica em si mesmas. A experiência e o sentimento interior nos dizem isso sem cessar. Se podemos achar suaves a tristeza, o ódio, a vingança, que paixão será isenta de suavidade? Além disso, cada uma recorre a todas as outras para se fortificar, e essa liga [146] é regulada da maneira mais própria a firmar seu império. O simples desejo de um objeto não nos arrastaria com tanta força em tantos falsos juízos; ele até mesmo se dissiparia logo, nos primeiros luzeiros do bom senso; mas, quando esse desejo é animado pelo amor, aumentado pela esperança, renovado pelo júbilo, fortificado pelo temor, excitado pela coragem, pela emulação, pela cólera e por mil paixões que, cada uma a sua vez, atacam a razão de todos os lados; então ele a doma, ele a subjuga, ele a torna escrava.

Digamos ainda que as paixões excitam todos os movimentos úteis à conservação do corpo e, sobretudo, do cérebro. Elas colocam os sentidos e a imaginação do seu lado; corrompida, essa última faculdade faz esforços contínuos contra a razão na medida em que representa para a razão as coisas, não como elas são em si mesmas de modo a levar o espírito a um juízo correto, mas de acordo com o que são em relação à paixão presente, a fim de que o espírito julgue em seu favor.

Em uma palavra, a paixão nos faz abusar de tudo. As ideias mais distintas se tornam confusas, obscuras; elas se evanescem inteiramente para dar lugar a outras puramente acessórias ou sem nenhuma relação com o objeto que tínhamos em vista; ela nos faz reunir as ideias mais opostas, separar aquelas que estão mais bem ligadas entre si, fazer comparações de assuntos que não têm nenhuma afinidade; ela joga com nossa imaginação, que forma assim quimeras, representações de seres que jamais existiram, aos quais ela dá nomes agradáveis ou odiosos, como lhe convém. Ela ousa, em seguida, apoiar-se sobre falsos princípios, confirmá-los por exemplos com os quais não tem nenhuma relação, ou pelos raciocínios menos justos; ou, se esses princípios são verdadeiros, ela sabe tirar deles as consequências mais falsas, isto é, as mais favoráveis ao nosso sentimento, ao nosso gosto, ou a ela mesma. Assim, ela tira vantagem até das regras de raciocínio mais bem estabelecidas, até das máximas mais bem fundamentadas, desde as provas mais bem constatadas, até do exame mais severo. E, uma vez induzida ao erro, não há nada que a paixão não faça para nos entreter nesse estado inoportuno e para nos afastar sempre da verdade. Os exemplos poderiam se apresentar aqui aos montes; o curso de nossa vida é uma prova contínua disso. Triste quadro do estado a que o homem está reduzido por suas paixões: rodeado de recifes e empurrado por mil ventos contrários, poderia chegar ao porto? Sim, ele pode. Existe para ele uma razão que modera as paixões, uma luz que esclarece, regras que o conduzem, uma vigilância que o defende, esforços, uma prudência de que ele é capaz.

Est enim quoedam medicina: certe; hoec tam fuit hominum generi infensa atque inimica natura, ut corporibus tot res salutares, animis nullam invenerit, de quibus hoc etiam est merita melius, quod corporum adjumenta adhibentur extrinsecus, animorum salus inclu sa in his ipsis est [Pois, existe, certamente, uma medicina; e a hostilidade e aversão da natureza ao gênero humano o fizeram encontrar apenas alguns remédios salutares para os corpos, mas nenhum para a alma; nos cuidados com a alma, ao contrário, o seu mérito é ainda mais relevante, porque enquanto o corpo recorre a remédios externos, a saúde da alma se encontra nela mesma]. (*Tusc.* IV, 27)

(TK)

Piedade (*Moral*), Jaucourt [12, 662]

Piedade é um sentimento natural da alma que provamos quando vemos pessoas que sofrem ou se encontram na miséria. Não é verdade que a piedade deva sua origem à reflexão de que **[663]** estamos todos sujeitos aos mesmos acidentes, porque se trata de uma paixão que as crianças e as pessoas incapazes de refletir sobre seu estado ou sobre o porvir sentem com a maior vivacidade. Por essa razão, as ações nobres e misericordiosas são devidas muito menos à filosofia do que à bondade do coração. Nada faz tanta honra à humanidade quanto esse generoso sentimento; de todos os movimentos da alma, é o mais suave e o mais delicioso em seus efeitos. Tudo o que a eloquência tem de mais terno e de mais tocante deve ser empregado para comovê-la.

"A mão da primavera cobre a terra de flores", diz o brâmane inspirado. No que concerne aos filhos do infortúnio, assim é *a* piedade sensível e caridosa. Ela enxuga suas lágrimas, suaviza seus sofrimentos. Vede essa planta sobrecarregada de orvalho; as gotas que caem dela dão vida a tudo o que a rodeia: elas são menos suaves que os prantos da compaixão.

"Esse pobre arrasta sua miséria para lá e para cá. Se não possui nem vestimenta nem morada, coloca-o ao abrigo sob as asas da piedade; se passa frio, aqueça-o; se está arrasado pela languidez, reanima suas forças, prolonga seus dias, a fim de que tua alma viva."

(TK)

Prazer (*Moral*), Autor desconhecido [12, 689]

O *prazer* é um sentimento de alma que nos torna felizes pelo menos durante todo o tempo em que dele usufruímos. Nunca é demais admirar o cuidado que a natureza tem de nos cumular de prazeres. Se, apenas pelo movimento, ela conduz a matéria, é da mesma maneira pelo prazer que ela conduz os humanos. Teve o cuidado de associar satisfação a tudo o que exercita os órgãos do corpo sem enfraquecê-los, a todas as ocupações do espírito que não o esgotam por uma contenção por demais viva ou longa, a todos os movimentos do coração que não são envenenados pelo ódio ou pelo constrangimento, enfim, ao cumprimento de nossos deveres para com Deus, para com nós mesmos e para com os outros homens. Percorramos esses tópicos, uns após os outros.

1º) Há um contentamento ligado a tudo o que exercita os órgãos do corpo sem enfraquecê-los. A aversão das crianças pelo repouso mostra que os movimentos que não fatigam o corpo são naturalmente acompanhados de uma espécie de prazer. A caça tem tanto mais encanto quanto mais viva for; para os jovens, não há prazer mais emocionante que a dança; e a sensibilidade ao prazer do passeio se conserva até mesmo numa idade avançada e não se enfraquece com a fraqueza do corpo. As cores caracterizam os objetos que se oferecem a nós; a do fogo é a mais agradável, mas com o tempo cansa a vista; o verde dá uma impressão amena e nunca nos cansa; o marrom e o preto são cores tristes. A natureza regrou o prazer das cores a partir da relação de sua força com o órgão da visão. As que o exercitam mais são as mais agradáveis enquanto não o fatigarem. É por isso que as trevas tornam-se para nós uma fonte de tédio, pois deixam os olhos na inação. Os corpos, depois que se nos apresentam pelas cores, nos afetam agradavelmente por sua novidade e singularidade. Ávidos por sentimentos agradáveis, persuadimo-nos de receber esses sentimentos de todos os objetos desconhecidos que se apresentam a nós. Aliás, seu traço ainda não está formado no cérebro e provocam nas fibras uma impressão doce, que se enfraquece quando o traço, muito aberto, deixa o caminho livre aos espíritos. A grandeza e a variedade são ainda causa de satisfação. A imensidão do mar, esses rios que do alto das montanhas se precipitam nos abismos, esses campos nos quais a vista de perde na multidão de quadros que se oferecem de todos os lados, todos esses objetos provocam na alma uma impressão cuja satisfação é medida pelo abalo do cérebro. Uma outra fonte fecunda de contentamento é a proporção; ela nos põe ao alcance apreender e reter a posição dos objetos. A simetria nas obras de arte, do mesmo modo que nos animais e nas plantas, divide o objeto da visão em duas metades semelhantes, e, nesse fundo, por assim dizer, de uniformidade, outras proporções devem normalmente trazer a satisfação da variedade, a conveniência dos meios com seus fins, a semelhança de uma obra de arte com um objeto conhecido, a unidade de desígnio. Sob essas diferentes relações, a natureza as revestiu de prazer; elas permitem que o espírito capte e retenha o que se apresenta aos nossos olhos. A arquitetura, a pintura, a escultura, a declamação, devem a essa lei uma parte de seus encantos; dessa mesma fonte nasce em parte o prazer ligado às graças do corpo, que consistem numa relação justa entre os movimentos e o fim a que se propõem; elas são como um véu transparente através do qual o espírito se mostra. As leis que regulam a satisfação com os objetos da visão influem sobre os sons: o barulho de um riacho, o murmúrio de um vento que brinca nas folhas das árvores, todos esses tons doces agitam as fibras do ouvido sem cansá-lo. As proporções, a variedade, a imitação, a unidade de desígnio, dão à música encantos ainda mais emocionantes do que às artes que trabalham para os olhos. Devemos à teoria da música essa importante observação, de que as consonâncias são mais ou menos agradáveis segundo forem de natureza a exercitar mais ou menos as fibras do ouvido sem fatigá-lo. A analogia que reina em toda a natureza nos autoriza a conjeturar que essa **[690]** lei influi sobre todas as sensações; há cores cuja combinação agrada aos olhos: é que, no fundo da retina, elas formam, por assim dizer, uma consonância; essa mesma lei aparentemente se estende aos seres que são capazes de agir sobre o olfato e sobre o gosto; seu prazer caracteriza, é verdade, os que nos são salutares, mas não parece perfeitamente proporcionado a seu grau de conveniência em relação à saúde.

2º) Se o corpo tem seus prazeres, o espírito também tem os dele. As ocupações, sérias ou frívolas, que exercitam a inteligência sem fatigá-la, são acompanhadas de um sentimento agradável. Quando vemos um jogador de xadrez concentrado em si mesmo e insensível a tudo o que afeta seus olhos e ouvidos, como poderíamos crer que lhe preocupa a sua fortuna ou a salvação do Estado? Esse recolhimento tão profundo tem por objeto o prazer de exercitar o espírito pela posição de uma peça de marfim. É desse doce exercício do espírito que nasce o prazer dos pensamentos sadios, que, tal como a pastora de Virgílio, se escondem tanto quanto for preciso para que se tenha o prazer de encontrá-los. Houve homens aos quais deu-se o nome de filósofos, e que acreditaram que o exercício do espírito era agradável apenas pela reputação que se tinha ao realizá-lo. Mas não nos entregamos à leitura e à reflexão todos os dias, sem nenhuma preocupação com o futuro, tão somente pelo prazer de ocupar o momento presente? Se fôssemos condenados a uma solidão perpétua, teríamos mais gosto pelas leituras das quais a vaidade não poderia tirar proveito.

3º) O coração, assim como o espírito e o corpo, tem seus movimentos e é louco por prazeres, desde que eles não devam sua origem a um mal presente ou futuro. Todo objeto pode nos agradar, desde que sua impressão concorde com nossas inclinações: uma especulação moral ou política, pouco divertida na juventude, interessa a uma idade mais avançada, e uma história galante que entedia um velho terá encantos para um jovem. Na pintura das paixões feita pela poesia, não é a fidelidade do retrato que constitui o principal prazer; é que seu contágio é tal que não se pode vê-las sem senti-las. A própria tristeza às vezes torna-se deliciosa por causa dessa doçura secreta ligada a uma emoção qualquer da alma. A tragédia agrada tanto mais quanto mais lágrimas faça correr. Todo movimento de ternura, de amizade, de reconhecimento, de generosidade e de benevolência é um sentimento de prazer. É por isso que todo homem que nasceu benevolente é alegre, e todo homem alegre é naturalmente benevolente. A inquietação, a tristeza, o ódio, são sentimentos necessariamente desagradáveis, pela ideia do mal que nos ameaça ou nos aflige; por isso, todo homem malfeitor é naturalmente triste. Entretanto, há uma espécie de doçura no movimento da alma que nos leva a assegurar nossa conservação e nossa felicidade pela destruição do que é para nós um obstáculo. É que há poucos sentimentos que não sejam por assim dizer compostos, e nos quais não entre alguma porção de amor; só odiamos porque amamos.

4º) Enfim, há prazer no cumprimento de nossos deveres para com Deus, para com nós mesmos e para com os outros. Epicuro, orgulhoso por ter atacado o dogma de uma causa inteligente, gabava-se de ter aniquilado uma potência inimiga de nossa felicidade. Mas por que construir uma ideia supersticiosa de um ser que, ao nos dar gostos, oferece-nos de todos os lados sentimentos agradáveis? Que, compondo-nos de diversas faculdades, quis que não houvesse nenhuma cujo exercício não nos desse prazer? Os bens que possuímos seriam envenenados pela ideia de que são presentes de uma inteligência benfeitora? Não devem eles antes receber um novo preço, se for verdade que a alma nunca está mais tranquila e mais perfeita do que quando sente que faz desses bens um uso conforme as intenções de seu autor? Essa ideia, que purifica nossos prazeres, traz a calma para o coração e afasta dele a inquietação e a tristeza.

Há também prazer no cumprimento de nossos deveres para com nós mesmos; o prazer nasce do seio da virtude. O que há de mais feliz do que sentir satisfação numa série de ocupações convenientes a nossos talentos e nossa condição? A sabedoria afasta para longe de nós o sofrimento, nos garante contra a dor, que, nos temperamentos bem conformados, só deve seu nascimento aos excessos. Quando ela não pode preveni-la, pelo menos enfraquece sua impressão, sempre tanto mais forte quanto opomos a ela menos coragem. As indianas, os selvagens, os fanáticos, mostram alegria no meio das dores mais vivas; dominam sua atenção ao ponto de desviá-la do sentimento desagradável que os afeta, e de fixá-la sobre o fantasma de perfeição ao qual se dedicam. Seria possível que a razão e a virtude aprendessem, com a ambição e o preconceito, a enfraquecer também o sentimento da dor por meio de felizes distrações?

Se quisermos cumprir todos os nossos deveres para com os outros, sejamos justos e benfeitores; a moral nos ordena, e a teoria dos sentimentos convida-nos a isso; a injustiça, esse princípio fatal dos males do gênero humano, não aflige apenas aqueles que são suas vítimas, é uma espécie de serpente que começa por rasgar o seio daquele que a carrega. Ela nasce da avidez pelas riquezas ou das honras, e traz consigo um germe de inquietação e de sofrimento. O hábito da justiça e da benevolência, que nos torna felizes, principalmente pelos movimentos de nosso coração, torna-nos felizes também pelos sentimentos que inspira aos que se aproximam de nós. Um homem justo e benfeitor, que só vive para movimentos de benevolência, é amado e estimado por todos os que se aproximam dele. Se dizemos que o louvor é, para aquele a quem se dirige, a mais agradável de todas as músicas, pode-se dizer também que não há espetáculo mais doce do que se sentir amado; todos os objetos que se oferecerem a ele serão agradáveis, todos os movimentos que se elevam em seu coração serão prazeres.

Há várias espécies de prazeres, a saber, os do corpo, os do espírito e os do coração. É uma consequência do que acabamos de dizer. Apresenta-se aqui uma questão importante, que, bem antes do nascimento de Epicuro e de Platão, dividia o gênero humano em duas seitas diferentes: os prazeres dos sentidos seriam mais importantes do que os da alma? E entre estes últimos, **[691]** os do espírito seriam preferíveis aos do coração? Para decidir a questão, imaginemo-los inteiramente separados uns dos outros e elevados ao seu mais alto grau de perfeição. Que um ser sensível aos prazeres do espírito experimente os do corpo em toda a sua duração, mas, privado de qualquer conhecimento, não se lembre daqueles que sentiu, não possa prever os que sentirá, e, encerrado, por assim dizer, em sua concha, toda a sua felicidade consista no sentimento surdo e cego que o afeta no momento presente. Imaginemos agora o contrário: um homem morto para todos os prazeres dos sentidos, mas saboreando os que se parecem aos do espírito e do coração; se estiver sozinho, que a História, a Geometria, as Belas-Letras, lhe forneçam belas ideias, e marquem cada momento de seu retiro com testemunhos reiterados da força e da extensão de seu espírito. Se ele se entregar à sociedade, se a amizade, a glória, companhia natural de virtude, fornecerem fora dele provas sempre renovadas da grandeza e da beleza de sua alma, e se, no fundo de seu coração, sua conformidade à razão for sempre acompanhada de uma alegria secreta que nada pode alterar, parece-me que haveria poucos homens sensíveis aos prazeres do espírito e do corpo que, situados entre esses dois estados de felicidade, mais ou menos como o filósofo imaginou a respeito de Euclides, preferissem a felicidade de uma ostra à sorte do ser inteligente.

Os prazeres nunca são tão vivos como quando são remédios para a dor; é o ardor da sede que decide o prazer que se sente em saciá-la. A maioria dos prazeres do coração e do espírito não são alterados por essa mistura impura de dor. Eles superam os outros em contentamento; aquilo que a volúpia tem de delicioso, ela toma emprestado do espírito e do coração; sem seu auxílio ela logo se torna no final monótona e insípida. A duração dos prazeres do corpo é a da satisfação de uma necessidade passageira; se vão além, tornam-se germes de dor. Os prazeres do espírito e do coração são, pois, muito superiores, além de terem a vantagem de ser mais adequados para preencher o vazio da vida.

Mas, e entre os prazeres do espírito e os do coração, a quais daremos preferência? Parece-me que não há nenhum que seja mais enternecedor do que os que fazem nascer na alma a ideia de perfeição. Ela é como um objeto de nosso culto, ao qual se sacrificam todos os dias os maiores empreendimentos, sua consciência e até mesmo sua pessoa. Para evitar o opróbrio e a covardia, homens orgulhosos de comprar a esse preço a conservação do que lhes era caro precipitaram-se por ela no seio da morte. É ela que torna as indianas insensíveis ao horror de serem queimadas vivas, e fecha-lhes os olhos sobre todos os caminhos que lhes são abertos pela liberalidade e a religião de seu príncipe para livrá-las desse suplício voluntário. As virtudes, a amizade, as paixões, e até os vícios tomam dela a melhor parte de seu atrativo.

Um cômico grego achava que não se tomavam medidas seguras suficientes quando se queria manter um prisioneiro. Por que não confiar sua guarda ao prazer? Por que não o acorrentamos pelas delícias? Plauto e Ariosto adotaram essa troça; mas esses poetas conheceriam mal o coração humano se tivessem acreditado seriamente que o cativo jamais quebraria as correntes. Não seria necessário sequer fazer brilhar diante de seus olhos a luz da glória; se se julgasse desprezível em seu cativeiro, ou se tivesse temido o desprezo dos outros homens, seria logo tentado a preferir um perigo ilustre a uma volúpia vergonhosa. A glória tem mais atrativos para as almas bem nascidas do que a volúpia; todos temem menos a dor e a morte do que o desprezo.

É verdade que as qualidades do espírito fornecem àqueles que não se deixam iludir pela paixão um espetáculo ainda mais agradável do que o da figura; só a inveja e o ódio podem tornar insensível ao prazer de perceber no outro esta inteligência viva, que apreende em cada objeto as faces que melhor combinam com a situação em que se está. Mas a beleza do espírito, por mais brilhante que seja, é obscurecida pela beleza da alma. As tiradas mais engenhosas não têm o brilho dos traços que pintam uma alma corajosa, desinteressada, benfeitora. O gênero humano aplaudirá em todos os séculos o arrependimento de Tito por ter perdido o tempo que não havia empregado em fazer pessoas felizes. E os ecos de nossos teatros aplaudem todos os dias os discursos de uma infortunada, que, abandonada por todo o gênero humano, interrogada sobre os recursos que lhe restam em seus males, responde: *eu mesma, e é suficiente.* Poucos são os que têm o caráter de Alcibíades, mais sensível à reputação de homem de espírito que à de homem honesto. Os sentimentos do coração satisfazem mais que os prazeres do espírito. Em suma, os traços mais regulares de um belo rosto são menos tocantes do que as graças do espírito, que são por sua vez enfraquecidos pelos sentimentos e pelas ações que anunciam a elevação na alma e na coragem. O atrativo natural dos objetos é graduado sempre segundo a ordem que acabo de expor. E é assim que a natureza nos ensina aquilo que a experiência confirma, que a beleza do espírito dá mais direito à felicidade do que a do corpo, e dá menos que a da alma.

Entre os prazeres, há alguns que são tais por seu gozo que sua privação não é uma dor: o vapor dos perfumes, os espetáculos da arquitetura, da pintura e da declamação, os encantos da música, da poesia, da geometria, da história, de uma sociedade seleta; todos esses prazeres são desse gênero. Não são auxílios que aliviam nossa indigência; são graças que nos enriquecem, e que aumentam nossa felicidade. Quantas pessoas as conhecem pouco e mesmo assim gozam de uma vida doce? Não ocorre o mesmo com outras espécies de sentimentos agradáveis. Por exemplo, a lei que nos incita a alimentarmo-nos não se limita a recompensar nossa docilidade, mas pune a nossa desobediência. O autor da natureza não se baseou apenas no prazer no cuidado de incitar-nos à nossa conservação; ele nos conduz até ela por meio de um recurso maior, que é a dor.

(MGS)

Prazer, Delícia, Volúpia (Sinônimos), *Jaucourt* [12, 689]

A ideia de *prazer* é muito mais extensa do que as ideias de *delícia* ou de *volúpia*; essa palavra refere-se a um número maior de objetos do que as outras, e concerne ao espírito, ao coração, aos sentidos, à fortuna, enfim, a tudo o que possa nos propiciar prazer. A ideia de delícia supera a de prazer devido à força do sentimento, mas é bem menos extensa que esta quanto ao objeto; restringe-se propriamente, à sensação, e diz respeito sobretudo às sensações agradáveis. A ideia de volúpia é inteiramente sensual, e parece designar qualquer coisa de delicado, nos órgãos, que refina e intensifica o gosto.

Os verdadeiros filósofos buscam o prazer em todas as ocupações, e consideram um prazer cumprir seus deveres. Para algumas pessoas, é uma delícia tomar sorvete, mesmo no inverno; para outras, é algo indiferente, mesmo no verão. As mulheres costumam forçar a sensibilidade até a volúpia, mas essa sensação momentânea não dura muito, e nelas tudo é tão rápido quanto extasiante.

O que afirmamos até aqui só diz respeito a essas palavras na medida em que assinalam um sentimento ou disposição graciosa da alma. Elas têm ainda outro sentido, principalmente no plural, quando exprimem o objeto ou a causa desse sentimento: diz-se que uma pessoa se entrega por inteiro aos *prazeres*, goza as *delícias* do campo, mergulha em *volúpias*. Tomadas nesse último sentido, essas palavras têm, como no outro, suas diferenças e sutilezas particulares. Então, a palavra *prazeres* refere-se mais a práticas pessoais, a usos e passatempos, como a mesa, o jogo, os espetáculos, os galanteios; *delícias*, de preferência aos agrados fornecidos pela natureza, pela arte e pela opulência, como belas habitações, confortos diferenciados, companhias seletas. Já *volúpias* designa propriamente os excessos atinentes à lassidão, à promiscuidade, à libertinagem, concebidos por um gosto extravagante, temperados pela ociosidade e preparados pelo excesso, tais como, segundo se diz, aqueles a que Tibério se entregou na ilha de Capri ou a que os Sibaritas se renderam nos palácios que eles mesmos ergueram às margens do rio Crates. Ver Girard, *Synonymes français*.

(PPP)

Delicioso (Gramática), *Diderot* [4, 783]

Esse termo pertence ao órgão do gosto. Dizemos de uma iguaria, de um vinho, que ele é *delicioso* quando deleita o paladar da maneira mais agradável possível. O *delicioso* é o prazer extremo da sensação do gosto. Sua acepção foi generalizada, e diz-se de uma sala de estar que ela é deliciosa quando os objetos que ali se encontram despertam as ideias mais doces ou excitam as sensações mais agradáveis. Odores suaves ao extremo são deliciosos. O repouso também tem a sua *delícia*; mas o que é um repouso delicioso? Só poderia conhecer o seu encanto inexplicável aquele cujos órgãos fossem sensíveis e delicados; que recebeu da natureza uma alma terna e um temperamento voluptuoso; que gozasse de uma saúde perfeita; que se encontrasse na flor da idade; cujo espírito não fosse perturbado por nenhuma nuvem, cuja alma não fosse agitada por nenhuma emoção demasiadamente viva; que sentisse uma fadiga doce e leve, e experimentasse, em todas as partes de seu corpo, um prazer difundido por igual, que não se fizesse distinguir em nenhuma delas. Nesse momento de encanto e de fraqueza, não lhe restaria nem memória do passado, nem desejo pelo futuro, nem inquietude em relação ao presente. Para ele, o tempo teria deixado de passar, pois ele existiria integralmente em si mesmo; o sentimento de seu bem-estar só se enfraqueceria com o de sua existência. Ele iria, num movimento imperceptível, da vigília ao sono; mas, nessa passagem imperceptível, em meio ao desfalecimento de todas as suas faculdades, estaria ainda suficientemente desperto, se não para pensar em algo distinto, pelo menos para sentir toda a doçura de sua existência. Mas gozaria essa existência com um gozo inteiramente passivo, sem ligar-se a ela, sem refletir sobre ela, sem regozijar-se dela, sem felicitar-se por ela. Se fosse possível fixar com o pensamento essa condição de puro sentimento, em que todas as faculdades do corpo e da alma são vivas, mas não estão ativas, e ligar, a esse quietismo delicioso, a ideia de uma imutabilidade, ter-se-ia a noção do maior e mais puro bem-estar que o homem poderia imaginar. Ver *Gozo*, e *Voluptuoso*.

(PPP)

Voluptuoso (Gramática), *Diderot* [17, 460]

Voluptuoso é aquele que ama os prazeres sensuais. Nesse sentido, todo homem é mais ou menos voluptuoso. Os que ensinam não sei qual doutrina austera, que gostaria que nos afligíssemos por causa da sensibilidade de órgãos que recebemos da natureza, que quis que a conservação da espécie e de nós mesmos fosse também um objeto de prazer, sem mencionar essa multidão de objetos que nos rodeiam e que estão destinados a tocar essa sensibilidade de mil maneiras agradáveis, tais pessoas, eu digo, são rabugentos incuráveis, e deveriam ser trancafiadas em asilos. Agradeceriam de bom grado ao ser todo-poderoso por ter feito sarças, espinhos, venenos, tigres, serpentes, numa palavra, tudo o que há de nocivo e malfazejo, ao mesmo tempo que não hesitam em censurá-lo pelas sombras, pelas águas frescas, pelas frutas requintadas, pelos vinhos deliciosos, numa palavra, pelas marcas de bondade e beneficência que ele semeou em meio às coisas que chamamos de *malfazejas* e *nocivas*. Em sua concepção, o esforço e a dor que se encontram em nosso caminho não são suficientes. Gostariam que o sofrimento precedesse, acompanhasse e se seguisse sempre à necessidade. Creem honrar a Deus privando-se das coisas que ele criou. Não se dão conta de que se fazem bem em se privar delas, ele fez mal em criá-las; e são mais sábios do que ele, pois identificaram e evitaram a armadilha que dispôs para eles. Ver *Gozo* e *Delicioso*.

(PPP)

Preguiça (*Moral*), Jaucourt [11, 939]

Preguiça é a apatia que impede o homem de trabalhar, de aplicar-se a seus afazeres e de cumprir seus deveres.

Um poeta inglês pintou essa rainha do mundo como uma indolente divindade:

"Uma deidade descuidada. / Nenhum problema desafia seu cérebro letárgico: / Mas o esquecimento estúpido guarda sua cama pacífica, E nuvens preguiçosas orvalham sua graciosa cabeça. / Assim, a todo momento, a indulgente monarca deita, / engordando no caso e dormindo pela vida afora." *A careless deity / No probleme puzzle his lethargick brain: / But dull oblivion guards his peaceful bed, And laz y fogs bedew his gracious head. / Thus at full length, the pamper'd monarch lay, / Fatt'ning in case, and slumb'ring life away.*

De todos os nossos defeitos, aquele a que nos entregamos mais facilmente é a preguiça, porque nos persuadimos que ela diz respeito a todas as virtudes pacíficas, e que, sem destruir as outras, suspende somente as suas funções. Daí decorre que ela reina soberanamente no que se chama *belo mundo*; e se às vezes perturbamos seu império, é mais para afastar o tédio do que por gosto pela ocupação.

O espírito contrai tão facilmente o hábito da preguiça quanto o corpo. Um homem que anda apenas de carro está logo sem condições de se servir de suas pernas. Assim como é preciso dar-lhe a mão para que caminhe, também é preciso ajudar o outro a pensar e, até mesmo, forçá-lo; sem isso, o homem que teme a aplicação suspira inutilmente pela ciência, que é, para ele, uma planta suculenta, mas a qual ele não tem coragem de espremer para obter o suco. O espírito torna-se ativo somente pelo exercício; se a este ele se submete com ardor, encontra o vigor das forças e dos recursos que, de antemão, não conhecia.

Além do mais, a preguiça do espírito e do corpo é um vício que os homens até sobrepujam algumas vezes, mas que jamais eliminam. É, talvez, uma felicidade para a sociedade que esse vício não possa ser desenraizado. Muita gente acredita que ela, por si só, impediu mais ações más do que todas as virtudes reunidas.

(TK)

Sabedoria (*Moral*), Autor desconhecido [14, 496]

A sabedoria consiste em cumprir com exatidão nossos deveres, tanto para com a divindade quanto para com nós mesmos e os outros homens. Mas onde ela encontrará motivos para ser fiel se não for no sentimento de nossa imortalidade? Assim, o homem verdadeiramente sábio é um homem imortal, um homem que sobrevive a si mesmo e leva suas esperanças para além da morte. Se nos encerramos no círculo estreito dos objetos deste mundo, a força que teremos para nos impedir de sermos avaros consistirá no medo de prejudicar nossa honra pelas baixezas do interesse; a força que teremos para nos impedir de sermos pródigos consistirá no medo de arruinar nossos negócios quando aspiramos a ser estimados pelos outros por nossa liberalidade. O temor das doenças nos fará resistir às tentações da volúpia; o amor próprio nos tornará moderados e circunspectos e por orgulho pareceremos humildes e modestos. Mas isso é passar de um vício a outro. Para dar à nossa alma a força de se elevar acima de uma fraqueza sem recair em outra, é preciso fazê-la agir por motivos bem superiores. A visão do tempo poderá fazê-la sacrificar uma paixão a outra paixão. Mas só a visão da eternidade contém os motivos próprios para elevá-la acima de todas as fraquezas. Houve oradores de uma eloquência sublime que não provocaram nenhum efeito, porque não sabiam interessar, como se deve, a natureza imortal. Houve outros, que, ao contrário, com um talento muito medíocre, tocaram todo mundo por discursos sem arte, porque conquistavam os homens com motivos da eternidade. É do sentimento de nossa imortalidade que vemos sair tudo o que nos consola, que nos eleva e nos satisfaz. Só o homem imortal pode enfrentar a morte; só ele pode elevar-se acima de todos os acontecimentos deste mundo, mostrar-se independente dos caprichos da sorte e maior do que todas as dignidades do mundo. O quanto essa insensibilidade fastuosa com a qual os estoicos vestiam seu sábio convém mal a seus princípios! Enquanto o encerrais nos limites das coisas frágeis e perecíveis, o que exigis dele? Que motivo lhe forneceis para torná-lo superior a coisas que lhe oferecem prazer? O homem, tendo nascido para a felicidade, e só sendo feliz pelos sentimentos deliciosos que experimenta, só pode renunciar a um prazer em nome de um prazer maior. Se ele sacrifica seu prazer a uma virtude estéril, virtude que deixa a alma numa inação amolecida, na qual sua atividade não tem nada a aprender, tudo o que se encontra nele é a vã ostentação de uma grandeza quimérica. Colocai-o diante de si mesmo, que ele tenha somente a si mesmo como testemunha de suas ações, que o murmúrio bajulador dos louvores não penetre até o seu deserto; reduzi esse homem tristemente virtuoso a envolver-se em seu próprio mérito, a viver, por assim dizer, de seu próprio eu, e reconhecereis logo que todo esse fasto de sabedoria era apenas um orgulho imponente que cai por si mesmo quando não tem mais admirador. Com que audácia quereis que ele enfrente os acasos? Quem poderá recompensá-lo por uma morte que, tirando-lhe todo sentimento, destrói essa sabedoria mesma da qual ele se orgulha? Mas suponhamos que o homem imortal é maior do que tudo que o rodeia. Ele só estima no homem o próprio homem. As injustiças dos outros homens o afetam pouco. Elas não podem prejudicar a sua imortalidade; só o ódio poderia prejudicá-lo. Ele extingue a chama. O homem mortal pode afetar uma constância que não tem, para fazer que se acredite que ele está acima da adversidade. Esse sentimento não fica bem a um homem que encerra todos os recursos no tempo. Mas ele é bom para um homem que se sente feito para a eternidade. Sem se contrafazer para parecer magnânimo, a natureza e a religião o elevam o bastante para fazê-lo sofrer sem impaciência e torná-lo contente sem afetação. Tal homem pode realizar a ideia e o plano do valor supremo, quando o dever o obriga a seguir os outros nos mais terríveis perigos, nas considerações do mundo que não lhe permitem recuar onde a honra o chama. O homem imortal expõe-se à morte, porque sabe bem que não pode morrer. Não há herói no mundo, pois não há ninguém que não tema a [497] morte, ou que não deva sua intrepidez à sua própria fraqueza. Para ser bravo, cessa-se de ser homem, e, para ir à morte, começa-se a se perder de vista. Mas o homem imortal se expõe porque se conhece. O heroísmo, nos princípios de um homem que tem todas as suas esperanças no mundo, é uma extravagância. Os louvores da posteridade contra os quais ele troca a vida não são capazes de compensá-lo. Como então, e por qual prodígio, homens que não parecem ter conhecido outra vida a não ser a vida presente puderam consentir em deixar de existir para ser feliz? Cícero acreditou que o princípio desse heroísmo era sempre uma esperança secreta de gozar de sua reputação no seio do túmulo. Mas há alguma coisa a mais. Não é impossível que esses homens célebres, tendo sido mais felizes por sua morte, não o tivessem sido por sua vida. Admirados por seus amigos e por seus compatriotas, persuadidos de que o seriam até por seus inimigos e pela posteridade, essa espessa nuvem de tantos admiradores pôde, para as imaginações vivas, criar um espetáculo cujo charme, embora pouco duradouro, teve para eles um peso maior que o de sua própria vida. O amor de nós mesmos, esclarecido pela razão, jamais consentiria com tal sacrifício; somente com o auxílio dos surtos da imaginação é que poderia aplaudi-lo.

Sêneca observa que é preciso, a cada dia, aprender a se deixar e aprender a morrer. Esse sentimento, tão nobre e tão elevado nos lábios de um cristão, parece absolutamente ridículo na boca de um estoico. Ele não tinha nenhum temor nem nenhuma esperança em outra vida. Por que então se impunha uma pena tão rigorosa? Por que fugia dos prazeres mais atraentes, ele que devia à morte a entrada no seio da divindade? Que vantagem tinha o filósofo obscuro, sempre cheio de pensamentos funestos, sempre forçado a se constranger; que vantagem tinha ele sobre o libertino amável e amado, satisfeito com sua felicidade, engenhoso em sua busca da volúpia? O mesmo destino espera por ambos. A vida dos homens passa muito rápido para ser empregada na busca de uma virtude selvagem e teimosa. Nunca é demais procurarmos ser felizes, e o presente é o único meio que nos conduz à felicidade, pelo menos àquela de que somos capazes em nossa presente condição. Domar as paixões, constranger-se sem cessar, renunciar às mais caras inclinações, corrigir seus erros, vigiar escrupulosamente sua conduta é a ocupação de um homem que enxerga para além desta vida, que sabe, pela revelação, que sobreviverá à perda de seu corpo. Mas os estoicos não tinham os mesmos motivos de se vangloriar. Nunca um destino obscuro ocupou para eles o lugar do presente; e o presente era toda a sua riqueza, o objeto de todos os seus desejos. É por isso que os filósofos gregos, que falavam a partir do coração, tinham uma moral branda, e acomodada às diferentes necessidades da sociedade. Se o Pórtico se distinguiu por uma severidade, era ela deslocada: excesso de confiança na razão, abuso das suas forças, uma ousadia desastrada – essas coias foram a sua perdição.

(MGS)

Saber viver (*Moral*), Jaucourt [14, 719]

O *saber viver*, em nossa nação, consiste em apreender os usos reconhecidos, em ter para com os outros todas as maneiras convenientes estabelecidas pela moda, ser honesto e polido na sociedade; enfim, fazer com facilidade e graça mil pequenezas que nem nome têm. De acordo com a pura moral e com as ideias da reta razão, o saber viver consiste apenas nas coisas grandes e boas; pois essa palavra significa cumprir os deveres de seu estado na medida em que afasta todas as futilidades e conduzir dignamente a vida para a qual nascemos.

(TK)

Sedutor (*Moral*), Jaucourt [14, 887]

Sedutor é aquele que, tendo em vista a mera volúpia, empenha-se com arte em corromper a virtude, abusar da fraqueza ou da ignorância de uma jovem pessoa. Se tivesse que traçar o progresso de um sedutor, eu poderia dizer que, à familiaridade de seus discursos livres, sucede a licença de suas ações; o pudor ainda indomado exige cuidados, ousa-se permitir apenas pequenas liberdades, surpreende-se de início apenas com pequenos favores, até mesmo aparentemente forçados, mas que logo o encorajam a aceitá-los e o conduzem a admitir outros, voluntários e maiores. É assim que o coração se corrompe em meio a familiaridades, as quais suavizam e humanizam insensivelmente o orgulho, entorpecem a razão, inflamam o sangue; é assim que a honra é adormecida, enterrada nas apatias perigosas nas quais, enfim, ela sofre um infeliz naufrágio.

"A prudência, diz o Brâmane, vai falar e instruí-la; dá ouvidos, ó filha da beleza, e grava essas máximas no fundo de teu coração! Assim, teu espírito embelezará teus traços, assim tu conservarás, como a rosa a quem te assemelhas, um suave perfume vindo de teu frescor.

"Na manhã de teus dias, no aproximar de tua juventude, quando os homens começarem a ter prazer em lançar olhares sobre ti, então a natureza te apresenta surdamente o mistério: o perigo te cerca; fecha o ouvido ao encantamento dos que te elogiam; não escuta as doçuras da sedução.

"Lembra-te das visões do Criador sobre teu ser; ele te fez para ser a companhia do homem e não a escrava de sua paixão."

O nome *sedutor* não se dá somente àquele que atenta contra o pudor, a inocência de uma mulher ou de uma jovem, mas a qualquer um que arraste outro, por vias ilícitas, a uma má ação.

(TK)

Sensibilidade (*Moral*), Jaucourt [15, 52]

Sensibilidade, disposição terna e delicada da alma, que a torna fácil de ser comovida, de ser tocada.

A sensibilidade da alma, diz muito bem o autor dos *Costumes*, dá uma espécie de sagacidade sobre as coisas honestas e vai mais longe do que simplesmente a penetração do espírito. As almas sensíveis podem cair, por vivacidade, nas faltas que os homens de bem não cometeriam; mas elas se mostram superiores pela quantidade de bem que produzem. As almas sensíveis possuem mais existência que as outras: o bem e os mal se multiplicam no que lhes diz respeito. A reflexão pode fazer o homem probo, mas a sensibilidade faz o homem virtuoso. A sensibilidade é a mãe da humanidade, da generosidade; ela serve o mérito, socorre o espírito e em seguida traz a persuasão.

(TK)

Vício (*Direito natural, Moral etc.*), Jaucourt, Diderot [17, 235]

Vício é tudo o que é contrário às leis naturais e aos deveres.

Como o fundamento do erro consiste nas falsas medidas de probabilidade, o fundamento do *vício* consiste nas falsas medidas do bem; e como esse bem é maior ou menor, os vícios são mais ou menos reprováveis. Entre eles há os que podem ser, por assim dizer, compensados, ou pelo menos ocultados sob o clarão das grandes e brilhantes qualidades. Conta-se que, certo dia, Henrique IV perguntou a um embaixador da Espanha: que amante tinha o rei, seu mestre? O embaixador lhe respondeu, num tom pedante, que seu mestre era um príncipe que temia a Deus e que não possuía outra amante a não ser a rainha. Henrique IV, que percebeu essa censura, retrucou-lhe, com ar de desprezo, perguntando se seu mestre possuía bastante virtude para cobrir um vício.

Os vícios que podem ser assim ocultados ou encobertos devem provir mais do temperamento e do caráter natural que do moral; devem ser ao mesmo tempo desvios acidentais, paixões, surpresas do homem. Nas raras vezes que chegam, passam rápido e podem ser ocultados como manchas no sol, mas nem por isso deixam de ser manchas. Se não os corrigimos, cessam de ser manchas e espalham-se como sombra geral e obscurecem a luz que outrora os absorvia.

Vede em Racine como Hipólito responde a seu governante (ato I, cena I). É um trecho que não se deixa de admirar. Diz a Terâmeno que sua alma se aquecia com as narrativas das nobres explorações de seu pai quando contava esta história. Mas, continua ele, quando me falavas de fatos menos gloriosos,

"Ariadne nos rochedos confessando seus erros; E finalmente Fedra, raptada com intenções melhores. Tu sabes que, por não me agradarem nada essas histórias, Eu te pedia então que as encurtasses. Pois ficaria feliz se pudesse rasgar da memória Essa metade indigna de uma vida tão bela! E agora eu também me deixaria arrastar? Os deuses levariam minha humilhação a esse ponto? Os meus suspiros vis seriam ainda mais desprezíveis Pois os feitos heroicos tornam Teseu desculpável. Não dominei um só dos monstros Com que ganhei o direito de errar." [Tradução de Millôr Fernandes, cf. Racine, Jean. *Fedra*. Porto Alegre: L&PM, 1986, p.21.]

As falhas que encontramos na vida dos grandes homens são como essas pequenas sardas que algumas vezes se encontram num belo rosto; elas não o tornam mais feio, mas o impedem de possuir uma beleza perfeita. Sendo assim, que devemos pensar dessas pessoas que são inteiramente cobertas de manchas viciosas? Eu teria cem coisas a dizer sobre isso segundo os moralistas, mas contento-me em me reportar a uma única reflexão de Montaigne, homem do mundo, em quem podemos acreditar nesses assuntos. Essa reflexão está no Livro III, Capítulo 2 de seus *Ensaios*.

"Não existe vício", diz ele, "verdadeiramente vício que não ofenda e que um juízo íntegro não acuse: pois ele possui fealdade e incômodo tão aparentes quanto têm razão aqueles que, ao acaso, dizem que ele é produzido principalmente por estúpida ignorância, tanto é difícil de imaginar quanto conhecê-lo sem odiá-lo. A malícia aspira a maior parte de sua própria peçonha e se envenena com ela. O vício deixa uma espécie de úlcera na carne, um arrependimento na alma que sempre fere e sangra por si só." (**Jaucourt**)

O uso estabeleceu a diferença entre um erro e um vício; todo vício é erro, mas nem todo erro é um vício. No homem que possui um vício, supomos uma liberdade que o torna culpado a nossos olhos; o erro normalmente diz respeito à natureza; desculpa-se o homem, acusa-se a natureza. Quando discute tais distinções com uma exatidão bem escrupulosa, a Filosofia constata invariavelmente que elas são desprovidas de sentido. Numa palavra, consegue um homem dominar-se para não ser pusilânime, voluptuoso, colérico, mais do que para não ser vesgo, corcunda ou beberrão? Quanto mais concordamos com a organização, com a educação, com os costumes nacionais, com o clima, com as circunstâncias que dispuseram nossa vida desde o instante em que fomos lançados do seio da natureza até este em que existimos, menos podemos nos vangloriar das boas qualidades que possuímos e que tão pouco devemos a nós mesmos, mais indulgentes somos com relação aos erros e vícios dos outros, mais circunspectos no emprego das palavras *vicioso* e *virtuoso*, que nunca pronunciamos sem amor ou ódio, e mais nos inclinamos no sentido de substituir essas palavras por malnascido e bem-nascido, sempre acompanhadas pelo sentimento de comiseração. Tendes piedade de um cego; e o que é um malvado senão um homem que tem a vista curta e que não enxerga para além do momento em que age? (**Diderot**)

(**TK**)

Virtude (*Ordem enciclopédica, Moral, Política*), Romilly [17, 176]

É mais seguro conhecer a *virtude* por meio do sentimento do que se perder em raciocínios sobre sua natureza. Se existisse um infortunado sobre a terra, que ela nunca tivesse enternecido, que jamais tivesse experimentado o doce prazer do bem-fazer, todos os nossos discursos sobre tais assuntos seriam tão absurdos e inúteis quanto se detalhássemos a um cego as belezas de um quadro ou os encantos de uma perspectiva. Só se conhece o sentimento mediante o sentimento. Quereis saber o que é a humanidade? Fechai vossos livros e vede os infelizes. Leitor, seja quem fores, se nunca tiveste gosto pelos atrativos da virtude, volte-se por um instante sobre ti mesmo: sua definição está em teu coração.

Contentar-nos-emos em expor aqui algumas reflexões soltas, na ordem em que se oferecerão a nosso espírito, menos para aprofundar um assunto tão interessante do que para dar dele uma leve ideia.

A palavra *virtude* é uma palavra abstrata, que não oferece inicialmente àqueles que a ouvem uma ideia precisa e determinada. Ela designa, de modo geral, todos os deveres do homem, tudo o que diz respeito à moral. Um sentido tão vago permite muita arbitrariedade nos juízos. É por isto que quase todos consideram a virtude mais pelos preconceitos e sentimentos que os afetam do que em si mesma. Certo é que as ideias que formamos a seu respeito dependem muito dos progressos que fizemos. É verdade que, em geral, os homens estariam plenamente de acordo sobre o que merece o nome de vício ou de virtude se os limites que separam um do outro fossem sempre bem distintos; mas o contrário ocorre com frequência: daí os nomes falsas virtudes, virtudes extremas, brilhantes ou sólidas. Um acredita que a virtude exige tal sacrifício, ao passo que o outro não: Bruto, cônsul e pai, deveria ter condenado seus filhos rebeldes à pátria? A questão ainda não foi decidida por unanimidade. Os deveres do homem em sociedade são algumas vezes demasiadamente complicados e emaranhados para mostrar-se rapidamente claros. As próprias virtudes se restringem, se cruzam, se modificam. É preciso buscar o justo meio para aquém ou para além do qual elas deixam de ser ou perdem mais ou menos seu valor: ali se deve interromper vossa benevolência, ou, então, a justiça será ferida. Algumas vezes, a clemência é virtude; outras vezes, é perigosa: donde se vê a necessidade de princípios simples e gerais que nos guiem e nos esclareçam; sobretudo, é preciso julgar ações pelos motivos, se queremos apreciá-las com justeza. Quanto mais pura a intenção, mais real é a virtude. Esclarecei, pois, vosso espírito, escutai vossa razão, entregai-vos a vossa consciência, a esse instinto moral tão seguro e tão fiel, e distinguireis logo a virtude, pois ela não é senão uma grande ideia, ou melhor, um grande sentimento. Nossas ilusões a esse respeito raramente são involuntárias e a ignorância de nossos deveres é o último dos pretextos que podemos alegar. Confesso que o coração humano é de tal modo uma presa das paixões, nosso espírito é tão inconsequente, tão inconstante, que as noções mais claras parecem algumas vezes se obscurecer. Mas é preciso apenas um momento de calma para fazê-las brilhar com todo seu fulgor. Quando as paixões cessam de berrar, a consciência bem sabe nos falar num tom que não pode ser desprezado. Quanto a isso, o vulgo está sempre mais avançado que os filósofos, seu instinto moral mais puro, menos alterado. A ele não se impõem deveres pela força da reflexão. O espírito de sistema se opõe ao da verdade e a razão fica arrasada diante da multidão de raciocínios. "Vejo os costumes e os propósitos dos camponeses", diz Montaigne, "comumente mais ordenados, segundo a prescrição da verdadeira filosofia, do que entre os filósofos."

Não ignoramos que a palavra *virtude* correspondia, em sua origem, a força e coragem. Com efeito, ela só convém a seres que, fracos por sua natureza, se tornam fortes por sua vontade. Vencer-se a si mesmo, sujeitar suas tendências à sua razão, eis o exercício contínuo da virtude. Dizemos que Deus é bom e não virtuoso, porque a bondade é essencial à sua natureza, porque ele é necessariamente e sem esforço soberanamente perfeito. De resto, é inútil advertir que o homem honesto e o homem virtuoso são dois seres bem diferentes: o primeiro se encontra facilmente, o segundo é um pouco mais raro. Mas, enfim, o que é a virtude? Em duas palavras, é a *observação constante das leis que nos são impostas, em qualquer relação que o homem se considere*. Assim, a palavra genérica *virtude* compreende diversas espécies, em cujo detalhe não temos o objetivo de entrar. Ver neste *Dicionário* os diversos verbetes que dizem respeito a isso, em particular, *Direito natural*, *Moral*. Observemos somente que, por mais numerosa que possa ser a classe desses deveres, todos decorrem do princípio que acabamos de estabelecer. A virtude é una, simples e inalterável em sua essência, ela é a mesma em todos os tempos, todos os climas, todos os governos, é a lei do Criador que, dada a todos os homens, lhes fala em todo lugar a mesma linguagem. Não buscai, pois, nas leis positivas nem nos estabelecimentos humanos o que constitui a virtude; essas leis nascem, alteram-se e se sucedem como aqueles que as fizeram, mas a virtude não apresenta variações, ela é imutável como seu autor. Em vão nos opõem a existência de alguns povos obscuros, cujos costumes bárbaros e insensatos parecem testemunhar contra nós. Em vão o cético Montaigne reúne exemplos e opiniões estranhas de toda parte para insinuar que [177] a consciência e a virtude parecem ser apenas preconceitos que variam de acordo com as nações: sem refutá-lo em detalhe, diríamos somente que esses usos que ele nos alega foram bons em sua origem e se corromperam em seguida. Quantas instituições nos parecem absurdas porque ignoramos seus motivos? Não é sobre exposições sempre infiéis que observadores filósofos devem fundar seu juízo. O roubo autorizado por leis tinha na Lacedemônia sua função e sua utilidade, e estaríamos errados se concluíssemos que ou se trata de um crime entre os espartanos ou não o é em outros lugares. De todo modo, é certo que, em toda parte, o homem desinteressado quer essencialmente o bem. Ele pode se perder na via que escolhe, mas pelo menos sua razão é infalível, uma vez que ele nunca adota o mal como mal, o vício como vício, mas um e outro sempre como revestidos das aparências do bem e da virtude. Esses selvagens, por exemplo, que matam seus doentes, que interrompem a vida de seus pais quando estes estão enfermos e agonizantes, fazem isso apenas por um princípio de humanidade mal compreendido; a piedade está em sua intenção e a crueldade, em seus meios. Seja qual for a corrupção do homem, ele não é abominável o bastante para se dizer intrepidamente: "abandono-me ao crime, à inumanidade, como à perfeição de minha natureza; é belo amar o vício e odiar a virtude, é mais nobre ser ingrato que agradecido". Não, o vício em si mesmo é odiável para todos os homens; ele tem seu custo até para o perverso mais resolvido a consumar seus atentados; se pudesse obter os mesmos sucessos sem crime, não duvidamos que hesitaria um instante. Não pretendo justificar ilusões, as falsas ideias que os homens fizeram sobre a virtude, mas digo que, apesar desses desvios e das aparentes contradições, existem princípios comuns que as reúnem todas: que a virtude seja digna de amor e de recompensa, que o vício seja digno de ódio e de punição, é uma verdade de sentimento à qual todo homem tem necessidade de se submeter. Podemos até opor filósofos, povos inteiros que rejeitam quase todos os princípios morais: o que provaríamos com isso senão o abuso ou a negligência da razão? A menos que neguemos tais princípios, pois não são inatos nem de tal modo impressos em nosso espírito a ponto de não nos ser possível ignorá-los e observá-los sob aspectos diversos. Além disso, exceto esses povos que não tiveram nenhuma ideia da virtude, tão obscuros quanto pouco numerosos, segundo um autor muito imparcial (Bayle), as regras dos costumes sempre foram conservadas em toda parte onde se fez uso da razão: "há alguma nação", dizia o mais eloquente dos filósofos, "em que não se ame a doçura, a bondade, a gratidão, em que não se veja com indignação os orgulhosos, os malfeitores, os homens ingratos ou inumanos?". Tomemos ainda por um instante as expressões de um autor moderno, que não precisamos nomear: "Olhai para todas as nações do mundo, percorrei todas as histórias. Dentre tantos cultos inumanos e bizarros, dentre a prodigiosa diversidade de costumes e de especificidades, encontrareis por toda parte as mesmas ideias de justiça e de honestidade, por toda parte as mesmas noções de bem e de mal. O paganismo pariu deuses abomináveis, que teriam sido punidos nesta terra como celerados e que ofereciam como modelo da felicidade suprema apenas crimes a cometer e paixões a satisfazer. Mas o vício, armado de uma autoridade sagrada, descia em vão da morada eterna, o instinto moral repelia-o do coração dos humanos. Ao celebrarem-se as orgias de Júpiter, admirava-se a continência de Xenócrates; a casta Lucrécia adorava a impudica Vênus; o intrépido Romano sacrificava ao Medo; invocava o deus que mutilou seu pai e morria sem murmúrio pela mão do seu; as mais desprezíveis divindades foram cultuadas pelos maiores homens. A santa voz da natureza, mais forte do que a dos deuses, fazia-se respeitar na terra e parecia relegar ao céu o crime e os culpados".

No entanto, se a virtude fosse tão fácil de se conhecer, de onde vêm, dizemos, essas dificuldades em certos pontos de moral? Quantos trabalhos para fixar os limites que separam o justo do injusto, o vício da virtude! Considerai a forma dessa justiça que nos governa: é um verdadeiro testemunho de nossa fraqueza, de tantas contradições e erros que nela há. 1º) O interesse, os preconceitos, as paixões, lançam sempre nuvens espessas sobre as verdades mais claras; mas vede o homem mais injusto quando se trata de seu próprio interesse: com que equidade, que justeza ele decide caso se trate de um negócio estrangeiro! Transportemo-nos, pois, para o verdadeiro ponto de vista para discernir os objetos. Recolhamo-nos conosco mesmos, não confundamos a obra do homem com a do Criador e logo veremos as nuvens se dissipar e a luz brilhar do seio das trevas. 2º) Todas as sutilezas dos casuístas, suas vãs distinções, suas falsas máximas, não atentam mais contra a simplicidade da virtude do que todos os excessos da idolatria atentam contra a simplicidade do Ser eterno. 3º) As dificuldades que se apresentam na moral ou no direito natural não concernem aos princípios gerais nem a suas consequências próximas, mas somente a certas consequências distantes e pouco interessantes em comparação às outras.

Circunstâncias particulares, a natureza dos governos, a obscuridade e as contradições das leis positivas tornam sempre complicadas questões em si mesmas claras; o que demonstra somente que a fraqueza dos homens é sempre comunicada a suas obras. Enfim, a dificuldade de resolver algumas questões de moral bastará para abalar a certeza dos princípios e das consequências mais imediatas? Empilhar objeções e dificuldades aos montes é raciocinar mal contra máximas evidentes e, sobretudo, contra o sentimento. No fundo, a própria impotência para resolvê-las só provaria os limites de nossa inteligência. Quantos fatos demonstrados em Física contra os quais se formam dificuldades insolúveis!

Fazem-nos uma objeção mais grave. Dizem que é unicamente porque a virtude é vantajosa que ela é tão universalmente admirada. Ah! Isso não provaria que somos feitos para ela? Já que o autor de nosso ser, que sem dúvida quer nos tornar felizes, colocou entre a felicidade e a virtude uma ligação tão evidente e tão íntima, haveria prova mais forte do que esta de que ela está na natureza e de que entra essencialmente em nossa constituição? Mas, sejam quais forem as vantagens que a acompanham, não é a única causa de admiração que temos por ela. Pode-se acreditar, com efeito, que tantos povos em todos os tempos e lugares estejam de acordo em prestar a ela a homenagem que merece por motivos inteiramente interessados, de sorte que se creiam no direito de praticar o mal se pudessem fazê-lo sem perigo? Não seria mais apropriado dizer que, independentemente de alguma vantagem imediata, há na virtude um não sei quê de grande, de digno do homem que se faz sentir tanto melhor quanto mais profundamente se medita sobre esse assunto? O dever e a utilidade são duas ideias muito distintas para quem quer que reflita, e o sentimento natural mesmo basta nesse ponto. Quando Temístocles anunciara a seus concidadãos que o [178] projeto que havia concebido lhes subjugaria num instante a Grécia inteira, sabemos a ordem que lhe foi dada para comunicar a Aristide, cuja sabedoria e virtude eram reconhecidas: após este declarar ao povo que o projeto em questão seria verdadeiramente útil, mas também extremamente injusto, os atenienses, pela boca dos quais a humanidade então se explicava, impediram Temístocles de ir mais longe. Tal é o império da virtude: todo um povo em concerto rejeita, sem outro exame, uma vantagem infinita que não poderia obter sem injustiça. Que não se diga, pois, que a virtude só é amável na medida em que concorre para nossos interesses presentes, pois é bem verdade que, neste mundo, com frequência ela se opõe a nosso bem e, enquanto o hábil vício floresce e prospera, a simples virtude sucumbe e geme; no entanto, torna-se ela menos amável? Não parece, ao contrário, que é nos revezes e nos acasos que ela é mais bela, mais interessante? Então, longe de perder algo de sua glória, ela nunca brilha num clarão maior do que na tempestade e sob a nuvem. Oh, quem pode resistir ao império da virtude infeliz? Que coração selvagem não fica enternecido com as queixas de um homem de bem? O crime coroado nos impressiona muito; sim, eu te suplico, homem sincero, diga, na integridade de teu coração, se não vês com mais entusiasmo e veneração Régulo retornando a Cartago do que Sila rejeitando sua pátria; Catão chorando por seus cidadãos do que César triunfando em Roma; Aristides orando aos deuses pelos ingratos atenienses do que o soberbo Coriolano insensível aos lamentos de seus compatriotas. Na veneração que a morte de Sócrates me inspira, que interesse posso ter, a não ser pela virtude? Que bem retorna a mim do heroísmo de Catão ou da bondade de Tito? Ou que tenho a temer dos atentados de um Catilina, da barbárie de um Nero? Contudo, enquanto detesto uns, admiro os outros que fazem minha alma inflamada aumentar, engrandecer, elevar-se com eles. Leitor, recorro a ti, aos sentimentos que experimentas quando, ao abrir os anais da História, vês passar diante de ti as pessoas de bem e os maus; alguma vez invejaste a felicidade aparente dos culpados, ou, em vez disso, o triunfo deles excita tua indignação? Nos diversos personagens que nossa imaginação nos faz vestir, não desejaste por um instante ser Tibério em toda sua glória, e não quiseste mil vezes expirar como Germânico com os lamentos de todo o império, muito mais do que reinar como seu assassino sobre todo o universo? Vamos ainda mais longe (o espírito humano sabe parar?): "diz-se que a virtude é puramente arbitrária e convencional, as leis civis são a única regra do justo e do injusto, do bem e do mal; os soberanos, os legisladores, são os únicos juízes nesse ponto; antes do estabelecimento das sociedades, toda ação era indiferente de sua natureza". *Resposta*: Vemos que esse sistema negro de Hobbes e de seus seguidores só vai subverter todos os princípios morais sobre os quais repousa, como sobre uma base inabalável, todo o edifício da sociedade. Mas não é tão absurdo afirmar que não há leis naturais anteriores às leis positivas, bem como sustentar que a verdade depende dos caprichos dos homens e não da essência mesma dos seres, quanto dizer que, antes que se tenha traçado o círculo, todos os seus raios são iguais? Longe de a lei positiva ter dado ser à virtude, ela mesma não passa da aplicação mais ou menos direta da razão ou da lei natural nas diversas circunstâncias em que o homem se encontra na sociedade: os deveres do bom cidadão existiam, pois, antes que houvesse cidade, eles existiam como germe no coração do homem e apenas se desenvolveram. O reconhecimento era uma virtude antes que houvesse benfeitores, o sentimento sem nenhuma lei o inspirou primeiramente a todo homem que recebeu favores de um outro. Transportemo-nos para entre os selvagens mais próximos ao estado de natureza e de independência, que não são reunidos por nenhum comércio e nenhuma sociedade; suponhamos um dentre eles que um outro venha a salvar de um animal feroz pronto a devorá-lo: diremos que o primeiro é insensível a esse ato de bondade na medida em que olha para seu libertador com indiferença, que possa ultrajá-lo sem remorso? Quem ousasse afirmar isso seria digno de dar seu exemplo. Está provado que a piedade é natural ao homem, pois os próprios animais parecem dar sinais disso. Ora, tal sentimento por si só é a fonte de quase todas as virtudes sociais, uma vez que se trata de uma identificação de nós mesmos com nossos semelhantes, e que a virtude consiste sobretudo em reprimir o baixo interesse e a colocar-se no lugar dos outros.

É verdade, pois, que temos em nós o princípio de toda virtude, e que é desse princípio que os legisladores tinham que partir se quisessem fundar um estabelecimento duradouro. Com efeito, que força restaria às suas leis se supusésseis que a consciência, o sentimento do justo e do injusto são apenas quimeras piedosas, cuja eficácia só se daria mediante a vontade do soberano? Vede quantos absurdos é preciso digerir em vossas suposições. Seguir-se-ia daí que os reis, que estão entre eles em estado de natureza e superiores às leis civis, não poderiam cometer injustiça, que as noções do justo e do injusto estariam num fluxo contínuo como os caprichos dos príncipes, e que, uma vez dissolvido o Estado, tais noções seriam sepultadas sob suas ruínas. A virtude não existiria antes do estabelecimento das sociedades; mas como teriam elas se formado e se mantido se a santa lei da natureza não presidisse, como um gênio feliz, a sua instituição e manutenção, se a justiça não tivesse coberto o Estado nascente com sua sombra? Por que acordo singular quase todas as leis civis se fundam nessa justiça e tentam aprisionar as paixões que nos desvirtuam, se essas leis, para atingir seu fim, não tivessem ainda, por nenhuma vez, seguido tais princípios naturais, que, digamos assim, existiriam antes delas?

"A força do soberano", dizeis, "a constituição do governo, o encadeamento dos interesses, eis o que basta para unir os particulares e fazê-los concorrer felizmente ao bem geral etc."

Para refutar essa opinião, tentemos, em poucas palavras, mostrar a insuficiência das leis para a felicidade da sociedade, ou, o que resulta no mesmo, de provar que a virtude é essencial tanto para os Estados quanto para os particulares. Ser-nos-á perdoada essa digressão se é que se trata de uma; ao menos, ela não é estranha a nosso assunto. As leis, longe de serem suficientes sem os costumes e sem a virtude, ao contrário, tiram destes sua força e todo seu poder. Um povo que tem costumes subsistiria mais sem leis do que um povo sem costumes com as leis mais admiráveis. A virtude supre tudo, mas nada pode supri-la. O que se deve ser submetido não é o homem, mas sua vontade. Só faz o bem aquele que o faz de bom coração. Só obedecemos às leis na medida em que as amamos, pois a obediência forçada que lhes prestam os maus cidadãos, longe de serem suficientes, segundo vossos princípios, é o maior vício do Estado. Quando só se é justo com as leis, não se é justo nem mesmo com elas: quereis, pois, assegurar-lhes um império tão respeitável quanto seguro? Fazei-as reinar sobre os corações, ou, o que dá no mesmo, tornai os particulares virtuosos. Podemos dizer com Platão que um **[179]** indivíduo representa o Estado, assim como o Estado representa cada um de seus membros. Ora, seria absurdo dizer que o que faz a perfeição e a felicidade do homem fosse inútil ao Estado, pois este não é outra coisa senão a coletividade dos cidadãos, e é impossível que haja no todo uma ordem e uma harmonia inexistentes nas partes que o compõem. Não imagine, pois, que as leis possam ter força de outro modo senão por meio da virtude daqueles que se submetem a elas. Elas bem poderiam eliminar culpados, prevenir alguns crimes pelo terror dos suplícios, remediar com violência alguns males presentes; elas bem poderiam manter por algum tempo a mesma forma e o mesmo governo; uma máquina montada ainda funciona apesar da desordem e imperfeição de suas partes; mas essa existência precária terá mais brilho que solidez; o vício interno irá corroer tudo, as leis trovejarão inutilmente, tudo estará perdido. *Quid vanoe proficiunt leges sine moribus?* Uma vez que o bem público não é mais o dos particulares, no momento em que não há mais pátria e cidadãos, mas somente homens reunidos que só buscam se prejudicar mutuamente, quando não há mais amor pela moderação, pela temperança, pela simplicidade, pela frugalidade, em uma palavra, quando não há mais virtude, então as leis mais sábias são impotentes contra a corrupção geral. Resta-lhes apenas uma força nula e sem reação. São violadas por uns, eludidas por outros. Multiplicai-as em vão: sua quantidade prova somente a sua impotência. É a massa que seria preciso purificar, são os costumes que seria preciso restabelecer: eles, por si só, fazem amar e respeitar as leis; somente eles fazem todas as vontades particulares concorrer para o verdadeiro bem do Estado; são os costumes dos cidadãos que o elevam e o vivificam, inspirando o amor mais do que o temor das leis. É por meio dos costumes que Atenas, Roma, Lacedemônia assombraram o universo, esses prodígios de virtude que admiramos perceber. Se é verdade que ainda os admiraríamos, tais prodígios seriam obra dos costumes. Vede também, rogo-vos, que zelo, que patriotismo inflamava os particulares. Cada membro da pátria a carregava em seu coração. Vede que veneração os senadores de Roma e seus simples cidadãos inspiravam ao embaixador do Épiro, com que ardor os outros povos vinham prestar homenagem à virtude romana e se submeter às suas leis. Sombras ilustres dos Camilos e dos Fabrícios, recorro a vosso testemunho. Dizei-nos por que arte feliz tornastes Roma mestra do mundo e florescente durante tantos séculos? Foi somente pelo terror das leis ou foi pela virtude de vossos concidadãos? Ilustre Cincinato, volte rápido para teus átrios rústicos, seja o exemplo de tua pátria e o terror de teus inimigos. Deixa o ouro para os samnitas e guarda para ti a virtude. Ó, Roma! Enquanto teus ditadores só exigirem por fruto de suas penas instrumentos agrícolas, reinarás sobre todo o universo. Estou me desviando; talvez a cabeça esteja nas alturas. Concluamos que a *virtude* é essencial tanto em política quanto em moral, que o sistema no qual se faz todos os sentimentos do justo e do injusto dependerem das leis é o mais perigoso que se poderia admitir, pois, enfim, se tirardes o freio da consciência e da religião para estabelecer somente um direito de força, enfraquecereis os fundamentos de todos os Estados, dareis livre entrada a todas as desordens, favorecereis maravilhosamente todos os meios de eludir as leis e ser maus sem se comprometer com elas. Ora, um Estado está bem próximo de sua ruína quando os particulares que o compõem só temem o rigor das leis.

Apresenta-se ainda a nós um problema moral a resolver: pergunta-se se os ateus podem ter a virtude ou, o que dá no mesmo, se a virtude pode existir sem nenhum princípio de religião.

Responde-se a essa questão com uma outra: pode um cristão ser vicioso? Mas, quanto a esse assunto, devemos alguns esclarecimentos. Resumamos.

Primeiramente, observo que o número de verdadeiros ateus não é tão grande quanto se acredita. Todo o universo, tudo o que existe, depõe com tanta força contra o ateísmo que é incrível que se possa adotar um sistema refletido e defensável de ateísmo e considerar seus princípios como evidentes e demonstrados. Mas, admitindo essa triste suposição, pergunta-se se Epicuros, Lucrécios, Vaninis, Espinosas podem ser virtuosos: respondo que, falando-se com rigor metafísico, homens desse tipo só poderiam ser maus, pois, pergunto-vos, que fundamento suficientemente sólido restará à virtude para um homem que desconhece e viola os primeiros de seus deveres, a dependência em relação a seu criador, sua gratidão para com ele? Como será dócil à voz dessa consciência, que ele considera um instinto enganador, como obra das obras, da educação; se alguma paixão criminosa se apossa de sua alma, que contrapeso dar-lhe-íamos se ele acreditasse poder satisfazê-la impunemente e em segredo? Considerações puramente humanas até poderiam retê-lo exteriormente na ordem e no decoro, mas, se esse motivo lhe falta, um interesse ardente o conduz ao mal. Na verdade, se for consequente, não vejo o que pode detê-lo.

Um ateu poderá até ter certas virtudes relativas a seu bem-estar: ele será temperante, por exemplo, evitará os excessos que poderiam aborrecê-lo; não ofenderá os outros por temor a represálias, terá a aparência dos sentimentos e das virtudes que amamos e consideramos em sociedade. Não é preciso para isso mais do que um amor de si mesmo bem entendido. Tais eram, dizemos, Epicuro e Espinosa, irrepreensíveis em sua conduta exterior, mas, novamente, se a virtude exigisse sacrifícios e sacrifícios secretos, acreditaríamos que há poucos ateus que sucumbiriam? Ah, se o homem mais religioso, o mais compenetrado da importante ideia do Ser supremo, o mais bem convencido de ter por testemunha de suas ações seu criador, seu juiz, se, digo, um tal homem ainda resiste no mais das vezes a tais motivos, se ele se abandona tão facilmente às paixões que o arrastam, será que gostaríamos de nos persuadir que um ateu não seria menos escrupuloso ainda? Sei que os homens muito acostumados a pensar de uma maneira e agir de outra não devem ser julgados tão rigorosamente acerca de máximas que professam. Pode ser que haja homens desse tipo cuja crença em Deus seja bem suspeita e que, no entanto, não sejam sem virtudes. Concordo até mesmo que o seu coração seja sensível à humanidade, à caridade, que amem o bem público e que gostem de ver os homens felizes. O que concluiríamos disso? Que o seu coração vale mais do que seu espírito; pois os princípios naturais, mais poderosos que seus princípios mentirosos, os dominam imperceptivelmente. A consciência e o sentimento os pressionam, os fazem agir a despeito deles mesmos, impedindo-os de ir até onde o seu tenebroso sistema os conduziria.

Essa questão bastante simples em si tornou-se tão delicada, tão complicada pelos sofismas de Bayle e seus raciocínios artificiais que, para aprofundá-la, seria preciso passar dos limites que nos são prescritos. Ver neste *Dicionário* a palavra *Ateus*, e a obra de Warburton sobre a união da moral, da religião e da política, que resumimos aqui em duas palavras.

Bayle afirma que os ateus podem conhecer a **[180]** diferença entre bem e mal moral, e agir de acordo com isso. Há três princípios de virtude: 1º) a consciência; 2º) a diferença específica das ações humanas que a razão nos faz conhecer; 3º) a vontade de Deus. É esse último princípio que dá aos preceitos morais o caráter de dever, de obrigação estrita e positiva, donde resulta que um ateu não poderia ter um conhecimento completo do bem e do mal moral, pois tal conhecimento é posterior àquele de um Deus legislador. A consciência e o raciocínio, dois princípios de que o ateu, acreditamos, não é privado, nada concluem em favor de Bayle, porque eles não bastam para determinar de modo eficaz a virtude de um ateu, como importa à sociedade. Podemos conhecer, com efeito, a diferença do bem e do mal moral sem que tal conhecimento influa de maneira obrigatória sobre nossas determinações, pois a ideia de obrigação supõe necessariamente um ser que obriga. Ora, qual seria esse ser para o ateu?

A razão. Mas a razão é apenas um atributo da pessoa obrigada, e não se pode contratar consigo mesmo. A razão em geral. Mas essa razão geral não passa de uma ideia abstrata e arbitrária: como consultá-la? Onde encontrar o depósito de seus oráculos? Se ela não possui existência real, como o que não existe pode obrigar o que existe? A ideia de moral, para ser completa, compreende necessariamente as ideias de obrigação, de lei, de legislador e de juiz. É evidente que o conhecimento e o sentimento da moralidade das ações não bastam, como importa, sobretudo para conduzir a multidão à virtude. O sentimento moral é sempre muito fraco, muito delicado; há tantas paixões e preconceitos que conspiram para enfraquecer e interceptar as impressões do sentimento moral que é fácil se impor a ele nesse aspecto. A própria razão ainda não basta, pois pode-se muito bem reconhecer que a virtude é o soberano bem sem se ser levado a praticá-la. É preciso que façamos uma aplicação pessoal, que a encaremos como parte essencial de nossa felicidade e, sobretudo, se algum interesse ativo e presente nos solicita contra ela, que vejamos então a importância da crença num Deus legislador e juiz para nos afirmarmos contra os obstáculos. Dizeis que o desejo da glória e da aprovação dos homens conterá um ateu. Mas, assim, não é tão fácil adquirir, para não dizer nada de mais, essa glória e essa aprovação por uma hipocrisia bem administrada e bem sustentada, tanto quanto por uma virtude sólida e constante? O vício engenhoso e prudente não teria vantagem sobre uma virtude que deve marchar num canteiro estreito, do qual ela não pode se afastar sem cessar de ser. Um ateu assim convencido de que pode ser estimado a um custo menor, contente em moderar suas atitudes exteriores, se abandonará em segredo a suas tendências favoritas; ele se compensará nas trevas do constrangimento que se impõe em público, e suas virtudes de teatro expirarão na solidão.

Que não nos seja dito que os princípios são indiferentes, desde que se conduza bem, quando é manifesto que os maus princípios arrastam cedo ou tarde ao mal. Já notamos que as falsas máximas são mais perigosas que as más ações porque corrompem a própria razão e não deixam esperança em troca.

Os sistemas mais odiosos nem sempre são os mais nocivos, nós nos deixamos mais facilmente seduzir quando o mal é colorido pelas aparências do bem. Caso se mostre tal como é, ele revolta, indigna, e seu remédio está em sua própria atrocidade. Os maus seriam menos perigosos se não lançassem sobre sua deformidade um véu de hipocrisia. Os maus princípios se espalhariam menos se não se oferecessem sob o encanto enganador de uma excelência particular, de uma aparente sublimidade. Deve-se esperar que o ateísmo decidido não tenha muitos prosélitos: ele é mais temível quanto mais nos deixarmos impressionar pelas brilhantes, porém falsas ideias que certos filósofos nos dão acerca da virtude, e que, no fundo, tendem somente para um ateísmo mais refinado, mais especioso: "a virtude", dizem-nos, "não é outra coisa senão o amor da ordem e do belo moral, o desejo constante de manter no sistema dos seres esse concerto maravilhoso, essa conveniência, essa harmonia, que faz toda a sua beleza; ela está, pois, na natureza bem ordenada, é o vício que perturba as suas relações e isso, por si só, deve decidir nossa escolha; pois, sabei", acrescentam, "que todo motivo de interesse, seja qual for, degrada e avilta a virtude. É preciso amá-la, adorá-la generosamente e sem esperança. Amantes puros, desinteressados, são os únicos que ela admite: todos os outros são indignos dela".

Projicit ampullas & sesquipedalia verba [Estilo empolado e palavras longas]. Tudo isso é e não é. Já dissemos, como muitos, que a *virtude* por si mesma era digna da admiração e do amor de todo ser que pensa, mas é preciso que nos expliquemos: não quisemos com isso privá-la das recompensas que ela merece, nem arrebatar dos homens os outros motivos de vínculo com ela. Tememos cair nas armadilhas de uma filosofia mentirosa, ser excessivos em nossa opinião, ser mais sábios do que seria necessário. Tais máximas que nos expõem com pompa são tanto mais perigosas quanto mais sutilmente surpreendem o amor-próprio: com efeito, aplaudimo-nos por só amarmos a virtude por si mesma; teríamos vergonha de ter em nossas ações motivos de esperança ou de temor, de fazer o bem com base nesses princípios, de ter Deus remunerador presente em nosso espírito. Quando se exerce a caridade e a humanidade, encontra-se ali um não sei quê de interessado, de pouco delicado. É assim que se abraça o fantasma abstrato que forjamos, é assim que, de tanto nos divinizarmos, nos desnaturamos.

Suponho primeiro, gratuitamente talvez, que filósofos distintos, um Sócrates ou um Platão, por exemplo, pudessem, por meditações profundas, elevar-se aos grandes princípios e, sobretudo, conformar sua vida a eles, uma vez que seriam animados apenas pelo desejo puro de se ordenarem, o melhor possível, relativamente a todos os seres e de conspirarem, de sua parte, com essa harmonia moral que os encanta. Eu aplaudiria, se quisermos, esses nobres desvios, esses generosos delírios, e não desaprovaria o discípulo de Sócrates que grita que a virtude visível e personificada excitaria entre os homens transportes de amor e de admiração. Porém, nem todos os homens são Sócrates e Platões e, no entanto, importa torná-los todos virtuosos. Ora, não é com ideias abstratas e metafísicas que eles se governam. Todos esses belos sistemas são desconhecidos e inacessíveis à maioria e, se não houvesse gente de bem como aqueles que os produziram, haveria certamente ainda menos virtude sobre a terra. Não é preciso ter um estudo profundo do coração humano para saber que seus mais poderosos móveis são a esperança e o temor, os mais ativos, os mais universais de seus sentimentos, aqueles nos quais se resolvem todos os outros: o amor de si ou o desejo de felicidade. A aversão ao sofrimento é, pois, tão essencial a todo ser razoável quanto a extensão é à matéria. Pois, eu vos pergunto, que outro motivo o faria agir? Por qual recurso seria movido? Como se interessaria pelos outros aquele que não se interessasse por si mesmo?

Mas se é verdade que o interesse, tomado num bom **[181]** sentido, deve ser o princípio de nossas determinações, a ideia de um Deus remunerador é absolutamente necessária para dar uma base à virtude e mobilizar os homens a praticá-la. Eliminar essa ideia é se lançar, como já dissemos, numa espécie de ateísmo, que mesmo sendo menos direto, nem por isso é menos perigoso. Afirmar que Deus, o mais justo e o mais santo de todos os seres, é indiferente quanto à conduta e à sorte de suas criaturas, que ele vê da mesma maneira o justo e o mau, não é o mesmo que enfraquecê-lo (pelo menos em relação a nós), romper todas as nossas relações com ele? Isso é admitir o deus de Epicuro, é não admitir nenhum Deus.

Se a virtude e a felicidade fossem sempre inseparáveis nesta vida, teríamos um pretexto mais especioso para negar a necessidade de uma outra economia, de uma compensação ulterior, e o sistema que combatemos ofereceria menos absurdos. Mas o contrário é muito mais demonstrado. Quantas vezes a virtude geme no opróbrio e no sofrimento! Quantos combates a travar! Quantos sacrifícios a fazer! Quantas provas a suportar, enquanto o vício acolá recebe os prêmios percorrendo um caminho mais largo, buscando antes de mais nada sua vantagem presente e particular! A consciência, dir-se-á, é o bom testemunho de si. Não amplifiquemos os objetos; em circunstâncias iguais, o justo é menos feliz ou mais digno de pena do que o mau; a consciência faz a balança pender a seu favor. Se o justo é vítima da aflição, ela lhe tempera bem as amarguras, mas, enfim, ela não o torna insensível, não o impede que seja efetivamente infeliz. Ela, portanto, não basta para compensar o justo, ele tem direito de reivindicar algo mais, a virtude não está de modo algum quite com ele. Lutaríamos em vão contra o sentimento, a dor é sempre um mal, o golpe de ignomínia é sempre amargo e os dogmas pomposos do pórtico, em parte renovados por alguns modernos, no fundo não passam de absurdos chocantes. Esse homem é tiranizado por uma paixão violenta, da qual depende sua felicidade presente; a razão combate em vão, sua fraca voz é sufocada pelos trovões da paixão. Nos princípios que admitis, por meio de que freios poderíeis reprimi-la? Esse infeliz tentado a sair de sua miséria por meios censuráveis, mas seguros; seduzido, arrastado por tentações delicadas, será bem contido pelo temor de abalar não sei qual concerto geral de que nem mesmo ideia tem? Quantas ocasiões na sociedade para fazer sua felicidade à custa dos outros, de sacrificar seus deveres por suas inclinações, sem se expor a perigo algum, sem nem mesmo perder a estima e a caridade de seus semelhantes, interessados nessa indulgência por razões fáceis de ver! Dizei-nos, pois, filósofos, como defenderíeis o homem nos passos mais escorregadios? Maldição! Temos motivos demais para sermos virtuosos a ponto de quererdes nos tirar os mais poderosos e os mais doces? Vede, aliás, qual sua inconsequência: pretendeis nos tornar insensíveis para nossas próprias vantagens, exigis que sigamos a virtude sem nenhum retorno para nós, sem nenhuma esperança de recompensa, e após ter nos desprovido de todo sentimento pessoal, quereis nos interessar em nossas ações, na manutenção de uma certa ordem moral, de uma harmonia universal que nos é certamente mais estranha que nós mesmos? Pois, enfim, as grandes palavras nem sempre oferecem ideias justas e precisas. Se a virtude é amável, é, sem dúvida, porque conspira para nossa felicidade, para nossa perfeição, que dela é inseparável; sem isso, não concebo o que poderia nos levar a amá-la, a cultivá-la. Que me importa essa ordem estéril? Que me importa a virtude mesma se nem uma nem outra nunca fazem nada para minha felicidade? No fundo, o amor da ordem é somente uma palavra vazia de sentido, se ela não se explica em nossos princípios. A virtude é apenas um nome vão se cedo ou tarde ela não realiza completamente nossa felicidade: tal é a sanção das leis morais, elas nada são sem isso. Por que dizeis que os maus, os Neros, os Calígulas, são os destruidores da ordem? Eles a seguem à maneira deles. Se essa vida é o término de nossas esperanças, toda diferença que há entre o justo e o mau é que o último, como já dissemos, ordena o todo em relação a si, enquanto o outro se ordena relativamente ao todo. Mas que mérito há em amar a virtude pelo bem que se espera dela? O mérito tão raro de reconhecer seus verdadeiros interesses, de sacrificar sem arrependimento todas as inclinações que lhes seriam contrárias, de cumprir a carreira que o criador nos prescreveu, de imolar, se necessário, sua vida por seus deveres. Não significa nada, pois, realizar o justo imaginário que Platão nos apresenta como modelo e no qual ele mostra a virtude coroada numa outra vida? Seria então preciso, para ser virtuoso, exigir como vós um sacrifício tão contraditório quanto seria o de todos, nossas vantagens presentes, nossa própria vida, se não fôssemos inflamados por uma esperança de recompensa? Por essa razão, os homens de todos os tempos e de todos os lugares também estão de acordo quanto a esse assunto. No seio mesmo das trevas da idolatria, vemos brilhar essa verdade que a razão, mais do que a política, soube admitir. *Sê justo e serás feliz: não te apresses em acusar a virtude, em caluniar teu autor; teus trabalhos que crês perdidos receberão suas recompensas; crês morrer e vais renascer: a virtude de modo algum terá mentido.*

Distingui, pois, com cuidado, dois tipos de interesse: um baixo e mal-entendido, que a razão reprova e condena, o outro nobre e prudente, que a razão admite e ordena. O primeiro, sempre muito ativo, é a fonte de todos os nossos desvios; já o segundo não pode ser muito vivo, é a fonte de tudo o que há de belo, honesto e glorioso. Não temei vos desonrar ao desejar com excesso vossa felicidade, mas sabei ver onde ela está: é o sumário da virtude. Não, Deus de meu coração, não acreditaria aviltar-me ao depositar minha confiança em ti; em meus esforços para te agradar, não me envergonharia de ambicionar essa palma de glória imortal que consentes em nos propor. Longe de me degradar, um interesse tão nobre me inflama e, aos meus olhos, me engrandece. Meus sentimentos, minhas afeições, parecem-me responder à sublimidade de minhas esperanças. Com isso, meu entusiasmo pela virtude apenas se torna mais veemente. Honro-me, aplaudo-me pelos sacrifícios que faço por ela, certo de que um dia ela poderá me recompensar. Ó, virtude, não és um nome vão, deves fazer essencialmente a alegria daqueles que te amam. Tudo o que há de felicidade, de perfeição e de glória está compreendido em tua natureza, em ti se encontra a plenitude dos seres. Que importa se teu triunfo se atrasou sobre a terra, o tempo não é digno de ti. A eternidade te pertence, assim como a seu autor. É assim que abraço o sistema mais consolador, o mais verdadeiro, o mais digno do criador e de sua obra. É assim que ousarei me confessar cristão até neste século, e a loucura do Evangelho será mais preciosa para mim do que toda a sabedoria humana.

Após haver apressado essa última observação que nos pareceu muito importante, voltemos ainda por um momento à generalidade de nosso objeto. 1º) É quase sempre na obscuridade que brilham as mais sólidas virtudes, e a inocência habita menos sob o dossel do que sob tetos de palha; é nesses redutos que desprezais **[182]** que almas vulgares exercem os deveres mais penosos com tanta simplicidade quanto grandeza; é lá que encontrareis com espanto os mais belos modelos para conhecer a virtude; é preciso descer ao invés de subir, mas a maioria de nós tem olhos tão imbecis que somente vemos o heroísmo na douração.

2º) Já dissemos que a virtude é apenas um grande sentimento que deve preencher toda nossa alma, dominar nossas afeições, nossos movimentos, nosso ser. Não somos dignos do nome virtuosos por possuir tal ou tal virtude fácil que devemos à natureza mais do que à razão, e que além disso nem sequer incomoda nossas inclinações secretas. As virtudes são irmãs: rejeitar uma voluntariamente é, com efeito, rejeitar todas, é provar que nosso amor por elas é condicional e subordinado, que somos muito fracos para fazer-lhes sacrifícios. Podemos dizer que é precisamente a virtude a qual temos negligenciado que faria nossa glória, que teria nos honrado mais a nossos próprios olhos, que teria feito merecer o título de virtuosos, do qual somos indignos, apesar do exercício de todas as outras virtudes.

3º) Aspirai, pois, sem reserva a tudo o que é honesto. Que vossos progressos, se possível for, se estendam em todos os sentidos. Não renunciai à virtude. Segui a natureza em suas obras, elas estão inteiras, proporcionalmente, em seu germe: a natureza apenas as desenvolve. Da mesma forma, não esquecei nada para plantar em vós o feliz germe da virtude, a fim de que vossa existência dela não seja senão um desenvolvimento contínuo.

4º) Em lugar de sobrecarregar vossos filhos com essa multidão de deveres arbitrários e minuciosos, de fatigá-los com vossas máximas triviais, formai-os na virtude. Eles serão sempre bastante polidos se forem humanos, bastante nobres se forem virtuosos, bastante ricos se aprenderem a moderar seus desejos.

5º) Uma virtude de ostentação que apenas lança clarões passageiros, que busca a plena luz, as aclamações, que só brilha um instante para fascinar e se extinguir, não é aquela que devemos admirar. A verdadeira virtude se sustenta com dignidade na vida mais retirada, nos mais simples detalhes, assim como nos postos mais eminentes. Ela não desdenha nenhum dever, nenhuma obrigação, por mais leve que possa parecer. Ela preenche tudo com exatidão, nada é pequeno aos seus olhos. Dizemos que os heróis cessam de sê-lo para aqueles que os rodeiam: se fossem verdadeiramente virtuosos, estariam imunes a tal censura.

6º) A *virtude* é apenas um hábito feliz que é preciso adquirir, como todo hábito, por atos reiterados. O prazer de ter agido bem aumenta e fortifica em nós o desejo de agir bem. A visão de nossas boas ações inflama nossa coragem, elas são os compromissos que estabelecemos com nós mesmos, com nossos semelhantes, e é aqui, mais do que em qualquer outro lugar, que se verifica a máxima: *é preciso avançar sem cessar se não queremos regredir.*

7º) A *virtude* tem seus hipócritas, como a religião: sabei desconfiar deles. Sobretudo, sede sinceros convosco, indulgentes para com os outros e severos para vós. A mais bela das qualidades é conhecer aquelas que nos faltam. Estimar-vos-ão sempre por aquilo que deve ser em segredo vossa vergonha, enquanto reprovar-vos-ão o que talvez seja vossa glória. Sem desprezar a aprovação dos homens, não a tomai por medida: vossa consciência é o único juiz competente, é em seu tribunal interior que deveis ser absolvido ou condenado.

8º) Não perturbai em vossas virtudes a ordem moral que deve reinar sobre elas.

O bem geral é um ponto fixo do qual se deve partir para apreciar as virtudes com justeza: pode-se ser bom soldado, bom padre e mau cidadão. Tais virtudes particulares concentradas num corpo se tornam crimes para a pátria: os bandidos podem ser justos entre si, mas não é por isso que deixam de ser bandidos. Consultai, pois, antes de tudo, a vontade geral, o maior bem da humanidade. Quanto mais vos aproximardes dela, mais vossa virtude será sublime e reciprocamente etc.

Ó, vós, enfim, que aspirais a agir bem, que ousais aspirar à virtude, cultivai com zelo esses homens respeitáveis que caminham diante de vós nessa brilhante carreira. É diante do espetáculo das obras de arte de um Rafael ou de um Michelângelo que os jovens pintores se inflamam e vibram de admiração. Da mesma forma, é contemplando os modelos que a história ou a sociedade vos apresentam, que sentireis vosso coração se enternecer e arder de desejo de imitá-los.

Terminamos este verbete, sem dúvida muito longo pelo que é, mas muito curto para o que deveria ser. Ver *Vício*.

(TK)

Virtuoso, homem; Vicioso, homem (*Moral*), Jaucourt [17, 185]

Homem virtuoso é aquele que tem o hábito de agir em conformidade com as leis naturais e com seus deveres. *Homem vicioso* é aquele que tem o hábito oposto. Assim, para bem julgar essas duas características, não devemos nos prender a algumas ações particulares e passageiras. É preciso considerar toda a sequência da vida e a conduta ordinária de um homem. Não colocaremos, portanto, na classe dos homens viciosos aqueles que, por fraqueza ou outra razão, se deixam levar algumas vezes a cometer alguma ação condenável. Estes também não merecem o título de homens virtuosos, ainda que em certos casos particulares tenham praticado algum ato de virtude. Uma virtude perfeita, sob todos os aspectos, não se encontra entre os homens, e a fraqueza, inseparável da humanidade, exige que não os julguemos com todo o rigor.

Como se admite que um homem virtuoso pode cometer por fraqueza algumas ações injustas, a equidade recomenda também que se reconheça que um homem que tenha adquirido o hábito de alguns vícios pode, no entanto, em certos casos, praticar boas ações reconhecidas e praticadas como tais. Distingamos os graus de maldade e de vício com tanto cuidado quanto aqueles de bondade e virtude.

É tratar com indulgência e respeitar a natureza humana, relevar as faltas dos grandes homens, pois essa natureza não produz um original que possamos tomar como modelo completo de sabedoria e virtude.

(TK)

II – Artes

Arquitetura, Blondel [1, 617]

De modo geral, *arquitetura* é a arte de construir.

Distinguem-se normalmente três espécies: a civil, que chamamos de arquitetura propriamente dita, a militar e a naval.

A ordem enciclopédica de cada uma é diferente. Ver a árvore que se encontra após o *Discurso preliminar*.

Compreende-se por arquitetura civil a arte de compor e construir prédios para a comodidade e os diferentes usos da vida, tais como os edifícios sagrados, os palácios dos reis e as casas dos particulares, bem como pontes, praças públicas, teatros, arcos de triunfos etc. Compreende-se por arquitetura militar a arte de fortificar os lugares, protegendo-os por meio de sólidas construções das invectivas dos inimigos, da força da bomba, da bala de canhão etc. Esse tipo de construção chama-se fortificação. Compreende-se por arquitetura naval aquela que tem como objeto a construção de navios, galeras e, em geral, todas as construções flutuantes, bem como portos, quebra-mares, diques, fábricas de cordas, magazines etc., situados na beira do mar ou em suas bordas.

Para falar da arquitetura civil, que é nosso assunto, diremos que, em geral, sua origem é tão antiga quanto o mundo; que a necessidade ensinou os primeiros homens a construir abrigos, tendas e cabanas; que, constrangidos a vender e comprar com o passar do tempo, se reuniram para viver sob leis comuns, chegando a tornar suas casas mais regulares.

Os autores antigos dão aos egípcios o privilégio de terem erguido as primeiras construções simétricas e proporcionais; o que fez, dizem, com que Salomão recorresse a eles para construir o templo de Jerusalém, embora Vilapandro nos assegure que só tenham vindo de Tiro os trabalhadores de ouro, prata e bronze, e que foi o próprio Deus que inspirou a esse rei os preceitos da arquitetura (o que seria, segundo esse autor, um traço bem honorável dessa arte). Sem entrar nessa discussão, consideramos a Grécia como o berço da boa arquitetura, seja porque as regras dos egípcios não chegaram até nós, seja porque o que resta de seus edifícios, ao nos mostrar apenas uma arquitetura sólida e colossal (tais como as famosas pirâmides que triunfaram sobre o tempo após tantos séculos), não nos afeta como os restos dos monumentos que temos da Grécia antiga. O que nos leva a crer que devemos aos gregos as proporções da arquitetura, isto é, as três ordens, dórica, jônica e coríntia, que recebemos deles. Os romanos produziram apenas duas outras, que são imitações bem imperfeitas destas, embora nos sejam úteis em nossas construções, exprimindo perfeitamente, cada uma à sua maneira, uma espécie de arquitetura: rústica, sólida, média, delicada e composta, conhecidas pelos nomes toscana, dórica, jônica, coríntia e compósita, que, juntas, compreendem o que a arquitetura possui de mais refinado. Na França, apesar das ocasiões célebres que há um século nos oferecem motivos para construir, não compusemos ordens que pudessem se aproximar daquelas dos gregos e dos romanos. Digo aproximar, pois muitos homens hábeis tentaram fazê-lo, como Bruant, Lebrun, Leclerc etc., sem serem aprovados nem imitados por seus contemporâneos e sucessores, o que mostra bem o quanto a arquitetura, assim como as outras artes, tem seus limites. Mas, sem falar aqui das obras dos gregos, que são muito distantes de nós e cujas descrições nos foram dadas por vários autores célebres, passemos a um tempo menos recuado e digamos que a arquitetura em Roma atingiu seu mais alto grau de perfeição sob o reino de Augusto; ela começou a ser negligenciada sob o reino de Tibério, seu sucessor; o próprio Nero, que tinha uma paixão extraordinária pelas artes, apesar de todos os vícios que possuía, serviu-se do gosto que tinha pela arquitetura apenas para ostentar com mais prodigalidade seu luxo e vaidade, mas não sua magnificência. Trajano também mostrou muita afeição pelas artes e, apesar do enfraquecimento da arquitetura, foi em seu reinado que Apolodoro ergueu em Roma a famosa coluna que ainda hoje leva o nome desse imperador. Em seguida, Alexandre Severo ainda defendeu a arquitetura, pois amava as artes, mas não conseguiu impedir que ela caísse junto com o Império do Ocidente e mergulhasse num esquecimento do qual só saiu após muitos séculos. Entrementes, os visigodos destruíram os mais belos monumentos da Antiguidade, e a arquitetura ficou reduzida a uma barbárie tal que os que a professavam negligenciaram completamente a justeza das proporções, a conveniência e a correção do desenho, que constituem o mérito inteiro dessa arte.

A partir desse abuso, formou-se uma nova maneira de construir, chamada gótica, que subsistiu até que Carlos Magno se dispusesse a restabelecer a antiga. A França então se aplicou a ela com algum sucesso, encorajada por Hugo Capeto, que também possuía muito gosto por essa ciência. Seu filho Roberto, que o sucedeu, possuía as mesmas inclinações. Dessa maneira, gradativamente, a arquitetura, ao mudar de face, caiu num excesso oposto, tornando-se por demais delicada. Para os arquitetos desse tempo, as belezas da arquitetura consistiriam numa delicadeza e profusão de ornamentos até então desconhecida, excesso em que sem dúvida incorreram por oposição ao gótico, que os havia precedido, ou pelo gosto que receberam dos árabes e dos mouros, que trouxeram esse gênero dos países meridionais para a França, assim como os vândalos e os godos haviam trazido do país do norte o gosto pesado e gótico.

Apenas nos dois séculos mais recentes é que os arquitetos da França e da Itália se aplicaram a recuperar a simplicidade, a beleza e a proporção da antiga arquitetura. Desde então, nossos edifícios foram executados em imitação e segundo os preceitos da arquitetura antiga. Observamos nessa ocasião **[618]** que, quanto às diferentes épocas e suas variações, a arquitetura civil se distingue em antiquada, antiga, gótica e moderna, podendo ainda se distinguir segundo suas diferentes proporções e usos, segundo os diferentes caracteres das ordens às quais nos referimos.

Para possuir noções da arquitetura e dos princípios elementares concernentes à matéria, forma, proporção, situação, distribuição e decoração, ver a definição dessas diferentes expressões, bem como as das artes que dependem da arquitetura, como *Escultura*, *Pintura*, *Douração*, *Construção*, *Carpintaria*, *Marcenaria* etc.

De todos os arquitetos gregos que escreveram sobre a arquitetura, como Agatarco, o Ateniense, Demócrito, Teofrasto etc., nenhum de seus tratados chegou até nós; tampouco os dos autores latinos, como Fússico, Terêncio Varrão, Públio Sétimo, Epafrodito etc., de modo que Vitrúvio pode ser visto como o único arquiteto antigo de que temos preceitos por escrito, embora Vegécio relate que havia em Roma cerca de setecentos arquitetos contemporâneos. Esse arquiteto viveu no reinado de Augusto, de quem era engenheiro, tendo composto dez livros de arquitetura que dedicou ao príncipe. A falta de ordem, a obscuridade e a mistura de latim e grego que havia ao longo de sua obra deram ocasião a que muitos arquitetos, dentre os quais Filandro, Barbaro etc., acrescentassem notas a ela. De todas as feitas sobre esse autor, as de Perrault, homem de letras e sábio arquiteto, são aquelas que mais honraram os comentadores de Vitrúvio. Aqueles que escreveram sobre a arquitetura depois desse autor são: Leon Battista Alberti, que publicou dez livros de arquitetura, como Vitrúvio, porém com pouca exatidão na doutrina das ordens; Sebastião Serlio deu sua contribuição e seguiu de mais perto os preceitos de Vitrúvio; Paládio, Philibert de Lorme e Barrozzio de Vignole também contribuíram; Daviler escreveu notas muito úteis sobre este último. Pode-se ainda colocar entre as obras célebres sobre arquitetura a *Ideia universal da arquitetura*, de Vincent Scamozzi, o *Paralelo da antiga arquitetura com a moderna*, pelo sr. de Cambray; o *Curso de arquitetura* de François Blondel, professor e diretor da Academia Real de Arquitetura, que pode ser visto como uma coleção de tudo o que os melhores autores escreveram sobre as cinco ordens; a *Arquitetura* de Goldman, que, por meio de certos instrumentos que havia inventado, mostrou o quanto era fácil chegar ao grau de perfeição na arte de construir; a de Wotton, reduzida em demonstração por Volfius, a quem devemos o reconhecimento, assim como a François Blondel, por ter aplicado à arquitetura as demonstrações matemáticas.

Depois dos autores que mencionamos, muitos de nossos arquitetos franceses também trataram da arquitetura, como o sr. Perrault, que nos deu as cinco ordens com adições sobre Vitrúvio e observações muito interessantes; o padre Dairan, que nos deu um excelente *Tratado do corte das pedras*, que La Rue, arquiteto do rei, comentou, esclareceu e pôs a serviço da prática; o Sr. Fraizier, que deu a *Teoria* dessa arte, quase desconhecida antes dele; o Sr. Boffrand, que nos deu suas *Obras*, nas quais esse hábil homem mostrou sua erudição e experiência na arte da arquitetura; o sr. Brizeux nos deu também um *Tratado da distribuição e da decoração das casas de campo*; e Daviler, que não apenas comentou Vignole, mas nos deu um *Tratado de arquitetura* muito estimado, aumentado por Le Blond (de quem temos um excelente *Tratado de jardinagem*) e, posteriormente, por Jacques-François Blondel, professor de arquitetura, de quem temos também um *Tratado da distribuição e da decoração de edifícios*; sem esquecer Bullet, Le Muet, Bosse etc., que também nos deram algumas obras sobre a arquitetura.

O termo *arquitetura* recebe ainda muitas significações, dependendo da maneira como o utilizamos, vale dizer com isso que se chama de *arquitetura em perspectiva* aquela cujas partes têm diferentes proporções e são diminuídas na razão de suas distâncias, para que, assim, a ordenação pareça em geral maior ou mais afastada do que realmente é, como vemos na famosa escadaria do Vaticano, construída no pontificado de Alexandre VII, com base nos desenhos do cavaleiro Bernini; e que se chama de *arquitetura fictícia* a que visa representar todos os planos, saltos e relevos de uma arquitetura real, recorrendo unicamente ao colorido, como vemos em alguns frontispícios da Itália e nos doze pavilhões do castelo de Marly; ou, ainda, aquela que diz respeito às decorações dos teatros ou dos arcos de triunfo pintados sobre tela ou madeira, geometricamente ou em perspectiva, na ocasião das entradas ou festas públicas, bem como em pompas fúnebres, fogos de artifício etc.

(TK)

Belo (*Metafísica*), Diderot [2, 169]

Antes de entrar na difícil investigação sobre a origem do *belo*, observarei, de início, com todos os autores que escreveram sobre o assunto, que, por uma espécie de fatalidade, as coisas das quais mais se fala entre os homens são normalmente as que menos se conhece, e tal é, entre muitas outras, a questão da natureza do belo. Todo mundo raciocina sobre o belo. Ele é admirado nas obras da natureza; é exigido nas produções das artes; concede-se ou recusa-se essa qualidade a todo momento. Entretanto, se perguntarmos aos homens de gosto mais seguro e mais refinado qual é a origem do belo, sua natureza, sua noção precisa, sua verdadeira ideia, sua exata definição, se é alguma coisa absoluta ou relativa, se há um belo essencial, eterno, imutável, regra e modelo do belo subalterno, ou se a beleza é como as modas, logo as opiniões se dividem, então, eu digo, uns confessam sua ignorância, outros se lançam no ceticismo. Como é possível que quase todos os homens estejam de acordo de que há um belo, que haja entre eles alguns que sentem vivamente onde ele está, e que tão poucos saibam o que ele é?

Para obter, se for possível, uma solução para essas dificuldades, começaremos por expor as diferentes opiniões dos autores que escreveram sobre o belo. Em seguida, proporemos nossas ideias sobre o mesmo objeto. Terminaremos este verbete com observações gerais sobre o entendimento humano e suas operações relativas à questão da qual se trata.

Platão escreveu dois diálogos sobre o belo, o *Fedro* e o *Hípias Maior*. Neste, ele ensina antes o que o belo não é, do que o que ele é; naquele fala menos do belo que do amor natural [170] por ele. Trata-se apenas, no *Hípias Maior*, de desmascarar a vaidade de um sofista; e, no *Fedro*, de passar alguns momentos com um amigo, num lugar delicioso.

Santo Agostinho compôs um tratado sobre o belo. Mas essa obra se perdeu, e não nos restam de santo Agostinho, sobre um assunto tão importante, senão algumas ideias esparsas em seus escritos, pelas quais se vê que a relação exata entre as partes de um todo, que constitui *um*, era, na sua opinião, a característica da beleza. Se pergunto a um arquiteto, diz esse grande homem, por que, tendo elevado uma arcada numa das asas de seu edifício, fez o mesmo com outra, ele me responderá, sem dúvida, que é *para que os membros de sua arquitetura sejam bem simétricos*. Mas por que essa simetria vos parece necessária? "Porque ela me agrada." Mas quem sois vós para vos erigir em árbitro do que deve agradar ou não agradar os homens? E de onde sabeis que a simetria vos agrada? "Estou certo disto, porque as coisas assim dispostas têm decência, justeza, graça, em suma, porque isto é belo." Muito bem; isto é belo porque vos agrada? Ou vos agrada porque é belo? "Sem dúvida, isto agrada porque é belo." Creio nisso como vós. Mas vos pergunto ainda por que isso é belo. E se minha questão vos embaraça, pois com efeito os mestres de vossa arte não chegam até o belo, concordareis pelo menos sem dificuldade que a similitude, a igualdade, a conveniência das partes de vosso edifício reduzem tudo a uma espécie de unidade que satisfaz a razão. "É o que eu queria dizer." Sim, mas prestai atenção: não há verdadeira unidade nos corpos, pois são todos compostos por uma quantidade inumerável de partes, das quais cada uma é composta, por sua vez, de uma infinidade de outras. Onde vedes, pois, essa unidade que vos orienta na construção de vosso desenho, essa unidade que considerais uma lei inviolável em vossa arte, essa unidade que nada sobre a terra poderia imitar perfeitamente, já que nada sobre a terra poderia ser perfeitamente *um*? O que se segue daí? Não se deve reconhecer que, acima de nossos espíritos, há uma certa unidade original, soberana, eterna, perfeita, que é a regra essencial do belo, e que procurais na prática de vossa arte? De onde, conclui santo Agostinho em outra obra, "ela é a unidade que constitui, por assim dizer, a forma e a essência do belo, em qualquer gênero". *Omnis porro pulchritudinis, forma, unitas est.*

O Sr. Wolff diz, em sua *Psicologia*, que há coisas que nos agradam, outras que desagradam, e essa diferença é o que constitui o belo e o feio: o que nos agrada chama-se belo, o que nos desagrada chama-se feio. Ele acrescenta que a beleza consiste na perfeição, de modo que, pela força dessa perfeição, a coisa dela revestida é própria para produzir prazer em nós.

Ele distingue dois tipos de beleza, a verdadeira e a aparente: a verdadeira é a que nasce de uma perfeição real, a aparente é a que nasce de uma perfeição aparente.

É evidente que santo Agostinho foi mais longe na busca do belo do que o filósofo leibniziano. Este parece pretender de início que uma coisa é bela porque nos agrada, em vez de dizer que ela nos agrada porque é bela, como Platão e santo Agostinho observaram muito bem. É verdade que, em seguida, ele faz entrar a perfeição na ideia de beleza: mas o que é a perfeição? O perfeito é mais claro e mais inteligível do que o belo.

Todos aqueles que, afetando não falar simplesmente e sem reflexão, diz o Sr. Crouzas, desejarem entrar em si mesmos e prestar atenção ao que se passa neles, à maneira como pensam, e ao que sentem quando dizem "isto é belo", perceberão que exprimem, por esse termo, certa relação de um objeto com sentimentos agradáveis ou com ideias de aprovação, e concordarão em dizer "isto é belo", ou seja, percebo alguma coisa que aprovo e que me dá prazer.

Vê-se que essa definição do sr. Crouzas não é tomada da natureza do belo, mas do efeito que experimentamos em sua presença. Tem o mesmo defeito da definição de Wolff. É o que Crouzas percebeu bem; por isso, logo em seguida, ele ocupa-se de fixar as características do belo. Elas são cinco: *variedade*, *unidade*, *regularidade*, *ordem* e *proporção*.

De onde se segue que ou a definição de santo Agostinho está incompleta ou a do sr. Crouzas é redundante. Se a ideia de unidade não encerra as ideias de variedade, regularidade, ordem e proporção, e se essas qualidades são essenciais ao belo, santo Agostinho não as deveria omitir; se a ideia de unidade não as encerra, Crouzas não as deveria acrescentar.

O sr. Crouzas não definiu o que entende por variedade. Parece considerar como unidade a relação entre todas as partes com um só fim; a regularidade consiste na posição semelhante das partes entre si; designa por ordem uma certa gradação das partes, que deve ser observada na passagem de umas para outras; e define a proporção como a unidade temperada de variedade, regularidade e ordem em cada parte.

Não atacarei essa definição pelas coisas vagas que ela contém. Contentar-me-ei somente em observar aqui que ela é particular e que só é aplicável à arquitetura, ou no máximo a grandes totalidades em todos os gêneros, a uma peça de eloquência, a um drama etc., mas não a uma palavra, a um pensamento, à parcela de um objeto.

O sr. Hutcheson, célebre professor de Filosofia Moral na Universidade de Glasgow, compôs um sistema peculiar. Limita-se a pensar que não se deve perguntar mais *o que é o belo*, não mais do que se deve perguntar *o que é o visível*. Entende-se por visível o que é feito para ser percebido pelo olho, e Hutcheson entende por belo o que é feito para ser apreendido pelo sentido interno do belo. Esse sentido interno do belo é uma faculdade pela qual distinguimos as belas coisas, assim como o sentido da vista é uma faculdade pela qual recebemos as noções das cores e figuras. Esse autor e seus seguidores movem o céu e a terra para demonstrar a realidade e a necessidade desse sexto sentido. Eis como o fazem.

1º) Nossa alma, dizem eles, é passiva no prazer e no desprazer. Os objetos não nos afetam precisamente como desejaríamos; alguns causam em nossa alma uma impressão necessária de prazer; outros nos desagradam necessariamente. Todo o poder de nossa vontade se reduz a procurar a primeira espécie de objeto e a evitar a outra. É a própria constituição de nossa natureza, algumas vezes nossa constituição individual, que torna alguns objetos agradáveis e outros desagradáveis para nós. Vide *Dor* e *Prazer*.

2º) Talvez não haja nenhum objeto que possa afetar nossa alma sem que seja para ela, em alguma medida, uma ocasião necessária de prazer ou desprazer. Uma figura, uma obra de arquitetura ou de pintura, uma composição musical, uma ação, um sentimento, um caráter, uma expressão, um discurso, todas essas coisas nos agradam ou desagradam de algum modo. Sentimos que o prazer ou desprazer é excitado necessariamente pela contemplação da ideia que então se apresenta ao nosso espírito com todas as suas circunstâncias. Essa impressão ocorre, embora não haja em algumas ideias nada que possamos chamar, em circunstâncias normais, de percepções sensíveis. [171] Nas ideias que vêm dos sentidos, o prazer ou o desprazer que as acompanham nascem da ordem ou da desordem, do arranjo ou da falta de simetria, da imitação ou da esquisitice que observamos nos objetos, não das ideias simples de cor, som e extensão, consideradas isoladamente. Ver *Gosto*.

3º) Isto posto, diz o sr. Hutcheson, chamo de sentidos internos essas determinações da alma que têm prazer ou desprazer diante de certas formas ou ideias, quando ela as considera. E para distinguir os sentidos internos das faculdades corporais conhecidas por esse nome, chamo de sentido interno do belo a faculdade que discerne o belo na regularidade, ordem e harmonia, e sentido interno do bom a faculdade que aprova as afecções, as ações, os caracteres de agentes racionais e virtuosos.

4º) Como as determinações da alma que sentem prazer ou desprazer diante de certas formas ou ideias, quando as considera, são observadas em todos os homens, a menos que sejam estúpidos, sem procurar ainda o que é o belo, é certo que há em todos os homens um sentido natural e próprio para esse objeto, e que eles concordam, ao ver beleza nas figuras, de um modo tão geral quanto experimentam dor ao aproximar-se do fogo, ou prazer em comer quando têm apetite, embora haja entre eles uma diversidade infinita de gostos.

5º) Tão logo nascemos, nossos sentidos internos começam a se exercitar e a transmitir-nos percepções dos objetos sensíveis. É isso que nos persuade de que eles são naturais. Mas os objetos dos sentidos internos, ou o sentido do belo e do bom, não se apresentam tão cedo ao nosso espírito. É preciso um tempo para que as crianças venham a refletir, ou pelo menos que deem sinais de reflexão sobre as proporções, semelhanças e simetrias, sobre as afecções e os caracteres. É somente um pouco mais tarde que elas conhecem as coisas que excitam o gosto ou a repugnância interior. É isso o que nos faz imaginar que o que chamo de sentidos internos do belo e do bom vêm unicamente da instrução e da educação. Mas, qualquer que seja a noção que se tenha da virtude ou da beleza, um objeto virtuoso ou bom é uma ocasião de aprovação e de prazer, tão naturalmente quanto os alimentos são objetos de nosso apetite. Que importa que os primeiros objetos tenham se apresentado mais cedo ou mais tarde? Se os sentidos não se desenvolvessem em nós, pouco a pouco, uns após os outros, deixariam eles por isso de ser sentidos ou faculdades? Poderíamos pretender que não há verdadeiramente objetos visíveis, cores, figuras, porque temos necessidade de tempo e de instrução para percebê-los, e porque não haveria entre nós duas pessoas que os percebessem da mesma maneira?

6º) Chamamos sensações as percepções que são excitadas em nossa alma na presença dos objetos exteriores e pela impressão que causam em nossos órgãos. Quando duas percepções diferem inteiramente uma da outra e não têm em comum senão o nome genérico de sensação, as faculdades pelas quais recebemos essas diferentes percepções chamam-se sentidos diferentes. A vista e a audição, por exemplo, designam faculdades diferentes, das quais uma dá ideias de cor e a outra, ideias de som. Mas, qualquer que seja a diferença dos sons entre si e das cores entre si, todas as cores são remetidas a um mesmo sentido e todos os sons são remetidos a outro. Parece que cada um dos nossos sentidos tem um órgão. Ora, se aplicais a observação precedente ao bom e ao belo, vereis que eles se encontram exatamente nesse caso.

7º) Os defensores do sentido interno entendem por belo a ideia que certos objetos excitam em nossa alma, e por sentido interno do belo a faculdade que temos de receber essa ideia. Observam que os animais têm faculdades semelhantes aos nossos sentidos exteriores e que, algumas vezes, as têm em grau superior ao nosso, mas que não há nenhum que dê sinais do que se entende aqui por sentido interno. Um ser, continuam eles, pode, pois, ter inteiramente a mesma sensação exterior que experimentamos, sem observar, entre os objetos, as semelhanças e relações; pode até mesmo discernir essas semelhanças e relações sem experimentar muito prazer. Aliás, as ideias de figuras e de formas, sozinhas, são algo bem distinto do prazer. O prazer pode se encontrar onde as proporções não são nem consideradas nem conhecidas; e pode estar ausente, apesar de toda a atenção que se dê à ordem e às proporções. Como então nomearemos essa faculdade que age em nós sem que saibamos bem por quê?

8º) Essa denominação é fundada na relação entre a faculdade que ela designa e as demais faculdades. Essa relação consiste principalmente no fato de o prazer que o sentido interno nos faz experimentar ser diferente do conhecimento dos princípios. Este último pode aumentar ou diminuir aquele, mas não é a sua causa. Esse sentido tem prazeres necessários, pois a beleza ou a feiura de um objeto é sempre a mesma para nós, apesar do desejo que tenhamos de julgar de outro modo. Um objeto desagradável, por ser útil, nem por isso nos parece mais belo. Um objeto belo, por ser nocivo, nem por isso nos parece mais feio. Podeis apresentar-nos o mundo inteiro para nos obrigar, pela recompensa, a achar a feiura bela e a beleza feia. Acrescentai a esse prêmio as mais terríveis ameaças, não mudareis em nada as nossas percepções e os nossos julgamentos do sentido interno. Nossa boca louvará ou censurará de boa vontade; o sentido interno permanecerá incorruptível.

9º) Os mesmos sistemáticos continuam a dizer, a partir daí, que certos objetos são imediatamente e por si mesmos ocasiões do prazer dado pela beleza; que temos um sentido próprio para experimentá-lo, que esse prazer é individual e não tem nada em comum com o interesse. Com efeito, não acontece, em cem ocasiões, de trocarmos o útil pelo belo? Essa generosa preferência não pode ser observada nas condições mais menosprezadas? Um artesão honesto se entregará à satisfação de realizar uma obra-prima que o arruína, mais do que ao benefício de fazer uma obra ruim que o enriqueça.

10º) Se não acrescentássemos à consideração do útil algum sentimento particular, algum efeito sutil de uma faculdade diferente do entendimento e da vontade, estimaríamos uma casa só pela utilidade, um jardim só pela fertilidade, uma roupa só pela comodidade. Ora, essa consideração estreita das coisas não existe, nem mesmo nas crianças e nos selvagens. Abandonai a natureza a si mesma, e o sentido interno exercerá seu império: talvez ele se engane quanto ao seu objeto, mas a sensação de prazer nem por isso será menos real. Uma filosofia austera, inimiga do luxo, quebrará as estátuas, derrubará os obeliscos, transformará nossos palácios em cabanas e nossos jardins em florestas; mas não deixará de sentir a beleza real desses objetos, o sentido interno se revoltará contra ela, e ela será obrigada a se orgulhar por sua coragem.

É assim, digo, que Hutcheson e seus seguidores esforçam-se para estabelecer a necessidade do sentido interno do belo. Mas tudo o que conseguem é demonstrar que há algo obscuro e impenetrável no prazer que o belo causa em nós. Esse prazer parece independente [172] do conhecimento das relações e das percepções; a visão do útil não entra nele, em absoluto; ele produz entusiastas, que não se deixam abalar por recompensas ou por ameaças.

De resto, esses filósofos distinguem nos seres corporais um belo absoluto e um belo relativo. Por belo absoluto não entendem uma qualidade de tal modo inerente ao objeto que o torne belo por si mesmo, sem nenhuma relação com a alma que o vê e que o julga. O termo *belo*, tanto quanto os outros nomes de ideias sensíveis, designa propriamente, na sua opinião, a percepção de um espírito, assim como o frio e o quente, o doce e o amargo são sensações de nossa alma, embora, sem dúvida, não haja nada que se assemelhe a essas sensações nos objetos que as excitam, apesar da prevenção popular, que julga de outro modo. Não se vê, dizem eles, como os objetos poderiam ser chamados belos, se não houvesse um espírito dotado do sentido da beleza para lhes prestar homenagem. Assim, por belo absoluto, entendem tão somente o que reconhecemos em alguns objetos, sem compará-los a nenhuma outra coisa exterior das quais esses objetos seriam a imitação e a pintura. Esta é, eles afirmam, a beleza que percebemos nas obras da natureza, em certas formas artificiais e nas figuras, sólidos e superfícies. Por belo relativo entendem aquele que percebemos nos objetos, considerados normalmente como imitações e imagens de alguns outros. Assim, sua divisão tem mais um fundamento nas diferentes fontes do prazer que o belo nos causa do que nos objetos, pois é certo que o belo absoluto tem, por assim dizer, um belo relativo, e o belo relativo tem um belo absoluto.

Do belo absoluto, segundo Hutcheson e seus seguidores. Dizem eles: mostramos a necessidade de um sentido próprio que nos adverte, pelo prazer, da presença do belo. Vejamos agora quais devem ser as qualidades de um objeto para afetar esse sentido. Não se deve esquecer, acrescentam, que não se trata dessas qualidades apenas relativamente ao homem. Pois, certamente, há muitos objetos que nos dão a impressão de beleza e desagradam a outros animais. Estes, tendo sentidos e órgãos diferentes dos nossos, se fossem juízes do belo, vinculariam as ideias a formas inteiramente distintas. O urso pode achar que sua caverna é cômoda, mas ele não a acha nem bela nem feia; talvez, se ele tivesse um sentido interno do belo, a considerasse um lugar delicioso. Observai, de passagem, que aquele tivesse um sentido interno do belo e só o reconhecesse em objetos nocivos, seria um ser bem infeliz. A Providência cuidou disso, relativamente a nós: uma coisa verdadeiramente bela é de ordinário uma coisa boa.

Para descobrir a ocasião geral das ideias do belo entre os homens, os seguidores de Hutcheson pensam que, dentre as figuras, as que chamamos belas oferecem aos nossos sentidos a uniformidade na variedade. Asseguram que um triângulo equilátero é menos belo que um quadrado; um pentágono menos belo que um hexágono, e assim por diante, porque os objetos igualmente uniformes são tanto mais belos quanto forem mais variados, e são tanto mais variados quanto possuírem lados comparáveis. É verdade, dizem, que aumentando muito o número de lados, perde-se de vista as relações que eles têm entre si e com o raio. De onde se segue que a beleza dessas figuras nem sempre aumenta com o número de lados. Eles mesmos se põem essa objeção; mas não cuidam de responder a ela. Observam somente que a falta de paralelismo dos lados dos heptágonos e outros polígonos ímpares diminui a sua beleza. Mas sustentam sempre que, permanecendo iguais os demais aspectos, uma figura regular de vinte lados ultrapassa em beleza outra que só tem doze; que esta supera a que só tem oito, e que esta última supera o quadrado. Fazem o mesmo raciocínio a respeito das superfícies e dos sólidos. Dentre todos os sólidos regulares, o que tiver o maior número de faces é para eles o mais belo, e pensam que a beleza desses corpos decresce continuamente, até a pirâmide regular.

Mas, se entre esses objetos, igualmente uniformes, os mais variados são os mais belos, reciprocamente, entre objetos igualmente variados, os mais belos são os mais uniformes. Assim, o triângulo equilátero, e mesmo o isósceles, são mais belos do que o escaleno; o quadrado é mais belo do que o rombo ou o losango. O mesmo raciocínio vale para os corpos sólidos regulares e, de modo geral, para todos os que têm alguma uniformidade, como os cilindros, prismas, obeliscos etc. Deve-se concordar com eles que esses corpos deleitam a vista mais do que as figuras grosseiras, em que não se percebe uniformidade, simetria ou unidade.

Para obter razões compostas da relação entre uniformidade e variedade, comparam os círculos e as esferas com as elipses e os esferoides pouco excêntricos. Pretendem que a uniformidade perfeita de uns é compensada pela variedade dos outros, e que sua beleza é mais ou menos a mesma.

O belo, nas obras da natureza, afirmam eles, tem o mesmo fundamento, seja quando consideramos os corpos celestes, sua forma, suas revoluções, seus aspectos, seja quando, descendo dos céus para a terra, consideramos as plantas que a recobrem, as cores das flores, a estrutura dos animais, suas espécies, seus movimentos, a proporção entre suas partes, a relação entre seu mecanismo e o seu bem-estar, seja quando, por fim, nos projetamos nos ares e examinamos os pássaros ou os meteoros, ou mergulhamos nas águas e comparamos os peixes entre si – por toda parte, encontraremos a uniformidade na variedade; por toda parte, veremos essas qualidades compensadas nos seres igualmente belos, e a razão composta das duas, desigual nos seres de beleza desigual. Em suma, se for permitido falar a língua dos geômetras, vereis nas entranhas da terra, no fundo dos mares, no alto da atmosfera, na natureza inteira e em cada uma de suas partes, a uniformidade na variedade e a beleza, sempre na razão composta dessas duas qualidades.

Tratam em seguida da beleza nas artes, cujas produções não podem ser consideradas como verdadeira imitação, tal como a arquitetura, as artes mecânicas e a harmonia natural. Esforçam-se muito para submetê-las à lei da uniformidade na variedade, e, se a sua prova falha, não é por defeito de enumeração. Descem do palácio mais magnífico até o menor edifício, da obra mais preciosa até as bagatelas, mostram o capricho em todo lugar onde falta a uniformidade, a insipidez onde falta a variedade.

Mas há uma classe de seres, muito diferentes dos precedentes, que representam para os seguidores de Hutcheson um verdadeiro embaraço. Pois neles se reconhece a beleza, e no entanto a regra da uniformidade na variedade não lhes é aplicável. São as demonstrações de verdades abstratas e universais. Se um teorema contém uma infinidade de verdades particulares que são apenas o seu desenvolvimento, tal teorema não é propriamente senão o corolário de um axioma, do qual decorrem uma infinidade de outros teoremas; entretanto, diz-se: *eis um belo axioma.* **[173]**

Ofereceremos mais à frente a solução para essa dificuldade, a partir de outros princípios. Passemos agora ao exame do belo relativo, esse belo que percebemos num objeto considerado como imitação de um original, seguindo Hutcheson e seus seguidores.

Essa parte do seu sistema não tem nada de excepcional. Segundo esse autor, e segundo todo mundo, tal belo não pode consistir senão na conformidade entre o modelo e a cópia.

De onde se segue que, para o belo relativo, não é necessário haver beleza no original. As florestas, as montanhas, os precipícios, o caos, as rugas da velhice, a palidez da morte, os efeitos da doença, tudo isso agrada na pintura; e agrada também na poesia. O que Aristóteles chama de caráter moral não é de modo algum o de um homem virtuoso, e o que se entende por *fabula bene morata* não é outra coisa senão um poema épico ou dramático em que as ações, os sentimentos e os discursos estão de acordo com caracteres, bons ou maus.

Contudo, é inegável que a pintura de um objeto dotado de alguma beleza absoluta não agrada mais que a de outro que não seja dotado dela. Talvez a única exceção a essa regra seja o caso em que a conformidade da pintura com o estado do espectador, ganhando tudo o que se tira da beleza absoluta do modelo, torne a pintura mais interessante. Esse interesse que nasce da imperfeição é a razão pela qual se quis que o herói de um poema épico ou heroico não fosse alguém sem defeitos.

A maioria das outras belezas da poesia e da eloquência seguem a lei do belo relativo. A conformidade com o verdadeiro fornece as comparações, as metáforas e as alegorias belas, mesmo que não haja nenhuma beleza nos objetos que representam.

Hutcheson insiste aqui sobre a tendência que temos para a comparação. Eis, do seu ponto de vista, a origem dessa tendência. As paixões produzem quase sempre nos animais os mesmos movimentos que produzem em nós, e os objetos inanimados da natureza frequentemente têm posições que se assemelham às atitudes do corpo humano em certos estados de alma. Não foi preciso mais do que isso, acrescenta o autor que estamos analisando, para tornar o leão símbolo do furor, o tigre da crueldade, e um carvalho reto, cujo cimo orgulhoso se eleva até as nuvens, o símbolo da audácia; os movimentos do mar agitado, a pintura das agitações, a cólera e a moleza do caule da papoula, cuja cabeça é inclinada pelas gotas de chuva, são a imagem de um moribundo.

Esse é o sistema de Hutcheson, que sem dúvida parecerá mais original do que verdadeiro. Mesmo assim, nunca é demais recomendar a leitura de sua obra, sobretudo no original. Encontrar-se-á nela um grande número de observações delicadas sobre a maneira de atingir a perfeição na prática das belas-artes. Vamos expor agora as ideias do padre André, jesuíta. Seu *Ensaio sobre o belo* é o sistema mais ordenado, mais extenso e mais bem fundamentado que conheço. Eu ousaria afirmar que é, nesse gênero, o que o tratado do abade Batteux, *As belas-artes reduzidas a um único princípio*, é no seu. São duas boas obras às quais só faltou um capítulo para serem excelentes, e ficamos insatisfeitos com os autores por tê-lo omitido. O abade Batteux lembra todos os princípios das belas-artes que imitam a bela natureza, mas não nos ensina o que é a *bela natureza*. O padre André distribui com muita sagacidade e filosofia o belo em geral em suas diferentes espécies; define todas essas espécies com precisão, mas não encontramos na obra a definição de gênero do belo em geral, a menos que ele o faça consistir na unidade, como santo Agostinho. Fala sem cessar de ordem, proporção, harmonia etc., mas não diz uma palavra sobre a origem dessas ideias.

O padre André distingue as noções gerais do espírito puro, que nos dão as regras eternas do belo; os juízos naturais da alma, em que o sentimento se mistura com as ideias puramente espirituais, mas sem destruí-las, e os preconceitos da educação e do costume, que às vezes parecem destruir tanto uns quanto outros. Distribui sua obra em quatro capítulos. O primeiro é sobre o belo visível; o segundo, sobre o belo nos costumes; o terceiro, sobre o belo nas obras de espírito, e o quarto, sobre o belo musical.

Ele examina três questões sobre cada um desses objetos. Alega que descobrimos aí um belo essencial, absoluto, independente de qualquer instituição, até mesmo divino; um belo natural, que depende da instituição do Criador, mas é independente de nossas opiniões e de nossos gostos; e um belo artificial, de certo modo, arbitrário, mas sempre com alguma dependência das leis eternas.

O belo essencial consiste na regularidade, ordem, proporção e simetria em geral; o belo natural, na regularidade, ordem, proporção e simetria, observadas nos seres da natureza; o belo artificial, na regularidade, ordem, simetria e proporções observadas em nossas produções mecânicas, ornamentos, edificações, jardins. Observa que esse último belo é uma mistura do arbitrário com o absoluto. Na arquitetura, por exemplo, percebe duas espécies de regras. Umas decorrem da noção que independe de nós, do belo original e essencial, e exigem de modo indispensável a perpendicularidade das colunas, o paralelismo dos andares, a simetria dos membros, a liberdade e elegância do projeto e a unidade do todo. As outras são fundadas em observações particulares realizadas pelos mestres em épocas diversas, pelas quais eles determinaram as proporções das partes nas cinco ordens da arquitetura. Em consequência dessas regras, na ordem toscana, a altura da coluna é sete vezes o diâmetro da base; na dórica, oito vezes; na jônica, nove vezes; na coríntia, dez; e na compósita tem a mesma proporção. As colunas têm um alargamento que vai desde a base até um terço de sua altura; nos dois outros terços, elas diminuem pouco a pouco, na direção do capitel; os intervalos entre as colunas são de oito módulos, no máximo, e no mínimo de três; a altura dos pórticos, das arcadas, portas e janelas é o dobro de sua largura. Essas regras, levando-se em conta que estão fundadas sobre observações a olho nu de exemplares equívocos, são sempre um pouco incertas e, por isso, não são inteiramente indispensáveis. Por essa razão, vemos que, às vezes, os grandes arquitetos se colocam acima delas, acrescentando coisas, tirando outras e imaginando novas, segundo as circunstâncias.

Eis, portanto, nas produções da arte, um belo essencial, um belo de criação humana e um belo de sistema; um belo essencial, que consiste na ordem; um belo de criação humana, que consiste na aplicação livre e dependente do artista das leis da ordem, ou, para falarmos mais claramente, na escolha de tal ordem; e um belo de sistema, que nasce de observações e que apresenta variações mesmo entre os mais doutos artistas, mas nunca em prejuízo do belo essencial, que é uma barreira que não se deve jamais ultrapassar. *Hic murus aheneus esto.* Se por vezes ocorre de grandes mestres se deixarem levar por seu gênio para além dessa barreira, é em ocasiões raras, quando preveem que o desvio acrescentaria mais à beleza do que a privaria de algo; mas nem por isso [174] deixam de cometer uma falta, que pode lhes ser censurada.

O belo arbitrário subdivide-se, segundo o mesmo autor, em belo de gênio, belo de gosto e belo de puro capricho. O belo de gênio é fundado no conhecimento do belo essencial, que dá as regras invioláveis; o belo de gosto é fundado no conhecimento das obras da natureza e das produções dos grandes mestres, que dirige a aplicação e o emprego do belo essencial. O belo de capricho, por não estar fundado sobre nada, não deve ser admitido em lugar nenhum.

No sistema do padre André, o que acontece com os sistemas de Lucrécio e dos pirrônicos? O que é entregue ao arbitrário? Quase nada. Por essa razão, como toda resposta à objeção dos que pretendem que a beleza é a educação e preconceito, ele contenta-se em mostrar a fonte de seu erro. Eis, diz ele, como raciocinaram. Procuraram nas melhores obras exemplos do belo de capricho e não tiveram dificuldade em constatar e demonstrar que o belo reconhecido nelas era de capricho. Tomaram exemplos do belo de gosto e mostraram muito bem que havia algo arbitrário nesse belo. E, sem avançar mais, nem perceber que sua enumeração estava incompleta, concluíram que tudo o que se chama de belo é arbitrário e de capricho. Mas pode-se ver facilmente que sua conclusão não é justa, a não ser relativamente ao terceiro ramo do belo artificial, e que seu raciocínio não atacava os dois outros ramos desse belo, o belo natural e o belo essencial.

Em seguida, o padre André passa à aplicação desses princípios aos costumes, às obras de espírito e à música, e demonstra que há, nesses três objetos do belo, um belo essencial, absoluto e independente de qualquer instituição, mesmo divina, que faz que uma coisa seja una; um belo natural, dependente da instituição do criador, mas independente de nós; e um belo arbitrário, dependente de nós, mas sem prejuízo do belo essencial.

O belo essencial nos costumes, nas obras de espírito e na música, fundado na ordenação, na regularidade, na proporção, justeza, decência e acordo observados numa bela ação, numa boa peça, num belo concerto, faz que as produções morais, intelectuais e harmônicas sejam unas.

O belo natural nos costumes não é outra coisa além da observação do belo essencial em nossa conduta, relativa ao que somos entre os seres da natureza; nas obras de espírito, é tão somente a imitação e a pintura fiel das produções da natureza em qualquer gênero. Na harmonia, é a submissão às leis que a natureza introduziu nos corpos sonoros, sua ressonância e sua conformação ao ouvido.

O belo artificial nos costumes consiste na conformidade aos usos da nação, ao gênio dos concidadãos, às leis. Nas obras de espírito, consiste em respeitar as regras do discurso, em conhecer a língua, seguir o gosto dominante; na música, em inserir a dissonância adequadamente, em conformar as produções aos movimentos e intervalos adotados.

De onde se segue, segundo o padre André, que o belo essencial e a verdade em nenhum lugar se mostram com tanta profusão quanto no universo; o belo moral no filósofo cristão, e o belo intelectual, numa tragédia acompanhada de música e ornamentos.

O autor que nos deu o *Ensaio sobre o mérito e a virtude*, milorde Shaftesbury, rejeita todas essas distinções e pretende, como muitos outros, que só existiria um belo, cujo fundamento é o útil. Assim, tudo o que é ordenado de modo a produzir do modo mais perfeito o efeito a que se propõe é supremamente belo. Se lhe perguntais o que é um belo homem, ele vos responderá que é aquele cujos membros bem proporcionados conspiram do modo mais vantajoso para o cumprimento das funções animais do homem. Ver *Ensaio sobre o mérito e a virtude*, p.48. O homem, a mulher, o cavalo e os outros animais, continuará ele, ocupam um lugar na natureza: ora, na natureza, esse lugar determina os deveres que devem ser cumpridos; os deveres determinam a organização e a organização é mais ou menos perfeita ou bela segundo a maior ou menor facilidade que o animal recebe para realizar suas funções. Mas essa facilidade não é arbitrária, tampouco o são, consequentemente, as formas que a constituem, nem ainda a beleza depende dessas formas. Depois, descendo aos objetos mais comuns, às cadeiras, mesas, portas etc., ele tentará vos provar que a forma desses objetos só nos agrada na proporção em que ela convém melhor ao uso ao qual os destinamos. Se mudamos tão frequentemente de moda, ou seja, se somos tão pouco constantes no gosto pelas formas que lhe damos, é porque, dirá ele, essa conformação, a mais perfeita relativamente ao uso, é muito difícil de encontrar; é porque existe aí uma espécie de *maximum* que escapa a todas as finezas da geometria natural e artificial, em torno do qual giramos sem cessar; e percebemos perfeitamente quando nos aproximamos dele e quando passamos por ele, mas nunca estamos certos de tê-lo atingido. Daí vem essa revolução perpétua nas formas: ou as abandonamos por outras, ou disputamos sem fim sobre as que conservamos. Aliás, esse ponto não está em todos os lugares no mesmo local; esse *maximum* tem, em mil ocasiões, limites mais amplos ou mais extensos: alguns exemplos bastarão para esclarecer seu pensamento. Todos os homens, ele acrescentará, não são capazes da mesma atenção, não têm a mesma força de espírito. São mais ou menos pacientes, mais ou menos instruídos etc. O que produz essa diversidade? É que um público composto de acadêmicos achará admirável uma intriga de Heráclio e o povo a tratará como confusa;

uns restringirão a extensão de uma comédia a três atos, outros pretenderão que se pode estendê-la a sete e assim por diante. Qualquer que seja a verossimilhança com que esse sistema seja exposto, não me é possível admiti-lo.

Concordo com o autor que em todos os nossos julgamentos intervém um ponto de vista delicado sobre o que somos, um retorno imperceptível para nós mesmos, e que há muitas ocasiões nas quais cremos estar encantados somente por belas formas, quando elas são efetivamente a sua causa principal, mas não a única, de nossa admiração. Convenho que essa admiração não é sempre tão pura quanto imaginamos: mas, como basta um fato para derrubar um sistema, somos obrigados a abandonar o do autor que acabamos de citar, por maior que seja o apreço que outrora tivemos por suas ideias. Eis nossas razões.

Não há ninguém que não tenha percebido que nossa atenção se dirige sempre à similitude das partes, mesmo nas coisas em que essa similitude não contribui para a utilidade: desde que os pés de uma cadeira sejam iguais e sólidos, o que importa que tenham a mesma figura? Podem diferir nesse ponto, sem por isso serem menos úteis. Um poderá portanto ser reto, e outro recurvado, um com a curva para fora, outro para dentro. Se se faz uma porta em forma de caixão, essa forma talvez pareça mais harmoniosa para a figura do homem do que qualquer outra que [175] se possa seguir. Que utilidade têm para a arquitetura as imitações da natureza e de suas produções? Para que colocar uma coluna e guirlandas onde só bastaria um pilar de madeira ou uma peça de pedra? Para que servem as cariátides? Uma coluna é destinada a exercer a função de um homem ou um homem nunca foi destinado a fazer o ofício de uma coluna no ângulo de um vestíbulo? Por que se imitam os objetos naturais nos entablamentos? O que importa que nessa imitação as proporções sejam bem ou mal observadas? Se a utilidade for o único fundamento da beleza, os baixos-relevos, as caneluras, os vasos e, em geral, todos os ornamentos tornam-se ridículos e supérfluos.

Mas o gosto da imitação se faz sentir nas coisas cujo único fim é o de agradar, e admiramos sempre as formas, sem que a noção do útil nos leve a isto. Se o proprietário de um cavalo só o acha belo quando compara a forma desse animal com o serviço que pretende obter dele, o mesmo não acontece com o passante a quem o cavalo não pertence. Enfim, discernimos todos os dias a beleza nas flores, nas plantas e em mil obras da natureza cujo uso desconhecemos.

Sei que não há nenhuma das dificuldades que acabo de propor contra o sistema que combato à qual não se possa responder. Mas penso que essas respostas seriam mais sutis do que sólidas

Do que precede, segue-se que Platão, que havia se proposto menos a ensinar a verdade do que a esclarecer seus concidadãos a respeito dos sofistas, nos oferece em suas obras, a cada linha, exemplos do belo, nos mostra muito bem o que ele não é, mas não nos diz nada sobre o que ele é.

Santo Agostinho reduziu toda a beleza à unidade ou à relação exata entre as partes de um todo entre si e à relação entre as partes de uma parte considerada como todo e assim ao infinito; isto me parece constituir mais a essência do perfeito do que do belo.

O Sr. Wolff confundiu o belo com o prazer que ele ocasiona e com a perfeição. Embora haja seres que agradam sem ser belos, há outros que são belos sem agradar. Tudo deve ser suscetível da máxima perfeição, mas há objetos que não são suscetíveis da menor beleza: como todos os objetos do olfato e do paladar, considerados relativamente a esses sentidos.

O Sr. Crouzas, sobrecarregando sua definição do belo, não percebeu que quanto mais multiplicava as características do belo, mais o particularizava, e que, tendo se proposto a tratar do belo em geral, começou por dar dele uma noção que só é aplicável a algumas espécies de belos particulares.

Hutcheson se propôs dois objetivos: o primeiro, o de explicar a origem do prazer que experimentamos na presença do belo, e o segundo, de procurar as qualidades que deve ter um ser para ocasionar em nós esse prazer individual, e, consequentemente, nos parecer belo. Ele provou menos a realidade do seu sexto sentido, o que mostra a dificuldade de desenvolver, sem esse recurso, a fonte do prazer que nos é dado pelo belo; seu princípio da uniformidade na variedade não é geral; ele faz das figuras da Geometria uma aplicação mais sutil do que verdadeira, e esse princípio não se aplica de modo algum a toda uma outra espécie de belo, que é a das demonstrações das verdades abstratas e universais.

O sistema proposto no *Ensaio sobre o mérito e a virtude*, no qual se toma o útil como o único e exclusivo fundamento do belo, é mais defeituoso ainda do que qualquer um dos outros precedentes.

Enfim, o padre André jesuíta, ou o autor do *Ensaio sobre o belo*, é o que melhor aprofundou esse assunto até hoje, conheceu melhor sua extensão e dificuldade, estabeleceu os princípios mais verdadeiros e mais sólidos, e mais merece ser lido.

A única coisa que talvez se pudesse desejar em sua obra era que desenvolvesse a origem das noções que temos de relação, ordem, simetria: pois, pelo tom sublime com que fala delas, não se sabe se são adquiridas e factícias, ou se ele crê que são inatas. Mas deve-se acrescentar em seu favor que o estilo de sua obra, mais oratória do que filosófica, o afastava dessa discussão, na qual nós vamos entrar.

Nascemos com as faculdades de sentir e de pensar. O primeiro passo da faculdade de pensar é examinar suas percepções, reuni-las, compará-las, combiná-las, perceber entre elas relações de conveniência e inconveniência etc. Nascemos com necessidades que nos obrigam a recorrer a diferentes expedientes, dentre os quais nos convencemos de que há os bons, maus, rápidos, curtos, completos, incompletos etc., seja pelo efeito que esperamos deles, seja pelos que eles produzem. A maior parte desses expedientes são uma ferramenta, uma máquina, ou alguma invenção desse gênero. Mas toda máquina supõe combinação, arranjo de partes que tendem a um mesmo fim etc. Eis nossas necessidades e o exercício mais imediato de nossas faculdades, que concorrem tão logo nascemos para nos dar as ideias de ordem, arranjo, simetria, mecanismo, proporção, unidade. Todas essas ideias vêm dos sentidos e são factícias. Passamos da noção de um multidão de seres artificiais e naturais, arranjados, proporcionados, combinados, simétricos, para a noção positiva e abstrata de ordem, arranjo, proporção, combinação, relações, simetria, e à noção abstrata e negativa de desproporção, desordem e caos.

Essas noções são experimentais, como todas as outras. Elas também nos vêm pelos sentidos. Mesmo que não houvesse Deus, nós as teríamos. Elas precederam de muito tempo em nós a noção de sua existência; são tão positivas, tão distintas, tão claras, tão reais quanto as de comprimento, largura, profundidade, quantidade, número. Como têm sua origem em nossas necessidades e no exercício de nossas faculdades, se houvesse na terra algum povo em cuja língua essas ideias não tivessem nome, elas não deixariam de existir nos espíritos de uma maneira mais ou menos extensa, mais ou menos desenvolvida, fundada sobre um maior ou menor número de experiências, aplicada a um maior ou menor número de seres. Eis, pois, toda a diferença que pode existir entre um povo e outro, entre um homem e outro de um mesmo povo, e quaisquer que sejam as expressões sublimes das quais nos servimos para designar as noções abstratas de ordem, proporção, relações, harmonia. Que sejam chamadas, se assim se quiser, de eternas, originais, soberanas, regras essenciais do belo, elas passaram por nossos sentidos para chegar a nosso entendimento, do mesmo modo que as noções mais vis, e não são senão abstrações de nosso espírito.

Mas tão logo o exercício de nossas faculdades intelectuais e a necessidade de prover nossas necessidades por meio de invenções, máquinas etc. esboçaram em nosso entendimento as noções de ordem, relações, proporção, ligação, arranjo, simetria, vimo-nos rodeados de seres em que as mesmas noções estavam, por assim dizer, repetidas ao infinito. Não pudemos dar um passo no universo sem que alguma produção as revelasse; [176] elas entraram em nossa alma a todo instante e de todos os lados; tudo o que se passava em nós, tudo o que existia fora de nós, tudo o que subsistia dos séculos transcorridos, tudo o que a indústria, a reflexão, as descobertas de nossos contemporâneos produziam sob nossos olhos, continuava a nos inculcar as noções de ordem, relações, arranjo, simetria, conveniência, inconveniência etc. Não há nenhuma noção, a não ser talvez a de existência, que tenha se tornado tão familiar aos homens quanto esta da qual se trata.

Se, na noção do belo, seja absoluto, relativo, geral ou particular, entram apenas as noções de ordem, relações, proporções, arranjo, simetria, conveniência, inconveniência, e como essas noções não decorrem de outra fonte que não sejam as noções de existência, número, comprimento, largura, profundidade e uma infinidade de outras, sobre as quais não há contestação, parece-me que se pode empregar as primeiras numa definição de belo sem ser acusado de colocar um termo no lugar de outro e de ficar num círculo vicioso.

Belo é um termo que aplicamos a uma infinidade de seres. Mas, qualquer que seja a diferença entre esses seres, ou há em todos eles uma qualidade da qual o termo *belo* seja o signo, ou então fazemos uma falsa aplicação da palavra.

Essa qualidade não pode estar entre aquelas que constituem sua diferença específica, pois assim haveria apenas um só ser belo, ou, no máximo, uma só espécie de seres belos.

Mas, dentre as qualidades comuns a todos os seres que chamamos de belos, qual escolheríamos para a coisa da qual o termo *belo* é signo? Qual? Parece-me que é evidente que só pode ser aquela cuja presença os torna belos, cuja frequência ou raridade, se ela for suscetível de frequência ou raridade, os torna mais ou menos belos; cuja ausência os faz deixar de ser belos; que não pode mudar de natureza, sem fazer mudar o belo de espécie, e cuja qualidade contrária tornaria os mais belos desagradáveis ou feios; em suma, aquela pela qual a beleza começa, aumenta, varia ao infinito, declina e desaparece. Ora, somente a noção de relações é capaz desses efeitos.

Chamo, portanto, de belo fora de mim tudo o que contém em si do que despertar em meu entendimento a ideia de relações; e belo em relação a mim tudo o que desperta essa ideia.

Quando digo tudo, excetuo, entretanto, as qualidades relativas ao paladar e ao olfato. Embora essas qualidades possam despertar em nós a ideia de relações, não chamamos de belos os objetos nos quais elas residem, quando os consideramos apenas relativamente a essas qualidades. Diz-se uma comida excelente, um cheiro delicioso, mas não se diz uma bela comida, um belo cheiro. Logo, quando se diz eis um belo linguado, eis uma bela rosa, consideram-se outras qualidades na rosa e no linguado, diferentes daquelas que são relativas aos sentidos do paladar e do olfato.

Quando digo tudo o que contém em si do que despertar em meu entendimento a ideia de relações, ou tudo o que desperta em mim essa ideia, é porque se deve distinguir bem as formas que estão nos objetos e a noção que tenho deles. Meu entendimento não põe nada nas coisas e não tira nada delas. Que eu pense ou não nas fachadas do Louvre, todas as partes que a compõem não deixam de ter tal ou qual forma e tal ou qual arranjo entre si. Que haja ou não homens, essa fachada não será mais ou menos bela, mas o será somente para seres possíveis constituídos de corpo e de espírito, como nós. Pois, para outros, ela poderia não ser bela nem feia, ou mesmo ser feia. De onde se segue que, embora não haja belo absoluto, há duas espécies de belo em relação a nós, um belo real e um belo percebido.

Quando digo tudo o que desperta em nós a ideia de relações, não entendo por isto que, para considerar belo um objeto, seria necessário apreciar qual é a espécie de relações que nele reina; não exijo que quem vê uma peça de arquitetura esteja em condições de assegurar algo que até o próprio arquiteto pode ignorar, que esta parte está para aquela outra assim como um número está para um outro; ou que quem ouve um concerto saiba mais algumas vezes do que o músico, que este som está para outro na relação de 2 para 4 ou de 4 para 5. Basta que ele perceba e sinta que os membros desta arquitetura, ou que os sons desta peça de música, têm relações, seja entre si, seja com outros objetos. É a indeterminação dessas relações, a facilidade de apreendê-las e o prazer que acompanha sua percepção que fez imaginar que o belo era mais uma questão de sentimento do que de razão. Ouso afirmar que todas as vezes em que um princípio nos for conhecido desde a mais tenra infância, e que fizermos, por hábito, uma aplicação fácil e súbita dele aos objetos situados fora de nós, acreditaremos que o julgamos por sentimento. Mas seremos obrigados a confessar nosso erro em todas as ocasiões nas quais a complexidade das relações e a novidade do objeto suspenderiam a aplicação do princípio. Então, o prazer esperará, para ser sentido, que o entendimento tenha pronunciado que o objeto é belo. Aliás, o julgamento em tal caso é quase sempre sobre o belo relativo, e não sobre o belo real.

Se consideramos as relações nos costumes, temos o belo moral, ou, se as consideramos nas obras de literatura, temos o belo literário, ou, ainda, se as consideramos nas peças de música, temos o belo musical, ou nas obras da natureza, tem-se o belo natural, ou nas obras mecânicas dos homens, tem-se o belo artificial, ou nas representações das obras de arte ou da natureza, tem-se o belo de imitação; em qualquer objeto, e sob qualquer aspecto que consideremos as relações num mesmo objeto, o belo tomará diferentes nomes.

Mas um mesmo objeto, qualquer que seja, pode ser considerado isoladamente e em si mesmo ou relativamente a outros. Quando afirmo que uma flor é bela, ou que um peixe é belo, que entendo por isso? Se considero essa flor ou esse peixe isoladamente, não entendo outra coisa senão que percebo ordem, arranjo, simetria, relações entre as partes das quais são compostos (pois todas essas palavras só designam diferentes modos de considerar as próprias relações). Nesse sentido, toda flor é bela, todo peixe é belo, mas qual belo? Aquele que chamo de belo real.

Se considero a flor e o peixe relativamente a outras flores e a outros peixes, quando digo que são belos, isto significa que entre os seres de seu gênero, entre as flores, essa flor, e entre os peixes, esse peixe, despertam em mim mais ideias de relações e de certas relações; pois não tardarei a mostrar que, como todas as relações não são da mesma natureza, umas contribuem mais e outras menos para a beleza. Mas posso assegurar que por essa nova maneira de considerar os objetos, há o belo e o feio. Mas que belo, que feio? Aquele que se chama de relativo.

Se, em vez de tomar uma flor ou um peixe, generalizarmos e tomarmos uma planta ou um animal; se particularizarmos e tomarmos uma rosa ou um linguado, teremos sempre a distinção entre o belo relativo e o belo real.

De onde se vê que há vários belos relativos e [177] que uma tulipa pode ser bela ou feia entre as flores, bela ou feia entre as plantas e bela ou feia entre as produções da natureza.

Mas concebe-se que é preciso ter visto muitas rosas e muitos linguados para afirmar que estes são belos ou feios entre as rosas e os linguados; muitas plantas e muitos peixes, para afirmar que a rosa e o linguado são belos entre as plantas e os peixes; e que é preciso ter um grande conhecimento da natureza para dizer que eles são belos ou feios dentre as produções da natureza.

O que é, pois, que se entende, quando se diz a um artista: imitai a bela natureza? Ou não se sabe o que se está pedindo, ou se lhe diz: se deveis pintar uma flor, e se vos é indiferente qual delas pintar, tomai a mais bela entre as flores; se deveis pintar uma planta, e se vosso assunto não exige que seja um carvalho ou um olmo seco, rompido, quebrado, desgalhado, tomai a mais bela entre as plantas; se deveis pintar um objeto da natureza, e se vos é indiferente qual escolher, tomai o mais belo.

De onde se segue que:

1º) O princípio da imitação da bela natureza exige o estudo mais profundo e mais extenso de suas produções em qualquer gênero.

2º) Se tivéssemos o mais perfeito conhecimento da natureza e dos limites que ela se prescreveu na produção da cada ser, não seria menos verdadeiro que o número de ocasiões em que o mais belo poderia ser empregado nas artes de imitação seria aquele em que se deve preferir o menos belo, como a unidade está para o infinito.

3º) Embora haja, com efeito, um *maximum* de beleza em cada obra da natureza, considerada em si mesma, ou, para me servir de um exemplo, embora a mais bela rosa que ela produz não tenha nunca a altura nem a amplidão de um carvalho, não há nem belo, nem feio em suas produções, consideradas relativamente ao emprego que se pode fazer delas nas artes de imitação.

Segundo a natureza de um ser, segundo ele excite em nós a percepção de um maior número de relações, e segundo a natureza das relações que ele excite, ele é bonito, belo, mais belo, muito belo, ou feio; pequeno, grande, elevado, sublime, desmedido, burlesco ou agradável. Entrar em todos os detalhes seria fazer uma grande obra, e não um verbete de dicionário. Basta-nos ter mostrado os princípios; deixamos para o leitor as consequências e as aplicações. Mas podemos afirmar que, tome ele exemplos da natureza, ou que os tome emprestados da pintura, da moral, da arquitetura, da música, verá sempre que dá o nome de belo real a tudo o que contém em si o que desperta a ideia de relações, e o nome de belo relativo a tudo o que desperta relações convenientes com as coisas, com as quais ele deve fazer a comparação.

Eu me contentarei em trazer um exemplo, tomado da literatura. Todo mundo conhece a expressão sublime *que ele morresse*, da tragédia dos Horácios. Pergunto a alguém que não conhece nada da peça de Corneille, e que não tem nenhuma ideia da resposta do velho Horácio, o que ele pensa desta passagem *que ele morresse*. É evidente que aquele que interrogo, não sabendo o que é este *que ele morresse*, não podendo adivinhar se é uma frase completa ou um fragmento, e percebendo com dificuldade entre esses três termos alguma relação gramatical, me responderá que isso não lhe parece belo nem feio. Mas se lhe digo que é resposta de um homem consultado sobre o que um outro deve fazer num combate, ele começa a perceber naquele que responde uma espécie de coragem que não lhe permite crer que seja sempre melhor viver do que morrer, e a expressão *que ele morresse* começa a interessá-lo. Se acrescento que se trata de um combate pela honra da pátria, que o combatente é filho daquele que se interroga, que é o único filho que lhe resta, que o jovem devia combater três inimigos que já haviam tirado a vida de dois de seus irmãos, que o velho fala a sua filha, que é um romano; então, a resposta *que ele morresse*, que não era bela nem feia, se embeleza à medida que desenvolvo suas relações com as circunstâncias e acaba por ser sublime.

Mudai as circunstâncias e as relações, e fazei passar o *que ele morresse* do teatro francês para a cena italiana, e da boca do velho Horácio para a de Scapino, e o *que ele morresse* torna-se burlesco.

Mudai as circunstâncias. Supondo que Scapino esteja ao serviço de um senhor duro e rude, e que eles sejam atacados numa estrada por três ou quatro bandidos; Scapino foge; seu mestre se defende. Mas, pressionado pelo número, é obrigado a fugir também. E se Scapino vier a saber que seu mestre escapou do perigo, dirá, frustrado em sua expectativa: Como, ele então fugiu! Ah, covarde! Mas lhe responderão: *sozinho contra três, que querias que ele fizesse? Que ele morresse*, responderá ele. E este *que ele morresse* se tornará divertido. É pois certo que a beleza começa, cresce, varia, declina e desaparece com as relações, assim como havíamos dito antes.

Mas, perguntar-me-ão: o que entendeis por relações? Dar o nome de belo a algo que nunca foi considerado como tal não significa mudar a acepção dos termos? Parece que, em nossa língua, a ideia desse belo está sempre junto à de grandeza e que colocar a diferença específica numa qualidade que convém a uma infinidade de seres que não têm grandeza nem sublimidade não é definir o belo. O sr. Crouzas falhou, sem dúvida, quando sobrecarregou sua definição do belo com um número tão grande de características que ela ficou restrita a um pequeno número de seres. Mas não é cair num defeito contrário torná-la tão geral que ela pareça abarcar todos, sem excetuar um monte de pedras informes, lançadas ao acaso nas margens de uma pedreira? Todos os objetos, acrescentar-se-á, são suscetíveis de relações entre si, entre suas partes e com outros seres; não existem aqueles que não possam ser arranjados, ordenados, simetrizados. A perfeição é uma qualidade que pode convir a todos, mas o mesmo não acontece com a beleza. Ela só pertence a um pequeno número de objetos.

Eis, parece-me, se não a única, pelo menos a mais forte objeção que me possa ser feita, e vou tentar responder a ela.

A relação, em geral, é uma operação do entendimento, que considera seja um ser, seja uma qualidade, enquanto esse ser ou qualidade supõem a existência de um outro ser ou outra qualidade. Exemplo: quando digo que Pierre é bom pai, considero nele uma qualidade que supõe a existência de um outro, a de seu filho, e assim, do mesmo modo, as outras relações, quaisquer que possam ser. De onde se segue que, embora a relação só esteja em nosso entendimento, quanto à percepção, ela não deixa de ter seu fundamento nas coisas. Direi que uma coisa contém em si relações reais todas as vezes que for revestida de qualidades que um ser constituído de corpo e espírito como eu não poderia considerar sem supor a existência de outros seres ou de outras qualidades, seja na própria coisa, seja fora dela. E distribuirei as relações em reais e percebidas. Mas há uma terceira espécie de relações; são as intelectuais ou fictícias, as que o entendimento **[178]** humano parece colocar nas coisas. Um estatuário olha um bloco de mármore; sua imaginação, mais rápida quanto seu cinzel, elimina do mármore todas as partes supérfluas e discerne no bloco uma figura. Mas essa figura é imaginária e fictícia. Ele poderia fazer, sobre uma porção de espaço determinado por linhas intelectuais, o que acaba de executar por imaginação num bloco informe de mármore. Um filósofo olha para um monte de pedras lançadas ao acaso; ele aniquila pelo pensamento todas as partes desse monte que produzem irregularidades e consegue fazer sair dali um globo, um cubo, uma figura regular. O que isso significa? Que, embora a mão do artista só possa traçar um desenho sobre superfícies resistentes, ele pode pelo pensamento transportar sua imagem sobre todo o corpo no espaço e no vazio; que digo eu? Sobre todo o corpo? A imagem, transportada pelo pensamento nos ares, ou extraída pela imaginação dos corpos mais informes, pode ser bela ou feia; mas não a tela ideal à qual ela foi ligada, ou o corpo informe da qual a fizemos sair.

Quando digo, pois, que um ser é belo pelas relações que se observam nele, não falo de modo algum de relações intelectuais ou fictícias que nossa imaginação transporta para ele, mas de relações reais, que estão nele e que nosso entendimento observa com o auxílio dos sentidos.

Em contrapartida, sustento que, quaisquer que sejam essas relações, são elas que constituirão a beleza, não no sentido estrito em que o bonito é oposto ao belo, mas num sentido, ouso dizer, mais filosófico e mais conforme à noção do belo em geral e à natureza das línguas e das coisas.

Se alguém tiver a paciência de reunir todos os seres aos quais damos o nome de belo, perceberá logo que nessa multidão há uma infinidade de seres nos quais não se dá nenhuma importância à pequenez ou à grandeza; a pequenez e a grandeza não são nada todas as vezes em que um ser solitário, ou, sendo indivíduo de uma espécie numerosa, for considerado isoladamente. Quando se afirmou que o primeiro relógio era belo, prestava-se atenção a outra coisa que não fosse seu uso ou seu mecanismo, ou à relação de suas partes entre si? Quando se afirma hoje que o relógio é belo, presta-se atenção a algo que não é seu uso e seu mecanismo. Se, pois, a definição geral do belo deve convir a todos os seres aos quais damos esse nome, a ideia de grandeza está excluída. Dediquei-me a afastar a noção do belo da noção de grandeza porque pareceu-me que era a ela que associávamos ordinariamente o belo. Em Matemática, entende-se por um belo problema aquele que é difícil e complicado de resolver; por uma bela solução, uma solução simples e fácil de um problema difícil e complicado. A noção de grande, sublime, de elevado, não tem nenhum lugar nessas ocasiões em que não se deixa de empregar o nome belo. Percorramos dessa maneira todos os seres que chamamos belos: um excluirá a grandeza; outro a utilidade, um terceiro excluirá a simetria; alguns excluirão até mesmo a aparência evidente de ordem e simetria; tal será a pintura de uma tempestade, de um furacão, de um caos, e seremos forçados a confessar que a única qualidade comum segundo a qual esses seres coincidem é a noção de relações.

Mas, quando se pede que a noção geral do belo convenha a todos os seres nomeados como tais, fala-se de sua língua ou de todas as línguas? Essa noção deve convir somente aos seres que chamamos de belos em francês, ou a todos os seres que chamamos de belos em hebreu, siríaco, árabe, caldeu, grego, latim, inglês, italiano e em todas as línguas que existiram, existem ou existirão? E para provar que a noção de relações é a única que permaneceria após o emprego de uma regra de exclusão tão extensa, o filósofo será forçado a aprender todas elas? Não lhe basta ter examinado que a acepção do termo *belo* varia em todas as línguas; que o encontramos aplicado num lugar a uma espécie de seres à qual não o aplicamos aqui, mas que, em qualquer idioma que se use, supõe sempre a noção de relações? Os ingleses dizem *a fine flavour, a fine woman*, um belo odor, uma bela mulher. O que seria de um filósofo inglês se, tendo de tratar do belo, quisesse considerar a bizarrice de sua língua? É o povo que faz as línguas; cabe ao filósofo descobrir a origem das coisas. Seria surpreendente que os princípios de um não estivessem com frequência em contradição com os usos do outro. Mas o princípio da percepção das relações, aplicado à natureza do belo, não tem aqui nem mesmo essa vantagem, e, se ele for geral, é difícil que alguma coisa lhe escape.

Em todos os povos, em todos os lugares da terra e em todos os tempos, houve um nome para a cor em geral e outros nomes para as cores em particular e para as suas nuances. O que faria um filósofo a quem se proporia que explicasse o que é uma bela cor? Ele não poderia senão indicar a origem da aplicação do termo *belo* a uma cor em geral, qualquer que seja, e em seguida indicar as causas que puderam levar à preferência por uma nuance ou outra. A mesma coisa é a percepção de relações que deu lugar à invenção do termo *belo*. Segundo tenham variado as relações e o espírito dos homens, criaram-se os nomes *bonito*, *belo*, *charmoso*, *grande*, *sublime*, *divino*, e uma infinidade de outros, tanto relativos ao físico quanto à moral. Eis as nuances do belo. Mas estendo esse pensamento e digo o seguinte:

Quando se pede que a noção geral do belo convenha a todos os seres belos, fala-se somente dos que levam esse nome aqui e hoje, ou daqueles chamados belos no nascimento do mundo, há 5 mil anos, a 3 mil léguas, e que continuarão a ser assim chamados nos séculos vindouros; dos que consideramos como tais na infância, na idade madura e na velhice; dos que provocam a admiração dos povos civilizados e encantam os selvagens? A verdade dessa definição será local, particular ou momentânea? Estender-se-á a todos os seres, a todos os tempos, a todos os homens e a todos os lugares? Se tomarmos o último partido, aproximar-nos-emos muito de meu princípio, e não se encontrará outro meio de conciliar os julgamentos da criança e do homem feito: da criança, que não precisa senão de um vestígio de simetria e de imitação para admirar e se divertir; do homem feito, que precisa de palácios e obras de uma extensão imensa para ser impressionado; do selvagem e do homem civilizado: do selvagem, que fica encantado ao ver um penduricalho de vidro, um anel de latão ou um bracelete de falso metal; e de homens civilizados, que só dão atenção às obras mais perfeitas; dos primeiros homens, que davam o nome de belas, magníficas, a cabanas, choupanas, palhoças; e dos homens de hoje, que restringem essa denominação aos últimos esforços da capacidade do homem.

Situai a beleza na percepção de relações e tereis a história de seus progressos desde o nascimento do mundo até hoje. Escolhei como característica diferencial do belo em geral outra qualidade que vos agradar, e vossa noção ficará [179] imediatamente concentrada num ponto do espaço e do tempo.

A percepção de relações é, pois, o fundamento do belo. Portanto, é a percepção de relações, que foi designada nas línguas sob uma infinidade de nomes diferentes, que indica todos tão somente diferentes espécies de belo.

Mas na nossa língua e em quase todas as outras, o termo *belo* é tomado com frequência em oposição a bonito. E sob esse novo aspecto, parece que a questão do belo não é mais do que uma questão de gramática e que se trata apenas de especificar exatamente as ideias que ligamos a esse termo. Ver no verbete *Belo* oposto a *Bonito*.

Depois de ter tentado expor em que consiste a origem do belo, só nos resta procurar a origem das opiniões diferentes dos homens sobre a beleza. Essa busca acabará por dar certeza a nossos princípios, pois demonstraremos que todas essas diferenças resultam da diversidade de relações percebidas ou introduzidas, tanto nas produções da natureza quanto nas das artes.

O belo que resulta da percepção de uma única relação é normalmente menor do que o que resulta da percepção de diversas relações. A visão de um belo rosto ou de um belo quadro afeta mais do que a de uma só cor; um céu estrelado, mais do que uma cortina azul-clara; uma paisagem, mais do que um campo aberto; um edifício, mais do que um terreno plano; uma peça de música, mais do que um som. Entretanto, não se deve multiplicar ao infinito o número de relações; a beleza não segue essa progressão. Só admitimos relação nas belas coisas quando um bom espírito pode apreendê-las clara e facilmente. Mas o que é um bom espírito? Onde está, nas obras, esse ponto para aquém do qual, por falta de relações, elas ficam por demais monótonas, e para além do qual ficam excessivamente sobrecarregadas? Primeira fonte de diversidade nos julgamentos. Aqui começam as contestações. Todos concordam que há um belo, que ele é resultado de relações percebidas. Mas, conforme se tiver mais ou menos conhecimento, experiência, hábito de julgar, meditar, ver, maior extensão natural do espírito, diz-se que um objeto é pobre ou rico, confuso ou pleno, mesquinho ou sobrecarregado.

Mas em quantas composições o artista é obrigado a empregar mais relações do que a maioria pode captar, e nas quais apenas os que são de sua arte, quer dizer, homens menos dispostos a lhe fazer justiça, conhecem todo o mérito de suas produções? O que acontece então com o belo?

Ou ele é apresentado a uma tropa de ignorantes que não têm condições de senti-lo, ou então ele é sentido por alguns invejosos que se calam. É este com frequência todo o efeito de uma grande peça de música. O senhor d'Alembert, no *Discurso preliminar* desta obra, discurso que merece ser citado neste verbete, diz que, depois de termos transformado em arte o aprendizado da música, dever-se-ia também fazer o mesmo com a arte de ouvir. Eu acrescento que, depois de ter transformado em arte a poesia e a pintura, foi em vão que se fez a arte de ler e de ver, e que reinará sempre em nossos julgamentos de certas obras uma uniformidade aparente, menos injuriosa à verdade para o artista do que a partilha dos sentimentos, mas sempre muito aflitiva.

Podem-se distinguir diversas espécies de relações. Há as que se fortalecem, se enfraquecem e se temperam mutuamente. Que diferença haverá naquilo que se pensará sobre a beleza de um objeto se captarmos todas as suas relações ou apenas uma parte delas! Segunda fonte da diversidade dos julgamentos. Há as relações determinadas e as indeterminadas: contentamo-nos com as primeiras para atribuir o nome de belo todas as vezes em que determiná-las não é objetivo imediato e único da ciência e da arte. Mas se essa determinação é objetivo imediato e único da ciência ou da arte, exigimos não somente relações, mas também seu valor. Eis a razão pela qual dizemos um belo teorema, e não dizemos um belo axioma. Embora não se possa negar que o axioma, exprimindo uma relação, não tenha também sua beleza real. Quando digo, em Matemática, que o todo é maior do que suas partes, enuncio certamente uma infinidade de proposições particulares sobre a quantidade dividida. Mas não determino nada sobre o excesso justo do todo sobre suas porções. É quase como se eu dissesse: o cilindro é maior do que a esfera inscrita e a esfera é maior do que o cone inscrito. Mas o objeto próprio e imediato das Matemáticas é determinar o quanto um desses corpos é maior ou menor do que o outro. E aquele que demonstrar que eles estão um para o outro como os números 3, 2, 1, terá feito um teorema admirável. A beleza, que consiste sempre nas relações, estará, nessa ocasião, na razão composta do número de relações e da dificuldade em percebê-las. O teorema que afirmar que toda linha que cai do alto de um triângulo isósceles sobre o meio da base dividirá o ângulo em dois ângulos iguais não será maravilhoso. Mas o que disser que as assíntotas de uma curva se aproximam sem cessar sem nunca se encontrar, e que os espaços formados por uma porção do eixo, uma porção da curva, a assíntota e o prolongamento da coordenada estão entre si como tal número para tal número, será um belo teorema. Uma circunstância que não é indiferente à beleza, nessa ocasião e em muitas outras, é a ação combinada entre a surpresa e as relações, que ocorre todas as vezes em que o teorema cuja verdade foi demonstrada parecia antes uma proposição falsa.

Há relações que julgamos mais ou menos essenciais, tal como a grandeza relativa ao homem, à mulher e à criança. Dizemos que uma criança é bela, embora seja pequena; um belo homem deve necessariamente ser grande; exigimos menos essa qualidade numa mulher, e é mais permitido a uma mulher baixa ser bela do que a um homem pequeno ser belo. Parece-me que consideramos então os seres não somente entre eles mesmos, mas também relativamente aos lugares que ocupam na natureza, no grande todo. Segundo esse grande todo for mais ou menos conhecido, a escala que se forma da grandeza dos seres será mais ou menos exata. Mas não sabemos nunca se ela é justa. Terceira fonte de diversidade de gostos e julgamentos nas artes de imitação. Os grandes mestres preferiram que sua escala fosse um pouco maior do que um pouco menor, mas nenhum deles tem a mesma escala, talvez a da natureza.

O interesse, as paixões, os preconceitos, os usos, os costumes, os climas, os modos de ser, os governos, os cultos, os acontecimentos, entravam os seres que nos rodeiam ou os tornam capazes de despertar ou não em nós várias ideias, aniquilando neles relações muito naturais e estabelecendo relações caprichosas ou acidentais. Quarta fonte de diversidade nos julgamentos.

Remetemos tudo à nossa arte e ao nosso conhecimento. Todos nós fazemos mais ou menos o papel do crítico de Apeles; e embora não conheçamos senão o sapato, julgamos também a perna; ou embora só conheçamos a perna, descemos também até o sapato. Mas não levamos somente essa temeridade ou essa ostentação de minúcia ao julgamento das produções da arte; as [180] produções da natureza não ficam isentas disso. Entre as tulipas de um jardim, a mais bela para um curioso será aquela na qual ele observará um tamanho, cores, uma folha, variedades pouco comuns. Mas o pintor, preocupado com os efeitos de luz, tintas, claro-escuro, formas relativas à sua arte, negligenciará todas essas características admiradas pelo florista e tomará por modelo a flor desprezada pelo curioso. Diversidade de talentos e de conhecimentos, quinta fonte de diversidade dos julgamentos.

A alma tem o poder de unir as ideias que recebeu separadamente, de comparar os objetos por meio das ideias que possui, observar as relações que têm entre si, de estender ou restringir suas ideias à vontade, considerar separadamente cada uma das ideias simples que podem se encontrar reunidas na sensação que recebeu. Essa última operação da alma chama-se abstração. Ver *Abstração*. As ideias de substâncias corporais são compostas de diversas ideias simples, que juntas fizeram sua impressão quando as substâncias corporais se apresentaram aos nossos sentidos: é apenas especificando em detalhe essas ideias sensíveis que se podem definir as substâncias. Essas espécies de definições podem excitar uma ideia bem clara num homem que nunca a percebeu imediatamente, desde que ele outrora tenha recebido separadamente, por meio dos sentidos, todas as ideias simples que entram na composição da ideia complexa da substância definida. Mas se lhe falta a noção de qualquer uma das ideias simples da qual essa substância é composta, ou se ele for privado do sentido necessário para percebê-la, ou se esse sentido for corrompido sem retorno, não há nenhuma definição que possa excitar nele a ideia da qual não tiver tido antes uma percepção sensível. Ver *Definição*. Sexta fonte de diversidade nos julgamentos que os homens farão sobre a beleza de uma descrição, pois, quantas definições falsas houver, tantas meias noções haverá do mesmo objeto!

Mas a concordância sobre os seres intelectuais não deve ser maior. Esses objetos são todos representados por signos, e não há quase nenhum desses signos que seja bem definido o bastante para que uma acepção não seja mais extensa ou mais restrita num homem do que em outro. A Lógica e a Metafísica seriam bem vizinhas da perfeição se o dicionário da língua fosse bem-feito. Mas ele é ainda uma obra a desejar. E como as palavras são as cores das quais a poesia e a eloquência se servem, que conformidade pode se esperar nos julgamentos sobre um quadro, enquanto não se souber o que pensar sobre as cores e as nuances? Sétima fonte de diversidade dos julgamentos.

Qualquer que seja o ser que julgamos, os gostos ou desgostos excitados pela instrução, pela educação, pelo preconceito, ou por uma certa ordem factícia em nossas ideias, todos são fundados na nossa opinião de que esses objetos têm alguma perfeição ou defeito em suas qualidades, para cuja percepção temos sentidos ou faculdades intelectuais. Oitava fonte de diversidade.

Pode-se assegurar que as ideias simples que um mesmo objeto excita em pessoas diferentes são tão diferentes quanto os gostos e os desgostos que constatamos. Trata-se mesmo de uma verdade de sentimento, e não é mais difícil que várias pessoas sejam diferentes entre si num mesmo instante, relativamente às ideias simples, quanto o mesmo homem ser diferente de si próprio em instantes diferentes. Nossos sentidos estão num estado de vicissitude contínua; num dia, não se tem olhos, noutro, escuta-se mal; e, de um dia para outro, sente-se e escuta-se de modo diferente. Nona fonte de diversidade nos juízos dos homens de uma mesma idade e de um mesmo homem em idades diferentes.

Por acidente, juntam-se ideias desagradáveis ao objeto mais belo: se gostamos do vinho da Espanha, basta tomá-lo junto com um vomitivo para detestá-lo. Não somos livres de experimentar ou não náuseas ao vê-lo. O vinho da Espanha é sempre bom, mas nossa condição não é a mesma em relação a ele. Do mesmo modo, este vestíbulo é sempre magnífico, mas meu amigo perdeu a vida nele. Este teatro não deixou de ser belo, desde que fui vaiado nele, mas não posso nem vê-lo sem que meus ouvidos sejam ainda afetados pelo barulho das vaias. Só vejo neste vestíbulo o meu amigo morrendo, não sinto mais sua beleza. Décima fonte de diversidade nos julgamentos, ocasionada por esse cortejo de ideias acidentais, de modo que não somos livres para afastá-las da ideia principal. *Post equitem sedet atra cura.*

Quando se trata de ideias compostas e que apresentam ao mesmo tempo formas naturais e formas artificiais, como na arquitetura, nos jardins, ajustamentos etc., nosso gosto é fundado numa outra associação de ideias, metade razoáveis, metade caprichosas: por fraca que seja a analogia com a atitude, o grito, a forma, a cor de um objeto nefasto, a opinião de nosso país, as convenções de nossos compatriotas etc., tudo influi em nossos julgamentos. Essas causas tendem a nos fazer considerar as cores brilhantes e vivas como uma marca de vaidade ou de qualquer outra má disposição do coração ou do espírito. Certas formas que são de uso entre os camponeses ou de pessoas cuja profissão, empregos, caráter, nos são odiosos ou desprezíveis; essas ideias acessórias retornarão contra a nossa vontade, juntamente com as da cor e da forma, e nós nos pronunciaremos contra essa cor e essas formas, embora elas não tenham em si nada de desagradável. Décima primeira fonte de diversidade.

Qual será, pois, o objeto na natureza sobre a beleza do qual os homens estariam perfeitamente de acordo? A estrutura dos vegetais? O mecanismo dos animais? O mundo? Mas aqueles que são mais afetados por essas relações de ordem, simetrias, ligações que reinam entre as partes deste grande todo, ignorando o fim que o Criador se propôs ao formá-lo, não são arrastados a se pronunciar que ele é perfeitamente belo pelas ideias que têm da Divindade? E não consideram esta obra como uma obra-prima principalmente porque não faltou ao autor nem o poder nem a vontade para formá-lo tal como ele é? Mas quantas são as ocasiões em que não temos o mesmo direito de inferir a perfeição da obra apenas a partir do nome do operário, e nas quais não deixamos de admirá-la? Este quadro é de Rafael, isto basta. Décima segunda fonte de diversidade, pelo menos de erro nos julgamentos.

Os seres puramente imaginários, tais como a esfinge, a sereia, o fauno, o minotauro, o homem ideal etc., são na verdade formados segundo as relações que observamos nos seres reais. Mas o modelo ao qual eles devem se parecer, esparso entre todas as produções da natureza, está propriamente em todo e em nenhum lugar.

Não importa o que se diga sobre todas as causas da diversidade dos julgamentos, não há razão para pensar que o belo real, que consiste na percepção das relações, seja uma quimera. A aplicação desse princípio pode variar ao infinito, e suas modificações acidentais podem produzir dissertações e guerras literárias, mas nem por isso o princípio é menos constante. Talvez não haja dois homens sobre toda a terra que percebam exatamente as mesmas relações nos mesmos objetos e que o julguem **[181]** belo no mesmo grau. Mas se houvesse um só que não fosse afetado por relações em algum gênero, e se ele fosse insensível somente em alguns gêneros, esse fenômeno denunciaria nele um defeito de economia animal e estaríamos sempre afastados do ceticismo, pela condição geral do resto da espécie.

O belo não é sempre obra de uma causa inteligente: o movimento estabelece com frequência, seja num ser considerado solitariamente, seja entre vários seres comparados entre si, uma multidão prodigiosa de relações surpreendentes. Os gabinetes de História Natural oferecem um grande número de exemplos disso. As relações são, então, resultados de combinações fortuitas, pelo menos relativamente a nós. A natureza imita, brincando, em cem ocasiões, as produções da arte; e poder-se-ia perguntar, não se esse filósofo que foi lançado por uma tempestade nas bordas de uma ilha desconhecida tinha razão de gritar, ao ver algumas figuras de Geometria: "Coragem, meus amigos, aqui estão passos de homem", mas o quanto seria necessário notar as relações de um ser para ter certeza completa de que se trata de obra de um artista; em que ocasião um só defeito de simetria provaria mais do que toda a soma dada de relações; como estão entre si o tempo da ação da causa fortuita e as relações observadas nos efeitos produzidos; e se, com exceção das obras do Todo-Poderoso, existem casos em que o número de relações nunca possa ser compensado pelo número de lances.

(MGS)

Belo, Bonito (Gramática), *Diderot* [2, 181]

O *belo*, por oposição ao *bonito*, é grande, nobre, regular – é admirável; o bonito é fino, delicado – agrada. Nas obras do espírito, o belo pressupõe verdade no objeto, elevação nos pensamentos, justeza na expressão, novidade na apresentação e regularidade na execução; o lustre e a singularidade são suficientes para torná-las bonitas. Há coisas que podem ser bonitas ou belas, como a comédia; há outras que só podem ser belas, como a tragédia. Às vezes, existe mais mérito em atinar com uma coisa bonita do que com uma coisa bela; é o caso do que só merece o nome de belo devido à importância do seu objeto, e do que só é chamado de bonito devido a sua pouca importância. Mas assim dá-se atenção unicamente à vantagem de uma coisa sobre outra, e perde-se de vista a dificuldade da invenção. Tanto é verdade que o belo implica amiúde uma ideia de grande que o mesmo objeto que chamamos de belo não nos parecerá mais do que bonito se for executado em pequena escala. O espírito é um *artesão de coisas bonitas*; é a alma que produz as *grandes*. Traços de engenho não costumam ser mais do que bonitos; há beleza por toda parte onde se observa sentimento. Um homem que disser que uma coisa bela é bela não dará grande prova de discernimento; outro que disser que ela é bonita é um tolo ou não sabe o que diz. O impertinente de Boileau é quem declara *Corneille é bonito, por vezes.*

(PPP)

Bosquejo (*Pintura*), Watelet [5, 981]

O termo francês *esquisse*, *bosquejo*, tem uma significação mais determinada do que a palavra italiana que lhe deu origem, *schizzo*. A definição desta última palavra pelo dicionário da Accademia dela Crusca é a seguinte: *spezie di disegno senza ombra, e non terminato*, "espécie de desenho sem sombra, e inacabado". Isso pode sugerir que a significação da palavra *bosquejo*, em italiano, aproxima-se da significação da palavra francesa *ébauche*, esboço, e é verdade que bosquejar quer dizer, para os franceses, formar traços que não são nem sombreados nem acabados. Porém, graças a uma singularidade que só o uso pode explicar, fazer um bosquejo não quer dizer exatamente o mesmo que bosquejar. Este primeiro modo de se exprimir, fazer um bosquejo, significa traçar rapidamente o pensamento de um tema da pintura, para em seguida julgar se valeria a pena colocá-lo em uso. É nessa significação da palavra *bosquejo* que me deterei, por ser aquela que merece uma atenção particular dos artistas.

A dificuldade de determinar mais precisamente o sentido dessa palavra vem do fato de que, em vez de ter sido tomada entre os termos gerais da língua para depois ser adotada em particular na pintura, ela foi, ao contrário, primeiro tomada de empréstimo à pintura para depois se tornar um termo mais geral. Diz-se *fazer o bosquejo* de um poema, de uma obra, de um projeto etc.

Na pintura, o bosquejo não depende, em absoluto, dos meios empregados para produzi-lo.

Para traduzir uma ideia que se apresenta à sua imaginação, o artista recorre a todos os meios que se ofereçam à sua mão. O carvão, a pedra-lápis, a pluma, o pincel, tudo concorre para o mesmo fim, quase sem diferença. Se alguma razão pode ser determinante na escolha, a preferência recai sobre o meio cujo emprego é mais fácil e expedito, pois o espírito sempre perde o fogo quando é obrigado a se servir de meios vagarosos para exprimir e fixar suas concepções.

O bosquejo é assim a primeira ideia que se apresenta a respeito de um tema de pintura. O artista que queira criá-lo, e em cuja imaginação esse tema se mostre sob diferentes aspectos, corre o risco de ver esvanecerem as formas, que ali se apresentam em grande número, se não as fixar em traços capazes de evocar a lembrança delas.

Para que possa acompanhar o rápido impulso de seu gênio, o artista não se ocupa em superar as dificuldades que a prática de sua arte lhe opõe sem cessar. Sua mão age, por assim dizer, teoricamente, traça as linhas a que o hábito de desenhar aos poucos dá as formas necessárias para que nelas se reconheçam objetos. Sua imaginação, senhora absoluta da obra, não aceita, a não ser com impaciência, o menor retardamento na produção. Essa produção rápida é o princípio do fogo que se vê brilhar nos bosquejos dos pintores de gênio, onde se reconhece o traçado do movimento de sua alma e calcula-se a sua força e fecundidade. Se é fácil perceber, pelo que eu disse, que é tão impossível oferecer princípios para a composição de belos bosquejos quanto para adquirir um belo gênio, deve-se igualmente inferir que nada pode ser mais vantajoso para inflamar os artistas e formá-los do que **[982]** estudar essas espécies de desenhos dos grandes mestres, sobretudo dos que tiveram êxito na parte da composição.

Mas, para extrair desse estudo uma vantagem sólida, é preciso, quando se chega a realizá-lo, comparar os diferentes bosquejos que os grandes mestres conceberam como preliminares a suas obras. Raramente um pintor dotado de gênio limita-se a uma só ideia para uma mesma composição. Se, por vezes, a primeira tem a vantagem de ser mais cálida e mais brilhante, ela está sujeita, por outro lado, a defeitos inseparáveis da rapidez com que foi concebida. O bosquejo que se segue a esse primeiro desenho oferece os efeitos de uma imaginação devidamente moderada. Os subsequentes assinalam, por fim, a rota que o juízo do artista percorreu e que o jovem estudante tem todo o interesse em descobrir. Se, após ter sido acompanhado o desenvolvimento das ideias fornecidas pelos diferentes bosquejos dos grandes mestres, examinarem-se os estudos particulares por eles realizados a partir da natureza para cada figura e cada membro, para o nu dessas figuras e para os seus drapejamentos, descobrir-se-á a marcha inteira do gênio, ou isto que se pode chamar de *espírito da arte*. É assim que, em matéria de eloquência e poesia, os rascunhos de um autor célebre muitas vezes mostram melhor do que tratados as rotas naturais que conduzem à perfeição.

Para finalizar a sequência de estudos e reflexões que acabo de indicar, é necessário ainda comparar, com o quadro uma vez terminado, tudo o que o artista produziu para torná-lo perfeito. Tais são os frutos que se pode colher, como artista, do exame razoado dos bosquejos dos grandes mestres. Também é possível, como amador, encontrar nesse exame uma fonte inesgotável de diferentes reflexões sobre o caráter dos artistas, a sua maneira, e uma infinidade de fatos particulares que lhes dizem respeito. Por exemplo, encontram-se aí, amiúde, provas do dano imposto a eles pelas pessoas que os empregaram e forçaram-nos a abandonar ideias razoáveis e substituí-las por absurdas. A superstição ou o orgulho de príncipes ou cidadãos privados muitas vezes produziu, pela mão das artes, frutos extravagantes, pelos quais seria injusto responsabilizar os artistas que os geraram. Em muitas composições, o artista, para justificar-se, deveria poder escrever: "eu executei, o príncipe ordenou". Os *connaisseurs* e a posteridade teriam então condições de dar a cada um o que lhe é devido e perdoar o gênio às voltas com a estupidez. Os bosquejos têm, até certo ponto, o efeito da inscrição que pedimos.

Encontra-se com frequência em bosquejos a composição simples e decente de um quadro cuja execução é abundante em figuras alegóricas, em disparates ou em objetos reunidos que não foram feitos para ficar juntos. O quadro de Rafael que representa Átila, cujos atos são suspensos pela aparição dos apóstolos Pedro e Paulo, é um bom exemplo disso. Poucos não sabem que na execução desse quadro, que se encontra em Roma, quem ocupa a parte principal da composição é o papa Leão X, acompanhado de um numeroso cortejo, e não o santo de mesmo nome. Um desenho que se encontra no gabinete do rei exime Rafael dessa lisonja servil e baixa, em nome da qual foram sacrificadas a grandiosidade do milagre, a decência do objeto e do costume, e todas as belezas da arte.

O desenho representa uma primeira ideia de Rafael, digna de seu gênio. Não se encontram ali nem Leão X nem o seu cortejo; o próprio são Leão só aparece ao longe; a atitude de Átila, o efeito que a aparição dos apóstolos produz nele e nos soldados que o acompanham, tal é o objeto principal de sua representação, tal é a paixão interessante que ele se propõe a examinar.

Isso é o suficiente, em minha opinião, para mostrar as vantagens que podem ser extraídas do estudo e do exame de bosquejos. Restam-me apenas algumas reflexões sobre os perigos que o atrativo desse gênero de composição põe aos jovens artistas.

A marcha ordinária da arte da pintura é tal que o período da juventude, que deve ser destinado ao exercício constante das diferentes partes da prática da arte, é o mesmo em que os encantos que nascem no espírito se tornam mais atraentes. Com efeito, é no transcorrer dessa idade que a imaginação se inflama facilmente; é a estação do entusiasmo, o momento em que se sente a impaciência de produzir, enfim é a idade dos bosquejos. Também nada é mais comum, nos jovens aprendizes, do que o desejo de produzir bosquejos de composição, e nada é tão perigoso para eles quanto se entregar ardentemente a esse pendor. Uma ordenação indecisa, um desenho incorreto, a aversão ao arremate, são de ordinário o que se segue. O perigo é tão maior pelo fato de ser quase certo que esse gênero de composição livre é sedutor, de que o espectador exige pouco dele e prontifica-se a acrescentar, com o auxílio de sua própria imaginação, tudo o que falte. É assim que os defeitos recebem o nome de beleza. Com efeito, se o traçado das figuras de um bosquejo for exagerado, crê-se discernir nele uma intenção firme e uma expressão máscula; se a ordenação for confusa e sobrecarregada, imagina-se que brilha ali o fogo de uma imaginação fecunda e indomável; e o que não se seguirá a esses presságios enganosos ou incompreendidos? Este, na execução definitiva, oferece figuras estropiadas, expressões exageradas; aquele não consegue sair do labirinto em que se enredou; o quadro não poderia conter, em seu amplo campo, os numerosos objetos permitidos pelo bosquejo, e nem todos os artistas reduzidos a se contentar com o talento de realizar bosquejos têm os talentos que trouxeram a La Fage e ao Parmiginiano uma reputação nesse gênero.

O artista deve, portanto, utilizar bosquejos com justeza e moderação. Não devem ser mais do que um recurso para fixar as ideias que ele concebe, quando merecem sê-lo. Deve precaver-se contra a sedução das ideias numerosas, vagas e pouco razoadas que os bosquejos de ordinário apresentam. Quanto mais independência se permita, ao não recusar nada que se apresente ao seu espírito, mais necessário será que realize um exame rigoroso dessas produções libertinas, se quiser terminar sua composição. É pelas regras dessa parte da pintura, vale dizer, pelos preceitos da composição, bem como pelo tribunal da razão e do juízo, que ele verá desaparecerem as indecisões do amor-próprio e poderá decidir com justeza acerca do mérito de seus próprios bosquejos. Ver *Esboço*.

(**PPP**)

Canto (*Música*), Rousseau, Cahusac [3, 140]

Em geral, *canto* é uma espécie de modificação da voz por meio da qual se formam sons variados e apreciáveis. É muito difícil determinar em que o som que forma a palavra difere do som que forma o *canto*. Essa diferença é indiscutível; mas não percebemos muito precisamente em que ela consiste. Talvez só falte a continuidade aos sons que formam a palavra, para produzirem um verdadeiro *canto*. Também parece que as diversas inflexões que alguém dá à sua voz, ao falar, formam intervalos que não são harmônicos, [**141**] que não fazem parte dos nossos sistemas musicais e que, por conseguinte, não podem ser expressos em notas.

Canto, aplicado mais particularmente à música, diz-se de toda música vocal; e, naquela que envolve instrumentos, chamamos *parte de canto* a todas aquelas que são destinadas às vozes. *Canto* se diz também da maneira de conduzir a melodia em todos os tipos de árias e de peças musicais. Os *cantos* agradáveis impressionam no primeiro instante, gravam-se facilmente na memória, mas nisto poucos compositores são bem-sucedidos. Entre cada nação há expressões de *canto* repisadas, nas quais a maior parte dos compositores sempre reincide. Inventar *cantos* novos cabe apenas ao homem de gênio; encontrar belos *cantos* cabe ao homem de gosto. (**Rousseau**)

O *canto* é uma das duas primeiras expressões do sentimento dadas pela natureza. Ver *Gesto*.

Foi pelos diferentes sons da voz que os homens exprimiram primeiramente suas diferentes sensações. A natureza deu-lhes os sons da voz para pintarem exteriormente os sentimentos de dor, de alegria e de prazer, pelos quais eram interiormente afetados, assim como os desejos e as necessidades pelos quais eram pressionados. A formação das palavras sucedeu a essa primeira linguagem. Uma foi obra do instinto, a outra foi uma consequência das operações do espírito. Assim, vemos as crianças exprimirem, por meio de sons vivos ou ternos, alegres ou tristes, os diferentes estados de sua alma. Essa espécie de linguagem, que é de todos os países, é também compreendida por todos os homens, pois é a da natureza. Quando as crianças conseguem exprimir suas sensações por meio de palavras, elas são compreendidas apenas pelos falantes de uma mesma língua; pois as palavras são convencionadas, e, nesse ponto, cada sociedade ou povo estabeleceu convenções particulares.

Esse *canto* natural, do qual acabamos de falar, em todos os países associa-se com as palavras, mas então perde uma parte de sua força: como a palavra pinta sozinha o afeto que pretendemos exprimir, a inflexão torna-se menos necessária. E parece que, nesse ponto, como em muitos outros, a natureza repousa quando a arte opera. Esse canto chama-se acento. Ele é mais ou menos marcado, segundo os climas. Ele é quase imperceptível nos temperados; e o dos diferentes países meridionais poderíamos facilmente perceber como uma canção. Ele sempre adquire a tonalidade, se assim podemos falar, do temperamento das diversas nações.

Quando as palavras foram encontradas, os homens, que já dispunham do *canto*, serviram-se delas para exprimir o prazer e a alegria de maneira mais marcada. Esses sentimentos que, de maneira viva, comovem e agitam a alma, necessariamente tiveram de ser representados no *canto* com mais vivacidade que as sensações ordinárias; daí essa diferença que encontramos entre o *canto* da linguagem comum e o *canto* musical.

As regras vieram muito tempo depois. E reduziu-se à arte o que tinha sido dado primeiramente pela natureza; pois nada é mais natural ao homem que o *canto*, mesmo o musical: é uma consolação que uma espécie de instinto lhe sugere para suavizar as penas, os aborrecimentos e os trabalhos da vida. O viajante em uma longa estrada, o lavrador no meio dos campos, o marinheiro no mar, o pastor guardando seus rebanhos, o artesão no seu ateliê: todos cantam como que maquinalmente. E o tédio e a fadiga são suspensos ou desaparecem.

Destinado pela natureza para nos distrair de nossas penas ou para suavizar o sentimento de nossas fadigas, descoberto para exprimir a alegria, o *canto* serviu logo depois para celebrar as ações de graças que os homens renderam à Divindade; e, uma vez estabelecido para esse uso, introduziu-se rapidamente nas festas públicas, nos triunfos, nos festins etc. A gratidão o havia empregado para render homenagem ao Ser supremo; a adulação fê-lo servir ao louvor dos chefes das nações, e o amor, à expressão da ternura. Eis as diferentes origens da música e da poesia. Durante muito tempo, os títulos de poeta e de músico foram comuns a todos aqueles que cantaram e a todos aqueles que escreveram versos.

Encontramos o uso do *canto* na mais remota Antiguidade. Enos foi o primeiro que começou a cantar os louvores a Deus, Gen. 4; e Labão queixa-se a Jacó, seu genro, de que ele havia como que lhe raptado as filhas sem lhe deixar a consolação de acompanhá-las ao som de canções e instrumentos, Gen. 31.

É natural considerar que o *canto* dos pássaros, os diferentes sons das vozes dos animais, os diversos ruídos provocados no ar pelos ventos, a agitação das folhas das árvores e o murmúrio das águas serviram de modelo para determinar os diferentes tons da voz. Os sons estavam no homem. Ele ouviu cantar; foi impressionado por ruídos; todas as suas sensações e seu instinto o incitaram à imitação. Os concertos de voz foram então os primeiros; os dos instrumentos só vieram em seguida e consistiram numa segunda imitação, pois, com todos os instrumentos conhecidos, foi a voz que se desejou imitar. Devemos a sua invenção a Jubal, filho de Lamec. *Ipse fuit pater canentium cithara & organo* [Ele foi o pai dos que tocam lira e instrumento de sopro/flauta]. Gen. 4. Nas descobertas úteis ou agradáveis, assim que o primeiro passo é dado, o caminho se alarga e se torna fácil. Um instrumento, uma vez encontrado, deve ter fornecido a ideia de mil outros. Ver os seus diferentes nomes em cada um de seus verbetes.

Entre os judeus, o cântico entoado por Moisés e os filhos de Israel, após a travessia do Mar Vermelho, é a mais antiga composição para *canto* que se conhece.

No Egito e na Grécia, os primeiros *cantos* conhecidos foram versos em honra dos deuses, cantados pelos próprios poetas. Logo adotados pelos sacerdotes, eles alcançaram os povos, e daí nasceram os concertos e os coros de música.

Os gregos não tiveram poesia que não fosse cantada. Cantava-se a lírica com um acompanhamento de instrumentos, o que fez que a chamassem de mélica. O *canto* da poesia épica e dramática era menos carregado de inflexões, mas nem por isso deixava de ser um verdadeiro *canto*; e, quando se examina com atenção tudo o que os antigos escreveram a respeito de suas poesias, não se pode pôr em dúvida essa verdade. Portanto, é no sentido próprio que se deve considerar o que Homero, Hesíodo e outros disseram no começo de seus poemas. Um convida sua musa a cantar o furor de Aquiles; o outro vai cantar as próprias Musas, pois suas obras eram escritas para serem cantadas, apenas. Essa expressão só se tornou figura entre os latinos, e, desde então, entre nós.

Com efeito, os latinos não cantaram suas poesias; à exceção de algumas odes e de suas tragédias, todo o resto foi recitado. César dizia a um poeta de seu tempo que lhe lia alguma de suas obras: "Cantais mal, se pretendeis cantar; e, se pretendeis ler, ledes mal: cantais".

As inflexões da voz dos animais são um verdadeiro *canto* formado por tons diversos, por intervalos etc. E ele é mais ou menos melodioso, segundo a maior ou [142] menor quantidade de ornamentos que a natureza deu à sua voz. No relato de Juan Cristóbal Calvete (que fez um relatório da viagem de Filipe II, rei da Espanha, de Madri a Bruxelas, que vamos traduzir aqui de modo literal), em uma procissão solene que ocorreu nessa capital dos Países Baixos, em 1549, durante a oitava da Ascensão, seguindo o Arcanjo S. Miguel, que, coberto de armas brilhantes, levava uma espada em umas das mãos e uma balança na outra, andava uma carroça, sobre a qual se via um urso que tocava um órgão. Ele não era composto de tubos, como todos os outros, mas de vários gatos fechados separadamente em caixas estreitas, nas quais não podiam se mexer. Seus rabos saíam para cima: estavam ligados por cordões amarrados ao registro. Assim, à medida que pressionava as teclas, o urso fazia esses cordões levantarem, puxava os rabos dos gatos e fazia que miassem tenores, sopranos e baixos, segundo as árias que ele queria executar. O arranjo foi feito de maneira que não houve um tom desafinado durante a execução: "e fazem com seus uivos altos e baixos uma música bem entoada, que era coisa nova e muito boa de se ver". Macacos, ursos, lobos, cervos e outros animais dançavam sobre um teatro transportado em um carro, ao som desse órgão bizarro: "uma graciosa dança de macacos, ursos, lobos, cervos e outros animais selvagens dançando na frente e atrás de uma grande jaula que, em um carro, era puxada por um cavalo cotoco".

Atualmente, ouvimos um coro muito harmonioso que reproduz o grasnido das rãs e uma imitação dos diferentes gritos dos pássaros com aspecto da ave de rapina, que, em *Platée*, constitui um trecho musical do mais elevado gênero.

Como o *canto* natural variava em cada nação segundo os diversos caracteres dos povos e a temperatura diferente dos climas, era indispensável que o *canto* musical, do qual se fez uma arte muito tempo depois que as línguas foram inventadas, seguisse essas diferenças. Tanto mais que as palavras que formam essas línguas, sendo apenas a expressão das sensações, deviam ser necessariamente mais ou menos fortes, doces, densas, leves e assim por diante, conforme foram diversamente afetados os povos que as criaram, e que seus órgãos foram mais ou menos ágeis, rígidos ou flexíveis. Partindo desse ponto, que parece incontestável, é fácil conciliar as diferenças que encontramos na música vocal das diferentes nações. Assim, discutir esse ponto e pretender, por exemplo, que o *canto* italiano não faz parte da natureza, pois vários traços desse *canto* parecem estranhos ao ouvido, é como se disséssemos que a língua italiana não faz parte da natureza, ou que o italiano está errado em falar sua língua.

Tendo os instrumentos, aliás, sido inventados apenas para imitar os sons da voz, segue-se também que a música instrumental das diferentes nações deve ter necessariamente certa expressão do país onde ela é composta; mas se dá com essa espécie de produção de arte o que ocorre com todas as outras da natureza. Uma mulher verdadeiramente bela, de qualquer nação a que pertença, assim deve parecer em todos os países onde se encontrar; pois as belas proporções não são arbitrárias. Um concerto bem harmonioso de um excelente mestre da Itália, uma melodia para violino, uma abertura bem projetada, um grande coro do sr. Rameau, o *Venite exultemus* do sr. Mondonville, também devem afetar todos aqueles que os ouvem. A maior ou menor impressão que produzem a bela mulher de todos os países e a boa música de todas as nações, afinal, resulta somente da feliz ou infeliz conformação dos órgãos daqueles que veem ou daqueles que ouvem. (**Cahusac**)

(Tradução: Fábio Yasoshima)[1]

Comédia (*Belas-Letras*), Marmontel [3,665]

Comédia é a imitação dos costumes, posta em ação: imitação dos costumes, no que ela difere da tragédia e do poema heroico; imitação em ação, no que ela difere do poema didático moral e do simples diálogo.

A comédia difere particularmente da tragédia em seu princípio, em seus meios e em seu fim. A sensibilidade humana é o princípio de onde parte a tragédia: o patético é o seu meio; o horror dos grandes crimes e o amor pelas sublimes virtudes são os fins que ela se propõe. A malícia natural dos homens é o princípio da comédia. Vemos os defeitos de nossos semelhantes com um misto de complacência e desprezo, quando esses defeitos não são muito lamentáveis nem suficientemente perigosos para inspirar o medo. Essas imagens nos fazem sorrir, se forem pintadas com fineza; fazem-nos rir, se os traços dessa alegria maligna, tão chocantes quanto inesperados, forem agravados pela surpresa. Dessa disposição a captar o ridículo, a comédia extrai a sua força e os seus meios. Sem dúvida, teria sido mais vantajoso transformar essa complacência viciosa numa piedade filosófica. Mas julgou-se que era mais fácil e seguro fazer a malícia humana servir para corrigir os outros vícios da humanidade, mais ou menos como

1 Doravante FY.

se empregam as pontas do diamante para polir o próprio diamante. É esse o objetivo ou o fim da comédia.

Foi inadequadamente que se distinguiu a tragédia pela qualidade dos personagens: o rei de Tebas, e até Júpiter, são personagens cômicos no *Amphitryon*; e Espártaco, na mesma condição que Sosia, seria um personagem trágico à frente de seus conjurados. O grau das paixões não distingue melhor a comédia da tragédia. O desespero do Avarento quando perdeu seu cofrinho não cede em nada ao desespero de Filoctetes, de quem foram tiradas as flechas de Hércules. Males, perigos, sentimentos extraordinários, caracterizam a tragédia; interesses e caracteres comuns constituem a comédia. Uma pinta os homens como foram outrora; a outra, como eles têm costume de ser. A tragédia é uma pintura da história, a comédia, um retrato. Mas não o retrato de um só homem, como o sátiro, e sim de uma espécie de homens espalhados na sociedade, cujos traços mais marcantes são reunidos numa mesma figura. Enfim, o vício só pertence à comédia enquanto é ridículo e desprezível. Desde que o vício seja odioso, ele pertence ao domínio da tragédia. É assim que Molière fez do Impostor um personagem cômico, em *Tartufo*, e Shakespeare um personagem trágico, em *Gloucester*. Se Molière tornou Tartufo odioso no quinto ato, foi, como observa Rousseau, pela necessidade de dar a última pincelada ao seu personagem.

Pergunta-se se a comédia é um poema; questão tão difícil de resolver quanto inútil de ser proposta, assim como todas as disputas de palavras. Quer se aprofundar um som, que é apenas um som, como se ele encerrasse a natureza das coisas? A comédia não é de modo algum um poema, para quem dá esse nome somente ao heroico e ao maravilhoso. Ela é um poema para aquele que situa a essência da poesia na pintura; um terceiro dá o nome de poema à comédia em verso, e o recusa à comédia em prosa, a partir do princípio de que a medida não é menos essencial à poesia do que à música. Mas que importa que se discorde a respeito do nome, desde que se tenha a mesma ideia da coisa? *O Avarento*, assim como *Telêmaco*, serão ou não serão um poema, e nem por isso deixarão de ser obras excelentes. Disputava-se com Addison se *O Paraíso perdido* era um poema heroico. Bem, disse ele, em todo caso é um poema divino.

Como quase todas as regras do poema dramático concorrem para aproximar pela verdadeira verossimilhança [666] a ficção da realidade, a ação da comédia, sendo para nós mais familiar do que a da tragédia, e sendo nela o defeito de verossimilhança mais fácil de ser percebido, suas regras devem ser mais rigorosamente observadas. Daí vem essa unidade, essa continuidade de caráter, essa facilidade e simplicidade no tecido da intriga, esse natural no diálogo, essa verdade nos sentimentos, essa arte de esconder a arte, mesmo no encadeamento de situações, de onde resulta a ilusão teatral.

Se considerarmos o número de traços que caracterizam o personagem cômico, poderemos dizer que a comédia é uma imitação exagerada. Com efeito, é bem difícil que um só homem, num só dia, deixe escapar tantos traços de avareza quanto Molière reuniu em seu Harpagon. Mas esse exagero faz parte da verossimilhança quando os traços são multiplicados pelas circunstâncias dispostas com arte. Quanto à força de cada traço, a verossimilhança tem limites. O Avarento de Plauto, examinando as mãos de seu valete, lhe diz, "vejamos a terceira", o que é chocante. Molière traduziu por "a outra", o que é natural, visto que a precipitação do Avarento pôde fazê-lo esquecer que já havia examinado as duas mãos, e ter tomado a outra como segunda. "As outras" é uma falha do comediante que se imiscuiu na impressão.

É verdade que a perspectiva do teatro exige um colorido forte e de grandes toques, mas em justas proporções, ou seja, tais que o olho do espectador os reduza sem dificuldade à verdade da natureza. O *Burguês fidalgo* paga um título que lhe é dado por um mercenário complacente, é o que se vê todos os dias. Mas ele confessa que os paga: "Eis aqui para o monsenhor". É nisto que ele vai além dos modelos. Molière extrai de um tolo a confissão desse ridículo para fazê-lo ser mais bem percebido naqueles que têm o espírito de dissimulá-lo. Essa espécie de exagero demanda uma grande justeza de razão e de gosto. O teatro tem sua ótica, e o quadro fracassa quando o espectador percebe que se forçou a natureza.

Pela mesma razão, não basta, para tornar a intriga e o diálogo verossímeis, excluir esses *apartes* que todos compreendem, exceto o interlocutor, e esses mal-entendidos fundados sobre uma semelhança ou uma pretensa dissimulação, suposição que todos os olhos desmentem, exceto os do personagem que se quer enganar. É preciso ainda que tudo o que se passa e se diz em cena seja uma pintura tão ingênua da sociedade que se possa esquecer que se está num espetáculo. Um quadro está mal pintado se, num primeiro golpe de vista, se pensa na tela e caso se observe a gradação das cores antes de ver os contornos, os relevos e o plano do fundo. O prestígio da arte é o de fazer que ela própria desapareça, a ponto de que não somente a ilusão preceda a reflexão, mas que ela a rejeite e a afaste. Esta devia ser a ilusão dos gregos e romanos nas comédias de Menandro e de Terêncio, não nas de Aristófanes e de Plauto. Entretanto, observamos, a propósito de Terêncio, que o possível que basta para a verossimilhança de um caractere ou de um acontecimento trágico não basta para a verdade dos costumes numa comédia. Não se deve tomar como modelo um pai que pode existir, mas de um pai que existe; não um indivíduo, mas uma espécie. O caráter único de *O Carrasco de si mesmo* peca contra essa regra.

O que deve formar a intriga de uma comédia não é, a rigor, uma combinação possível, mas uma sequência de acontecimentos familiares. Por esse princípio se condena a intriga em *A sogra* [*Hecyra*]; e se Terêncio tivesse tido o plano de fazer uma comédia de uma ação inteiramente patética, razão pela qual ele afasta até o fim, com muita precaução, o único personagem que poderia ser divertido?

Segundo essas regras, que teremos ocasião de desenvolver e aplicar, podem-se julgar os progressos da comédia, ou, antes, suas revoluções.

Na carroça de Téspis, a comédia era somente um tecido de injúrias dirigidas contra os passantes por trabalhadores das vinhas, sujos de lama. Crates, a exemplo de Epicarmo e Fórmis, poetas sicilianos, a elevou sobre um teatro mais decente e numa ordem mais regular. Então, a comédia tomou como modelo a tragédia inventada por Ésquilo, ou melhor, tanto uma como a outra se formaram a partir das poesias de Homero; uma a partir da *Ilíada* e da *Odisseia*, a outra do *Margites*, poema satírico do mesmo autor, e é essa propriamente a época do nascimento da comédia grega.

Divide-se a comédia em antiga, média e nova, menos pelas épocas do que pelas diferentes modificações observadas sucessivamente na pintura dos costumes. De início, ousou-se levar para o teatro de Atenas sátiras em ação, ou seja, personagens conhecidos e nomeados, cujos vícios e ridículos eram imitados. Tal foi a comédia antiga. As leis, para reprimir essa licença, proibiram de nomear. A malignidade dos poetas e dos espectadores não perdeu nada com essa proibição. As semelhanças das máscaras, as roupas, a ação, designaram tão bem os personagens que eles eram nomeados quando vistos. Esta foi a comédia média, na qual o poeta, não precisando mais temer a censura da personalidade, tornou-se mais ousada nos insultos, tanto mais certa, aliás, de ser aplaudida quanto, satisfazendo a malícia dos espectadores pela perfídia dos retratos, ainda reservava à sua vaidade o prazer de adivinhar quais eram os modelos. Foi nesses dois gêneros que Aristófanes triunfou tantas vezes, para a vergonha dos atenienses.

A comédia satírica apresentava um lado vantajoso. Há vícios que as leis não reprimem: a ingratidão, a infidelidade ao segredo e à sua palavra, a usurpação tácita e artificiosa do mérito de outro, o interesse pessoal nas questões públicas, escapam à severidade das leis. A comédia satírica dava a esses vícios uma pena tanto mais terrível quanto era necessário sofrê-la em pleno teatro. O culpado era ali citado, e o público o julgava. Era sem dúvida para alimentar um terror tão salutar que, não somente os poetas satíricos foram de início tolerados, mas pagos pelos magistrados como censores da república. Platão mesmo tinha se deixado seduzir por essa vantagem aparente, quando admitiu Aristófanes em seu banquete, se é que o Aristófanes cômico é o mesmo do banquete, o que se pode pelo menos pôr em dúvida. É verdade que Platão aconselhava a Dionísio a leitura de comédias desse poeta, para que conhecesse os costumes da república de Atenas. Mas isto era indicar um bom delator, um espião hábil, que ele não estimava nada.

Quanto à adesão dos atenienses, um povo inimigo de qualquer dominação deveria temer sobretudo a superioridade do mérito. A mais sangrenta comédia podia estar certa de agradar a esse povo ciumento quando se tratava de ciúme. Há duas coisas que os homens nunca pensam que são suficientemente fortes: a bajulação para si mesmos e a maledicência contra os outros. Assim, tudo concorreu no começo para favorecer a comédia satírica. Não levou muito tempo para que se pecebesse que o talento de censurar o vício, para ser útil, devia ser dirigido pela virtude, e que a liberdade da sátira concedida a um homem desonesto era um punhal nas mãos de um furioso; mas esse furioso consolava o ciúme. Eis por que em Atenas, como em outros lugares, os maus encontraram tanta indulgência e os bons, tanta severidade. Testemunha disso a comédia *As nuvens*, [667] exemplo memorável da maldade dos invejosos e dos combates para os quais deve se preparar para enfrentar aquele que ousa ser mais sábio e mais virtuosos do que seu século.

A sabedoria e a virtude de Sócrates tinham chegado a um ponto tão alto de sublimidade que era preciso menos do que um opróbrio solene para consolar sua pátria. Aristófanes foi encarregado da infame tarefa de caluniar Sócrates em pleno teatro. E esse povo, que proscrevia um justo pela única razão de que ele não gostava de ouvir ser chamado de justo, correu em massa para esse espetáculo. Sócrates o assistiu de pé.

Esta era a comédia em Atenas, ao mesmo tempo que Sófocles e Eurípides aí disputavam a glória de tornar a virtude interessante e o crime odioso, por meio de quadros tocantes ou terríveis. Como era possível que os mesmos espectadores aplaudissem costumes tão opostos? Os heróis celebrados por Sófocles e Eurípides já tinham morrido; o sábio caluniado por Aristófanes estava vivo: louvam-se os grandes homens por tê-lo sido; não são perdoados por sê-lo.

Mas o que é inconcebível é que um cômico grosseiro, rastejante e obsceno, sem gosto, sem costumes, sem verossimilhança, tenha encontrado entusiastas no século de Molière. Basta ler o que nos resta de Aristófanes, para julgar, como Plutarco, "que é menos para as pessoas honestas que ele escreve, do que para a vil populaça, para homens perdidos de inveja de perfídia, de depravação". Que se leia depois disto o seu elogio feito pela senhora Dacier: "Nunca houve homem que tivesse mais fineza, nem um torneamento mais engenhoso; o estilo de Aristófanes é tão agradável quanto seu espírito; se não se leu Aristófanes, não se conhecem ainda todos os encantos e belezas dos gregos etc.".

Os magistrados perceberam, mas tarde demais, que na comédia chamada média os poetas não tinham feito mais do que burlar a lei que proibia nomear: eles fizeram uma segunda lei, que, banindo do teatro qualquer imitação pessoal, limitou a comédia à pintura geral dos costumes.

Foi então que comédia nova deixou de ser uma sátira e tomou a forma honesta e decente que conservou depois. Foi nesse gênero que floresceu Menandro, poeta tão puro, tão elegante, tão natural, tão simples quanto

Aristófanes era pouco. Não se pode ler o elogio que dele fez Plutarco, de acordo com toda a Antiguidade, sem lamentar sensivelmente as obras desse poeta: "É uma planície coberta de flores, onde se ama respirar um ar puro... A musa de Aristófanes se parece com uma mulher perdida; a de Menandro, com uma mulher honesta".

Mas, como é mais fácil imitar o grosseiro e o baixo do que o delicado e o nobre, os primeiros poetas latinos, estimulados pela liberdade e o fervor republicano, seguiram os traços de Aristófanes. Desse número foi o próprio Plauto; sua musa é, como a de Aristófanes, segundo a confissão não suspeita de um de seus apologistas, "uma bacante, para não dizer nada pior, cuja língua é molhada no fel".

Terêncio, que seguiu Plauto, como Menandro havia seguido Aristófanes, imitou Menandro sem igualá-lo. César o chamava de *meio Menandro*, e o criticava por não ter a *força cômica*, expressão que os comentadores interpretaram a seu modo, mas que deve se entender por seus grandes traços, que aprofundam os caracteres e vão procurar o vício até nas dobras da alma, para expô-los ao desprezo dos espectadores em pleno teatro.

Plauto é mais vivo, mais alegre, mais forte, mais variado. Terêncio, mais fino, mais verdadeiro, mais elegante: um tem a vantagem dada pela imaginação, que não é cativada nem pelas regras da arte nem pelas dos costumes, sobre o talento sujeito a todas essas regras. O outro tem o mérito de ter conciliado o prazer e a decência, a polidez e a brincadeira, a exatidão e a facilidade. Plauto, sempre variado, não tem sempre a arte de agradar; Terêncio, por demais semelhante a si mesmo, tem o dom de parecer sempre novo. Seria bom se Plauto tivesse a alma de Terêncio, e Terêncio tivesse o espírito de Plauto.

As revoluções experimentadas pela comédia em suas primeiras épocas e as diferenças que observamos entre elas ainda hoje têm suas fontes no gênio dos povos e na forma dos governos: como a administração dos negócios públicos e, consequentemente, a conduta dos chefes são objeto principal do cuidado e da censura num Estado democrático, o povo de Atenas, sempre inquieto e descontente, devia gostar de ver na cena não somente os vícios dos particulares, mas o interior do governo, as prevaricações dos magistrados, as faltas dos generais e sua própria facilidade a se deixar corromper ou seduzir. Foi assim que ele coroou as sátiras políticas de Aristófanes.

Essa licença devia ser reprimida à medida que o governo se tornava menos popular, e percebe-se essa moderação nas últimas comédias do mesmo autor, porém mais ainda na ideia que nos resta das de Menandro, nas quais o Estado sempre foi respeitado e as intrigas privadas tomaram o lugar das questões públicas.

Os romanos, sob os cônsules, tão ciosos de sua liberdade quanto os atenienses, porém mais ciosos da dignidade de seu governo, jamais teriam permitido que a república fosse exposta aos traços insultantes de seus poetas. Assim, os primeiros cômicos latinos aventuraram-se na sátira pessoal, mas nunca na sátira política.

Desde que a abundância e o luxo amenizaram os costumes de Roma, a própria comédia mudou sua aspereza em doçura, e como os vícios dos atenienses tinham passado para os romanos, Terêncio, para imitá-los, não fez mais que copiar Menandro.

A mesma relação de conveniência determinou os caracteres da comédia sobre todos os teatros de Europa desde o renascimento das letras.

Um povo que outrora afetava, nos costumes, uma gravidade soberba e em seus sentimentos uma afetação romântica, deve ter servido de modelo para as intrigas cheias de incidentes e caracteres hiperbólicos. Assim é o teatro espanhol; lá somente seria verossímil o caráter desse amante (Villa Mediana), "que queimou sua casa para beijar sua dama, levando-a através das chamas".

Mas nem os exageros forçados, nem uma licença de imaginação que viola todas as regras, nem um refinamento de brincadeira com frequência pueril, puderam fazer que se recusasse a Lope da Vega um dos primeiros lugares entre os poetas cômicos modernos. Com efeito, ele acrescenta, à mais feliz sagacidade na escolha dos caracteres, uma força de imaginação que até o grande Corneille admirava. Foi de Lope da Vega que ele tomou emprestado o caráter do *Mentiroso*, do qual dizia, com tanta modéstia e tão pouca razão, que *daria duas de suas melhores peças para tê-la imaginado*.

Um povo que durante tanto tempo pôs sua honra na fidelidade das mulheres e numa vingança cruel da afronta de ser traído no amor deve ter fornecido intrigas perigosas para os amantes e capazes de exercitar a perfídia dos valetes. Esse povo, aliás, pantomimeiro, deu lugar a esse jogo mudo, que algumas vezes, por uma expressão viva e agradável, e com frequência por meio de caretas que aproximam o homem do macaco, **[668]** sustenta sozinho uma intriga desprovida de arte, sentido, espírito e gosto. Tal é o cômico italiano, tão carregado de incidentes, mas não tão bem enredado quanto o cômico espanhol. O que caracteriza ainda mais o cômico italiano é a mistura de costumes nacionais, imaginados por seus poetas a partir da comunicação e cuidado mútuo dos pequenos Estados italianos. Vê-se, numa mesma intriga, um bolonhês, um veneziano, um napolitano, um bergamasco, cada um com o ridículo dominante de sua pátria. Essa mistura bizarra não poderia deixar de ter sucesso por sua novidade. Os italianos fizeram dela uma regra essencial de seu teatro e a comédia viu-se por isso condenada à grosseira uniformidade que tinha em seu início. Por essa razão, na imensa coleção de suas peças, não se encontra uma só que sustente a leitura de um homem de gosto. Os próprios italianos reconheceram a superioridade do cômico francês. E enquanto seus bufões se sustentam no centro das belas-artes, Florença os proscreveu em seu teatro e substituiu as suas farsas pelas melhores comédias de Molière traduzidas para o italiano. A exemplo de Florença, Roma e Nápoles admiram, no teatro, a obra do nosso. Veneza resiste ainda contra essa revolução; mas ela cederá logo à torrente do exemplo e à atração do prazer. Será que só Paris não verá mais Molière?

Um estado em que cada cidadão considera uma glória pensar com independência deve ter fornecido um grande número de originais para serem pintados. A afetação de não se parecer com ninguém com frequência faz que não se pareça mais a si mesmo e exagere-se o seu caráter, por receio de se dobrar ao caráter de outro. Aqui, não se trata de ridículos comuns; são singularidades pessoais, que dão motivo a zombarias, e o vício dominante da sociedade é de não ser sociável. Esta é a fonte do cômico inglês, aliás, mais simples, mais natural, mais filosófico do que os dois outros, e no qual a verossimilhança é rigorosamente observada, mesmo à custa do pudor.

Mas uma nação doce e polida, em que cada um considera um dever conformar seus sentimentos e suas ideias aos costumes da sociedade, em que os preconceitos são princípios, os usos são leis, em que se é condenado a viver sozinho quando se quer viver por si mesmo, essa nação deve apresentar caracteres atenuados pela deferência e vícios dissimulados pela conveniência. Este é o cômico francês, com o qual o teatro inglês se enriqueceu, tanto quanto permitia a oposição dos costumes.

O cômico francês divide-se, segundo os costumes que pinta, em cômico baixo, cômico burguês e alto cômico.

Mas uma divisão mais essencial é extraída da diferença dos objetos a que a comédia se propõe: ou ela pinta o vício e o torna desprezível, assim como a tragédia torna o crime odioso, e daí vem o cômico de caráter; ou ela faz dos homens o joguete dos acontecimentos, e daí vem o cômico de situação; ou ela apresenta as virtudes comuns com os traços que as fazem ser amadas e nos perigos ou infelicidades que as tornam interessantes, e daí vem o cômico comovente.

Desses três gêneros, o primeiro é o mais útil aos costumes, o mais forte, o mais difícil e consequentemente o mais raro: o mais útil aos costumes, porque remonta à fonte dos vícios e os ataca em seu princípio; o mais forte, porque apresenta o espelho aos homens e os faz se envergonharem de sua imagem; o mais difícil e mais raro, porque supõe em seu autor um estudo completo dos costumes de seu século, um discernimento justo e pronto, e uma força de imaginação que reúne sob um só ponto de vista os traços que sua penetração só pôde captar em detalhe. O que falta à maioria dos pintores de caracteres que Molière, esse grande modelo, possuía de modo eminente, é essa visada filosófica, que apreende não somente os extremos, mas o meio das coisas: entre o hipócrita pérfido e o devoto crédulo, vê-se o homem de bem que desmascara a perfídia de um e lamenta a credulidade do outro. Molière opõe os costumes corrompidos da sociedade à probidade selvagem do Misantropo: entre dois excessos aparece a moderação do sábio, que odeia o vício e não odeia os homens. Que fundo de filosofia não é necessário para captar assim o ponto fixo da virtude! É por essa precisão que se reconhece Molière, bem melhor do que um pintor da Antiguidade reconheceu seu rival no traço de pincel que havia posto sobre uma tela.

Se nos perguntam por que o cômico de situação nos excita a rir, mesmo sem o concurso do cômico de caráter, perguntaremos por que rimos do tombo imprevisto de um passante. É desse gênero de gracejo que Hensius teve razão em dizer: *plebis aucupium est et abusus.* O mesmo não acontece com o cômico comovente; talvez ele seja mais útil aos costumes do que a tragédia, visto que nos interessa mais de perto e que, assim, os exemplos que ele nos propõe nos tocam mais sensivelmente: esta é pelo menos a opinião de Corneille. Mas como esse gênero não pode ser sustentado pela grandeza dos objetos, nem animado pela força da situação, e que deve ser ao mesmo tempo familiar e interessante, é difícil evitar a dupla armadilha de ser frio ou romanesco. É a simples natureza que deve ser apreendida, e imitar a simples natureza é o mais alto esforço da arte. Quanto à origem do cômico comovente, é preciso nunca ter lido os antigos para atribuir sua invenção ao nosso século. Nem mesmo se concebe que esse erro tenha podido subsistir um instante numa nação acostumada a ver a representação da *Andria*, de Terêncio, na qual se chora desde o primeiro ato. Um crítico, para condenar esse gênero, ousou dizer que ele era novo; acreditou-se no que ele disse, a tal ponto a leviandade e a indiferença de um certo público sobre as opiniões literárias lhe dá boa ocasião para a insolência e a ignorância.

Estes são os três gêneros de cômico, entre os quais não consideramos o cômico de palavras, tão usado na sociedade, fraco recurso dos espíritos sem talento, sem estudo e sem gosto, nem o cômico obsceno, que não é mais tolerado em nosso teatro a não ser por uma espécie de prescrição, e no qual as pessoas honestas não podem rir sem enrubescer, nem essa espécie de disfarce em que o parodista se arrasta atrás do original para aviltar, por uma imitação burlesca, a ação mais nobre e mais tocante: gêneros desprezíveis, cujo autor é Aristófanes.

Mas um gênero superior a todos os outros é o que reúne o cômico de situação e o cômico de caráter, ou seja, no qual os personagens são arrastados, pelos vícios do coração ou pelas imperfeições do espírito, a circunstâncias humilhantes que os expõem ao riso e ao desprezo dos espectadores. Tal é, em *O avarento*, de Molière, o encontro de Arpagon com seu filho, quando, sem se conhecer, eles vêm negociar um com o outro, um como usurário, outro como dissipador.

Há caracteres muito pouco distintos para fornecer uma ação elevada: os pintores hábeis os agruparam com caracteres dominantes; é a arte de Molière: ou eles fazem contrastar vários desses pequenos caracteres entre si; é a maneira de Dufreny, que, embora menos feliz na economia da intriga, é de nossos autores cômicos [669], depois de Molière, o que melhor apreendeu a natureza, com a diferença de que cremos todos ter percebido os traços que Molière nos pinta, e que nos espantamos de não ter notado os que Dufreny e nos faz perceber.

Mas e Molière, o quanto está acima de todos os que precederam ou se seguiram a ele? Que se leia o paralelo estabelecido entre Terêncio e Molière pelo autor de *O século de Luís XIV*, o mais digno de julgá-los: "Não faltou a Terêncio senão ser menos frio; que pureza! Que exatidão! Que polidez! Que ingenuidade! Que fonte de boa zombaria! Que imitação dos costumes! E que flagelo do ridículo! Mas que homem ter-se-ia podido fazer com estes dois cômicos!".

A dificuldade em apreender com eles os ridículos e os vícios levou a dizer que não era mais possível fazer comédias de caracteres. Pretende-se que os grandes traços já foram reproduzidos e que não restam mais do que nuances imperceptíveis: não ver nenhum novo caráter para ser pintado é ter estudado bem pouco os costumes do século. A hipocrisia da virtude seria mais difícil de desmascarar do que a hipocrisia da devoção? O misantropo por conduta é menos ridículo do que o misantropo por princípio? O pretensioso modesto, o pequeno senhor, o falso magnífico, o desafiador, o amigo da corte e tantos outros vêm se oferecer em massa a quem tiver o talento e a coragem de tratar deles. A polidez esconde os vícios, mas é uma espécie de tecido leve, através do qual os grandes mestres sabem bem desenhar o nu.

Quanto à utilidade da comédia moral e decente, tal como ela se encontra em nosso teatro, pô-la em dúvida é pretender que os homens sejam insensíveis ao desprezo e à vergonha; é supor que eles não podem se envergonhar, ou que não podem se corrigir dos defeitos dos quais se envergonham; é tornar os caracteres independentes do amor-próprio, que é sua alma, e os colocar acima da opinião pública, da qual a fraqueza e o orgulho são os escravos, e da qual a própria virtude tem dificuldade em se liberar.

Diz-se que os homens não se reconhecem em sua própria imagem: ouso negar que é assim. Acreditamos enganar os outros, mas não nos enganamos nunca. Alguém que aspira à estima pública não ousaria mostrar-se se acreditasse ser conhecido como ele mesmo se conhece.

Diz-se ainda: ninguém se corrige. Infelizes aqueles para os quais esse princípio é uma verdade de sentimento; mas se, com efeito, o fundo natural é incorrigível, pelo menos o exterior não o é.

Os homens só se tocam pela superfície, e tudo estaria em ordem se pudéssemos reduzir os que nasceram viciosos, ridículos ou maus a não sê-lo senão internamente. É o fim ao qual se propõe a comédia. E o teatro é, para o vício e o ridículo, o que são os crimes para os tribunais onde ele é julgado e os cadafalsos em que ele é punido.

Poder-se-ia ainda dividir a comédia relativamente às condições e veríamos nascer dessa divisão a comédia da qual acabamos de falar neste verbete, a pastoral e as peças de contos de fadas. Mas a pastoral e os contos de fada não merecem nome de comédia a não ser por causa de um abuso tolo.

(MGS)

Composição (*Música*), Rousseau [3, 771]

Composição, em música, é a arte de inventar e escrever cantos, de acompanhá-los com uma harmonia conveniente, e, em uma palavra, de fazer uma peça musical completa, com todas as suas partes.

O conhecimento da harmonia e de suas regras é o fundamento da composição; mas ele não basta para bem concluí-la. Além disso, é preciso conhecer bem [772] a extensão e o caráter das vozes e dos instrumentos; os cantos que são de fácil ou difícil execução; o que produz efeito e o que não o produz; sentir o caráter dos diferentes compassos e o das diferentes modulações, para sempre aplicá-los de maneira conveniente; saber todas as regras particulares que o gosto estabeleceu, como as fugas, as imitações, os cânones, os baixos obstinados; e, enfim, ser capaz de discernir ou conceber a ordem de uma obra inteira, de acompanhar as suas nuanças e, de certa maneira, de imbuir-se do espírito do poeta, sem se distrair correndo atrás de palavras. Com razão os nossos músicos chamaram de letras os poemas que convertem em canto. Com efeito, por sua maneira de produzi-los, vemos que, para eles, não passam de letras.

As regras fundamentais da composição são sempre as mesmas, mas elas recebem maior ou menor extensão ou restrição, segundo o número das partes. Pois, à medida que aumenta o número de partes, a composição se torna mais difícil e as regras são também menos rígidas. A composição para duas partes se chama duo, quando as duas partes cantam igualmente e o tema é dividido entre elas. Se o tema se encontra somente em uma parte e a outra apenas acompanha, então chamamos a primeira de *récit*, ou solo, e a outra, acompanhamento, ou baixo-contínuo, se for um baixo. A mesma coisa se dá com o trio ou com a composição para três partes, com o quarteto, com o quinteto etc.

Compõe-se apenas para as vozes, ou apenas para instrumentos, ou para os instrumentos *e* para as vozes. As canções são as únicas composições para as vozes, apenas; a elas frequentemente ainda se acrescenta algum acompanhamento, a fim de lhes dar sustentação. As composições instrumentais são para um coro de orquestra, e então se chamam sinfonias, concertos; ou para algum tipo particular de instrumento, e se chamam sonatas.

Quanto às composições destinadas às vozes e aos instrumentos, entre nós, dividem-se em dois tipos principais, a saber: música latina, ou música de igreja, e música francesa. As músicas destinadas à igreja, sejam salmos, hinos, antífonas ou responsos, designam-se genericamente como motetos. A música francesa divide-se, ainda, em música de teatro, como nossas óperas, e em música de câmara, como nossas cantatas ou *cantatilles*. Em geral, a música latina exige mais conhecimento de composição; a música francesa, mais gênio e gosto.

(FY)

Composição (*Pintura*), Diderot [3, 772]

Composição, em pintura, é a parte dessa arte que consiste em representar sobre a tela um tema, seja ele qual for, da maneira mais vantajosa possível. Ela supõe: 1º) que se conheça bem o que é próprio ao tema na natureza, na história ou na imaginação; 2º) que se tenha recebido o gênio que emprega todos esses dados com gosto conveniente; 3º) que se tenha recebido do estudo e do hábito do trabalho os princípios da arte, sem o que as outras qualidades permanecerão sem efeito.

Um quadro bem composto é um todo compreendido em um único ponto de vista, no qual as partes concorrem para o mesmo fim e formam, por sua correspondência mútua, um conjunto tão real quanto aqueles dos membros de um corpo animal. De modo que uma peça de pintura feita de um grande número de figuras lançadas ao acaso, sem proposição, sem inteligência e sem unidade, não merece o nome de *verdadeira composição*, assim como estudos esparsos de pernas, narizes e olhos em um mesmo esboço não merecem o nome de retrato ou mesmo de *figura humana*.

Segue-se que o pintor em sua composição está sujeito às mesmas leis que o poeta na sua, e que a observação das três unidades (da *ação*, do *lugar* e do *tempo*) não é menos essencial à pintura histórica do que à poesia dramática.

Mas sendo as leis da composição um pouco mais vagas em outras pinturas que não a histórica, é sobretudo nesta última que nos fixaremos, cuidando para não deixar de apresentar no curso deste verbete as regras comuns à representação de todos os tempos, históricos, naturais ou poéticos.

Da unidade de tempo em pintura. A lei dessa unidade é muito mais severa para o pintor do que para o poeta. Concedem-se 24 horas para esse último, isto é: que ele possa, sem pecar contra a verossimilhança, reunir no intervalo de três horas, que é a duração de uma representação, todos os acontecimentos que puderam se suceder naturalmente no espaço de um dia. Mas o pintor não tem senão um instante quase indivisível; é a esse instante que todos os movimentos de sua *composição* devem se relacionar. Entre esses movimentos, se observo alguns que sejam do instante que precede ou do instante que segue, a lei da unidade de tempo é infringida. No momento em que Calcas ergue sua faca sobre o peito de Ifigênia, o horror, a compaixão, a dor, devem se mostrar no mais alto grau no rosto dos espectadores. Clitemnestra furiosa se lançará em direção ao altar e, apesar dos braços dos soldados que a retêm, se esforçará para agarrar a mão de Calcas para se interpor entre sua filha e ele. Agamenon terá a cabeça coberta por sua capa etc.

Pode-se distinguir em cada ação uma multidão de instantes diferentes, entre os quais haveria inabilidade ao não escolher o mais interessante, que é, de acordo com a natureza do tema, ou o instante mais patético ou o mais alegre ou o mais cômico, a menos que as leis particulares da pintura o ordenem de outra maneira; que não se recupere pelo efeito das cores, das sombras e das luzes, da disposição geral das figuras, o que se perde com a escolha do instante e das circunstâncias próprias da ação; ou que se acredite que se deva submeter seu gosto e seu gênio a certa puerilidade nacional, que muitíssimas vezes se honra com o nome de *delicadeza de gosto*. O quanto essa delicadeza, que não permite que o infeliz Filoctetes emita gritos inarticulados sobre nossos palcos, que se contorça na entrada de sua caverna, não afastaria da pintura os seus objetos interessantes!

Na pintura, cada instante tem suas vantagens e suas desvantagens. Uma vez escolhido o instante, todo o resto é dado. Pródico supõe que Hércules, na juventude, depois da derrota do javali de Erimanto, foi acolhido em um lugar solitário da floresta pela deusa da glória e pela dos prazeres, que o disputavam. Quantos instantes diferentes essa fábula moral não ofereceria a um pintor que a escolhesse como tema? Dele se comporia uma galeria. Há o instante no qual o herói é recebido pelas deusas; o instante no qual se ouve a voz do prazer; aquele no qual a honra fala a seu coração; o instante em que pesa a razão da honra e aquela do prazer; o instante em que a glória começa a vencê-lo; o instante no qual ele está inteiramente decidido por ela.

À visão das deusas, ele deve ser tomado pela admiração e pela surpresa. Deve se enternecer com a voz do prazer, se inflamar com a da honra. No instante em que pesa as vantagens das duas, ele se torna sonhador, incerto, hesitante; à medida que aumenta o combate interior e que o momento do sacrifício se aproxima, [773] o arrependimento, a agitação, o tormento, as angústias, se apoderam dele *& premitur ratione animus, vincique laborat* [e a razão é oprimida pela alma, que trabalha e vence].

O pintor a quem faltasse gosto a ponto de se prender ao instante em que Hércules está inteiramente decidido em favor da glória abandonaria todo o sublime dessa fábula e seria levado a conferir à deusa do prazer, que então teria perdido sua causa, um aspecto de aflição, o que iria de encontro ao seu caráter. A escolha de um instante interdita ao pintor todas as vantagens de outros. Quando Calcas crava o punhal sagrado no peito de Ifigênia, sua mãe deve desmaiar, os esforços que poderia ter feito para deter o golpe pertencem a um instante passado: voltar a esse instante, por um minuto que seja, é pecar de modo tão grave quanto o antecipar em mil anos.

Há, porém, ocasiões em que vestígios de um instante passado não são incompatíveis com a presença de um instante: por vezes, as lágrimas de dor cobrem um rosto no qual a alegria começa a dominar. Um pintor hábil apreende um rosto no instante em que a alma passa de uma paixão a outra e realiza uma obra-prima. Tal é o caso de Maria de Médici, na Galeria do Luxemburgo: Rubens a pintou de tal maneira que a alegria de trazer ao mundo um filho não apaga a impressão das dores do parto. Dessas duas paixões contrárias, uma é presente, a outra não é ausente.

Por ser raro que nossa alma esteja em uma disposição firme e determinada, que quase sempre se tenha um combate de diversos interesses opostos, não basta saber expressar uma paixão simples. Todos os instantes delicados são perdidos por aquele que leva seu talento somente até esse ponto. Não sairá de seu pincel nenhuma daquelas figuras que não nos cansamos de ver e nas quais não paramos de perceber novas sutilezas à medida que as consideramos. Seus personagens serão por demais decididos para oferecer esse prazer, impressionarão mais ao primeiro olhar, mas serão menos lembrados.

Da unidade da ação. Essa unidade está bastante ligada àquela do tempo. Abraçar dois instantes é pintar de uma só vez um mesmo fato a partir de dois pontos de vista diferentes, erro que se percebe menos, mas, no fundo, mais grave que o da duplicidade de temas. Duas ações ligadas ou mesmo separadas podem ocorrer ao mesmo tempo, no mesmo lugar, mas a presença de dois instantes diferentes implica contradição no mesmo fato, a menos que se queira considerar um caso e outro como a representação de duas ações diferentes em uma mesma tela. Aqueles dentre nossos poetas que não se consideram gênios o bastante para desenvolver cinco atos interessantes sobre um tema simples fundem muitas ações em uma, exageram nos episódios e sobrecarregam suas peças na proporção de sua esterilidade. Por vezes, os pintores caem no mesmo erro. Não negamos que uma ação principal não ocasione ações acidentais, mas é necessário que essas últimas sejam circunstâncias essenciais à precedente: é preciso que haja entre elas tamanho vínculo e subordinação que o espectador nunca fique perplexo. Variai, como vos agrada, o "massacre dos inocentes" de diversas maneiras, mas que eu o reconheça por toda parte não importando o local de vossa tela no qual lance meu olhar. Vossos episódios ou me aproximarão do tema ou me afastarão dele, e o último desses efeitos é um mal. A lei da unidade da ação é ainda mais severa para o pintor do que para o poeta. Um bom quadro não fornecerá muito mais do que um tema ou até uma única cena de drama, ao passo que um único drama pode fornecer matéria para cem quadros diferentes.

Da unidade de lugar. Em relação ao poeta, para o pintor essa unidade é mais estrita em um sentido e menos em outro. A cena é mais extensa na pintura, porém é mais una do que na poesia. O poeta, que não está limitado a um instante indivisível como o pintor, leva sucessivamente o público de um aposento a outro, ao passo que, se o pintor se estabeleceu em um vestíbulo, em uma sala, sob um pórtico, em um campo, daí ele não sai mais. Com a ajuda da perspectiva, ele pode aumentar seu teatro até onde julgar adequado, mas mantém sua decoração, ele não a muda.

Da subordinação das figuras. É evidente que as figuras devem se fazer notar na mesma proporção do interesse que devo ter por elas; que existam espaços relativos às circunstâncias da ação que as figuras devem ocupar naturalmente ou dos quais devem estar mais ou menos afastadas; que cada uma deva ser animada pela paixão, pelo grau de paixão que convém a seu caráter; que se há alguma delas que fala, é preciso que as outras ouçam; que diversos interlocutores falando ao mesmo tempo provocam em um quadro um efeito tão ruim quanto em sociedade; que sendo tudo igualmente perfeito na natureza, em uma peça perfeita as partes devem ser igualmente cuidadas e chamar a atenção apenas por sua maior ou menor importância. Se o sacrifício de Abraão estivesse presente a vossos olhos, a sarça e o bode não teriam mais verdade do que o sacrificador e seu filho. Que eles sejam, portanto, igualmente verdadeiros em vossa tela e não temei que esses objetos subalternos possam fazer que se negligenciem os objetos importantes. Eles não produzem esses efeitos na natureza, por que os produziriam na imitação que faríeis deles?

Dos ornamentos, dos drapejamentos e outros objetos acessórios. Nunca é demais recomendar a sobriedade e a conveniência nos ornamentos. Há em pintura, assim como em poesia, uma infeliz fecundidade: tendes uma manjedoura para pintar, para que apoiá-la contra as ruínas de algum grande edifício e erigir colunas em um local no qual eu não poderia suportá-las senão por conjecturas forçadas? O quanto o preceito de embelezar a natureza não estragou o quadro! Não procurai, portanto, embelezar a natureza. Com juízo, procurai aquela que vos convém e expressai-a com escrúpulos. Conformai-

-vos às vestes da história antiga e moderna, e não ide colocar em uma via sacra judeus com chapéus guarnecidos de plumas.

Eliminai de vossa composição toda figura desnecessária, que não a aquecendo, a esfriaria; que as figuras que usardes não sejam esparsas e isoladas; uni-as por grupos; que vossos grupos estejam ligados entre si; que neles as figuras estejam bem contrastadas, mas não por esse contraste de posições acadêmicas, nas quais se vê o aluno sempre atento ao modelo e jamais à natureza; que as figuras sejam projetadas uma sobre as outras, de maneira que as partes ocultas não impeçam que o olho da imaginação as veja por inteiro; que as luzes sejam nítidas, nada de pequenas luzes esparsas que não formariam qualquer massa ou que ofereceriam apenas formas ovaladas, redondas, quadradas, paralelas. Na imitação de objetos que não se quer simetrizar, essas formas seriam tão insuportáveis para o olho quanto lhes satisfaria em um arranjo simétrico. Observai rigorosamente as leis da perspectiva: sabei aproveitar o movimento das vestimentas. Se vós as dispuserdes convenientemente, elas contribuirão muito para o efeito, mas cuidai para que não se perceba a arte nesse recurso e em outros que a experiência vos sugerir etc.

Tais são, de certo modo, as regras gerais da composição: elas são quase invariáveis, e as da prática da pintura não devem trazer [774] senão poucas ou nenhuma alteração. Observarei apenas que, do mesmo modo que um homem de letras narra um fato como historiador ou como poeta, um pintor torna histórico ou poético o tema de um quadro. No primeiro caso, parece que todos os seres imaginários, todas as qualidades metafísicas personificadas, devem ser banidos do quadro. A história exige mais verdade, não há sequer um desses desvios nas batalhas de Alexandre. No segundo caso, parece que só se permite personificar aquelas qualidades metafísicas que sempre o foram, a menos que se queira espalhar uma profunda obscuridade em um tema muito claro. Por isso, não admiro tanto a alegoria de Rubens no parto da rainha quanto na apoteose de Henrique: pareceu-me sempre que o primeiro desses objetos demandaria toda a verdade da história e o segundo, toda a maravilha da poesia.

Denominamos *composições extravagantes* aquelas cujas figuras têm formas e movimentos estranhos à natureza; *composições forçadas* as que os movimentos e as paixões pecam por excesso; *composições confusas* as que a multiplicidade de objetos e de incidentes eclipsam o tema principal; *composições frias* aquelas cujas figuras carecem de paixão e de movimentos; *composições magras* aquelas em que o pintor não soube tirar partido de seu tema ou cujo tema é ingrato; *composições carregadas* aquelas em que o pintor exibiu objetos em demasia.

Uma composição pode facilmente ser rica em figuras e pobre de ideias; outra composição excitará muitas ideias, ou inculcará fortemente uma única e terá apenas uma figura. O quanto a representação de um anacoreta ou de um filósofo absorvido em uma meditação profunda não enriquecerá a pintura da solidão? Parece que a solidão não demanda ninguém, entretanto, será muito mais solitária se nela colocardes um ser pensante. Se fazeis com que das montanhas desabe uma torrente e se quereis que eu me espante com isso, imitai Homero e colocai em um canto, ao lado, um pastor na montanha que escuta com espanto o estrondo provocado.

Nunca é demais sugerir aos pintores a leitura dos grandes poetas e, reciprocamente, os poetas não podem deixar de ver as obras dos grandes pintores. Com isso, os primeiros ganharão gosto, ideias e grandeza, os segundos, exatidão e verdade. Em quantos quadros poéticos que se admira não se sentiria logo o absurdo se fossem executados em pintura? Quase não há um só desses poemas denominados templos que não apresente um pouco desse defeito. Lemos esses templos com prazer, mas o arquiteto que realiza em sua imaginação os objetos à medida que o poeta lhes oferece não vê neles, ao que tudo indica, senão um edifício bastante confuso e enfadonho.

Um pintor que ama o simples, o verdadeiro e o que é grande se afeiçoará particularmente a Homero e a Platão. Não direi nada de Homero, ninguém ignora até onde esse poeta levou a imitação da natureza. Platão é um pouco menos conhecido a esse respeito, contudo, ouso assegurar que ele em nada deve a Homero. Quase todas as entradas de seus diálogos são obras-primas de verdade pitoresca, verdade que se encontra também ao longo do diálogo. Mencionarei apenas um exemplo extraído de *O banquete*. Esse diálogo, que comumente consideramos como uma corrente de hinos ao amor, cantados por um grupo de filósofos, é uma das mais delicadas apologias de Sócrates. É bem conhecida a injusta censura à qual sua estreita relação com Alcebíades o expôs. O crime imputado a Sócrates era de tal natureza que a apologia direta tornar-se-ia uma injúria, por isso Platão cuida de não fazer dele o tema principal de seu diálogo. Ele reúne os filósofos em um banquete, ele os faz cantar o amor. A refeição e o hino estavam quase no fim quando se escuta um grande barulho no vestíbulo, as portas se abrem e vemos Alcebíades coroado com uma grinalda de hera e cercado de um grupo de tocadoras de instrumentos. Platão supõe que ele está nessa dose de embriaguez que se soma à alegria e predispõe à indiscrição. Alcebíades entra, divide sua coroa em duas outras, uma coloca em sua cabeça, com a outra coroa Sócrates. Informa-se a respeito do tema da conversa: todos os filósofos cantaram o triunfo do amor. Alcebíades canta sua derrota diante da sabedoria ou os seus inúteis esforços para corromper Sócrates. Essa narrativa é conduzida com tanta arte que nela apenas se percebe, por toda parte, um jovem libertino que a embriaguez faz falar e que, sem comedimento, se acusa das intenções mais corrompidas e da devassidão mais vergonhosa. Mas a impressão que fica no fundo da alma, sem que se suspeite nesse momento, é que Sócrates é inocente e bastante feliz por assim ter sido, pois Alcebíades, imbuído de seus próprios encantos, não teria deixado de realçá-los, revelando seu efeito pernicioso sobre o mais sábio dos atenienses. Que quadro esse! Que entrada de Alcebíades e seu séquito no meio dos filósofos! Não seria ainda uma pintura interessante e digna dos pincéis de Rafael e Vanloo a representação dessa assembleia de homens veneráveis cativados pela eloquência e pelos encantos de um jovem libertino, *pendentes ab ore loquentis* [dependentes da boca de um orador]? Quanto às partes da pintura cuja composição supõe o conhecimento, ver *Desenho* etc. Nós nos limitamos a expor neste verbete apenas o que concernia ao seu objeto particular.

(Tradução: Luís Fernandes do Nascimento)[1]

Conjunto (*Pintura*), Watelet [5, 713]

Eis uma palavra cuja significação aparentemente vaga contém uma multidão de leis particulares que se impõem aos artistas, primeiro pela natureza, ou, o que é o mesmo, pela verdade, e em seguida pelo raciocínio, que deve ser o intérprete da natureza e da verdade.

1 Doravante LFN.

Conjunto é a união das partes de um todo.

O conjunto do universo é essa cadeia que se esconde quase inteiramente de nossos olhos, da qual resulta a existência harmoniosa de tudo aquilo de que gozam os nossos sentidos. O conjunto de um quadro é a união de todas as partes da arte de imitar os objetos, encadeamento conhecido pelos artistas criadores, que o tomam como base de suas produções; tecido misterioso, invisível para a maior parte dos espectadores, destinados a tão somente gozar das belezas que dele resultam.

O conjunto da composição num quadro de história é de duas espécies, tal como a própria composição, e pode dividir-se, por conseguinte, em conjunto *pitoresco* e conjunto *poético*.

Os personagens de uma cena histórica podem sem dúvida ser fixados a partir das obras pelas quais nos foram transmitidos. A forma do lugar em que ela se passa também pode ser determinada com exatidão pelo seu relato. Mas nem por isso não restam à escolha do artista um infinito número de combinações possíveis entre os personagens essenciais e os objetos descritos. Cabe ao pintor criar esse conjunto pitoresco, e creio que mais importante do que a exibição de variedade de sua composição é o talento de abarcar todas as combinações que possam produzi-la.

A combinação em que nos detemos, dentre as possíveis, é assim, num quadro, o seu conjunto pitoresco. Esse conjunto é mais ou menos perfeito segundo o êxito com que se realizam grupos verossímeis, atitudes justas, fundos agradáveis, drapejamentos naturais, acessórios bem escolhidos e bem dispostos.

O conjunto poético exige por seu turno esse interesse geral, porém nuançado, que deve ter por um evento todos os que participam dele. O espírito, a alma dos espectadores, querem ser satisfeitos, assim como seus olhos, e quer que os sentimentos de que o artista pretendeu dar uma ideia tenham, nas figuras que ele representa, uma ligação, uma conformidade, uma dependência, enfim, um conjunto que exista na natureza. Pois num evento que requer a participação de pessoas de diferentes idades, de diferentes condições, de diferentes sexos, o sentimento que resulta do espetáculo presente, semelhante a um fluido em turbilhão, perde algo de sua ação à medida que se distancia do centro, ou então confere aparências diferentes de força, fraqueza, sensibilidade e educação, que são como que os diferentes canais pelos quais ele circula.

Em meio a essa multidão de obrigações impostas pelas leis do conjunto, percebe-se que a cor tem razão de reivindicar os seus direitos.

A união, o acordo, a gradação imperceptível de cores, tudo isso forma um conjunto. O claro-escuro compõe o seio dos grupos de luz e sombra e perfaz o encadeamento de suas massas. Esse ponto merece que se consultem outros artigos, particularmente destinados a aprofundá-lo. Remeto assim, entre outros, a uma explicação mais extensa desse gênero de conjunto, ao verbete *Harmonia*, que o exprime.

A cor tem seus tons, suas proporções, seus intervalos. Não admira que a pintura tome de empréstimo à música a palavra *harmonia*, que tão bem exprime o efeito produzido por essas diferentes relações. A música, por seu turno, pode adaptar a palavra *colorido*, denominando assim a variedade de estilo capaz de libertá-la da monotonia a que ela parece se entregar, sobretudo entre nós.

Se não ofereço, sobre a palavra *conjunto*, mais do que reflexões gerais, percebe-se que o faço para me conformar à ideia apresentada por esse termo. Sua significação, porém, torna-se menos vaga e mais conhecida quando ele é aplicado ao desenho. É mais comum que seja empregado pelos artistas, e desse uso mais frequente deve naturalmente resultar uma ideia mais nítida e precisa. Assim, não há pupilo que não saiba que por conjunto se entende uma figura, ao passo que alguns artistas teriam dificuldade de explicar o que significa conjunto poético ou conjunto pitoresco.

O fato de termos de ciências e de arte serem utilizados com maior ou menor frequência é um dos obstáculos mais difíceis a serem superados para que se possam fixar as ideias dos homens sobre os diferentes conhecimentos. As palavras são pouco utilizadas? Não se conhece suficientemente a sua significação. Seu uso torna-se mais frequente? Logo torna-se demasiado frequente, elas são distorcidas, e abusa-se delas a ponto de não se prestarem mais ao uso metódico a que são destinadas.

Mas, sem me deter na citação de exemplos que, de resto, podem facilmente ser encontrados, retorno à palavra *conjunto*. Em se tratando de uma figura, é a união das partes do corpo e sua correspondência recíproca. Diz-se de um conjunto que ele é bom ou mau. Por conseguinte, a palavra *conjunto* não significa precisamente a perfeição do desenho de uma figura, mas somente a reunião verossímil das partes que a compõem.

O conjunto de uma figura é comum à figura bem como à imitação que dela é feita. Há homens dos quais se pode dizer que são desconjuntados: desprovidos de graça desde o nascimento, seus membros são efetivamente mal reunidos. Por outro lado, é espantoso como a extravagância dos costumes e a cegueira das pretensões tantas vezes levam muitas dessas criaturas indefiníveis, chamadas de mestres aprendizes, a desfigurar um conjunto às vezes perfeito, ou ao menos passável, de que foram dotados, e a substituí-lo por uma figura decomposta e desagradável, que contradiz a natureza.

As graças são mais respeitadas pela pintura, e se nem sempre o todo é sacrificado a elas, busca-se ao menos obter o seu aval para a perfeição do conjunto. Os gregos, que entre outras vantagens em relação a nós tinham a de nos ter precedido, realizaram um estudo em particular do que deve constituir a perfeição do conjunto de uma figura.

Eles encontraram, em seu gosto pelas artes, em sua emulação, nos recursos de seu espírito e nos usos que adotaram, facilidades e meios que os levaram aos feitos artísticos que tanto admiramos. Retomarei esse fio, que insensivelmente me conduzirá a falar de proporções, e da graça, nos verbetes *Proporção* e *Graça*; ver também *Belo*. [714] Contentar-me-ei aqui em dizer que a justeza do conjunto depende muito do conhecimento da anatomia, pois o conjunto é o efeito exterior dos membros postos em movimento pelos músculos e nervos, sustentados nesse movimento pelos ossos, que são o arcabouço do corpo.

O efeito de um conjunto, como se pode perceber, é resultado dos conjuntos de que falei, assim como a expressão *efeito geral* é o resultado dos efeitos particulares de cada uma das partes da arte de pintar presentes num quadro.

(PPP)

Cópia (*Gramática*), Diderot [4, 176]

Cópia é a duplicata de um escrito, de uma obra, de um quadro etc. Para ser boa como pura e simples cópia, deve ter tanto as belezas quanto os defeitos do original, caso seja um quadro (ver *Cópia*), e deve trazer os defeitos da escritura e do sentido, caso seja um escrito.

(PPP)

Cópia (*Pintura*), Diderot [4, 176]

Cópia, em geral, é toda imitação que se faça, exceto a partir da natureza. O que é feito a partir da natureza se chama *original*. Diz-se *copiar a natureza segundo a natureza*, mas não se deve dizer *uma cópia a partir da natureza*.

Há pintores que imitam a maneira de outros. Diz-se deles que sabem a maneira de tal ou tal pintor, mas nem por isso seus quadros são considerados cópias. Também as reproduções são distinguidas em cópias e originais. Se feitas a partir de quadros, são ditas originais, se a partir de outras reproduções, são cópias.

Há pintores que copiam tão perfeitamente os quadros de um ou mais mestres que mesmo os críticos mais esclarecidos sentem às vezes dificuldade para distinguir a cópia do original, se não tiverem um olho extremamente experimentado, um grande conhecimento da arte, ou, o que supre ambas as coisas, o quadro original ao lado, para realizar um cotejo. Recomenda-se por isso, aos amantes da pintura, que tenham circunspecção, seja em seus julgamentos, seja em suas compras, principalmente em se tratando de obras dos grandes mestres da escola da Itália, das quais foram feitas uma infinidade de cópias, muitas delas de uma beleza e de um viço impressionantes. Diz-se que um aluno de um pintor talentoso copiou um dos quadros de seu mestre com tamanha perfeição que mesmo este se enganou. A possibilidade de um fato como esse foi negada por um pintor que vive em nossos dias e é admirado pela veracidade e originalidade de suas obras. O sr. Chardin afirmou que qualquer que fosse cópia que se fizesse de seus quadros, ele jamais poderia se enganar, e tal cópia seria ou mais bela (o que seria difícil) ou menos bela que o original. Foi-lhe objetado o veredicto de autoridades críticas, mas ele não se deixou abalar; opôs a razão e o bom senso aos testemunhos e aos pretensos fatos, acrescentando que não há absurdo, em qualquer gênero, em que alguém não possa incorrer, quando sacrifica as suas luzes a nomes e passagens de autores. É preciso, disse ele, [177] examinar primeiro a possibilidade do fato; em seguida, as suas provas.

(PPP)

Dança (*Arte, História*), Cahusac [4, 623]

Dança, movimentos regrados do corpo, saltos e passos compassados, executados ao som dos instrumentos ou da voz. Primeiramente, as sensações foram expressas pelos diferentes movimentos do corpo e do rosto. O prazer e a dor, ao se manifestarem à alma, deram ao corpo movimentos que pintavam exteriormente essas diferentes impressões. Isto foi o que se chamou de *gesto*.

Ao se desenvolver, o canto, tão natural ao homem, aos outros homens por ele impressionados inspirou gestos relativos aos diferentes sons dos quais esse canto era composto. Então o corpo se agitou; os braços se abriram ou se fecharam; os pés executaram passos lentos ou rápidos; os traços do rosto participaram desses movimentos diversos; todo o corpo respondeu por meio de posições, comoções, atitudes diante dos sons com os quais o ouvido era afetado. Assim, o canto, que era a expressão de um sentimento (ver *Canto*), fez que se desenvolvesse uma segunda expressão que estava no homem e que chamamos de *dança*. Eis aí seus dois princípios primitivos.

Por essas poucas palavras, vemos que a voz e o gesto não são mais naturais à espécie humana que o canto e a dança; e que um e outro são, por assim dizer, os instrumentos de duas artes às quais eles deram lugar. Desde que existem homens, sem dúvida existem cantos e danças. Cantou-se e dançou-se desde a criação até nós; e é provável que os homens cantem e dancem até a destruição total da espécie.

O canto e a *dança*, uma vez conhecidos, naturalmente serviriam antes de tudo à demonstração de um sentimento que parece profundamente gravado no coração de todos os homens. Nos primeiros tempos, em que eles apenas saíam das mãos do Criador, todos os seres vivos e inanimados eram aos seus olhos sinais deslumbrantes da onipotência do Ser supremo e motivos comoventes de reconhecimento para os seus corações. Por conseguinte, os homens primeiramente cantaram os louvores e os dons de Deus, e dançaram ao cantá-los, para exprimir seu respeito e sua gratidão. Assim, a dança sagrada é a mais antiga de todas as danças e a fonte da qual extraímos depois todas as outras.

(FY)

Declamação dos antigos (*Literatura*), Duclos [4, 686]

O verbete que se segue nos foi dado pelo senhor Duclos, da Academia de Inscrições e Belas-Letras, um dos quarenta membros da Academia Francesa e historiógrafo da França. Reconhecer-se-ão no verbete a sagacidade, os conhecimentos e a retidão de espírito que esse assunto espinhoso exigia e que se fazem notar em todas as obras que o senhor Duclos publicou. A essas qualidades estão reunidas muitas outras, que pareceriam deslocadas nesse verbete, pois há um tom próprio para cada matéria.

Da arte de dividir a ação teatral, que, segundo se pretende, era utilizada pelos romanos. Seria difícil não reconhecer a superioridade de nossas obras dramáticas em relação àqueles que nos serviram de modelos. Mas, como não se costuma elogiar os contemporâneos facilmente e sem restrição, pretende-se que os antigos possuíam artes que ignoramos e que muito contribuiriam para a perfeição do gênero dramático. Segundo se diz, tal era a arte de dividir a ação teatral entre dois atores, de modo que um fazia os gestos enquanto o outro recitava. Era o caso também da arte de notação da declamação.

Fixemos o estado da questão e tentemos esclarecê-la, e começando pelo que concerne à divisão da ação.

Sobre a divisão da ação. A ação compreende a recitação e a gesticulação. Mas essa segunda parte está tão naturalmente ligada à primeira que seria difícil encontrar um ator que, com inteligência e sentimento, tivesse a gesticulação falsa. Os autores mais preocupados com o sucesso de suas obras aplicam-se em oferecer aos atores os tons, as inflexões e o que se chama de "espírito do personagem". Se o ator for ainda capaz de ser afetado, de se deixar tomar pela situação em que se encontra, ou seja, se tiver coração, não terá que se ocupar da gesticulação, que se seguirá infalivelmente. Seria mesmo perigoso se ele desse à gesticulação uma atenção que pudesse distraí-lo e fazê-lo cair na afetação. Os atores que menos gesticulam são, entre nós, os que têm a gesticulação mais natural. Os antigos, na verdade, podiam ter mais vivacidade e mais variedade gestual do que nós, como se observa entre os italianos, mas não é menos verdadeiro que essa gesticulação viva e acentuada, por lhes ser mais natural, não exigia de sua parte maior atenção do que damos à nossa. Não se vê, portanto, que tenha sido necessário fazer da gesticulação uma arte particular. Teria sido bizarro separá-la da recitação, que é a única que pode guiá-la e torná-la conveniente à ação.

Confesso que com frequência somos tão predispostos em favor de nossos usos, tão submetidos aos nossos hábitos, que consideramos como não razoáveis os costumes e os usos opostos aos nossos. Mas temos um meio de evitar o erro a esse respeito. É o de distinguir os usos puramente arbitrários daqueles que são fundados na natureza. Ora, é certo que a representação dramática deve ser a sua imagem; seria, pois, estranho separar, na imitação, o que é essencialmente unido nas coisas que nos servem de modelo. Se, em alguma circunstância singular, nos divertimos com um espetáculo ridículo, nosso prazer nasce da surpresa; a frieza e o desgosto logo nos trazem de volta ao verdadeiro, que procuramos até em nossos prazeres. A divisão da ação é, portanto, um espetáculo pueril, do gênero das marionetes.

Mas esse uso existiu? Os que sustentam essa opinião baseiam-se numa passagem de Tito Lívio, que já citei no começo de uma memória, cuja sequência prometi então examinar. Ver tomo V, XVII, *Memórias da Academia de Belas-Letras*.

Mostramos como a superstição deu origem ao teatro de Roma e quais foram os progressos dos jogos cênicos. Tito Lívio acrescenta que Lívio Andrônico foi o primeiro que ousou substituir as sátiras por uma fábula dramática (240 anos antes de Cristo e 124 após a chegada dos farsistas etruscos), *Ab saturis ausus est primus argumento fabularum*, expressões que não apresentam um sentido claro; Cícero diz mais simplesmente *primus fabulam docuit* (foi o primeiro a compor uma fábula).

As peças de Andrônico eram imitações de peças gregas (*Acadêmicas*, questão I), *non verbam sed vim graecorum espresserunt poetarum* (os poetas gregos não se expressavam com palavras, mas com força), diz Cícero. Esse orador não fazia muito caso das peças de Andrônico e pretende que elas não mereciam ser relidas (in *Brutus*), *liviane fabulae non satis disnae ut iterum legantur.* E Horácio, na *Epístola* I, 2, 3, fala daqueles que as estimavam mais do que mereciam, por algumas palavras felizes que às vezes eram encontradas nelas. Andrônico havia feito ainda uma tradução de *Odisseia*, que Cícero compara às estátuas atribuídas a Dédalo, cujo único mérito era sua antiguidade.

Parece, contudo, que Andrônico desfrutara outrora de bastante prestígio, já que havia sido encarregado de compor a letra e a música de um hino que 27 moças cantaram em honra de Juno. Mas ele é particularmente célebre por causa de uma inovação que introduziu no teatro e da qual foi o autor, ou melhor, o meio.

Tito Lívio diz que Andrônico, que, segundo o uso da época, atuava ele mesmo em suas peças, tendo ficado rouco de tanto repetir um trecho que era sempre pedido, obteve autorização para que um jovem ator cantasse essa letra, e então representou o que era cantado com um movimento ou um gesto tanto mais vivo quanto ele não estava ocupado com o canto: *canticum egisse aliquanto magis vigenti motum quia nihil vocis usus impediabat* (executou seu canto com gestos de grande vigor, pois nada o impedia de usar a voz).

A dificuldade está no que Tito Lívio acrescenta: daí, ele diz, veio o costume de cantar seguindo o gesto dos atores, e poupar sua voz para o diálogo: *inde ad manun cantari histrionibus coeptum, diverbiaque tantum ipsorum voci relicta* (então os atores começaram a acompanhar as partes cantadas com gestos, reservando o uso da voz apenas para as partes dialogadas).

Como a palavra *canticum* algumas vezes significa um monólogo, os comentadores concluíram daí que [487] a palavra só era considerada nessa acepção e o gesto dos monólogos se dividia sempre entre dois atores.

Mas a passagem de Tito Lívio sobre a qual se apoiam carece de um sentido bem determinado. Eu vi, quando discuti isso numa de nossas assembleias, quantas interpretações diferentes a passagem recebeu da parte daqueles para os quais os antigos são mais familiares, e a maioria deles adotou o sentido que irei propor.

Como o *canticum* de Andrônico é composto de cantos e danças, poder-se-ia entender pelos termos *canticum egisse* etc. que esse autor cantava no começo o seu canto, ou, se se quiser, sua cantata, e executava alternadamente ou ao mesmo tempo os intermédios das danças; tendo sua voz se alterado, encarregou outro autor da parte do canto, para dançar com mais liberdade e força, e que daí veio o uso de repartir entre diferentes atores a parte do canto e da dança.

Essa explicação parece-me mais natural do que o sistema da divisão da recitação e do gesto; ela é mesmo confirmada por uma passagem de Valério Máximo, que, falando da aventura de Andrônico, disse: *tacitus gesticulationem peregit* (criou-se o hábito de apenas gesticular). Ora, *gesticulatio* é comumente tomado por dança entre os antigos.

Luciano diz também no *Diálogo sobre a dança*: "outrora o mesmo ator cantava e dançava; mas como observou-se que os movimentos da dança prejudicavam a voz e impediam a respiração, julgou-se conveniente dividir o canto para um e a dança para outro".

Se o jogo mudo de Andrônico era mais uma simples gesticulação do que uma dança, ainda assim podemos concluir que o acidente que obrigou Andrônico a só fazer os gestos teria dado a ideia da arte da pantomima. Seria mais natural adotar essa interpretação do que acreditar que se tivesse, por uma bizarrice calculada, conservado uma irregularidade que só a necessidade poderia desculpar naquela circunstância.

Se normalmente remetemos a arte da pantomima ao século de Augusto, isso se refere à sua perfeição, e não à sua origem.

Com efeito, as danças dos antigos eram quase sempre quadros de uma ação conhecida ou cujo assunto era indicado pelas palavras explicativas. As danças dos povos do Oriente, descritas por Pietro della Valle e por Chardin, ainda são desse gênero. As nossas consistem apenas em mostrar leveza ou em apresentar atitudes agradáveis.

Essas pantomimas tinham um acompanhamento de música, tanto mais necessário pelo fato de que um espetáculo que só afetasse os olhos não conseguiria manter a atenção do público. Nosso hábito de ouvir um diálogo quando vemos homens agir de concerto faz com que, em lugar do discurso que nosso ouvido escuta maquinalmente, seja preciso pelo menos ocupá-lo por sons musicais convenientes ao assunto.

Se o uso do qual fala Tito Lívio devesse ser compreendido como divisão da recitação e do gesto, seria bem estranho que Cícero e Quintiliano não tivessem se referido a isso. Também Horácio teria provavelmente feito menção a esse uso.

Dodart diz simplesmente que as medidas dos cânticos, ou, se quisermos, os monólogos, não dependiam dos atores, mas eram regradas por um hábil compositor: *diverbia histrionis pronunciabat; cantica verò temperabatur modis, non à poeta, sed à perito artis musices factis* (o ator pronunciava o diálogo; a música, na verdade, era de algum modo temperada, não pelo poeta, mas por um perito na condução das artes musicais). Essa passagem prova apenas que os monólogos eram partes do canto, mas não que tivessem relação com a divisão da ação.

Não me estenderei mais sobre esse assunto; e passo ao segundo, que exigirá uma discussão bem mais extensa.

Sobre a declamação notada. O esclarecimento dessa questão depende do exame de vários pontos. E, para proceder com mais método e clareza, é necessário definir e analisar tudo o que possa ter relação com ela.

Como a declamação teatral é uma imitação da declamação natural, começo por defini-la. Ela é uma afecção ou modificação que a voz recebe quando somos movidos por alguma paixão e que anuncia essa emoção do mesmo modo que a disposição dos traços do rosto a anunciam aos que nos olham.

Essa expressão dos sentimentos encontra-se em todas as línguas. Para tentar conhecer a sua natureza, deve-se, por assim dizer, decompor a voz humana e considerá-la sob diversos aspectos.

1º) Como simples som, tal como o grito das crianças.

2º) Como som articulado, tal como é na palavra.

3º) No canto, que acrescenta à palavra a modulação e a variedade dos tons.

4º) Na declamação, que parece depender de uma nova modificação no som e na própria substância da voz, modificação diferente daquela do canto e da palavra, já que pode unir-se tanto a uma quanto à outra ou ser delas retirada.

A voz considerada como som simples é produzida pelo ar expulso dos pulmões e que sai da laringe pela abertura da glote. Esse ar ainda é aumentado pelas vibrações das fibras que recobrem o interior da boca e do canal do nariz.

A voz, que seria apenas um simples grito recebe, ao sair da boca, duas espécies de modificações que a tornam articulada e constituem o que chamamos de palavra.

As modificações da primeira espécie produzem as vogais, que, na pronúncia, dependem de uma disposição fixa e permanente da língua, dos lábios e dos dentes. Esses órgãos modificam, por sua posição, o ar sonoro que sai da boca, e, sem diminuir a velocidade, mudam a natureza do som. Como essa situação dos órgãos da boca, próprios para formar as vogais, é permanente, os sons vogais são suscetíveis de uma duração mais ou menos longa, e podem receber todos os graus de elevação ou abaixamento possíveis. Eles são mesmo os únicos que os recebem e todas as variedades, sejam acentos na pronúncia, seja a entonação musical no canto, só podem recair sobre as vogais.

As modificações da segunda espécie são as que as vogais recebem pelo movimento súbito e instantâneo dos órgãos móveis da voz, ou seja, da língua em direção ao palato ou aos dentes, e dos lábios. Esses movimentos produzem as consoantes, que são tão somente modificações das vogais e sempre as precedem.

O conjunto das vogais e consoantes misturadas segundo uma certa ordem constitui a palavra ou voz articulada.

A palavra é suscetível de uma nova modificação que a transforma na voz cantada. Esta depende de alguma coisa que não é apenas a maior ou menor velocidade, ou maior ou menor força do ar que sai da glote e passa pela boca. Tampouco se deve confundir a voz cantada com a maior ou menor elevação dos tons, pois **[688]** essa variedade é observada nos acentos da pronúncia do discurso ordinário. Esses diferentes tons ou acentos dependem unicamente da abertura maior ou menor da glote.[1]

Em que consiste então a diferença entre a simples palavra e a voz cantada?

Os antigos músicos estabeleceram, segundo Aristóxenes (*Elementos de harmonia*), que: 1º A voz cantada passa de um grau de elevação ou abaixamento a um outro grau, por saltos, sem percorrer o intervalo que os separa, ao passo que a do discurso se eleva ou se abaixa num movimento contínuo. 2º A voz cantada sustenta-se no mesmo tom considerado como um ponto invisível, o que não acontece na pronunciação simples.

Essa marcha por saltos e pausas é, com efeito, a da voz cantada. Mas não haveria mais nada no canto? Houve uma declamação trágica que admitia a

1 Essa abertura é oval; seu comprimento é de quatro a oito linhas; sua largura não vai além de uma linha nas vozes de baixo com registro elevado. Quanto mais fechada, mais agudos se tornam os sons; quanto mais aberta, mais grave se torna o som e maior a distância por ele atingida.

passagem por salto de um tom a outro e o repouso sobre um tom. Observa-se a mesma coisa em certos oradores. Entretanto, essa declamação ainda é diferente da voz cantada.

O senhor Dodart, que acrescentava ao espírito de discussão e de pesquisa um grande conhecimento da Física, da Anatomia e da operação mecânica das partes do corpo, deu particular atenção aos órgãos da voz. Ele observa que: 1º) um homem cuja voz, quando ele fala, é desagradável, tem o canto muito agradável, ou o contrário; 2º) se não ouvimos alguém cantar, por maior que tenhamos conhecimento de sua voz falada, não o reconheceremos por sua voz cantada.

Dodart, continuando suas pesquisas, descobriu que, na voz cantada, há, mais do que na voz falada, um movimento da laringe como um todo, ou seja, dessa parte da traqueia que forma como um novo canal que termina na glote, que envolve e sustenta seus músculos. A diferença entre as duas vozes vem, pois, daquela que existe entre a laringe assentada e em repouso sobre as ligaduras na palavra, e essa mesma laringe suspensa sobre as ligaduras, em ação e movida por uma vibração do alto para baixo e de baixo para cima. Essa vibração pode ser comparada ao movimento dos pássaros que planam, ou dos peixes que se mantêm no mesmo lugar contra o fio d'água. Embora as asas de uns e as nadadeiras dos outros pareçam imóveis para quem as vê, elas estão em contínua vibração, mas tão curtas e tão rápidas que são imperceptíveis.

A vibração da laringe produz na voz cantada uma espécie de ondulação que não existe na simples palavra. A ondulação sustentada e moderada nas belas vozes se faz sentir em excesso nas vozes tremidas ou fracas. Não deve ser confundida com as cadências e rolagens que se dão por mudanças muito rápidas e muito delicadas da glote, e que são compostas do intervalo de um tom ou de um semi-tom.

A voz, no canto ou na palavra, vem inteiramente da glote, pelo som e pelo tom. Mas a ondulação vem inteiramente da vibração da laringe como um todo, e, embora não faça parte da voz, afeta a sua totalidade.

Do exposto resulta que a voz cantada consiste na marcha por saltos de um tom a outro, na pausa sobre os tons, e nessa ondulação da laringe que afeta a totalidade da voz e a própria substância do som.

Após ter considerado a voz no simples grito, na palavra e no canto, resta examiná-la em relação à declamação natural, que deve ser o modelo da declamação artificial, teatral, ou oratória.

A declamação é, como já dissemos, uma afecção ou modificação que ocorre em nossa voz quando, ao passar de um estado tranquilo a outro agitado, nossa alma é movida por alguma paixão ou sentimento vivo. Essas mudanças da voz são involuntárias, ou seja, acompanham necessariamente as emoções naturais e as que nos proporcionamos pela arte, imbuindo-nos de uma condição somente pela força da imaginação.

A questão se reduz, assim, na verdade em saber:

1º) Se essas mudanças de voz que expressam paixões consistem somente em diferentes graus de elevação e abaixamento da voz, e se, passando de um tom a outro, ela avança numa progressão sucessiva e contínua, como nos acentos ou entonações prosódicas do discurso ordinário, ou se ela avança por saltos, como no canto.

2º) Se essas mudanças expressivas das paixões poderiam ser expressas por signos ou notas.

A opinião comum dos que discorrem sobre a declamação supõe que suas inflexões são do gênero das entonações musicais, nas quais a voz procede por intervalos harmônicos, e que é possível exprimi-las por notas ordinárias da música, das quais seria preciso mudar no máximo seu valor, mas das quais se conservaria a proporção e a relação.

Essa é a opinião de Dubos, que tratou da questão com mais extensão do que precisão. Ele supõe que a declamação natural tem tons fixos e segue uma marcha determinada. Mas, se ela consistisse nas entonações musicais e harmônicas, seria fixada e determinada pelo próprio canto do recitativo. Entretanto, a experiência nos mostra que, dentre dois atores que cantam as mesmas peças com a mesma justeza, um nos deixa frios e tranquilos, enquanto outro, com uma voz menos bela e menos sonora, nos emociona e transporta-nos: exemplos disso não são raros. É conveniente ainda observar que a declamação se deixa emparelhar mais dificilmente com a voz e o canto do que com a palavra.

Conclui-se disso que a expressão no canto é uma coisa diferente do próprio canto e das entonações harmônicas, e que o ator pode ou não lhe acrescentar expressão, sem que isso afete a constituição do canto.

Não se deve concluir daí que toda espécie de canto seja igualmente suscetível de toda espécie de expressão. Os atores inteligentes percebem muito bem que há cantos tão belos em si mesmos que é quase impossível se submeter a uma declamação conveniente às palavras.

Podemos ainda observar que na simples declamação trágica dois atores representam o mesmo trecho de uma maneira diferente e nos afetam igualmente; o mesmo ator representa um mesmo trecho de modo diferente, com o mesmo sucesso, a menos que o caráter próprio do personagem seja fixado pela história ou na exposição da peça. Se as inflexões expressivas da declamação não são as mesmas que as entonações harmônicas do canto, se elas não consistem na elevação ou no abaixamento da voz, no aumento de seu volume, na lentidão ou rapidez, não mais do que no repouso e nos silêncios, [**689**] enfim, se a declamação não resulta da reunião de todas essas coisas, embora a maioria delas a acompanhe, é preciso que essa expressão dependa de alguma outra coisa, que, afetando o próprio som da voz, lhe dê condições de emocionar e transportar nossa alma.

As línguas são meras instituições arbitrárias, sons insignificantes, para quem não as aprendeu. Não é isso que ocorre com as inflexões expressivas das paixões, nem com as mudanças na disposição dos traços do rosto: esses signos podem ser mais ou menos fortes, mais ou menos notáveis; mas eles formam uma língua universal para todas as nações. A sua inteligência está no coração, na organização de todos os homens. Os mesmos signos do sentimento, da paixão, frequentemente têm nuances distintivas que assinalam afecções diferentes ou opostas. Não nos enganamos: distinguimos as lágrimas provocadas pela alegria daquelas que são arrancadas pela dor.

Se não conhecemos ainda a natureza dessa modificação expressiva das paixões que constitui a declamação, sua existência não deixa por isso de ser certa. Talvez um dia se descubra o seu mecanismo.

Antes do senhor Dodart, nunca se tinha pensado no movimento da laringe no canto, nessa ondulação do corpo mesmo da voz. A descoberta, feita depois pelo senhor Ferrein, dos filetes membranosos na produção do som e dos tons, mostra que restam muitas coisas a serem conhecidas sobre assuntos que pareciam esgotados. Sem sair da questão presente, há um fato mais sensível, cujo princípio é menos conhecido do que a diferença entre a voz de um homem e a de um outro, diferença tão espantosa quanto é fácil distingui-las a partir de suas fisionomias.

O exame no qual entrei mostra suficientemente bem que a declamação é uma modificação da voz distinta do som simples, da palavra e do canto, e que essas diferentes modificações se reúnem sem se alterar. Resta examinar se seria possível exprimir por meio de signos ou notas essas inflexões expressivas das paixões.

Mesmo que supuséssemos, com o abade Dubos, que essas inflexões consistem nos diferentes graus de elevação e abaixamento da voz, no aumento de seu volume, em sua rapidez e lentidão, enfim, nas pausas colocadas entre os membros das frases, ainda não poderíamos nos servir de notas musicais.

A facilidade que se teve em notar o canto vem do fato de que dentre todas as divisões da oitava, limitou-se a seis tons fixos determinados, ou a doze semitons, que, percorrendo diversas oitavas, se repetem sempre na mesma relação, apesar de suas combinações infinitas. (O senhor Burette mostrou que os antigos empregavam, para marcar os tons do canto, até 1620 caracteres, que Guido d'Arezzo substituiu por um pequeno número de notas que, apenas em vista de sua posição numa espécie de escala, tornam-se suscetíveis de uma infinidade de combinações. Seria ainda possível substituir o método de hoje por um método mais simples, se o preconceito pudesse ceder à razão. Seriam os músicos que teriam mais dificuldade em admiti-lo e talvez em compreendê-lo.) Mas não há nada semelhante na voz do discurso, seja no tranquilo, seja no apaixonado. Ela avança continuamente em intervalos incomensuráveis, e quase sempre fora dos modos harmônicos: longe de mim alegar que não se encontrem por vezes, numa declamação cantante e viciosa, e talvez mesmo no discurso ordinário, entonações que seriam tons harmônicos, mas essas inflexões são raras e não tornariam a continuidade do discurso suscetível de ser notada.

O abade Dubos diz ter consultado músicos que lhe asseguraram que nada seria mais fácil do que exprimir as inflexões da declamação com as notas atuais da música; que bastaria lhes dar a metade do valor que elas têm no canto e fazer a mesma redução com as medidas. Creio que o abade Dubos e seus músicos não tinham uma ideia clara e precisa da questão. 1º) Há vários tons que não podem ser divididos em duas partes iguais.

2º) Não cabe uma distinção significativa entre as mudanças de inflexões sensíveis e as mudanças apreciáveis. Nem tudo o que é sensível é apreciável, e somente os tons fixos e determinados podem ter seus sinais; tais são os tons harmônicos; tal é, em relação ao som simples, a articulação da palavra.

Quando comuniquei minha ideia à Academia, o senhor Freret a apoiou com um fato que merece ser assinalado. Arcadio Hoangh, chinês de nascença e instruído em sua língua, estava em Paris. Um hábil músico percebeu que sua língua era cantante, porque era repleta de monossílabos cujos acentos eram muito marcados para variar e determinar sua significação; examinou então essas entonações, comparando-as ao som fixo de um instrumento. Entretanto, ele não pôde chegar a determinar o grau de elevação ou abaixamento das inflexões chinesas. As menores divisões do tom, tais como o heptaméride do senhor Sauveur, ou a diferença da quinta justa à quinta temperada para o acorde do cravo, eram ainda muito grandes, embora esse heptaméride seja a quadragésima nona parte do tom da *coma*; além disso, a quantidade das entonações chinesas variava quase a cada vez que Houangh as repetia, o que prova que pode haver uma latitude considerável entre as inflexões muito delicadas e que entretanto são distintas para exprimir ideias diferentes.

Mas, se não é possível encontrar na proporção harmônica subdivisões capazes de exprimir as entonações de uma língua tal como a chinesa, que nos parece muito cantante, onde encontraríamos divisões para uma língua tão monótona como a nossa?

A comparação entre as pretensas notas da declamação e as da coreografia de hoje não tem nenhuma exatidão e até reforça a minha opinião. Todas as nossas danças são compostas por um número de passos bem limitado, que tem cada um o seu nome e cuja natureza é determinada. As notas coreográficas mostram ao dançarino que passos ele deve fazer e que linha deve descrever sobre o chão; mas essa é a menor parte para o dançarino: essas notas nunca lhe ensinarão a fazer os passos com graça, a regrar os movimentos do corpo, dos braços, da cabeça etc., em suma, todas as atitudes convenientes à sua altura, à sua figura, e ao caráter da dança.

As notas declamatórias não teriam nem mesmo a utilidade medíocre das notas coreográficas. Mesmo que se concordasse que os tons da declamação seriam determinados e poderiam ser expressos por signos, esses signos formariam um dicionário tão extenso que exigiria um estudo de vários anos. A declamação se tornaria uma arte ainda mais difícil do que a música dos antigos, que tinha 1620 notas. É por isso que Platão quer que os jovens que não se tornarão músicos profissionais não dediquem a ela mais do que três anos.

Enfim, essa arte, mesmo que fosse possível, serviria apenas para formar atores frios, que, por afetação e uma atenção servil, desfigurariam a expressão que **[690]** só o sentimento pode inspirar. Essas notas não ofereceriam a fineza, a delicadeza, a graça, nem o calor que constituem o mérito e o prazer dos espectadores.

Do que acabo de expor, resultam duas coisas. A primeira é a impossibilidade de notar os tons declamatórios, como os do canto musical, seja porque eles não são fixos e determinados, seja porque não seguem as proporções harmônicas, seja enfim porque seu número seria infinito. A segunda é a inutilidade dessas notas, que serviriam no máximo para conduzir atores medíocres, tornando-os mais frios do que se seguissem a natureza.

Resta uma questão de fato a ser examinada, a saber, se os antigos tinham notas para a sua declamação. Aristóxenes diz que há um canto do discurso que nasce da diferença dos acentos; e Dionísio de Halicarnasso nos ensina que entre os gregos a elevação da voz no acento agudo e seu abaixamento no grave eram de uma quinta inteira, e que no acento circunflexo, composto de dois outros, a voz percorria duas vezes a mesma quinta, subindo e descendo sobre a mesma sílaba.

Como na língua grega não havia nenhuma palavra que não tivesse seu acento, essas elevações e abaixamentos contínuos de uma quinta deviam tornar a pronúncia grega muito cantante. Os latinos (Cícero, *Orator*, 57, Quintiliano, I, IX) tinham, assim como os gregos, os acentos agudo, grave e circunflexo, e acrescentavam ainda outros sinais, próprios para marcar as longas, as breves, as pausas, as suspensões, a aceleração etc. São essas notas da pronúncia, de que falam os gramáticos dos séculos posteriores, que foram consideradas como sendo da declamação.

Cícero, ao falar dos acentos, emprega o termo geral *sonus*, que ele toma ainda em outras acepções.

Ignora-se qual era o valor dos acentos entre os latinos, mas sabe-se que eram, assim como os gregos, muito sensíveis à harmonia do discurso. Tinham longas e breves, as primeiras em geral o dobro das segundas em sua duração, e tinham também as indeterminadas, *irrationales*. Mas ignoramos o valor dessas durações e não sabemos além disso se nos acentos partia-se de um tom fixo e determinado.

Como a imaginação nunca pode compensar o defeito das impressões recebidas pelos sentidos, não há mais condições de se representar sons que não afetaram o ouvido do que cores que não foram vistas, ou odores e sabores que não foram experimentados. Assim, duvido muito que os críticos que mais se entusiasmaram com o mérito da harmonia das línguas grega e latina tenham alguma vez tido uma ideia aproximada das coisas das quais falaram com tanto ardor. Sabemos que essas línguas tinham uma harmonia, mas devemos confessar que não era análoga à nossa, já que nós as pronunciamos com as entonações e inflexões de nossa língua natural, que são muito diferentes.

Estou persuadido de que ficaríamos muito chocados com a verdadeira prosódia dos antigos. Mas como, em se tratando de sensações, o prazer ou o desprazer dependem do hábito dos órgãos, os gregos e os romanos viam grandes belezas no que nos desagradaria muito.

Cícero diz que a declamação acrescenta uma nova modificação à voz, cujas inflexões acompanham os movimentos da alma (*Orator*, n.16). *Vocis mutationes totidem sunt qout animorum qui maximè voce moventur* (as modulações da voz seguem de acordo com os ânimos, que devem sobretudo ser movidos pela voz). E acrescenta que há uma espécie de canto na recitação animada pelo simples discurso: *est etiam in dicendo cantus obscurior* (há ainda no falar um canto escondido).

Mas essa prosódia, que tinha alguns traços do canto, não era um verdadeiro canto, embora fosse acompanhado de flautas, sem o que seria necessário dizer que Caio Graco discursava cantando, já que tinha atrás de si um escravo que regulava seus tons com uma flauta. É verdade que a declamação do teatro, *modulatio scenica*, tinha penetrado na tribuna e isso era um vício que Cícero e Quintiliano depois dele recomendavam evitar. Entretanto, não se deve imaginar que Graco tivesse em suas arengas um acompanhamento contínuo. A flauta, ou o *tonorion*, do escravo só servia para fazer o orador voltar a um tom moderado, quando sua voz subia ou descia demais. Esse flautista que ficava escondido atrás de Graco, *qui staret occultè post ipsum*, provavelmente só era ouvido por ele, quando se tornava necessário dar ou restabelecer o tom. Não é diferente a ideia que Cícero, Quintiliano e Plutarco não nos dão do uso do *tonorion*. *Quo illum aut remissum excitaret, aut à contentione revocaret* (dava-lhe uma nota baixa, que o fazia ou levantar o tom da voz quando era baixo, ou abaixá-lo quando muito alto). (Cícero, *De oratore*, I, 3). *Cui condicionanti consistens post eum musicis fistula, quam tonorion vocantm modos quibus deberet intendi ministrabat* (cuja condição era colocar um músico atrás dele com uma flauta chamada *tonorion*; esses eram os modos que ele devia seguir para se preparar) (Quintiliano, I, 10). Parece que o *tonorion* era o diapasão de hoje.

"Caio Graco, o orador, que tinha a natureza de um homem rude, veemente e violento em sua maneira de falar, possuía uma pequena flauta, bem adaptada, com a qual os músicos haviam se acostumado a conduzir delicadamente a voz, do alto para baixo e de baixo para o alto, por todas as notas, para aprender a entoar. E assim, enquanto pronunciava suas arengas, um de seus servos, escondido atrás dele, soava um tom mais delicado e gracioso, tirando da flauta um tom menor, retirando-o de sua exclamação e privando assim a sua voz do acento colérico e da rudeza que lhes eram próprios." (Plutarco, em seu tratado *Como conter a cólera*, tradução de Amyot.)

As flautas do teatro podiam fazer uma espécie de acompanhamento contínuo, sem que a recitação fosse um verdadeiro canto. Bastava que ela tivesse alguns traços dele. Creio que se poderia extrair uma posição mediana entre os que consideram a declamação dos antigos como um canto semelhante à nossa ópera e os que creem que ela era do mesmo gênero da do nosso teatro.

Depois de tudo o que acabo de expor, eu não estaria longe de pensar que os romanos tinham uma arte de notar a pronúncia mais exatamente do que nós a notamos hoje. Talvez houvesse mesmo notas para indicar aos atores iniciantes os tons que deviam empregar em certas impressões, pois sua declamação era acompanhada de um baixo de flautas e era de um gênero absolutamente diferente da nossa. O ator poderia quase não colocar mais de si mesmo na recitação do que nossos atores colocam no recitativo da nossa ópera.

O que me dá essa ideia, pois não é um fato provado, é o próprio estado de alma dos atores em Roma; eles não eram, como entre os gregos, homens livres que se destinavam a uma profissão, que, entre eles, não tinha nada de baixo para a opinião pública e não impedia aquele que a exercia de ter empregos honrados. Em Roma, esses atores normalmente eram escravos estrangeiros ou nascidos na escravidão: foi a condição vil da pessoa que aviltou essa profissão. O latim não era sua língua materna, e mesmo aqueles que tinham nascido em Roma deviam falar um latim alterado pela língua de seus pais e de seus camaradas. Era preciso, pois, que os mestres que os treinavam para o teatro começassem por lhes ensinar a verdadeira **[691]** pronúncia, seja em relação à duração das medidas, seja em relação à entonação dos acentos. É provável que nas lições que lhes davam para estudar, eles se servissem de notas, das quais falaram os gramáticos posteriores. Seríamos obrigados a usar os mesmo meios, se tivéssemos de formar para nosso teatro um ator normando ou provençal, por maior que fosse sua inteligência para outras coisas. Se tais cuidados seriam necessários para uma prosódia tão simples como a nossa, o quanto se devia tomá-los com estrangeiros para uma prosódia que tinha alguns traços do canto? É bastante verossímil que além das marcas da pronúncia regular, se devesse empregar, para uma declamação teatral que tinha necessidade de um acompanhamento, notas para as elevações e abaixamentos de voz de uma quantidade determinada, para o valor preciso das medidas, para apressar ou desacelerar a pronúncia, interrompê-la, entrecortá-la, aumentar ou diminuir a força da voz etc.

Deve ter sido essa a função daqueles que Quintiliano chama de *artifices pronunciandi*. Mas todos esses recursos ainda não têm nada em comum com a declamação considerada como expressão dos sentimentos e da agitação da alma. Essa expressão é tão pouco da competência da nota, que em várias partes de música os compositores são obrigados a anotar na margem com que característica essas peças devem ser executadas. Escreve-se a palavra e nota-se o canto. Mas não se prescreve a declamação expressiva da alma; somos conduzidos a ela apenas pela emoção que é excitada em nós pelas paixões que nos agitam. Os atores põem verdade em sua ação apenas na medida em que excitam em nós uma parte de suas emoções. *Si vis me flere, dolendum est* (se queres que eu chore, começa).

A respeito da simples recitação, como a dos romanos era diferente da nossa, o que podia ser de uso na época não poderia ser empregado hoje. Não é que não tenhamos uma prosódia em relação à qual não poderíamos falhar sem chocar sensivelmente o ouvido. Um ator ou um orador que empregasse um *e* fechado no lugar de um *e* aberto longo revoltaria um auditório e pareceria estranho ao mais ignorante dos auditores instruído pelo simples uso, pois o uso é o grande mestre da pronúncia, sem o que as regras sobrecarregariam inutilmente a memória.

Creio ter mostrado a que podem se reduzir as pretensas notas declamatórias dos antigos e a validade do sistema proposto a esse respeito. Reconhecendo os antigos como nossos mestres e modelos, não lhes atribuamos uma superioridade imaginária: o maior obstáculo para igualá-los é considerá-los inimitáveis. Tentemos nos preservar igualmente da ingratidão e da superstição literária.

Nos qui sequimur probabiliam nec ultra id quod verisimile sine pertinaacia, et refelli sine iracundia, parati sumus (sigo o [princípio] da probabilidade e não posso aventurar-me em outro que se apresente como verossímil, pois estou pronto seja para refutar sem pertinência, seja para deixar-se refutar sem ira). Cícero, *Tusculanas*, 2.

(**MGS**)

Desenho (*termo da arte da pintura*), Watelet [4, 889]

Considerada como termo da arte da pintura, a palavra *desenho* quer dizer duas coisas: em primeiro lugar, ela significa a *produção* que um artista efetua com a ajuda do lápis ou da pluma. Em uma significação mais geral, da qual certamente deriva essa primeira, ela quer dizer a *arte de imitar* por traços as formas que os objetos apresentam aos nossos olhos.

Quando se diz que o desenho é uma das partes essenciais da pintura, é nesse último sentido que se emprega a palavra. Levantaram-se disputas por demais vivazes, nas quais tratava-se de estabelecer a posição e uma subordinação entre o desenho e a cor. Compreender-se-á facilmente que aqueles que eram mais sensíveis às belezas do colorido do que às do desenho, ou que eram amigos de um pintor colorista, davam preferência a essa

parte brilhante da arte de pintar, enquanto os que eram diferentemente afetados, ou que acreditavam que os hábeis desenhistas estavam comprometidos, sustentavam o partido contrário. O que poderia suceder disso? O que comumente resulta das discussões que a parcialidade produz: elas não têm qualquer solidez, em nada contribuem para a perfeição das artes, tampouco ao bem geral que todo homem que faz uso de seu espírito deveria ter em vista; elas não merecem ser citadas senão como abusos do espírito. A imitação geral da natureza, que é o fim da pintura, consiste na imitação da forma dos corpos e na de suas cores. Querer decidir se é o desenho ou a cor o mais essencial à arte de pintar é querer determinar se é a alma ou
[**890**] o corpo do homem que mais contribui à sua existência.

Para conseguir desenhar bem, é preciso que se tenha justeza nos órgãos que aqui se emprega e formá-los por hábito, isto é: desenhando com muita frequência.

Começa-se a iniciar-se nos mistérios da pintura pelo desenho. E os que a ele se devotam para dele adquirir o conhecimento consagram a idade na qual a mão dócil se presta mais facilmente à flexibilidade que esse gênero de trabalho exige. A prática prescreveu um método que é importante que se divulgue: é aquele que os jovens estudantes abraçam quando os hábeis mestres dignam-se a dirigir seus primeiros passos, e que seguem ao dar continuidade aos seus estudos na Academia Real de Pintura, quando merecem ser admitidos por essa escola.

Para aprender a fazer uso de um lápis de sanguina que se encaixa em um porta-lápis, as primeiras tentativas comumente se limitam a traçar linhas paralelas em todas as direções. Esse porta-lápis é um tubo de cobre com cerca de meio pé de comprimento e do diâmetro de uma pena espessa. Ele possui fendas de uma polegada e meia em suas duas extremidades para que possa se prestar às diferentes espessuras de lápis que a ele se adapte, lápis que são seguros quando se faz deslizar dois pequenos anéis que comprimem cada uma das extremidades do porta-lápis e que, por esse meio, retêm o pequeno pedaço de pedra vermelha que aí se inseriu. Afia-se essa pedra com um estilete e segura-se o porta-lápis tal como uma pena, com a exceção de que os dedos são colocados próximos de sua metade, ao passo que se segura uma pena quase pela sua extremidade. Ademais, como os traços que se deve formar têm maiores dimensões do que aqueles que constituem a letra na escrita, não se deve limitar o lápis à extensão que desenvolve as articulações dos dedos, supondo que o punho esteja paralisado, mas é preciso que o próprio punho, posto em movimento, deslize sobre o papel e percorra, correndo de um lado a outro, sem rigidez, a extensão dos traços que se pretende formar. Esse modo de desenhar é tanto mais essencial quanto se deve ter o grande cuidado de começar por copiar desenhos, cuja grandeza das partes desenvolve a mão.

Os primeiros desenhos que se imita são comumente aqueles que um hábil mestre fez, ele mesmo, segundo a natureza. Antes de desenhar um corpo por inteiro, desenha-se cada parte dele, desenhando-as bem grandes, a fim de conhecer melhor os seus detalhes. Depois de ter estudado o desenvolvimento de cada parte da cabeça, por exemplo, dela forma-se um conjunto, isto é: determina-se o justo lugar dessas partes e sua proporção em uma cabeça inteira. Ela é desenhada de diferentes pontos de vista, a fim de que se conheça as mudanças que ocorrem nas formas quando se olha a cabeça virada de frente, a três quartos, de perfil, ou quando é vista do alto ou por baixo. Em seguida, faz-se o mesmo estudo sobre os outros membros. Os pés, as mãos (por vezes negligenciados nesse tipo de estudo), acrescentam muito de graça e de expressão quando se sabe desenhá-los com força, elegância e, acima de tudo, quando são reproduzidos com verdade. Já se está suficientemente exercitado em desenhar as partes detalhadas? Então começa-se uma figura inteira e é esse tipo de figura ou de estudo que chamamos *acadêmico*.

Para formar uma ideia mais precisa, mais justa e mais profunda das formas, seria desejável que, nas primeiras tentativas, os jovens desenhassem a osteologia do corpo humano de acordo com os bons anatomistas, ou, ainda melhor, de acordo com a própria natureza. Em parte, são os ossos que decidem as formas visíveis, e quando se conhece bem a estrutura dos ossos, suas conexões, o modo como se movem, se está muito mais seguro para determinar seu lugar e sua proporção. O estudo dos músculos que os fazem agir, dos quais a maioria é visível, é uma consequência dessa observação. Voltarei à sua aplicação ao falar, a seguir, do desenho que se faz segundo o modelo.

Para que se possa passar rapidamente do modo de desenhar que acabamos de descrever àquele no qual se desenha segundo a natureza, é necessário que se considere que há muita diferença entre copiar a partir de uma superfície plana algo que é traçado sobre uma superfície similar, ou desenhar sobre essa mesma superfície o que se vê em relevo. Encontrou-se um meio que ajuda a passar de um ao outro, e a isso chamou-se de *desenhar a partir de um modelo esculpido*. O modelo esculpido não é outra coisa senão um objeto modelado em terra, ou posto no molde ou talhado no gesso a partir da natureza, ou então uma estátua de mármore, de bronze etc., ou um baixo-relevo. Esses objetos, que são tão roliços quanto a natureza, são privados de movimento, e o aluno, mantendo-se precisamente do mesmo ponto de vista, vê sempre sua figura sob o mesmo aspecto, ao passo que o mínimo movimento involuntário e quase imperceptível em um modelo vivo embaraça o jovem artista, frequentemente apresentando-lhe novas superfícies e diferentes efeitos de luz.

No mais, é preciso fazer um uso moderado desse estudo do modelo esculpido: um jovem que ainda não conhece seu perigo daí talvez absorvesse um gosto seco e frio, o qual ele poderia tornar um hábito. O uso muito frequente do modelo esculpido é tão perigoso para aqueles que desejam desenhar bem, quanto o recurso ao manequim (quando dele se abusa) o é para os que querem panejar bem a figura. Por isso, é preciso que o aluno se dedique o máximo possível ao estudo da natureza, então ele recomeçará a estudar acompanhando a ordem que já seguiu. Desenhará cada parte a partir da própria natureza, a comparará com os primeiros desenhos de seus mestres, e até mesmo com o modelo esculpido, para melhor sentir a perfeição que a natureza oferece aos seus olhos. Ele conjuntará uma cabeça, a considerará sob diversos aspectos, a imitará em todos os sentidos. Em seguida, indo gradualmente e fixando-se a cada parte, ele, enfim, conseguirá desenhar uma figura inteira. É então que as reflexões sobre a anatomia se tornam ainda mais necessárias para ele: é o momento de comparar a estrutura do madeiramento com o edifício, de ver os ossos uns diante dos outros, a aparência exterior desses ossos, os músculos que aí se mostram e, colocando o modelo em diversas atitudes, ver o efeito desses músculos tal como eles aparecem no modelo. Tais imagens reaproximadas, comparadas, permanecerão sempre na memória e serão a base sólida sobre a qual se apoiará a ciência do desenho.

Quando um artista chega a desenhar bem uma figura nua, ele poderá panejá-la e, em seguida, reuni-la a outra figura, o que se chama *agrupar*, mas, acima de tudo, é necessário que ele repita esse exercício por muito tempo para obter reputação, e ainda mais tempo para não perdê-la depois de obtê-la. É essa prática de desenhar continuamente a natureza que confere e que conserva no artista aquele gosto pela verdade que toca e interessa maquinalmente os espectadores menos instruídos. O número de partes do corpo humano e a variedade que lhes conferem os diferentes movimentos formam combinações por demais vastas para que a imaginação ou a memória possam conservar ou representar todas elas. Se isso fosse possível, as outras partes da pintura lhe trariam novos obstáculos. Como as partes dessa arte são metade teóricas e metade práticas, é preciso que a reflexão e o raciocínio sirvam principalmente para que se adquira as primeiras e que a **[891]** prática reiterada ajude a renovar continuamente as segundas.

Até aqui, considerou-se o desenho como tendo por fim a imitação dos contornos e das formas do corpo humano, pois, de fato, é esse o objeto mais nobre e mais difícil da arte da pintura, e aquele que o esgota adquire uma extrema facilidade para imitar os demais objetos. Contudo, alguns desses outros objetos demandam uma atenção singular.

Os animais requerem um cuidado especial para serem desenhados corretamente, com a graça e o caráter que são próprios a cada um deles. São seres animados, sujeitos às paixões e capazes de movimentos infinitamente variados. Suas partes diferem das nossas pelas formas, pelas junções, pelas conexões. Acima de tudo, é preciso que um pintor faça estudos a partir de animais que se encontrem mais ligados às ações ordinárias dos homens ou aos temas que ele pretende tratar. Nada mais comum aos pintores históricos do que a obrigação de representar cavalos, e, no entanto, muito frequentemente deixam a desejar nesse ponto em suas mais belas obras. É desejável que os jovens artistas conheçam bem a anatomia dos animais. Em seguida, as reflexões sobre os movimentos das partes que os compõem lhes fornecerão luzes suficientes para que não firam a verossimilhança e para que, por uma leve crítica, não deem oportunidade de desviar a atenção que se deve ao tema de que tratam.

A paisagem é também uma parte essencial da arte de desenhar. A liberdade que suas formas indeterminadas oferecem poderia nos fazer crer que aqui o estudo da natureza seria menos importante. No entanto, é tão fácil distinguir em um desenho e em um quadro um lugar [*sic*] apreendido a partir da natureza daquele que é composto pela imaginação que não se pode duvidar do grau de perfeição, tão evidente, que essa verdade acrescenta. Além disso, por mais imaginação que tenha um artista, seria difícil que ele não se repetisse se não tivesse o recurso à natureza, essa inesgotável fonte de variedade.

Os panejamentos, as flores, as frutas, enfim, tudo deve ser desenhado, tanto quanto se pode, a partir da natureza.

Servimo-nos de diferentes meios para desenhar, que são todos bons quando dão conta do objeto a que nos propomos. Desenhamos com sanguina, com pedra negra, com a plumbagina, com pena e tinta da China. Para sombrear, nos servimos do pincel e do esfuminho. Assim, fazemos desenhos mais ou menos acabados, mais ou menos agradáveis, sobre os fundos que acreditamos ser os mais apropriados aos seus objetos. Os pastéis, mesmo de diferentes cores, servem para indicar os tons observados na natureza. Enfim, a arte de desenhar engloba uma infinidade de partes que serão detalhadas nos verbetes, sob os termos que poderão reivindicá-las, tais como o efeito dos músculos, a ponderação dos corpos, a justeza da ação, a proporção das partes, o traço, as paixões, os grupos. Do mesmo modo, em relação à palavra *Bosquejo*, compreenderemos antes isso que indicamos no início deste verbete a respeito dos desenhos considerados como o primeiro pensamento dos artistas.

(LFN)

Eloquência (*Belas-Letras*), Voltaire [5, 529]

O verbete que se segue foi enviado pelo senhor Voltaire, que, ao contribuir com seu trabalho para a perfeição da Enciclopédia, *quer dar a todos os homens de letras cidadãos o exemplo do verdadeiro interesse que devem ter nesta obra. Na carta que nos deu a honra de escrever sobre este assunto, ele tem a modéstia de apresentar este verbete como um esboço apenas; mas aquilo que é considerado somente um esboço por um grande mestre é um quadro precioso para os outros. Expomos, pois, ao público, este excelente texto, tal como o recebemos de seu ilustre autor. Poderíamos tocar nele sem prejudicá-lo?*

A *eloquência*, diz o senhor Voltaire, nasceu antes das regras da Retórica, assim como as línguas se formaram antes da Gramática. A natureza torna os homens eloquentes nos grandes interesses e nas grandes paixões. Qualquer um vivamente emocionado vê as coisas com um olhar diferente dos outros homens. Para ele, tudo é objeto de comparação rápida e de metáfora: sem que se aperceba, ele anima tudo e transmite aos que o ouvem uma parte de seu entusiasmo. Um filósofo muito esclarecido observou que o próprio povo se exprime por meio de figuras, e que nada é mais comum, mais natural do que os torneios que denominamos *tropos*. Assim, em todas as línguas, o coração queima, a coragem se inflama, os olhos soltam faíscas, o espírito atormentado se divide, esgota-se; o sangue congela, a cabeça vira; fica-se inchado de orgulho, embriagado de vingança. A natureza pinta-se a si mesma em todo lugar nessas imagens fortes que se tornaram comuns.

É ela cujo instinto ensina a assumir um ar, um tom modesto com aqueles dos quais precisamos. O desejo natural de cativar seus juízes e mestres, o recolhimento da alma profundamente tocada, que se prepara para revelar os sentimentos que a assaltam, são os primeiros mestres da arte.

Essa mesma natureza inspira algumas vezes começos vivos e animados; uma paixão forte, um perigo iminente, convocam imediatamente a imaginação. Assim, um capitão dos primeiros califas, vendo que os muçulmanos fugiam, gritou: "Para onde estais correndo? Os inimigos não estão lá. Disseram que vosso califa foi morto. O que importa que ele esteja entre os vivos ou entre os mortos? Deus está vivo e vos olha: avançai".

A natureza produz, pois, a eloquência. E se se diz que os poetas nascem e os oradores se fazem, diz-se também que a eloquência foi forçada a estudar as leis, o gênio dos juízes e o método do tempo.

Os preceitos sempre vieram depois da arte. Tísias foi o primeiro que reuniu as leis da eloquência, cujas primeiras regras a natureza é quem dá.

Platão disse em seguida, no *Górgias*, que um orador deve ter a sutileza dos dialéticos, a ciência dos filósofos, quase a dicção dos poetas, a voz e os gestos dos maiores atores.

Aristóteles mostrou em seguida que a verdadeira Filosofia é o guia secreto do espírito em todas as artes. Ele escavou as fontes da eloquência em seu livro *Da retórica*; mostrou que a dialética é o fundamento da arte de persuadir e que ser eloquente é saber provar. Distinguiu os três gêneros: o deliberativo, o demonstrativo e o judiciário. No deliberativo, trata-se de exortar os que deliberam a tomar partido sobre a guerra e sobre a paz, sobre a administração pública etc. No demonstrativo, de indicar o que é digno de louvor ou de censura. No judiciário, de persuadir, absolver, condenar etc. Vê-se bem que esses três gêneros interpenetram-se com frequência.

Ele trata em seguida das paixões e dos costumes que todo orador deve conhecer, examina quais provas se deve empregar nesses três gêneros de eloquência. Enfim, trata a fundo da elocução sem a qual tudo definha. Recomenda as metáforas desde que sejam justas e nobres; exige sobretudo a conveniência, o decoro. Todos esses preceitos exprimem a justiça esclarecida de um filósofo e a polidez de um ateniense. Ao dar as regras da eloquência, ele é eloquente com simplicidade.

Cabe observar que a Grécia foi a única região da terra onde foram conhecidas as leis da eloquência, porque era a única na qual a verdadeira eloquência existiu. A arte grosseira era de todos os homens; os traços sublimes escaparam da natureza em todos os lugares e em todos os tempos. Mas comover os espíritos de toda uma nação polida, agradar, convencer e tocar ao mesmo tempo, isso só foi dado aos gregos. Os orientais eram quase todos escravos; é característica da servidão exagerar tudo; assim, a eloquência asiática foi monstruosa. O Ocidente era bárbaro no tempo de Aristóteles.

A eloquência verdadeira começou a aparecer em Roma no tempo dos Gracos e só se aperfeiçoou no tempo de Cícero. Marco Antônio, o orador, Hortêncio, Curio, César e vários outros foram homens eloquentes.

Essa eloquência pereceu com a república, assim como a de Atenas. Diz-se que a eloquência sublime só pertence à liberdade; é porque ela consiste em dizer verdades ousadas, a exibir razões e pinturas fortes. Frequentemente, um senhor não ama a verdade **[530]**, teme as razões e prefere um cumprimento delicado a grandes traços.

Cícero, depois de ter dado exemplos em suas arengas, deu preceitos em seu livro *Do orador*. Ele segue quase todo o método de Aristóteles e o explica com o estilo de Platão. Distingue o gênero simples, o temperado e o sublime. Rollin seguiu essa divisão em seu tratado dos estudos e, o que Cícero não diz, pretende que o temperado "é um belo riacho sombreado por verdes florestas dos dois lados; o simples, uma mesa servida com todos os pratos de um gosto excelente, mas da qual se baniu todo refinamento; o sublime fulgura, e é um rio impetuoso que derruba tudo que a ele resiste".

Sem sentar-se a essa mesa, e sem seguir esse relâmpago, esse rio, esse riacho, todo homem de bom senso vê que a eloquência simples é aquela que tem coisas simples para expor, e que a clareza e a elegância são tudo o que lhe convém. Não é preciso ter lido Aristóteles, Cícero e Quintiliano para perceber que um advogado que começa com um exórdio pomposo a respeito de um muro divisório é ridículo: este era, contudo, o vício nos tribunais até os meados do século XVII. Diziam-se coisas triviais com ênfase; poder-se-iam compilar volumes desses exemplos. Mas todos se reduzem a esta palavra de um advogado, homem de espírito, que, ao ver que seu adversário falava da guerra de Troia e do Escamandro, interrompeu-o dizendo: "A corte observará que minha parte não se chama Escamandro, mas Michaut".

O gênero sublime só pode concernir interesses poderosos numa grande assembleia. Traços vivos do gênero podem ainda ser vistos no Parlamento da Inglaterra, em alguns discursos pronunciados em 1739, quando se tratava de declarar guerra à Espanha. O espírito de Demóstenes e de Cícero ditou vários traços desses discursos, mas eles não passarão para a posteridade como os gregos e romanos, porque lhes falta essa arte e esse encanto da dicção que põem o selo da imortalidade nas boas obras.

O gênero temperado é o dos discursos de aparato, arengas políticas, cumprimentos estudados, nos quais a futilidade da matéria é coberta de flores.

Esses três gêneros penetram com frequência uns nos outros, assim como os três objetos da eloquência considerados por Aristóteles, e o grande mérito do orador é saber misturá-los de modo adequado.

Na França, a grande eloquência não pôde ser conhecida na barra dos tribunais, porque ela não conduz os homens como acontecia em Atenas, em Roma e, como hoje em dia, em Londres, e não tem por objeto grandes interesses públicos. Ela refugiou-se nos discursos fúnebres, nos quais tem um pouco de poesia. Bossuet, e depois dele Flechier, parecem ter obedecido ao preceito de Platão de que a elocução de um orador algumas vezes é a mesma de um poeta.

A eloquência no púlpito era quase bárbara até o padre Bourdaloüe; foi ele um dos primeiros que fizeram a razão falar. Só depois vieram os ingleses, como confessa o bispo de Salisbury. Eles não conheceram o discurso fúnebre; evitaram nos sermões os traços veementes que não lhes pareceram convenientes à simplicidade do Evangelho, e abandonaram esse método das divisões refinadas condenadas por Fenelon em seus diálogos sobre a eloquência.

Embora nossos sermões falem sobre o objeto mais importante para o homem, encontramos neles poucas passagens marcantes que, como as belas passagens de Cícero e Demóstenes, tenham se tornado modelos em todas as nações ocidentais. O leitor não terá dificuldade de encontrar aqui o que aconteceu na primeira vez que o senhor Massilon, depois bispo de Clermont, pregou seu famoso sermão sobre o pequeno número dos eleitos: houve um momento em que forte emoção tomou conta de todo o auditório; quase todo mundo levantou-se um pouco num movimento involuntário. O murmúrio de aclamação e de surpresa foi tão forte que perturbou o orador, e essa perturbação só serviu para aumentar o traço patético da passagem, que cito: "Suponho que esta seja a última hora de todos, que os céus vão se abrir sobre nossas cabeças, que o tempo acabou e que a eternidade começa; que Jesus Cristo vai aparecer para nos julgar segundo nossas obras, e que estamos todos aqui para esperar dele a sentença de vida ou de morte eternas; eu vos pergunto, tomado de horror como vós, não separando a minha sorte da vossa e colocando-me na mesma situação em que devemos todos comparecer um dia diante de Deus nosso juiz: se Jesus Cristo aparecesse agora para fazer a terrível separação entre os justos e os pecadores, acreditai que a maioria seria salva? Acreditai que o número de justos será pelo menos igual ao dos pecadores? Acreditai que se ele fizesse agora a discussão sobre as obras da maioria que está nesta igreja, ele acharia somente dez justos entre nós? Encontraria um só justo? Etc." (há várias edições diferentes desse discurso, mas o fundo é o mesmo em todas).

Essa figura, a mais ousada que já se utilizou e ao mesmo tempo a que é mais conveniente no lugar em que está, é um dos mais belos traços da eloquência que se pode ver entre as nações, antigas e modernas. E o resto do discurso não é indigno dessa passagem tão marcante. Obras-primas como essas são muito raras; aliás, tudo se tornou lugar-comum. Os pregadores que não podem imitar esses grandes modelos fariam melhor se os aprendessem de memória e os dissessem diante de seus auditórios (supondo ainda que tivessem esse talento tão raro da declamação), em vez de pregar num estilo lânguido sobre coisas tão triviais quanto úteis.

Pergunta-se se a eloquência é permitida aos historiadores. A eloquência que lhes é própria consiste na arte de preparar os acontecimentos, em sua exposição sempre clara e elegante, ora viva e rápida, ora alongada e florida, na pintura verdadeira e forte dos costumes gerais e dos principais personagens, nas reflexões naturalmente incorporadas aos relatos e que não parecem ter sido acrescentadas. A eloquência de Demóstenes não convém a Tucídides; uma arenga direta posta na boca de um herói que nunca a pronunciou quase não passa de um belo defeito.

Se, contudo, essas licenças algumas vezes pudessem ser permitidas, eis uma ocasião em que Mezeray, em sua grande história, parece obter perdão por essa ousadia aprovada entre os antigos; ele é igual a eles pelo menos nesta passagem: foi no começo do reinado de Henrique IV, quando esse príncipe, com muito poucas tropas, estava pressionado junto a Dieppe por um exército de 30 mil homens, e o aconselhavam a retirar-se para a Inglaterra. Mezeray eleva-se acima de si mesmo, fazendo o marechal de Biron, que aliás era um homem de gênio e que pode muito bem ter falado uma parte do que o historiador lhe atribui, falar assim:

"O quê! Senhor, aconselham-vos a embarcar para o mar, como se não houvesse outro meio de conservar vosso reino a não ser o de deixá-lo? Se não estivésseis na França, seria preciso transpassar através de todos os acasos e obstáculos **[531]** para chegar até lá. E agora que estais aqui, querem que saiais? E vossos amigos seriam de opinião que fizésseis de bom grado o maior esforço que vossos inimigos não vos obrigaram a fazer? Na condição em que estais, sair da França somente por 24 horas significa banir-se dela para sempre. De resto, o perigo não é tão grande quanto pintam; os que pensam nos engabelar são ou aqueles mesmos que mantivemos indignamente presos em Paris, ou pessoas que não valem mais do que isto, e que terão mais questões entre si do que contra nós. Enfim, senhor, estamos na França, devemos ficar aqui: trata-se de vencer ou perder a vida. E mesmo que não houvesse outra segurança para vossa sagrada pessoa do que a fuga, sei muito bem que preferiríeis morrer mil vezes de pé do que vos salvar por esse meio. Vossa Majestade nunca toleraria que se dissesse que um cadete da casa de Lorraine vos teria feito perder terras, menos ainda que fosse visto mendigar na porta de um príncipe estrangeiro. Não, não, senhor, não há coroa nem honra para vós para além do mar. Se fordes procurar socorro na Inglaterra, ele recuará; se vos apresentardes no porto de La Rochelle como homem em fuga, só encontrareis reprovação e desprezo. Não posso crer que deveríeis confiar vossa pessoa à inconstância das ondas e a uma situação de dependência em vez de confiá-la a tantos bravos gentis-homens e tantos velhos soldados que estão prontos para vos servir de fortalezas e de escudo. Sou por demais vosso servidor para dissimular que, se procurásseis sua segurança em outro lugar que não fosse a virtude, eles seriam obrigados a procurar a deles num outro partido que não no vosso."

Esse discurso teve um efeito tanto mais belo quanto Mezeray põe aqui, na boca do marechal de Biron, o que Henrique IV tinha no coração.

Haveria ainda muitas coisas a dizer sobre a eloquência, mas os livros já dizem o bastante, e, num século esclarecido, o gênio, auxiliado pelo exemplo, sabe mais do que dizem todos os mestres.

(MGS)

Entusiasmo (*Pintura*), Jaucourt [17, 770]

Feliz impulso do espírito que faz conceber, imaginar e representar os objetos de uma maneira elevada, surpreendente e ao mesmo tempo verossímil. Esse belo transporte, capaz de levar a alma do artista ao sublime, tem seu principal efeito no pensamento e na ordenação. Consiste ao mesmo tempo em dar vida a todos os personagens por meio de expressões encantadoras e por todos os mais belos ornamentos que o assunto pode permitir.

Embora o verdadeiro agrade sempre, porque é a base de todas as perfeições, ele não deixa de ser com frequência seco, frio e insípido, em meio à correção do desenho. Mas quando é pintado com entusiasmo, eleva o espírito e o transporta com violência. O pintor, tanto quanto o poeta, se quiserem alcançar o extraordinário que move o coração, que cria o maior mérito da arte, devem conduzir as suas produções a essa elevação sublime, mas razoada. Assim é a poesia de Rafael e de Michelangelo; assim é a de Poussin e de Le Sueur, e com frequência a de Rubens e de Le Brun.

Mas alguns espíritos fogosos tomam inadequadamente os desvios da imaginação por um belo entusiasmo, enquanto a abundância e a vivacidade de suas produções são meros sonhos de doentes, desprovidos de toda ligação, e cuja perigosa extravagância se deve evitar. Toda exaltação que não for guiada por uma inteligência sábia e sensata é puro delírio e não o verdadeiro entusiasmo, cujo elogio fazemos aqui.

É certo que aqueles que têm um gênio fogoso caem facilmente no entusiasmo, porque sua imaginação está quase sempre agitada. Mas os que queimam num fogo suave, que têm uma vivacidade apenas mediana, associada a um bom julgamento, podem ainda, como o fez o Dominicano, elevar-se gradativamente ao entusiasmo e torná-lo até mesmo mais regrado pela solidez de seu espírito. Se não entram tão facilmente nem tão rapidamente nessa verve pitoresca, não deixam de ser tomados por ela pouco a pouco, porque suas profundas reflexões os fazem ver tudo e sentir tudo, e porque não somente há vários graus de entusiasmo, mas também vários meios de se chegar a ele.

Em geral, para dispor o espírito ao entusiasmo, é preciso alimentar-se com a visão das obras dos grandes mestres, por causa da elevação de seus pensamentos, da beleza de sua imaginação, da nobreza de suas expressões e do poder dos exemplos sobre os homens. O pintor, ao trabalhar, deve perguntar-se: como Rafael, Carrache, Ticiano, teriam pensado, desenhado, colorido, isto que vou representar? [771]

Esses meios são úteis a todos os artistas, pois eles inflamarão os que nasceram com um gênio poderoso, e aqueles que a natureza não tratou tão bem sentirão pelo menos algum calor, que se difundirá em suas obras.

Que não se venha de modo algum, com o lápis na mão, dissecar, censurar os leves defeitos que puderam escapar ao artista como consequência do seu transporte e que devem escapar necessariamente aos maiores mestres, como efeito do próprio entusiasmo. Lamentemos esses pintores fleumáticos reduzidos às verdades secas e corretas, incapazes de saborear as belezas da imaginação e do sentimento.

(MGS)

Esboço, Bosquejo (*termos técnicos*), Diderot [5, 212]

Esboço é a primeira forma [213] que se dá a uma obra; *bosquejo* não é mais do que um modelo incorreto da obra mesma, traçado ligeiramente, que contém o espírito da obra que o artista se propõe a executar e mostra aos *connaisseurs* unicamente o pensamento do artesão. Dai ao bosquejo toda a perfeição possível e tereis um modelo acabado; dai ao esboço toda a perfeição possível, e a obra estará terminada. Assim, quando se diz de um quadro, *eu vi o seu bosquejo*, dá-se a entender que se viu o seu traçado inicial a lápis, que o pintor lançou sobre o papel. Quando se diz, *eu vi o seu esboço*, dá-se a entender que se viu o início de sua execução em cores, que o pintor formou sobre a tela. Observe-se que a palavra bosquejo é empregada quase exclusivamente nas artes em que se passa do modelo à obra, ao passo que esboço é mais geral, pois aplica-se a toda obra já iniciada, a ser conduzida do estado de esboço ao de perfeição. Bosquejo diz sempre menos que esboço, embora talvez não seja tão fácil julgar uma obra a partir do esboço quanto a partir do bosquejo. Ver *Bosquejo*.

(**PPP**)

Esboço (*Arquitetura*), Blondel [5, 213]

Em arquitetura, *esboço* é a primeira forma que se dá com o cinzel a um quadrado de pedra ou a um bloco de mármore, após o que ele é serrado e burilado, de acordo com um modelo ou um perfil. É também um pequeno modelo, batido em terra ou talhado em cera com o formão, para que se veja o seu efeito antes que esteja terminado.

(**PPP**)

Esboço (*Gravura*), Landois [5, 213]

Em gravura, *esboço* é a ação de preparar e dispor em massas as obras de gravura entalhadas com o buril.

(**PPP**)

Esboço (*Pintura*), Landois [5, 213]

Em pintura, *esboçar* é dispor em cores os objetos que o artista se propõe a representar num quadro, previamente desenhados sobre uma tela impressa, sem que com isso se dê a cada um deles a perfeição de que seriam suscetíveis em sua forma definitiva. Os pintores esboçam com variados graus de acabamento, há esboços que não passam de ligeiras aquarelas a cores e de terebintina, ou mesmo de grisalha ou camaieu. Os escultores, por seu turno, dizem esboçar uma figura, esboçar um baixo-relevo.

(**PPP**)

Escolas artísticas (*Belas-Artes*), d'Alembert [5, 333]

Nas belas-artes, *escola* significa propriamente uma classe de artistas que aprenderam sua arte com um mestre, seja recebendo dele as suas lições, seja estudando as suas obras, e que, em consequência, seguiram, em maior ou menor medida, a maneira desse mestre, fosse com a intenção de imitá-lo, fosse por um hábito que os levou a adotar os seus princípios. Um hábito como esse tem suas vantagens, sem dúvida, mas talvez tenha também inconvenientes, maiores do que elas. Tais inconvenientes, para só falarmos da pintura, fazem-se sentir principalmente na parte da cor, a crermos nos artistas mais habilidosos e nos connaisseurs verdadeiramente esclarecidos. Segundo eles, essa espécie de convenção tácita, formada numa escola para produzir efeitos de luz por tais ou tais meios, produz apenas um rebanho servil de imitadores, que degeneram cada vez mais, como provam facilmente muitos exemplos.

Uma segunda observação, não menos importante, que devo aos mesmos connaisseurs, é que é muito perigoso emitir um juízo geral sobre as obras saídas de uma escola qualquer. Se esse juízo raramente é **[334]** exato a ponto de satisfazer quem o pronuncia, que dizer para os outros. As obras da pintura alteram-se a cada dia e vão perdendo a concordância que o artista nelas introduziu. Elas têm, como tudo o que existe, uma espécie de vida, cujo tempo é limitado e na qual é preciso distinguir uma infância, uma maturidade ou perfeição, ao menos no grau em que podem tê-la, e uma senilidade. Apenas no segundo desses estados é que podem ser apreciadas com justiça.

Costuma-se dizer que a escola romana é ligada principalmente ao desenho, a escola veneziana ao colorido etc. Mas isso não quer dizer que os pintores de tais escolas tivessem uma preferência intencional pelo desenho em detrimento da cor ou pela cor em detrimento do desenho. Seria atribuir-lhes uma visão que sem dúvida jamais foi a sua. É verdade que a partir das obras produzidas nas diferentes escolas constatou-se que certas partes da pintura foram mais honradas em algumas do que em outras. Mas seria muito difícil identificar as causas de tais diferenças. Podem ser físicas e secretas; podem ser morais, e não menos obscuras.

A causas físicas, a causas morais, ou à reunião de ambas, a quê se deve atribuir o atual estado de langor da pintura e da escultura na Itália? A escola francesa de pintura é hoje, segundo opinião generalizada, superior a todas as outras. Seriam as recompensas, as oportunidades, o estímulo e a emulação o que falta aos italianos? Grandes modelos não lhes faltam. Não seria antes um capricho da natureza, que, em matéria de talentos e de gênio, se apraz, por assim dizer, em escavar, de tempos em tempos, minas que depois permanecerão fechadas por muitos séculos? Muitos dos maiores pintores da Itália e de Flandres viveram e morreram na miséria. Alguns foram perseguidos, em vez de serem encorajados. Mas a natureza zomba da injustiça da fortuna bem como da dos homens, e produz gênios raros em meio a um povo bárbaro, assim como gera plantas preciosas entre selvagens que ignoram as suas virtudes.

Ouvem-se queixas de que nossa escola de pintura teria começado a degenerar, se não pelo mérito, ao menos pelo número dos bons artistas. Nossa escola de escultura, ao contrário, sustenta-se, e pelo número e talento dos artistas talvez seja superior ao que jamais foi. Os pintores alegam, para se justificar, que a pintura é incomparavelmente mais difícil do que a escultura. É claro que os escultores não concordam, e não cabe a mim em absoluto decidir essa questão. Contentar-me-ei em perguntar se a pintura seria menos difícil se nossos pintores igualassem ou mesmo superassem nossos escultores. Mas entrevejo duas razões para essa desigualdade entre as duas escolas. A primeira é o gosto ridículo e bárbaro da nação pelos bibelôs de porcelana e pelas figuras contorcidas oriundas da China. Com um gosto como esse, não admira que não se valorizem os objetos nobres e vastos, tratados adequadamente. Sem esquecer que as grandes obras da pintura se encontram escondidas em nossas igrejas, que raramente oferecem oportunidade para que se trabalhe nesse gênero. Uma segunda razão, não menos real que a primeira, e que merece toda a atenção, pois pode ser aplicada às letras como às artes, é o diferente modo de vida dos pintores em relação ao dos escultores. A obra destes exige mais tempo, mais dedicação, mais assiduidade, força-os a ser menos dissolutos. Encontram-se assim menos expostos a ter o gosto corrompido pela convivência, pelas opiniões e pelos conselhos de uma multidão de pretensos connaisseurs, tão ignorantes quanto presunçosos. Seria uma questão digna de ser proposta por uma de nossas academias, examinar se a convivência com os mundanos fez mais bem ou mal aos letrados e aos artistas. Um de nossos maiores escultores simplesmente não frequenta os espetáculos que chamamos de sérios e nobres, por temer que as estranhas vestimentas trajadas pelos heróis e pelos deuses prejudiquem as ideias verdadeiras, majestosas e simples que ele formou a esse respeito. Mas não mostra a mesma precaução em relação aos espetáculos de farsa, cujas grotescas vestimentas não deixam em sua alma nenhum vestígio nocivo. É por essa mesma razão que o padre Malebranche só se divertia com jogos de criança. Ora, afirmo que a convivência com um grande número de falsos juízes é tão nociva para um artista quanto a frequentação de nossos grandes espetáculos é para o artista de que falamos. Nossa escola de pintura seria completamente arruinada se os *connaisseurs*, que não são senão *connaisseurs* (e quantos há que sejam outra coisa?), quisessem lhe dar o tom com seus discursos e escritos. Todas as dissertações não fariam mais do que transformar nossos artistas em belos espíritos mancos e em maus pintores. Rafael nunca leu escritos sobre sua arte, menos ainda dissertações; ele estudou, isso sim, a natureza e o antigo. Júlio II e Leão X deram carta livre a esse grande homem e o recompensaram como soberanos, não se prestaram ao papel de imbecis que dão conselhos. Os franceses talvez tenham escrito mais e melhor do que os italianos sobre a pintura, mas nem por isso os italianos deixaram de ser os mestres nesse gênero. Recordemos a anedota dos dois grandes arquitetos que se ofereceram aos atenienses para executar uma grande obra que a república desejava realizar. Um deles discorreu longamente e em detalhe sobre sua arte, o outro contentou-se em dizer, após um longo silêncio: "O que ele disse, eu farei".

Seria um erro concluir, do que eu digo, que os pintores e em geral os artistas não deveriam escrever sobre a sua arte. Ao contrário, estou convencido de que somente eles são verdadeiramente capazes de fazê-lo. Mas há um tempo para obras de gênio e um tempo para escrever sobre elas. E este é chegado quando o fogo da imaginação começa a minguar, com a idade. É então que a experiência adquirida por um longo trabalho fornece matéria abundante para reflexões, e não há senão que colocá-las em ordem. Mas um pintor que, no auge de seu vigor, troca a paleta e os pincéis pela pluma, parece-me como um poeta que se entrega ao estudo das línguas orientais. A partir desse momento, está decidida a mediocridade ou nulidade do talento de um e do outro. Alguém que estivesse prestes a realizar uma *Ilíada* não pensaria em escrever sobre poética.

A superioridade em matéria de pintura, geralmente reconhecida, ao que me parece, da escola antiga da Itália em relação à escola francesa, antiga ou moderna, fornece-me outra reflexão que não devo subtrair a meus leitores. Alguém que quisesse mostrar que nossos pintores ofuscam os da Itália poderia raciocinar do seguinte modo. Rafael e um grande número de desenhistas italianos não tinham colorido. A maior parte dos coloristas pecaram no desenho: Michelangelo, Paulo Veronese e os maiores mestres da escola italiana introduziram em suas obras absurdos grosseiros. Nossos pintores franceses, ao contrário, foram incomparavelmente mais razoáveis e mais sábios em suas composições. Não se veem, nas telas de Seuer, Poussin ou Lebrun, contrassensos e anacronismos ridículos. E nas obras desses grandes homens [**335**] a sabedoria de modo algum é prejudicial à beleza. Portanto, nossa escola é muito superior à da Itália. Eis um raciocínio completamente falso, feito no entanto de considerações inteiramente verdadeiras, exceto pela conclusão. É que as obras de gênio devem ser julgadas não pelos defeitos que nelas se encontrem, e sim por suas belezas. O conhecido quadro da família de Dario é a obra-prima de Lebrun. Essa obra é muito estimável pela composição, pela ordem e mesmo pela expressão. No entanto, na opinião dos *connaisseurs*, ela não se sustenta ao lado do quadro de Veronese que se encontra nos aposentos de Versailles e que representa os peregrinos de Emael, tela que tem belezas superiores, que nos fazem esquecer os seus grosseiros defeitos de composição. A *Pucelle*, a crer nos que tiveram paciência de lê-la, é mais bem conduzida do que a *Eneida*, e não é difícil crer que seja mesmo. Mas vinte belos versos de Virgílio põem abaixo toda a ordenação da *Pucelle*. As peças de Shakespeare contêm grosserias bárbaras. Mas, através desse espesso nevoeiro, brilham traços de gênio que só poderiam ter sido introduzidos por ele. É a partir desses traços que se deve julgá-lo, assim como é a partir de *Cina* e *Polieucta*, não de *Tito* e *Berenice*, que se deve julgar Corneille. A escola da Itália, malgrado todos os seus defeitos, é superior à escola francesa, pois os grandes mestres da Itália são incomparavelmente mais numerosos do que os grandes mestres da França, e há nas telas da Itália belezas que simplesmente não foram alcançadas pelos franceses. Que eu não seja acusado de rebaixar a minha nação. Ninguém admira tanto como eu as excelentes obras produzidas por ela. Mas me parece que seria tão ridículo lhe conceder a superioridade em todos os gêneros quanto injusto recusá-la em muitos deles.

Para não nos desviarmos de nosso assunto (pois trata-se aqui das escolas de belas-artes em geral), podemos aplicar o que dissemos à música, ao menos parcialmente. Aqueles dentre os nossos escritores que nos últimos tempos atacaram a música italiana, a maioria deles bastante fecunda em ofensas, não têm nenhum conhecimento da arte, fizeram contra ela um raciocínio exatamente igual ao que foi aqui refutado. Esse raciocínio, transposto da pintura para a música, é, ao que me parece, a melhor resposta que poderia ser dada aos adversários da música italiana. Não se trata de saber se os italianos têm mais música de má qualidade do que nós; é provável que sim, como sem dúvida têm mais quadros de má qualidade. Tampouco se trata de verificar se cometeram mais contrassensos, pois também é provável que sim; se os seus caldeirões estão ou não fora de lugar; se multiplicaram ou não, despropositadamente, os ornamentos. Trata-se de saber, isto sim, se na expressão do sentimento e das paixões, e na pintura de objetos de toda espécie, sua música é superior à nossa, seja pelo número, seja pela qualidade das peças, seja por ambos em conjunto. Eis aí, se me é permitido falar assim, o enunciado do problema a ser resolvido para que se julgue a questão. A Europa parece ter se pronunciado a favor dos italianos, e esse julgamento merece tão mais atenção por ter adotado em geral a nossa língua e as nossas peças de teatro, ao mesmo tempo que proscreveu a nossa música. Estaria equivocado? Cabe à posteridade decidir. Parece-me apenas que a distinção tão comum entre a música francesa e a italiana é frívola ou falsa. Só há um gênero de música, a boa. Ocorreria a alguém falar em *pintura francesa* e *pintura italiana*? A natureza é a mesma por toda parte, assim como as artes que a imitam devem ser por toda parte similares.

Assim como a pintura tem diferentes escolas, elas também existem na escultura, na arquitetura, na música e, em geral, em todas as belas-artes. Na música, por exemplo, todos os que seguiram o estilo de um grande mestre (pois a música, a exemplo do discurso, tem o seu estilo) são ou devem ser considerados membros da escola desse mestre. O ilustre Pergolese é o Rafael da música italiana; seu estilo é o que mais merece ser seguido, e é, com efeito, o que foi mais seguido pelos artistas de sua nação. É possível que estejam se afastando do tom verdadeiro, nobre e simples dado por esse homem. A música na Itália parece estar hoje se aproximando do estilo de Sêneca, a arte e o estilo se mostram nela às vezes com exagero, embora ainda se observem belezas verdadeiras, superiores e em bom número.

Os franceses não tiveram até aqui mais do que duas escolas de música, pois não tiveram mais do que dois estilos, o de Lúlio e o do célebre Rameau. É conhecida a revolução causada na França pela música deste último; mas essa revolução talvez não tenha feito mais do que preparar outra, pois é inegável o efeito que a música italiana começa a ter sobre nós. O próprio Lúlio, em sua época, causou uma revolução, ao aplicar à nossa língua a música que na Itália tanto avançara. De início, foi denunciado; no fim, sentiu-se o prazer da sua música. Esse grande homem, porém, era demasiadamente esclarecido para não perceber que em seu tempo a arte permanecia ainda na infância. Ao morrer, declarou que podia ver muito além do ponto em que havia chegado. Lição admirável, para os que não admiram outra música além da sua própria. Ver *Música* etc.

(PPP)

Escultura (*Belas-Artes*), Falconet [14, 834]

Define-se a escultura como uma arte que, por meio do desenho e da matéria sólida, imita com o cinzel os objetos palpáveis da natureza. Para tratar desse assunto com um pouco de método, consideraremos separadamente a escultura antiga e a escultura moderna. Mas, antes de falar de uma e de outra, cremos que é nosso dever transcrever aqui uma parte das reflexões do senhor Etienne Falconet sobre a escultura em geral. Publicou-as recentemente, e como declarou que eram destinadas à Enciclopédia, *cumpriremos a intenção desse hábil artista e deixaremos que fale por si mesmo.*

A escultura, ele diz, assim como a História, é o repositório mais duradouro das virtudes dos homens e de suas fraquezas. Se vemos na estátua de Vênus o objeto de um culto dissoluto, temos na de Marco Aurélio um monumento célebre das homenagens prestadas a um benfeitor da humanidade.

Essa arte, na medida em que nos mostra os vícios deificados, torna ainda mais chocantes os horrores que a História nos transmite; ao mesmo tempo que, por outro lado, os traços preciosos que nos restam desses homens raros, que deveriam ter vivido tanto quanto suas estátuas, reanimam em nós um sentimento de nobre emulação que leva a alma às virtudes que os preservaram do esquecimento. César vê a estátua de Alexandre, cai num profundo devaneio, deixa escapar lágrimas, e grita: "Qual não foi tua felicidade! Com a minha idade, já havias submetido uma parte da terra, enquanto eu ainda nada fiz para minha própria glória". Quanto a esta última, fez de tudo para enterrá-la sob as ruínas de sua pátria.

Do ponto de vista da moral, a tarefa mais digna da escultura é, portanto, perpetuar a memória dos homens ilustres e oferecer modelos de virtude tanto mais eficazes quanto os que os praticavam não podem mais ser objeto de inveja. Temos a imagem de Sócrates e o veneramos. Quem sabe se teríamos coragem de amar Sócrates vivo entre nós?

A escultura possui outro objeto, aparentemente menos útil, quando trata dos assuntos de mera decoração ou prazer. Mas nem mesmo nesse caso ela deixa de conduzir a alma ao bem ou ao mal. Algumas vezes, excitará sensações indiferentes. Um escultor, assim como um escritor, é portanto louvável ou censurável na medida em que os assuntos de que trata são honestos ou licenciosos.

Ao propor a imitação das superfícies do corpo humano, a escultura não deve ficar restrita a uma semelhança fria. Ainda que bem produzida, esse tipo de verdade não poderia excitar, com sua exatidão, nada além de um louvor tão frio quanto a semelhança, e a alma do espectador não seria de modo algum comovida. É a natureza viva, animada, apaixonada, que o escultor deve exprimir sobre o mármore, o bronze, a pedra etc.

Tudo o que para o escultor é objeto de imitação deve ser assunto de estudo contínuo. E tal estudo, esclarecido pelo gênio, conduzido pelo gosto e pela razão, executado com precisão, encorajado pela atenção benevolente dos soberanos e pelos conselhos e elogios dos grandes artistas, produzirá obras-primas semelhantes aos monumentos preciosos que triunfaram sobre a barbárie dos séculos. Por essa razão, os escultores que não se prenderem ao tributo de louvores, aliás, legitimamente devidos a tais obras sublimes, mas, em vez disso, as estudarem profundamente e as tomarem como regra de suas produções, adquirirão essa superioridade que admiramos nas estátuas gregas.

Não somente as belas estátuas da Antiguidade serão nosso alimento, mas também todas as produções do gênio, sejam quais forem. A leitura de Homero, esse pintor sublime, elevará a alma do artista e fornecerá a ele imagens de grandeza e majestade.

O que o gênio do escultor pode criar de mais nobre e mais sublime deve ser apenas a expressão das relações possíveis da natureza, de seus efeitos, de seus jogos, de seus acasos; ou seja, na escultura, assim como na pintura, o belo, até mesmo o ideal, deve ser um resumo do belo real da natureza. Existe um belo essencial, disperso pelas diferentes partes do universo. Sentir, reunir, aproximar, escolher, supor até mesmo diversas partes desse belo, seja no caráter de uma figura como Apolo, seja no ordenamento de uma composição como nas ousadias de Lanfranc, Du Correge e Rubens, é mostrar na arte esse belo ideal que tem seu princípio na natureza.

A escultura é inimiga, sobretudo, das atitudes forçadas que a natureza desaprova e que alguns artistas empregaram sem necessidade, somente para mostrar que sabiam brincar com o desenho. Assim também em relação a esses drapejamentos, cuja riqueza encontra-se, toda ela, nos ornamentos supérfluos de um arranjo bizarro de dobras. Enfim, ela é inimiga dos contrastes muito rebuscados na composição, assim como na distribuição afetada das sombras e das luzes. Em vão pretenderíamos que é um estratagema: no fundo, é apenas desordem, uma causa certa do embaraço do espectador e da pouca ação da obra sobre a alma. Quanto maiores os esforços para nos emocionar, menos somos comovidos. Do que se conclui que, quanto menos meios o artista emprega para produzir um efeito, mais mérito tem de produzi-lo e mais o espectador se entrega de bom grado à impressão que se busca produzir nele. As obras-primas da Grécia não somente foram criadas pela simplicidade desses meios, como também servem eternamente de modelo para os artistas.

A escultura compreende menos objetos que a pintura, mas os de que aquela trata, e que são comuns às duas artes, são mais difíceis de representar, a saber, a expressão, a ciência dos contornos, a difícil arte de drapear e de distinguir as diferentes espécies de tecidos.

A escultura tem dificuldades que lhe são particulares. 1º) Um escultor não está dispensado de nenhuma parte de seu estudo em favor das sombras, das linhas de fuga, dos lineamentos e das reduções. 2º) Mesmo que tenha composto e projetado sua obra adequadamente, satisfez apenas uma parte de sua operação, pois essa obra pode ter tantos pontos de vista quanto são os pontos no espaço ao seu redor. 3º) Um escultor deve ter a imaginação tão forte quanto um pintor, mas não digo tão abundante. Precisa, além disso, de uma tenacidade no gênio que o coloque acima do desgosto causado pelo mecanismo, pela fadiga e pela lentidão de suas operações. O gênio não se adquire, ele se desenvolve, estende-se e se fortifica com o exercício. Um escultor exerce o seu gênio com menos frequência do que um pintor; dificuldade a mais, pois, no caso de uma obra de escultura, deve haver gênio, assim como numa obra de pintura. 4º) Por ser privado do sedutor encanto da cor, o que deve saber a respeito dos meios para chamar a atenção? Para fixá-la, que precisão, **[835]** que verdade, que escolha de expressão não deve colocar em suas obras!

Deve-se exigir de um escultor não somente o interesse que resulta do conjunto como um todo, mas também o interesse de cada uma das partes desse conjunto; a obra do escultor é composta quase sempre de uma única figura, na qual não é possível reunir as diferentes causas que produzem o interesse de um quadro. A pintura, independentemente da variedade das cores, interessa pelos diferentes agrupamentos, atributos, ornamentos, expressões de diversos personagens que concorrem para o tema; interessa pelo fundo, pelo lugar da cena, pelo efeito geral: em uma palavra, impõe-se pela totalidade. Mas o escultor, na maioria das vezes, só tem o direito de dizer uma única palavra: é preciso que essa palavra seja sublime. Por isso, mobilizará os recursos da alma, na medida em que esta seja sensível e que ele tenha se aproximado de seu alvo.

Só os escultores extremamente hábeis lançam mão dos recursos vantajosos que a pintura obtém do colorido: nesse ponto, Roma e Paris fornecem exemplos. Sem dúvida, materiais de diversas cores empregados com inteligência produziriam alguns efeitos pitorescos; mas, sem harmonia na distribuição, esse ajuntamento torna a escultura desagradável e mesmo chocante. O brilhante da douração e o encontro brusco das cores discordantes de diferentes mármores perturbam a vista de pessoas constantemente subjugadas pelo brilho enganador e revoltam o homem de gosto. Mais seguro seria empregar o ouro, o bronze e os diferentes mármores somente para efeito de decoração, e não tirar da escultura propriamente dita seu verdadeiro caráter para dar-lhe um outro, falso, ou, pelo menos, equívoco. Assim, permanecendo nos limites que lhe são prescritos, a escultura não perderá nenhuma de suas vantagens, o que certamente aconteceria se ela desejasse empregar todas as vantagens da pintura. Cada uma dessas artes tem seus meios de imitação: a cor definitivamente não serve para a escultura.

Mas se esse meio, que pertence propriamente à pintura, é uma vantagem para esta, quantas de suas dificuldades não são totalmente alheias à escultura? A facilidade que consiste em produzir a ilusão pelo colorido é, em si mesma, uma grande dificuldade: a raridade desse talento prova-o decisivamente. O número de objetos que um pintor representa a mais que o escultor corresponde ao número de seus estudos particulares. A verdadeira imitação dos céus, das águas, das paisagens, dos diferentes instantes do dia, dos variados efeitos da luz, além da lei de clarear um quadro somente pelo sol, tudo isso exige do pintor conhecimentos e trabalhos indispensáveis, dos quais o escultor está inteiramente dispensado. Seria desconhecer essas duas artes se suprimíssemos as suas diferenças. Seria um erro concedermos preferência a uma em detrimento da outra, por causa de suas dificuldades particulares.

A pintura é agradável mesmo quando desprovida do entusiasmo e do gênio que a caracterizam; sem o apoio dessas duas bases, as produções da escultura são insípidas. Que o gênio as inspire igualmente, e nada impedirá que existam na mais íntima união, apesar das diferenças que há em algumas de suas condutas; se essas artes não são semelhantes em tudo, há sempre uma semelhança de família. *Facies non omnibus una, Nec diversa tamen, qualem decet esse sororum* [As suas faces não eram totalmente iguais, porém nem desiguais, mas como deveriam ser as [faces] de irmãs]. (Ovídio, *Metamorfoses*, II)

Partamos desse ponto, trata-se do interesse das artes; partamos dele para esclarecer ainda os que julgam sem conhecer os princípios, o que ocorre com frequência, mesmo com espíritos de primeira ordem.

Se por um erro, do qual felizmente vemos poucos exemplos, um escultor fosse tomado pelo entusiasmo e pelo gênio, como o ímpeto desarrazoado que conduzia Borromini, que ele seja persuadido de que, por descaminhos similares, longe de embelezar os objetos, ele os afastaria do verdadeiro, pois tais caminhos servem só para representar as desordens da imaginação. Embora esse artista não fosse escultor, ele pode ser citado como um exemplo perigoso porque o mesmo espírito que conduz o arquiteto conduz também o pintor e o escultor. O artista cujos meios são simples encontra-se desprotegido: expõe-se tanto mais facilmente a ser julgado porquanto não emprega nenhum vão prestígio para escapar do exame e, assim, mascarar seu não valor. Não chamemos, pois, de belezas, numa obra qualquer, o que perturba os olhos e corrompe o gosto. Esse gosto, tão ostentado, e com razão, nas produções do espírito humano, não passa do resultado da operação do bom senso sobre nossas ideias: demasiadamente vivas, ele as reduz, dá-lhes um freio; demasiadamente lânguidas, ele as reanima. É a esse feliz temperamento que a escultura, assim como todas as artes inventadas para agradar, deve suas belezas, as únicas duráveis.

Como a escultura comporta a mais rígida exatidão, um desenho descuidado seria menos suportável para ela do que para a pintura. O que não quer dizer que Rafael e Dominicano não tenham sido exímios e corretíssimos desenhistas, ou que todos os grandes pintores não vejam essa parte como essencial à arte. Mas, a rigor, um quadro em que a exatidão do desenho não predominasse poderia interessar por outras belezas. A prova está em mulheres pintadas por Rubens, que, apesar de terem um caráter incorreto, seduzem pelo encanto do colorido. Executai-as em escultura, a partir do mesmo caráter que elas têm no desenho, e o encanto será consideravelmente diminuído, se não for completamente destruído. A tentativa seria bem pior, com algumas figuras de Rembrandt.

Por que ao escultor se permite ainda menos que ao pintor negligenciar certas partes de sua arte? Isso talvez se deva a três considerações. O tempo que o artista dedica a sua obra: não podemos suportar que um homem tenha empregado longos anos para fazer algo comum. O valor da matéria empregada: que comparação entre um pedaço de tela e um bloco de mármore! A durabilidade da obra: tudo o que está em torno do mármore é anulado, mas ele permanece. Mesmo quebradas, suas peças carregam-na consigo pelos séculos futuros.

Após ter indicado o objeto e o caráter geral da escultura, deve-se considerá-la ainda como submetida a leis particulares que devem ser conhecidas pelo artista, para que não as transgrida nem as estenda para além de seus limites.

Seria levar longe demais essas leis dizer que a escultura não pode se entregar ao impulso espontâneo em suas composições por causa da delimitação nas dimensões de um bloco de mármore à qual ela se submete. Basta ver o Gladiador e a Atalanta: tais figuras gregas provam suficientemente que o mármore obedece na mesma medida em que o escultor souber comandá-lo.

Mas a liberdade que o escultor tem para fazer crescer, por assim dizer, o mármore, não deve chegar ao ponto de embaraçar as formas exteriores de suas figuras com detalhes excedentes e contrários à ação e ao movimento representados. É preciso que a obra, desprendendo-se de um fundo de ar, ou de árvore, ou de arquitetura, se anuncie sem equívoco e possa distinguir-se a partir da maior distância possível. As luzes e as sombras largamente distribuídas concorrem também para determinar as principais formas e o efeito geral. A **[836]** qualquer distância que se percebam o Gladiador e o Apolo, a ação deles nunca é duvidosa.

Entre as dificuldades da escultura, existe uma bem conhecida, e que merece as maiores atenções do artista: voltar atrás quando o mármore está esculpido, e introduzir alguma mudança essencial na composição ou em alguma de suas partes. Razão a mais para obrigá-lo a refletir sobre seu modelo e fixá-lo de modo que possa conduzir com segurança as operações do mármore. Daí o porquê de, em grandes obras, a maioria dos escultores fazer seus modelos, ou, pelo menos, esboçá-los no local onde deverá estar o objeto. Dessa maneira, protegem-na infalivelmente das luzes, das sombras e do justo conjunto da obra, que, por ser composta na iluminação própria do ateliê, poderia ter ali um bom efeito, mas tem um efeito muito ruim em outro local.

Essa dificuldade, porém, vai ainda mais longe. Tendo o escultor refletido sobre o modelo e o fixado, suponho que ele tenha um instante de torpor ou delírio. Se então ele trabalha, vejo-o estropiar alguma parte importante de sua figura, quando acredita seguir e mesmo aperfeiçoar o seu modelo. No dia seguinte, com a cabeça em melhor estado, ele reconhece a desordem do dia anterior, mas é incapaz de remediá-la.

Feliz vantagem da pintura, que não está sujeita a essa lei tão rigorosa! O pintor muda, corrige, refaz na tela o que deseja; no pior dos casos, reimprime-a, ou empreende outra. Poderia o escultor dispor assim do mármore? Se fosse preciso que recomeçasse sua obra, a perda do tempo, as fadigas e as despesas poderiam se comparar?

Além disso, se o pintor traçou linhas justas, estabeleceu sombras e luzes apropriadas, um aspecto ou uma iluminação diferente não lhe arrebatarão inteiramente o fruto de sua inteligência e de seus cuidados; mas, numa obra de escultura, composta para produzir luzes e sombras harmoniosas, fazendo vir da direita a iluminação que vinha da esquerda, ou vir de baixo aquela que vinha do alto, não encontrareis mais efeito, ou haverá somente os efeitos desagradáveis, se o artista não souber combiná-los para as diferentes iluminações. E, ainda, sempre que quiser colocar em concerto todas as visões de sua obra, o escultor arriscará buscar verdadeiras belezas para encontrar apenas um acordo medíocre. Afortunado dele se as difíceis precauções, em vez de o desanimarem, o conduzirem à perfeição nessa parte!

Para esclarecer melhor essa reflexão, apresentarei uma do sr. conde de Caylus.

"A pintura", ele diz, "escolhe uma das três iluminações que podem clarear uma superfície. A escultura não precisa escolher, pois possui todas; mas tal abundância é, a um só tempo, multiplicidade de estudo e de embaraço, pois compreende a obrigação de se pensar todas as partes de sua figura e, por conseguinte, de trabalhá-las; de qualquer forma, é ela mesma que se esclarece; é sua composição que lhe dá suas iluminações e que distribui suas luzes. Quanto a isso, o escultor é mais criador do que o pintor, mas tal vaidade só é satisfeita à custa de muitas reflexões e fadigas."

Quando um escultor supera tais dificuldades, os artistas e os verdadeiros connaisseurs reconhecem-no sem dúvida. Mas quantas pessoas, até mesmo dentre os que nossas artes agradam, por não conhecerem a dificuldade, não saberão o preço de tê-la superado?

O nu é o principal objeto de estudo do escultor. Os fundamentos desse estudo são o conhecimento dos ossos e da anatomia externa, e a imitação assídua de todas as partes e movimentos do corpo humano. As escolas de Paris e de Roma exigem esse exercício e facilitam aos estudantes tal conhecimento necessário. Mas, como o natural pode ter suas falhas, que o jovem estudante, ao vê-las e copiá-las, naturalmente transmite-as para suas obras, ele precisa de um guia seguro, que lhe mostre as justas proporções e as belas formas.

As estátuas gregas são o guia mais seguro. São e serão sempre a regra da precisão, de graça e de nobreza, no que se refere à mais perfeita representação do corpo humano. Se as examinamos superficialmente, essas estátuas não parecem extraordinárias nem difíceis de imitar; mas o artista inteligente e atento descobrirá em algumas delas os mais profundos conhecimentos do desenho e, se nos for permitido usar a palavra aqui, toda a energia do natural. Por essa razão, os escultores que mais estudaram, e com critério, as figuras antigas, foram também os que mais se distinguiram. Digo com critério, e acredito que essa observação é fundamentada.

Por mais belas que sejam as estátuas antigas, elas são produções humanas, por conseguinte, suscetíveis das fraquezas da humanidade. Seria, pois, muito perigoso para o artista dirigir indistintamente sua admiração a tudo o que se chama antiguidade. Ocorreria que, após ter admirado pretensas maravilhas que não estão em certos antigos, ele se esforçaria para se apropriar delas, mas de modo algum seria admirado. É preciso que um discernimento esclarecido, judicioso e sem preconceitos faça-o conhecer as belezas e os defeitos dos antigos, e que, tendo-os apreciado, ele siga os seus passos com a confiança de que elas o conduzirão sempre ao grande. É nesse discernimento judicioso que aparece a justeza de espírito, e os talentos do escultor estão sempre em proporção dessa justeza. Um conhecimento medíocre dessas artes entre os gregos é suficiente para mostrar que eles também tinham seus momentos de lapso. O mesmo gosto reinava, mas o saber não era igual em todos os artistas. O aluno de um escultor excelente poderia ter a maneira de seu mestre sem ter sua cabeça.

De todas as figuras antigas que chegaram até nós, as mais próprias para oferecer o grande princípio do nu são o Gladiador, o Apolo, o Laocoonte, o Hércules Farnese, o Torso, o Antínoo, o grupo Castor e Pólux, o Hermafrodita, e a Vênus de Médici. Estas são também as obras-primas cujas belezas os escultores modernos devem passar para suas obras por meio de estudo incessante. No entanto, o estudo mais profundo das figuras antigas, o conhecimento mais perfeito dos músculos, a precisão do traço, a própria arte de reconstituir as passagens harmoniosas da pele e de exprimir os recursos do corpo humano, esse saber, digo, é somente para os olhos dos artistas e para os de um restrito número de *connaisseurs*.

Como a escultura não é feita só para os que a exercem ou para os que adquirem luzes a partir dela, é preciso ainda que o escultor, para merecer todos os sufrágios, acrescente, aos estudos necessários, um talento superior. Esse talento, tão essencial e tão raro, embora possa estar ao alcance de todo artista, é o sentimento. Ele deve ser inseparável de todas as suas produções. É ele que as vivifica; se os outros estudos são a sua base, o sentimento é a sua alma. Os conhecimentos adquiridos são particulares, mas o sentimento existe em todos os homens. Nesse aspecto, é universal; todos os homens são juízes das obras em que ele reina.

Exprimir as formas dos corpos e não lhes acrescentar o sentimento é realizar seu objeto somente pela metade. Querer difundi-lo por toda parte, sem considerar a precisão, é fazer apenas esboços e produzir somente sonhos cuja impressão se dissipa na medida em que não se **[837]** vê mais a obra, nem mesmo quando a observamos durante mais tempo. Juntar essas duas partes (mas que dificuldade!) é o sublime da escultura.

Ao falarmos dos escultores, temos destacado as maravilhas que a escultura produziu. Continuaremos a considerá-la como antiga e moderna. Enfim, o leitor encontrará a maneira como ela opera em mármore, em pedra, em madeira, em gesso, em papel machê, em bronze. No que concerne a suas duas partes mais interessantes, que são os baixos-relevos e a arte de drapear, nós as tratamos nos verbetes baixo Relevo *e* Drapeamento.

(TK)

Estilo, Poesia do estilo (*Poesia*), Jaucourt [15, 554]

A *poesia do estilo*, como o senhor Batteux observou, compreende os pensamentos, as palavras, as locuções e a harmonia. Todas essas partes encontram-se na própria prosa; mas, como nas artes, a exemplo da poesia, trata-se não somente de exprimir a natureza, mas também de exprimi-la com todos os seus atrativos e encantos possíveis, a poesia, para atingir seu fim, estava no direito de acrescentar um grau de perfeição que os elevasse, de certa forma, acima de sua condição natural.

É por essa razão que os pensamentos, as palavras, os torneios, têm na poesia uma ousadia, uma liberdade, uma riqueza, que pareceriam excessivos na linguagem ordinária. São comparações diretas, metáforas brilhantes, repetições vivas, apóstrofes singulares. É a aurora, filha da manhã, que abre as portas do Oriente com seus dedos de rosas; é um rio apoiado no vaso de suas encostas, que dorme ao barulho lisonjeiro de sua onda nascente; são os jovens zéfiros, que brincam nas pradarias de cores vivas, ou náiades que se deleitam em seus palácios de cristal; não é uma refeição, é uma festa.

A poesia do estilo consiste ainda em atribuir sentimentos interessantes a tudo o que se faz falar, bem como em exprimir por figuras e apresentar por imagens capazes de nos comover aquilo que não nos tocaria se fosse dito simplesmente em estilo prosaico.

Mas cada gênero de poema tem algo de particular na poesia de seu estilo, e a maioria das imagens convenientes para nutrir, por assim dizer, o estilo da tragédia, são demasiadamente graves para o estilo da comédia; e o poema cômico deve ao menos fazer daquelas apenas um uso muito sóbrio. Só deve empregá-las como Chrémès, quando esse personagem experimenta momentaneamente uma paixão trágica. Já dissemos em alguns verbetes que as pastorais tiravam suas pinturas e imagens dos objetos que embelezam o campo e dos eventos da vida rústica. A poesia do estilo da sátira deve ser nutrida das imagens mais próprias para excitar nossa bile. A ode sobe aos céus para lá tomar do trovão, dos astros e dos próprios deuses suas imagens e comparações; mas estas são coisas cuja experiência já instruiu a todos aqueles que amam a poesia.

É preciso, pois, que acreditemos, por assim dizer, estar vendo, ao ouvir versos: *ut pictura poesis*, diz Horácio. Cleópatra chamaria menos atenção se o poeta a fizesse dizer em estilo prosaico aos ministros que odiavam seu irmão: temei, malvados; César, que é justo, virá com a força nas mãos: ele chega com tropas. Seu pensamento tem outro brilho: parece bem mais elevado quando é revestido de figuras poéticas, e quando coloca nas mãos de César o instrumento da vingança de Júpiter. O verso "Tremei, malvados, tremei: eis que chega o relâmpago" apresenta-me César armado com o trovão e os assassinos de Pompeu mortos pelo raio. Dizer simplesmente que não há um grande mérito em se deixar amar por um homem que se apaixona facilmente, mas, em vez disso, que é belo se deixar amar por um homem que jamais demonstra disposição para o amor, seria dizer uma verdade comum, que não chamaria muito a atenção. Mas quando Racine coloca na boca de Arícia essa verdade revestida de belezas **[555]** tomadas da poesia de seu estilo, encanta-nos. Somos seduzidos pelas imagens das quais o poeta se serve para exprimi-la; e o pensamento, por mais trivial que seja quando enunciado em estilo prosaico, torna-se em seus versos um discurso eloquente que nos toca e que guardamos na memória:

"Eu, mais exigente que ela, recuso a glória inglória De aceitar homenagem oferecida a mil outras – A de entrar num coração com mil portas abertas. Mas tornar dócil uma coragem inflexível, Insinuar a dor numa alma insensível, Fazer um prisioneiro se revoltar em vão Contra os grilhões que descobre que adora, Isso eu desejo: isso me inflama." [Racine, Jean. *Fedra*. Trad. Millôr Fernandes. Porto Alegre: L&PM, 1986, p.42.]

Esses versos traçam cinco quadros na imaginação.

Um homem que nos dissesse simplesmente "morrerei no mesmo castelo onde nasci" não comoveria muito. Morrer é o destino de todos os homens e terminar no seio de seus penates é o destino dos mais felizes. No entanto, o Abade de Chaulieu nos apresenta esse pensamento em imagens que o tornam capaz de comover infinitamente:

"Fontenay, lugar delicioso, / Onde primeiro vi a luz, / Bem cedo no início de minha carreira / Em ti encontrarei meus ancestrais. / Musas que, nesse lugar campestre, / Com cuidado me alimentavam, / Belas árvores que me viram nascer, / Logo ver-me-eis morrer."

Essas apóstrofes mostram o poeta em conversação com as divindades e com as árvores desse lugar. Imagino que elas aguardam a notícia que ele anuncia; e o sentimento que ele lhes atribui faz nascer em meu coração um sentimento que se aproxima do delas.

A poesia do estilo constitui a maior diferença entre os versos e a prosa. Muitas metáforas que passariam por figuras muito ousadas no estilo oratório mais elevado são recebidas na poesia; as imagens e as figuras devem ser ainda mais frequentes na maior parte dos gêneros da poesia do que nos discursos oratórios. A retórica que busca persuadir nossa razão deve sempre conservar um ar de moderação e de sinceridade; não é assim com a poesia, que sonha em nos emocionar de preferência a qualquer outra coisa, e que, se se quiser, estará frequentemente em parceria com a má-fé. Segundo Horácio, podemos ser poetas num discurso em prosa, e nunca somos mais do que prosadores num discurso escrito em versos. Quintiliano explica tão bem a natureza e o uso das imagens e das figuras nos últimos capítulos de seu oitavo livro e nos primeiros capítulos do livro seguinte, que não nos deixa nada para fazer senão admirar sua penetração e seu grande sentido.

Essa parte da poesia é a mais importante e, ao mesmo tempo, a mais difícil: para inventar imagens que pintam bem o que o poeta quer dizer, para encontrar as expressões próprias para dar-lhes o ser, e não para rimar, que ele necessita de um fogo divino. Um poeta medíocre pode, por força de consultas e trabalho, fazer um plano regular e dar costumes decentes a seus personagens; mas somente um homem favorecido pelo gênio da arte pode sustentar seus versos por ficções contínuas e por imagens que renascem a cada período. Um homem sem gênio logo cai na frieza que nasce das figuras que carecem de justeza e que não pintam nitidamente seu objeto; ou no ridículo que nasce das figuras que não são convenientes ao assunto. Tais são, por exemplo, as figuras empregadas pelo autor carmelita do poema da Madalena, que sempre formam imagens grotescas, quando o poeta devia nos oferecer apenas imagens sérias. O conselho de um amigo pode bem nos fazer suprimir algumas figuras impróprias ou mal imaginadas; mas não pode nos inspirar o gênio necessário para inventar as que seria mais conveniente nos servirmos e que fazem a poesia do estilo. O recurso a outrem não poderia fazer um poeta: no máximo, ajudá-lo-ia a se formar.

Um pouco de reflexão sobre o destino dos poemas franceses publicados há cem anos bastará para nos persuadir que o maior mérito de um poema vem da conveniência e da continuidade das imagens e das pinturas que seus versos nos apresentam. O caráter da poesia de estilo sempre decidiu o bom ou o mau sucesso dos poemas, até mesmo daqueles que, por sua extensão, parecem mais depender da economia do plano, da distribuição, da ação e da decência dos costumes.

Temos duas tragédias do grande Corneille, nas quais conduta e a maioria dos caracteres são muito defeituosos, o *Cid* e a *Morte de Pompeu*. Poderíamos até mesmo discutir o título de tragédia dessa última peça; no entanto, o público, encantado pela poesia de estilo dessas obras, não deixa de admirá-las e considerá-las bem acima de muitas outras, nas quais os costumes são melhores e o plano mais regular. Os críticos, com todos os seus raciocínios, jamais persuadirão o público que é um erro tomar por obras excelentes duas tragédias que há um século fazem chorar os espectadores.

Nossos vizinhos italianos também possuem dois poemas épicos em sua língua: a *Jerusalém libertada*, de Tasso, e o *Orlando furioso*, de Ariosto, os quais, como a *Ilíada* e a *Eneida*, tornaram-se livros da biblioteca do gênero humano. Exalta-se o poema de Tasso pela decência dos costumes, pela dignidade dos caracteres, pela economia do plano; em uma palavra, por sua regularidade. Nada diríamos dos costumes, dos caracteres, da decência e do plano do poema de Ariosto. Perto dele, Homero foi um geômetra; e sabe-se o belo nome que o cardeal do Leste deu ao amálgama informe de histórias mal tecidas em conjunto que compõem o *Orlando furioso*. A unidade de ação é ali tão mal observada que as edições posteriores foram obrigadas a indicar, por meio de nota lateral, o ponto onde o poeta interrompe uma história e o ponto do poema onde ela recomeça, a fim de que o leitor possa seguir o fio dessa história. Prestou-se, com isso, um grande serviço ao público, pois não se lê o Ariosto do início ao final, passando do primeiro canto ao segundo, e assim sucessivamente, mas segue-se, em vez disso, independentemente da ordem dos livros, as diferentes histórias, que são mais incorporadas do que unidas em conjunto. Os italianos, entretanto, de modo geral, consideram Ariosto muito acima de Tasso. A Accademia della Crusca, após ter examinado o processo nas formas, tomou uma decisão autêntica que atribui a Ariosto a primeira posição entre os poetas épicos italianos. O mais zeloso defensor de Tasso, Camillo Pelegrini, confessa que ataca a opinião geral, e que todos decidiram por Ariosto seduzidos pela poesia de seu estilo. Ela verdadeiramente prevalece sobre a poesia da *Jerusalém libertada*, cujas figuras nem sempre são convenientes no ponto onde o poeta as emprega. Ainda em suas figuras, há sempre mais brilho e luz do que verdade. Quero dizer que elas surpreendem, que estimulam a imaginação, mas que não pintam distintamente imagens próprias a nos emocionar. [556] De todos esses detalhes, resulta que o melhor poema é aquele cuja leitura nos toca mais e que nos seduz a ponto de nos ocultar a maioria de suas falhas e, até mesmo, de nos fazer esquecer voluntariamente as que tivermos visto e que nos tenham chocado. Ora, é na proporção dos encantos da poesia do estilo que um poema nos interessa. Ver Dubos, *Réflexions sur la peinture et sur la poésie* [Reflexões sobre a pintura e a poesia].

(TK)

Expressão (*Pintura*), Watelet [6, 319]

É mais fácil desenvolver o sentido do termo *expressão* do que reduzir a preceitos a parte da arte da pintura significada por ele. A palavra *expressão* é aplicada às ações e às paixões, assim como a palavra *imitação* é adequada às formas e às cores. A primeira é a arte de traduzir qualidades incorpóreas, como o movimento e as afecções da alma, a segunda é a arte de imitar as formas que aos nossos olhos distinguem os corpos entre si, e as cores produzidas pelo arranjo das partes que compõem a sua superfície.

Representar com traços as formas dos corpos, imitar suas cores com tintas nuançadas e combinadas é aplicar-lhes um revestimento cujo efeito, submetido a nossos sentidos, parece verossímil ao espírito. Mas exprimir o movimento, essa qualidade abstrata dos corpos, numa imagem material e imóvel, trazer à luz a ideia das paixões da alma, essas agitações interiores e secretas, por meio de figuras mudas e inanimadas, é algo que aparentemente excede as capacidades da alma e parece por isso incompreensível.

Contudo, há um esforço da arte, e das obras compostas pelos pintores dotados de expressão pode-se dizer o mesmo que Horácio dizia de Safo, *Spirat adhuc amor, Vivuntque commissi calores AEoliae fidibus puellae* [respira ainda o amor, e vive o fogo confiado à lira da moça eoliana].

Para que se chegue a sentir a possibilidade desse efeito da pintura, é preciso representar-se para si mesmo a união, tão íntima, da alma e do corpo, que faz que ambos compartilhem continuamente o que é próprio a cada um deles em particular. O corpo sofre uma alteração, a alma experimenta dor; a alma é afetada por uma paixão violenta, no mesmo instante o corpo compartilha a impressão. Há, portanto, em todos os movimentos do corpo e da alma, uma progressão paralela, em que um depende do outro, e o artista observador, dedicado a examinar essas relações, poderá, nos movimentos do corpo, acompanhar as impressões da alma. Tal é o estudo que cabe ao pintor que aspira à parte da expressão. Seu êxito dependerá da fineza de suas observações e, sobretudo, da justeza com que ele põe em acordo esses dois movimentos. As paixões têm graus, como as cores têm nuances; elas nascem, crescem, adquirem a maior força de que são suscetíveis, diminuem em seguida, e esvanecem. As alavancas movidas por essas forças seguem a progressão desses diferentes estados, e o artista que só tenha permissão para representar um único momento de uma paixão qualquer deve conhecer tais relações, se quiser que a verdade seja parte do mérito de sua imitação. Essa verdade, que é uma conveniência exata, nasce, portanto, da precisão com que ele exprime o justo efeito das paixões nas formas no corpo e em suas cores (após ter escolhido uma nuance da paixão). Caso ele se equivoque, por um grau que seja, sua imitação será menos perfeita; se o seu erro for mais grave, da contradição sensível nascerá a falta de verossimilhança, que destrói a ilusão.

Para aprofundar essa parte tão importante, que enobrece a arte da pintura ao torná-la partícipe das operações do espírito, seria necessário, porém, entrar em algum detalhe a respeito das paixões, o que tentarei fazer no verbete *Paixão*. Retomarei então os princípios aqui expostos e, aplicando-os a alguns desdobramentos dos movimentos do corpo relacionados aos da alma, darei ao menos a ideia do que seria um tratado repleto de observações curiosas e úteis, mas que, por ser extremamente extenso e difícil de realizar, levaria um bom tempo até ser plenamente executado.

(**PPP**)

Fábula (*Belas-Letras*), Marmontel [6, 349]

Nos poemas épico e dramático, a *fábula*, a ação, o assunto, são normalmente considerados como sinônimos; mas, numa acepção mais estrita, o assunto do poema é a ideia substancial da ação: a ação, consequentemente, é o desenvolvimento do assunto, e a intriga é essa mesma disposição considerada pelo lado dos incidentes que atam e desatam a ação.

Ora a fábula encerra uma verdade oculta, como na *Ilíada*, ora ela apresenta diretamente exemplos pessoais e verdades nuas, como no *Telêmaco* e na maior parte de nossas tragédias. Logo, não é da essência da fábula ser alegórica; basta que ela seja moral, e é isto que o padre Bossu não distinguiu suficientemente.

Como o fim da poesia é tornar, se possível, os homens melhores e mais felizes, um poeta deve, sem dúvida, ter cuidado, na escolha de sua ação, com a influência que ela pode ter sobre os costumes, e, seguindo esse princípio, nunca deveria nos ser apresentado o quadro que arrasta Édipo para o crime, nem o de Eletra incitando Orestes ao parricídio: "bate, bate, ela matou nosso pai".

Mas essa atenção geral para evitar os exemplos que favorecem os maus e escolher os que podem encorajar os bons não tem nada em comum com a regra quimérica de só inventar a fábula e os personagens de um poema segundo a moralidade; método servil e impraticável, a não ser em pequenos poemas, como o apólogo, no qual não se dispõe dos grandes recursos do patético para comover, não se tem de pintar uma longa sequência de quadros, nem se precisa fornecer o tecido de uma vasta intriga.

É certo que a *Ilíada* contém a mesma verdade de uma das fábulas de Esopo, e que a ação que conduz ao desenvolvimento dessa verdade, no fundo, é a mesma numa e noutra. Mas que Homero, assim como Esopo, tenha começado propondo essa verdade; em seguida, tenha escolhido uma ação e personagens convenientes, e só tenha considerado as circunstâncias da guerra de Troia depois de ter decidido sobre os caracteres fictícios de Agamenon, Aquiles, Heitor etc., é o que só poderia sair da cabeça de um especulador que quer, se for permitido assim dizer, levar o gênio ao limite. Um escultor determina primeiro a expressão que ele quer construir, depois desenha a sua figura, e escolhe por fim o mármore próprio para executá-la. Mas os acontecimentos históricos ou fabulosos, que são a matéria do poema heroico, não são talhados como um mármore: cada um deles tem sua forma essencial, que só pode ser embelezada. E é dependendo da maior ou menor beleza que ela apresenta ou da qual é suscetível que é feita a escolha do poeta: Homero mesmo é um exemplo disto.

A ação de *Odisseia* prova, se se quiser, que um estado ou uma família sofrem com a ausência de seu chefe. Mas ela prova ainda melhor que não se deve abandonar seus interesses domésticos para se imiscuir nos interesses públicos, o que Homero não teve o desígnio de mostrar.

Do mesmo modo, pode-se concluir da ação da *Eneida* que o valor e a piedade reunidos são capazes das maiores coisas. Mas pode-se concluir também que algumas vezes é sábio abandonar uma mulher após tê-la seduzido e se apropriar do bem de outrem quando julgarmos conveniente, máximas que Virgílio estava longe de querer estabelecer.

Se Homero e Virgílio houvessem inventado a fábula de seus poemas tendo em vista apenas a moralidade, toda ação só chegaria a um único ponto; o desenlace seria como um fogo em que se reuniriam todos os traços de luz difundidos no poema, o que não acontece: assim, a opinião do padre Bossu é desmentida pelos próprios exemplos com os quais ele pretende autorizá-la.

A fábula deve ter diferentes qualidades, umas particulares a certos gêneros, outras comuns à poesia em geral. Ver, quanto a essas qualidades comuns, os verbetes *Ficção*, *Interesse* etc. Para as qualidades particulares, os diversos gêneros de poesia e seus verbetes.

Sobretudo, como há uma verossimilhança absoluta e uma verossimilhança hipotética ou de convenção, e que todas as espécies de poemas não são suscetíveis de uma ou de outra, ver, para distingui-las, os verbetes *Ficção* e *Tragédia*.

(MGS)

Facilidade (*Pintura*), Watelet [6, 358]

Nas artes e nos talentos em geral, a *facilidade* é uma consequência de disposições naturais. Um homem nascido para a poesia dissemina por suas obras essa desenvoltura que caracteriza o dom que lhe foi dado pela natureza. O artista que o céu dotou com o gênio da pintura imprime a suas cores a ligeireza de um pincel fácil; os traços que ele forma são animados e cheios de fogo. Seria à conformação e à combinação dos órgãos que devemos essas disposições que trazemos, a despeito de nós mesmos, e que nos permitem superar as dificuldades das artes? Seria na obscuridade das causas físicas de nossas sensações que devemos pesquisar os princípios dessa facilidade? Qualquer que seja a sua fonte, seria sem dúvida uma vantagem tê-la aprofundado a ponto de poder dirigir os homens rumo aos talentos que lhes convêm, para auxiliar a natureza e fazer de tantas disposições amiúde ignoradas ou relegadas a segundo plano um uso propício ao bem geral da humanidade. De resto, a facilidade por si mesma, embora descubra as disposições próprias de um talento, **[359]** não pode conduzir um artista à perfeição. É preciso que essa qualidade seja suscetível de ser dirigida pela reflexão. Nascemos com essa venturosa aptidão, mas é preciso recusar-se a utilizá-la até que se tenham preparado os materiais a serem utilizados por ela. É preciso, enfim, que ela seja desenvolvida gradualmente, e se a facilidade for de uma espécie rara, é um meio certo para obter os maiores êxitos. Que não se creia que a paciência e o trabalho possam substituir totalmente a falta de facilidade. Não. Se uma e o outro podem conduzir a êxitos, é por uma rota penosa, e faltará sempre à perfeição assim adquirida o que desejamos encontrar na beleza, quando desprovida do encanto das graças. É admirável ver em Boileau a razão fortalecida por uma laboriosa escolha de expressões justas e precisas. Bem menos cativo, o talento divino e fácil de La Fontaine toca ao mesmo tempo o espírito e o coração.

A facilidade de que devo falar aqui, que se refere à arte da pintura em particular, é de duas espécies. Diz-se *facilidade de composição*, e o sentido desse modo de se exprimir está incluído no da palavra *gênio*, pois um gênio abundante é o princípio fecundo que atua numa composição fácil. Essa discussão será retomada no verbete *Gênio*. A segunda aplicação do termo facilidade é quando se diz *um pincel fácil*, exprimindo-se assim a desenvoltura na prática da arte. Um pintor bom e experiente, seguro dos princípios do claro-escuro na harmonia da cor, não hesita no ato de pintar; seu pincel desloca-se nervosamente, aplicando a cada objeto sua cor particular. Ele reúne em conjunto as luzes e os semitons, e conjuga estes às sombras. O traço de seu pincel, cuja rota pode ser acompanhada, indica a liberdade, a franqueza, a facilidade, enfim. Eis o que apresenta a ideia desse termo. Encerro este artigo arriscando-me a aconselhar ao pintor que se torne severo e difícil mesmo nos estudos em que prepara os materiais da obra;

mas, quando sua reflexão tiver fixado a escolha, que dê à execução da tela esse ar de liberdade, essa facilidade de execução que tanto contribui para o mérito de todas as obras de arte.

(PPP)

Ficção (*Belas-Letras*), Marmontel [6, 679]

Ficção, produção das artes que não tem nenhum modelo na natureza.

A imaginação compõe, não cria: seus quadros mais originais são eles mesmos cópias em todas as suas particularidades, e é a maior ou menor analogia entre os diferentes traços que ela reúne que constitui os quatro gêneros de ficção que vamos distinguir, a saber, o perfeito, o exagerado, o monstruoso e o fantástico.

A ficção que tende ao perfeito, ou *bela ficção*, é o conjunto regular das mais belas partes das quais um composto é suscetível e, nesse sentido amplo, a ficção é essencial a todas as artes da imitação. Na pintura, as Virgens de Rafael e os Hércules de Guido não possuem um modelo individual na natureza; o mesmo vale, na escultura, para a Vênus Pudica e o Apolo do Vaticano; na poesia, para Corneille e Dido. O que os artistas fizeram? Recolheram as belezas esparsas dos modelos existentes e compuseram um todo mais ou menos perfeito, segundo a escolha mais ou menos feliz dessas belezas reunidas. Ver no verbete *Crítica* a formação do modelo intelectual, segundo o qual a imitação deve corrigir a natureza.

O que dizemos sobre um caráter ou uma figura, deve estender-se a toda composição artificial e imitativa.

A beleza de composição, todavia, nem sempre é uma reunião de belezas particulares. Ela é relativa ao efeito a que se propõe e consiste na escolha dos meios mais ou menos capazes de emocionar a alma, impressioná-la, enternecê-la etc. A Fúria que persegue Io deve ser desprovida de ornamento, assim como o guardião de um harém deve ser repulsivo. A baixeza e a feiura concorrem também para a beleza de um quadro histórico. Na tragédia da morte de Pompeu, a composição é bela tanto pelos vícios de Ptolomeu, de Áquilas ou de Sétimo, quanto pelas virtudes de Cornélio ou de César. Um mesmo caráter tem também seus traços de sombra e de luz, que se embeleza por sua mistura: os sentimentos baixos e covardes de Félix acabam por pintar um político. Mas é preciso que os traços opostos formem um contraste conjunto e não saiam do tom. Narciso tem o mesmo tom que Bruto; Térsito não tem o mesmo tom que Aquiles.

É sobretudo nas composições morais que o pintor terá necessidade do estudo mais profundo, não somente da natureza enquanto modelo, para imitá-la, mas da natureza como espectadora, para interessá-la e comovê-la.

Horácio, na pintura dos costumes, deixa a **[680]** escolha de seguir a opinião ou de observar as conveniências; mas esse último partido tem sobre o primeiro a vantagem de que em todos os tempos as conveniências bastam para a persuasão e o interesse. Não se tem necessidade de recorrer aos costumes nem aos preconceitos do século de Horácio para fundar os caracteres de Ulisses e Aquiles: o primeiro é dissimulado; o poeta lhe dá como virtude a prudência; o segundo é colérico, o poeta lhe dá o valor. Essas conveniências são invariáveis, assim como a essência das coisas, ao passo que a autoridade da opinião cai com ela: tudo o que é falso é passageiro: o próprio erro despreza o erro. Só a verdade, ou o que se assemelha a ela, é de todos os países e de todos os séculos.

A ficção deve, portanto, ser a pintura da verdade, mas da verdade embelezada, animada pela escolha e pela mistura de cores que ela busca na natureza. Não há quadro tão perfeito na disposição natural das coisas no qual a imaginação não tenha ainda algo a retocar. A natureza, em suas operações, não pensa em nada menos do que em ser pitoresca. Aqui ela estende as planícies onde o olho espera colinas; lá ela restringe o horizonte pelas montanhas, onde o olho gostaria de se perder ao longe. A moral é como o físico. A história tem poucos assuntos que a poesia não seja obrigada a corrigir e embelezar, para torná-los interessantes. Cabe, pois, ao pintor compor, com as produções e os acidentes da natureza, uma mistura mais viva, mais variada, mais tocante do que seus modelos. E qual é o mérito em copiá-las de modo servil? Quantas dessas cópias não são frias e monótonas, perto de composições ousadas do gênio em liberdade? Para ver o mundo tal como ele é, basta vê-lo em si mesmo; pede-se às artes um mundo novo; um mundo tal como deveria ser, se fosse feito só para nossos prazeres. Cabe pois ao artista colocar-se no lugar da natureza e dispor as coisas segundo o tipo de emoção que pretende causar em nós, assim como a natureza as teria disposto se tivesse como primeiro objetivo nos oferecer um espetáculo risonho, gracioso ou patético.

Pretendeu-se que esse gênero de ficção não teria regra certa, pois a ideia do belo, seja no plano moral, seja no físico, não seria absoluta nem invariável. Mas, não importa o que se diga da beleza física, sobre a qual pelo menos as nações esclarecidas e polidas estão de acordo há 3 mil anos, a beleza moral é a mesma em todos os povos da terra. Os europeus encontraram igual veneração pela justiça, pela generosidade, pela constância, e igual horror pela crueldade, pela covardia, pela traição, entre os selvagens do Novo Mundo e entre os povos mais virtuosos.

As palavras do cacique Guatimozin, *e eu, estou num mar de rosas?*, teriam sido belas na Roma antiga; e a resposta de um dos proscritos de Nero ao lictor, *utinam tu tam fortifier ferias*, teria sido admirada na corte de Montezuma.

Quanto mais a ideia e o sentimento da *bela natureza* forem determinados e unânimes, menos arbitrária será a sua escolha, e, consequentemente, mais a sua imitação será difícil e mais perigosa será a comparação entre o modelo e a imitação. É isto que torna tão escorregadia a carreira do gênio na ficção que se eleva ao perfeito; é sobretudo na parte moral que nossas ideias se estenderam. Não estamos falando dessa anatomia sutil que busca, se me permitem falar assim, até as fibras mais delicadas da alma. Estamos falando dessas ideias grandes e justas que abarcam o sistema das paixões, dos vícios e das virtudes, em suas relações mais remotas. Nunca o colorido, o desenho, as nuances de um caráter, nunca o contraste de sentimentos e o combate de interesses tiveram juízes mais esclarecidos nem mais rigorosos; nunca, consequentemente, se teve necessidade de mais talentos e de estudo para vencer, aos olhos de seu século, na *bela ficção* moral. Mas, ao mesmo tempo que as ideias dos juízes se aperfeiçoaram, ampliaram-se e se elevaram, o gosto e as luzes dos pintores devem ter se aperfeiçoado, elevado-se e se ampliado. Homero seria mal recebido hoje pintando-nos um sábio como Nestor, mas por isso mesmo ele não o pintaria assim. Vê-se o exemplo dos progressos da poesia filosófica nas tragédias do senhor Voltaire. Os primeiros mestres do teatro pareciam ter esgotado as combinações de caracteres, interesses, paixões; a Filosofia lhes abriu novos caminhos. Maomé, Alzira, Idamé, são do século de *O espírito das leis* e, nessa parte mesmo, o gênio não fica sem recursos, e a ficção pode ainda encontrar, embora com dificuldade, novos quadros.

A natureza física é mais fecunda e menos exaurível; sem nos imiscuirmos em pressentir o que o gênio e o trabalho podem fazer, cremos entrever veias profundas, e até aqui pouco conhecidas, para onde a ficção pode se estender e a imaginação se enriquecer.

Há artes sobretudo para as quais a natureza é inteiramente nova. A poesia, em sua rápida carreira, parece ter colhido tudo; mas a pintura, cuja carreira é mais ou menos a mesma, ainda está dando os seus primeiros passos. Homero criou sozinho mais quadros do que todos os pintores reunidos. As dificuldades mecânicas da pintura devem ter dado à imaginação entraves bastante embaraçosos para tê-la mantido durante tanto tempo no círculo estreito que ela prescreveu a si mesma.

Todavia, quando um gênio audacioso e másculo conduziu o pincel, surgiram obras sublimes; as dificuldades da arte não impediram Rafael de pintar a transfiguração, Rubens de pintar o massacre dos inocentes, Poussin, os horrores da peste e o dilúvio etc. E quantas dessas grandes composições deixam abaixo de si todas essas peças de um invenção fria e comum, nas quais se admira, sem emoção, belezas inanimadas! Que não se diga que assuntos patéticos e pitorescos são raros; a História está cheia deles, e a poesia ainda mais. Os grandes poetas parecem não ter escrito senão para os grandes pintores: é pena que o primeiro, entre nós, que tentou restituir os temas de nossas tragédias (Coypel) não tenha tido tanto talento quanto gosto, tanto gênio quanto espírito! É isto que a *bela ficção*, a arte de reunir os maiores traços da natureza, teria de lamentar! Que se imagine ver, expressos na tela, Clitemnestra, Ifigênia, Aquiles, Erífilo e Arcas, no momento em que este diz:

Não enviai a princesa ao seu pai... Ele a espera no altar para sacrificá-la.

O quinto ato de *Rodoguna*, sozinho, tem com que ocupar toda a vida de um pintor laborioso e fecundo. Lembremo-nos destes momentos:

Uma mão que nos foi bem cara! Senhora, é a vossa ou a de minha mãe? [...]
Mandai tentar [...]
Eu tentarei eu mesmo [...]
Senhor, olhai estes olhos [...]
Vai, queres em vão me trazer de volta à vida [...] **[681]**

Que situações! Que caracteres! Que contrastes!

Os talentos vulgares deixam-se persuadir de que a ficção por excelência consiste em empregar na composição as divindades da fábula, e que, fora da mitologia, não há invenção. A partir desse princípio, cobrem suas telas com as coxas das Ninfas e os ombros dos Tritões. Mas se os homens de gênio se alimentarem da História, se estudarem a verdade nobre e tocante da natureza nos momentos apaixonados. E se, em vez de se esgotarem sobre a fria continência de um Cipião, ou sobre o sono de Alexandre, que nada diz, eles recolhessem para exprimir a morte de Sócrates, o julgamento de Brutus, a clemência de Augusto, os traços sublimes e tocantes que devem formar esses quadros, ficariam surpresos por se sentirem elevados acima de si mesmos, e mais surpresos ainda por terem consumido anos preciosos e raros talentos pintando assuntos estéreis, enquanto mil objetos, de uma fecundidade maravilhosa e de um interesse universal, ofereciam ao seu pincel material com que inflamar o seu gênio. Por exemplo, como é possível que estes versos de Corneille, "Cina, tu te lembras disto, e queres me assassinar!", não excitem a imaginação de todos os pintores que têm alma? E por que os pintores que com frequência fizeram uma galeria da vida de um homem, não fariam o mesmo de uma só ação? Um quadro só tem um momento, uma ação às vezes tem cem, nos quais se poderia ver crescer gradativamente o interesse pela tela. A cena de Cina, que acabamos de citar, é um exemplo disso.

Percebeu-se que em todas as artes deveria ser pouco interessante a imitação servil de uma natureza defeituosa e comum; mas julgou-se ser mais fácil exagerá-la do que embelezá-la; daí vem esse segundo gênero de ficção que anunciamos.

O exagero produz o que denominamos o maravilhoso na maioria dos poemas e consiste quase sempre apenas em adições aritméticas, de massa, de força e de velocidade. São gigantes que juntam montanhas, Polifemo e Cacus que movem rochedos, Camilo que corre sobre a ponta de uma espiga de milho etc. Vê-se que o mais fraco gênio vai facilmente se valorizar nessa parte de Homero e Virgílio. Desde que se sacudiu o jugo da verossimilhança e que nos libertamos da regra das proporções, o exagerado não custa mais nada. Mas se, no plano físico, ele observar as gradações da perspectiva; se, no moral, a gradação das ideias; se, tanto em um quanto no outro, apresentar belas proporções da natureza ideal ou real que se propõe a imitar, ele não se distinguirá mais do perfeito a não ser por um mérito a mais, e então não se trata mais da natureza exagerada, mas da natureza reduzida a suas dimensões pelo pano de fundo. Assim, as estátuas colossais de Apolo, de Júpiter, de Nero etc. poderiam ser obras maravilhosas ou desprezíveis; maravilhosas, se em seu ponto de vista restituíssem a *bela natureza*; desprezíveis, se seu único mérito fosse sua enorme grandeza.

Mas é sobretudo no plano moral e em sua mistura com o físico que é difícil ultrapassar os limites da natureza sem alterar suas proporções. Fizeram-se deuses que levantavam as ondas, desencadeavam os ventos, que abalavam o Olimpo com um movimento das sobrancelhas etc. Tudo isso era fácil. Mas foi necessário tornar as almas proporcionais a esses corpos, e nisto fracassaram Homero e quase todos os que o seguiram. Conhecemos somente o Satã de Milton, cuja alma e corpo foram feitos um para o outro. E como observar constantemente a gradação das essências nesses compostos sobrenaturais? É bem fácil para o homem imaginar corpos maiores, mais fortes, mais ágeis do que o seu. A natureza lhe fornece materiais e modelos; ainda lhe escapam muitos absurdos, mesmo no maravilhoso físico. Quanto mais não lhe escapa no plano moral? O homem só conhece sua alma; ele só pode dar, ao colosso que quer animar, suas faculdades, seus sentimentos e suas ideias, suas paixões, seus vícios e virtudes. Segundo Estrabão, um antigo teria dito, a respeito de Homero, que ele era o único que tinha visto os deuses ou que os mostrara. Mas, com toda a boa-fé, eu pergunto: ele os ouviu, ou os fez serem ouvidos? Ora, esse era o grande ponto, e esse defeito de proporção entre o físico e o moral no maravilhoso é que deu tanta razão aos filósofos que o atacaram.

Alguns não se cansam de dizer que a Filosofia é um mau juiz em matéria de ficção, como se o estudo da natureza ressecasse o espírito e esfriasse a alma. Que não se confunda, porém, o espírito metafísico com o espírito filosófico. O primeiro quer ver nuas todas as suas ideias, o segundo exige que a ficção as vista decentemente. Um reduz tudo à precisão rigorosa da análise e da abstração; o outro subordina as artes à sua verdade hipotética. Põe-se no lugar delas, dá-lhes um sentido, penetra em seu objeto, e só examina seus meios relativamente aos seus propósitos. Se elas ultrapassam os limites da natureza, o espírito filosófico os ultrapassa com elas. Só se recusa a seguir o extravagante e o absurdo; para falar a linguagem de um filósofo (o Abade Terrasson), ele quer que a ficção e o maravilhoso sigam o fio da natureza, ou seja, que aumentem as proporções sem alterá-las, que aumentem as forças sem atrapalhar seu mecanismo, que elevem os sentimentos e que estendam as ideias sem destruir a ordem, a progressão nem as relações. O uso do espírito filosófico na poesia e nas belas-artes consiste em banir os disparates, as contradições, as dissonâncias; em querer que os pintores e os poetas não construam no ar, sobre nuvens, palácios com abóbodas maciças e colunas pesadas; em não querer que o carro que eleva Hércules ao Olimpo seja feito como se fosse para andar sobre rochedos ou na lama; que os diabos, para manter o seu conselho, não construam um pandemônio, que não moldem um canhão para atirar nos anjos etc. Quando todos esses absurdos tiverem sido banidos da poesia e da pintura, o gênio e a arte não terão perdido nada. Em suma, o espírito que condena essas ficções extravagantes é o mesmo que observa, penetra, amplifica a natureza: esse espírito luminoso e profundo é o espírito filosófico, o único capaz de apreciar a imitação, já que só ele conhece o modelo.

Mas, dir-nos-ão, se não é possível ao homem fazer os deuses pensarem e falarem senão como homens, o que censurareis nos poetas? É simples, de terem desejado fazer deuses, assim como iremos censurá-los por terem desejado fazer monstros.

Não há nada que os pintores e os poetas não tenham imaginado para despertar o interesse pela surpresa. E a mesma esterilidade que fez com que exagerassem a natureza em vez de embelezá-la fez com que a desfigurassem decompondo suas espécies. Não foram mais felizes ao imitar seus erros do que ao estender os seus limites. A ficção que produz o monstruoso parece ter tido a superstição como princípio, os desvios da natureza como modelo e a alegoria como objetivo. Acreditava-se nas esfinges, nas sereias, nos sátiros; via-se que a própria natureza algumas vezes confundia, em suas produções, as formas e faculdades de espécies diferentes e, imitando essa mistura, tornavam-se sensíveis [**682**] relações de várias ideias por meio de uma única imagem. É pelo menos assim que os doutos explicaram a ficção das sereias, da quimera, dos centauros etc., e daí vem o gênero monstruoso. É de se presumir que os primeiros homens que domaram cavalos deram a ideia dos centauros; que os homens selvagens deram a ideia dos sátiros, os mergulhadores, a ideia dos tritões etc. Considerado como símbolo, esse gênero de ficção tem sua precisão e sua verossimilhança, mas tem também suas dificuldades, e a imaginação nisto não se liberou das regras das proporções e do conjunto, sempre tomadas da natureza.

Foi portanto necessário que, na reunião monstruosa de duas espécies, cada uma delas tivesse sua beleza, sua regularidade específica, e, além disso, formasse com a outra um todo que a imaginação pudesse realizar sem desorganizar as leis e os procedimentos da natureza. Foi necessário proporcionar os móbeis às massas e o servidor às cargas; que no centauro, por exemplo, os ombros do homem fossem proporcionais ao lombo dos cavalos; que nas sereias o dorso do peixe fosse proporcional ao busto da mulher; que na esfinge as asas e garras fossem proporcionais à cabeça da mulher e ao corpo do leão.

Pergunta-se quais devem ser essas proporções e talvez seja esse o problema mais difícil de resolver. É certo que essas proporções não são arbitrárias, e que se, no centauro de Guide, a parte do homem ou a do cavalo fosse mais forte ou mais fraca, o olho e a imaginação não se repousariam nele com a satisfação plena e tranquila que é provocada por um conjunto regular. Não é menos verdadeiro que a regularidade desse conjunto não consiste nas grandezas naturais de cada uma de suas partes. Ficaríamos chocados ao ver esfinges de cabeça delicada, ou o pescoço fino de uma mulher no corpo de um enorme leão. Cabe pois ao pintor aproximar as proporções das duas espécies. Mas qual é a regra que ele deve se prescrever para aproximá-las? Aquela que a própria natureza teria seguido se tivesse produzido esse composto, e essa suposição exige um estudo profundo e refletido, um olho preciso e bem exercitado para apreender as relações e a equilibrar as massas.

Não é somente na escolha das proporções que o pintor deve colocar-se no lugar da natureza. É sobretudo na ligação entre as partes, em sua correspondência mútua e em sua ação recíproca. É nisto que os maiores pintores não parecem ter nunca ter pensado. Que se examinem os músculos do corpo de Pégaso, da Fama e dos Amores, e que se procure neles as ligaduras e os móbeis das asas. Que se observe a estrutura do centauro, e ver-se-á dois peitos, dois estômagos, dois lugares para os intestinos; a natureza teria feito assim? Guido, levado pelo exemplo, não corrigiu essa composição absurda no rapto de Djanira, a obra-prima desse grande mestre.

Para passar do monstruoso ao fantástico, o desregramento da imaginação, ou, se se quiser, a intemperança do gênio, teve de enfrentar apenas a barreira das conveniências. O primeiro era uma mistura de espécies vizinhas; o segundo é a reunião de gêneros os mais afastados e das formas mais disparatadas, sem progressões, sem proporções e sem nuances.

Quando Horácio disse: *Humano capiti cervicem pictor equinam Jungere si velit* [Se um pintor quisesse juntar uma cabeça humana a um pescoço de cavalo] etc., ele acreditou, com razão, formar um composto bem ridículo, mas esse composto permanece no gênero monstruoso, onde é pior no fantástico. Vê-se isto em mil exemplos na escultura e na pintura: uma palma que termina em cabeça de cavalo, o corpo de uma mulher prolongado em console ou em pirâmide, o pescoço de uma águia dobrada como um *escargot*, uma cabeça de velho com uma barba de folhas de acanto; tudo o que o delírio de um doente o faz ver de mais bizarro.

Que tenha aprazido aos desenhistas por vezes deixar seu lápis ir à vontade, para ver o que resultaria de traços lançados ao acaso, é uma brincadeira pela qual podemos perdoá-los. Vemos mesmo esses caprichos da arte como uma espécie de curiosidade, assim como os acidentes da natureza. Nisso alguns de nossos poetas imitaram os desenhistas e pintores. Deixaram correr sua pluma sem se impor outras regras além da versificação e da língua, não levando em conta, em absoluto, o bom senso. É o que os franceses chamam de *galimathies*, fanfarronices.

Mas o que os poetas nunca fizeram e os desenhistas e pintores não deixaram de fazer foi empregar esse gênero extravagante na decoração de edifícios mais nobres. Daremos como exemplo somente os desenhos de Rafael no Vaticano, nos quais se vê uma cabeça de homem que nasce no meio de uma flor, um golfinho que termina numa folhagem, um urso trepado num guarda-sol, uma esfinge que sai de um ramo, um javali que corre sobre ramificações de vinha etc. Esse gênero não foi inventado pelos modernos. Estava na moda no tempo de Vitrúvio, e eis como ele apresenta seus detalhes e a crítica:

Item candelabra, oedicularum sustinentia figuras; supra fastigia earum surgentes ex rudicibus, cum volutis, coliculi teneri plures, habentes in se, sine ratione, sedentia sigilla; nec minùs étiam ex coliculis flores, dimidia habentes ex se exeuntia sigilla, alia humanis, alia bestiarum capitibus similia: hoec autem, nec sunt, nec fieri possunt, nec fuerunt. [...] *ad hoec falsa ridentes homines, non reprehendunt, sed delectantur; neque animadvertunt si quid eorum fieri potest, necne* [os candelabros são feitos para sustentar as representações de pequenas figuras, nos quais no cume surgem hastes, das quais parecem assentar figuras, um absurdo mesmo. Não menos [*sem razão*] são aquelas hastes com flores, com figuras de bustos, algumas com cabeças humanas, outras com as cabeças dos animais; porque formas semelhantes nunca houve, nem nunca puderam fazer, nem fizeram. [...] E ainda assim, o público, longe de repreender essas falsidades, deleitou-se com elas, nem por um momento consideraram se essas coisas poderiam existir]. (VII, 5)

O grotesco em Calot não é o que entendemos por gênero fantástico. Esse grande mestre, ao mesmo tempo que oferecia modelos de desenhos de uma delicadeza, de uma correção, de uma elegância admiráveis, divertia-se, no natural bem como no monstruoso, em inventar figuras bizarras, mas regulares. Seus demônios são de verossimilhança popular e suas mãos, da ordem dos possíveis. É o Scarron do desenho.

O gosto dos contrastes que Messonier levou tão longe e que seus copistas estragaram, como acontece em todas as artes quando um homem ordinário quer imitar um homem original, não está menos afastado do gênero fantástico. Messonier, evitando sua simetria, observou maravilhosamente o equilíbrio das massas, as proporções e as conveniências. São os caprichos da natureza que ele quis pintar, mas mesmo em seus caprichos ele a reproduziu como *bela imitação*.

Disto que acabamos de dizer a respeito dos quatro gêneros de ficção que distinguimos, resulta que o fantástico só é suportável num momento de loucura, e um artista que tivesse apenas esse talento não teria nenhum; que o monstruoso só pode ter o mérito da alegoria e que ele tem, do ponto de vista do conjunto, a correção do desenho, dificuldades que só podem ser vencidas esquecendo-se os modelos da arte e criando uma nova natureza; que o exagerado não é nada no físico apenas, e que na reunião do físico e do moral ele cai em desproporções chocantes e inevitáveis; que, em suma, a ficção que se dirige ao perfeito, ou a *bela ficção*, é o único gênero satisfatório para o **[683]** gosto, interessante para a razão e digno de exercitar o gênio.

(MGS)

Figura[I] (*Pintura*), Watelet [6, 774]

Pintar a *figura*, ou fazer a imagem do homem, é primeiramente imitar todas as formas possíveis do seu corpo.

É em segundo lugar traduzi-lo com todas as nuances de que é suscetível, com todas as combinações que o efeito da luz possa operar nessas nuances.

É por fim dar à luz, por ocasião dessa representação corpórea, a ideia dos movimentos da alma.

Esta última parte foi esboçada no verbete *Expressão*. Será desenvolvida mais detalhadamente no verbete dedicado à palavra *Paixão* (Pintura), e por isso não entrará aqui.

No que se refere ao segundo item dessa enumeração, será exposto no verbete *Harmonia do colorido e do claro-escuro*. Somente o primeiro item, suficientemente vasto, fará parte deste verbete.

Trata-se aqui, portanto, de duas coisas principais, necessárias para bem imitar todas as formas possíveis do corpo do homem, vale dizer, as formas de sua aparência exterior nas posturas que lhe são próprias.

No corpo do homem, aparências são os efeitos produzidos em nossos olhos por suas partes exteriores, partes essas que, submetidas à atuação dos mecanismos que elas contêm, recebem destes as suas formas e movimentos, o que nos leva naturalmente a recorrer às luzes da Anatomia, que devem esclarecer os artistas.

É sem dúvida este o lugar para que se insista na necessidade da Anatomia para a Pintura. Como imitar com precisão uma figura móvel, com a combinação de todos os seus movimentos, sem ter uma ideia justa dos mecanismos que a fazem agir? É preciso, e é possível, ter essa figura integralmente e continuamente diante dos olhos, não importa a postura em que se a desenhe. Seria isso um absurdo? Parece-me que não. Mas, alguém diria, acaso não será por tateares que se imitará a correspondência precisa entre os movimentos de todos os membros, e entre cada uma das partes desses membros, que varia à menor alteração da postura em que um homem se encontra? Quanta cegueira preferir esse caminho incerto ao simples

---

I Tradução parcial. [NT]

conhecimento das partes da anatomia, que está estreitamente relacionado com os objetos de imitação próprios da pintura! Que aqueles que, por preguiça, por falta de coragem ou por conhecimento insuficiente do alcance de sua arte, consideram a Anatomia como pouco necessária, permaneçam na cegueira provocada por sua ignorância; e que aqueles que ambicionam o sucesso aspirem não somente a alcançá-lo, como também a saber por que e como o alcançaram.

É não somente inútil, como seria mesmo ridículo, para o artista que queira dominar sua arte, querer, com o estudo da Anatomia, descobrir os primeiros agentes, de resto imperceptíveis, que formam a correspondência entre as partes materiais e as espirituais. Seria o mesmo que pretender adquirir a habilidade e a destreza de identificar, com o bisturi em mãos, cada uma das substâncias de que somos compostos, o que além do mais tomaria um tempo precioso. Um conhecimento sucinto do esqueleto do homem, um estudo um pouco mais aprofundado dos músculos que recobrem os ossos, e que obrigam a pele que eles sustentam a se flexionar, a contrair-se, a distender-se, eis o que a Anatomia oferece de necessário aos artistas para guiar seus trabalhos. Haveria do que se queixar? Algumas semanas de estudo, alguns instantes de reflexão, seriam muito para a aquisição de conhecimentos tão necessários?

***

[780] Após ter desvendado ao pintor os princípios de sua conformação interior, através da demonstração dos ossos, após ter revelado a ele os mecanismos que operam seus movimentos, a figura tem o direito de exigir do artista que ele desnude, aos olhos dos espectadores das obras compostas por ele, uma parte dos segredos que lhe foram revelados. Uma membrana delicada e sensível, que recubra e proteja os mecanismos, é o invólucro, a um só tempo necessário e agradável, que suaviza o efeito dos músculos, e a partir do qual nascem as graças dos movimentos. Quanto mais o pintor e o escultor tenham estudado a fundo o interior da figura, maior será a sua atenção para não exibir indiscretamente seus conhecimentos, e mais cuidado terão para imitar a discrição com que a natureza recobre o seu mecanismo. O exterior da figura é um objeto de estudo tão mais essencial ao artista por

ser o principal meio que lhe permite aspirar ao sucesso: contornos nobres e másculos, sem serem grosseiros ou exagerados, que nossa imaginação exige na imagem dos heróis; um conjunto suave, flexível, cheio de graça, que nos agrada e nos toca nas mulheres; uma incerteza nas formas, cuja imperfeição convém às crianças; o caráter delicado e esbelto, que, na juventude, torna as articulações quase similares em ambos os sexos. São essas as aparências encantadoras sob as quais a natureza, tão agradável quanto douta, escondeu esses ossos, cuja ideia lembra-nos a imagem de nossa destruição, e esses músculos, cujo desenvolvimento e cuja complexidade aos poucos confundem o leitor.

Às posturas que a figura humana adquire em função de suas necessidades, de suas sensações, de suas paixões, e aos movimentos involuntários que agitam, diminuem ou aumentam as graças a que ela é suscetível em virtude de sua armação, eu poderia acrescentar a moda, que introduz nas posturas, no aspecto e nas formas uma convenção, e não raro contradiz a natureza, disfarçando-a, e engana assim os artistas, cujo fim é imitá-la. Essas reflexões, porém, conduzem-me longe demais; restringir-me-ei a indicar as ligações entre este verbete e os que o se seguem a ele. Algumas observações sobre as posturas serão feitas no verbete *Graça*. Os caracteres das figuras, de acordo com o sexo, a idade, a condição etc., farão parte das divisões do artigo *Proporção das figuras*. Percebe-se que todas essas coisas têm uma relação mais estreita com esses verbetes do que com este. Por fim, as expressões, os movimentos exteriores ou ao menos o que se conhece a respeito dessa matéria, que remete a tantos conhecimentos, serão matéria do verbete *Paixão*, considerado como termo de Pintura.

(PPP)

Forma (*Pintura*), Watelet [7, 180]

Na arte da pintura, *forma* é um termo que parece não ter outro sentido além de aparência dos objetos. Em consequência, prescrever aos artistas que considerem como o objetivo principal de seu estudo a imitação correta das formas é o mesmo que recomendar que desenhem a natureza com exatidão. Mas como na explicação que procuro oferecer dos termos da arte da pintura adoto de ordinário tanto as significações simples quanto as mais elaboradas, creio que é meu dever acrescentar aqui, a propósito desta palavra, algumas ideias interessantes.

Supondo que se proponha a diferentes artistas que representem um objeto que se ofereça à sua visão, sucederia de cada um o representar de modo diferente, e, no entanto, todos poderiam reconhecer em cada uma das cópias o mesmo objeto que motivou a imitação. Assim, se tivessem por objetivo, por exemplo, desenhar um homem contemplado por todos a partir do mesmo ponto de vista, o desenho de cada um desses artistas daria aos que o vissem a ideia geral de um homem, embora as formas das partes que compõem esse homem pudessem ser diferentes, sob muitos aspectos, em cada desenho. Mas, caso se desse a esses mesmos artistas dois homens muito similares, cada um deles se sentiria estimulado a compará-los e a identificar, em partes que à primeira vista lhes teriam parecido semelhantes, diferenças de forma que pudessem distingui-los. A representação de diferentes homens de mesma idade e de mesmo talhe os conduziria, por fim, a um exame mais detalhado, mais refletido, e os que tivessem um discernimento mais delicado e um sentimento mais fino chegariam com mais desenvoltura a discernir e a apreender o que faz o caráter distintivo das formas.

Resulta desse desenvolvimento que os objetos têm formas gerais e formas características, e que a fineza e a sensibilidade com que o artista descobre e exprime essas diferenças particulares e características são uma fonte da eventual superioridade de seu talento. Esse talento pode ser um dom da natureza, mas ele precisa ser desenvolvido e cultivado. Conhecimentos de toda espécie contribuem para incrementá-lo. Farei outra suposição para provar que é assim. Um artista a quem se oferecesse a imitação de um objeto que lhe fosse totalmente desconhecido, e do qual só pudesse se aproximar à distância, o imitaria sem dúvida com uma exatidão aparente, à primeira vista suficiente para a representação. Contudo, é certo que essa representação só traduziria o objeto perfeitamente para aquele que não o conhecesse mais de perto do que o artista. Os que o tivessem tocado exigiriam mais da imitação, e o artista, após ter adquirido um conhecimento parcial de sua natureza, por exemplo de sua dureza ou moleza, de sua leveza ou peso, tornaria o retrato desse objeto mais condizente com os anseios de seus espectadores mais instruídos. Mas ele se portaria de maneira diferente se tivesse conhecimento da textura e do uso do objeto suposto, com o que poderia satisfazer plenamente os que o conhecessem com perfeição de detalhes.

Um pintor que queira representar árvores ou plantas não deixa escapar, se tiver instrução, certas formas características que indicam mesmo aos botânicos as diferenças mais aparentes que estes conhecem. Elevando-se dessa imitação de plantas à dos homens, e tomando por objetivo representá-los aos olhos de um povo instruído, com os movimentos que as paixões ocasionam, com as nuances de expressão correspondentes a suas idades, estados e temperamentos – que discernimento natural não lhe seria necessário! E quantos conhecimentos não serão necessários para esclarecer o seu talento! E que reflexões profundas e justas não deverão ser empregadas para mobilizá-lo!

(PPP)

Gênio (*Filosofia, Literatura*), Saint-Lambert [7, 582]

A amplidão do espírito, a força da imaginação e a atividade da alma, eis aí o *gênio*. Da maneira com que se recebe suas ideias depende aquela com que se lembra delas. Lançado ao universo, o homem recebe com sensações mais ou menos vívidas as ideia de todos os seres. A maioria dos homens não experimenta sensações vívidas senão pela impressão de objetos que têm uma relação imediata com suas necessidades, com seus gostos etc. Tudo aquilo que é estranho a suas paixões, tudo o que carece de analogia com suas maneiras de existir, ou não é percebido por eles, ou não é visto senão por um instante sem ser notado e para sempre ser esquecido.

O homem de *gênio* é aquele cuja alma mais grandiosa, tocada pelas sensações de todos os seres, interessada por tudo o que está na natureza, não recebe uma ideia que não desperte um sentimento, tudo a anima e tudo nela se conserva.

Ainda que afetada pelo próprio objeto, a alma ainda o é pela lembrança. Mas, no homem de *gênio*, a imaginação vai mais longe: ele se lembra das ideias com um sentimento mais vívido do que quando as recebeu, pois a essas ideias ligam-se mil outras, mais apropriadas a fazer que surja o sentimento.

Ladeado dos objetos com os quais se ocupa, o *gênio* não recorda: ele vê. Não se limita a ver, é comovido. No silêncio e na penumbra do gabinete, ele desfruta desse alegre e fecundo campo: é congelado pelo sopro dos ventos, abrasado pelo sol, aterrorizado pelas tempestades. A alma frequentemente se apraz com tais afecções momentâneas, que oferecem um prazer que lhe é precioso. Ela se entrega a tudo que pode ampliá-la, com cores verdadeiras e com traços inapagáveis, ela deseja dar corpo aos fantasmas que são obra sua, que a transportam ou que a entretêm.

Deseja ela pintar alguns desses objetos que acabaram de agitá-la? Por vezes, os seres se despem de suas imperfeições e em seus quadros não se apresenta senão o sublime, o agradável, e então o *gênio* pinta de modo belo; por outras, ela vê nos acontecimentos mais trágicos apenas as circunstâncias mais terríveis, e nesse momento o *gênio* espalha as cores mais sombrias, as expressões enérgicas do lamento e da dor: ele anima a matéria, colore o pensamento. No calor do entusiasmo, ele não dispõe nem da natureza, nem da sequência de suas ideias, ele é transportado para a situação dos personagens que põe em ação, ele toma o caráter deles: se experimenta as paixões heroicas no mais alto grau, como a confiança de uma grande alma cujo sentimento de suas forças a eleva para além de todo perigo, como o amor pela pátria que alcança o esquecimento de si mesmo, ele produz o sublime, o "eu" de Medeia, o "ele morreu" do velho Horácio, o "eu sou cônsul de Roma" de Brutus. Transportado por outras paixões, ele faz Hermione dizer "quem te disse isso?"; Orosmano, "eu era amado"; e Tieste, "eu reconheço meu irmão".

Essa força do entusiasmo inspira o termo correto, se ele tiver energia. Frequentemente, ela o sacrifica por figuras ousadas, inspira a harmonia da imitação, as imagens de toda espécie, os signos mais sensíveis e os sons imitativos, assim como os termos que os caracterizam.

A imaginação assume diferentes formas, ela as toma das diferentes qualidades que formam o caráter da alma. Algumas paixões, a diversidade das circunstâncias, certas qualidades do espírito, dão à imaginação um feitio particular: ela não se lembra de todas as suas ideias com sentimento, pois nem sempre há relação entre ela e os seres.

Nem sempre o *gênio* é *gênio*. Por vezes, ele é mais afável do que sublime, ele sente e pinta os objetos de maneira mais graciosa do que bela; ele experimenta e faz que se experimente mais uma doce emoção do que grandes transportes.

Algumas vezes, a imaginação no *gênio* é jovial. Ela se ocupa das ligeiras imperfeições dos homens, lapsos e tolices ordinários. O contrário da ordem não é para ela senão o ridículo, mas de uma maneira tão nova que parece que foi esse olhar do homem de *gênio* que pôs no objeto o ridículo que ele aí apenas descobre: a imaginação jovial de um *gênio* amplo engrandece o campo do ridículo, e enquanto o vulgo o vê e o sente a partir do que choca os modos estabelecidos, o *gênio* o descobre e o sente no que fere a ordem universal.

Frequentemente, o gosto está separado do *gênio*. O *gênio* é um dom puro da natureza, o que ele produz é obra de um momento. O gosto é obra do estudo e do tempo, diz respeito a uma multidão de regras estabelecidas ou supostas, e permite a produção de belezas que apenas são convencionais. Para que uma coisa seja bela segundo as regras do gosto, é preciso que seja elegante, refinada e trabalhada sem que o pareça. Para que seja de gênio, por vezes é preciso que seja descuidada, que tenha um ar irregular, abrupto, selvagem. O sublime e o *gênio* brilham em Shakespeare como relâmpagos em uma longa noite, Racine é sempre belo, Homero está pleno de *gênio* e Virgílio de elegância.

As regras e leis do gosto causariam entraves ao *gênio*, ele as quebra para lançar-se ao sublime, ao patético, ao que é grande. O amor por esse belo eterno que caracteriza a natureza, a paixão em conformar seus quadros a não sei qual modelo que ele criou e a partir do qual tem as ideias e os sentimentos do belo são o gosto do homem de *gênio*. A necessidade de exprimir as paixões que o agitam é continuamente constrangida pela Gramática e pelo costume: frequentemente, o idioma no qual ele escreve **[583]** recusa a expressão de uma imagem que seria sublime em outro idioma. Homero não poderia encontrar em um único dialeto as expressões necessárias ao seu *gênio*. Milton viola a cada instante as regras de sua língua e vai buscar expressões enérgicas em três ou quatro idiomas diferentes. Enfim, a força e a abundância, não sei que rudeza, a irregularidade, o sublime, o patético, eis aí, nas artes, o caráter do *gênio*. Ele não toca de maneira fria, não agrada sem surpreender, e ainda surpreende por seus erros.

Na Filosofia, na qual talvez seja sempre necessária uma atenção escrupulosa, uma timidez, um hábito de refletir que pouco concorda com o calor da imaginação e menos ainda com a confiança que faz o *gênio*, seu desenvolvimento é tão insigne como nas artes: frequentemente propaga erros brilhantes e, por vezes, ocorrem grandes sucessos. Na Filosofia, é preciso buscar o verdadeiro com ardor e aguardá-lo com paciência. São necessários homens que possam dispor da ordem e da sequência de suas ideias, delas seguindo a cadeia para concluir ou interrompendo-a para duvidar. A pesquisa, a discussão, a lentidão, são necessárias e não existem tais qualidades nem no tumulto das paixões, nem com os ímpetos da imaginação. Elas são a cota de um espírito grandioso, senhor de si, que não acolhe uma percepção sem tê-la comparado a outra, que busca aquilo que diversos objetos têm em comum e o que os distingue entre eles, que para aproximar ideias distantes percorre passo a passo um longo intervalo, que para apreender ligações singulares, delicadas e fugidias de algumas ideias avizinhadas, ou então suas oposições e contrastes, é capaz de separar um objeto particular da multidão de objetos da mesma ou de diferente espécie, dispor o microscópio sobre um ponto imperceptível e não acreditar ter visto bem até ter olhado por um longo tempo. São esses homens que vão de observação em observação até consequências precisas, e não encontram senão analogias naturais. A curiosidade é o seu móbil; o amor pelo verdadeiro, a sua paixão. Neles, o desejo pela descoberta é uma vontade permanente que os anima sem os inflamar e que conduz seu desenvolvimento, que a experiência deve garantir.

O gênio é tocado por tudo e, desde que não esteja entregue aos seus pensamentos ou subjugado pelo entusiasmo, ele estuda, por assim dizer, sem que se dê conta disso. Pelas impressões que os objetos têm sobre ele, é compelido a enriquecer-se sem impedir conhecimentos que nada lhe custaram. Sobre a natureza lança olhares gerais e atravessa seus abismos. Em seu seio, colhe as sementes que aí adentram imperceptivelmente e que, no tempo certo, produzem efeitos tão surpreendentes que ele mesmo é levado a crer-se inspirado. Ele possui o gosto pela observação, mas observa com rapidez uma grande extensão, uma multidão de seres.

O movimento, que é seu estado natural, é por vezes tão sutil que apenas ele o percebe, mas muito frequentemente esse movimento suscita tempestades e, em vez de seguir livremente reflexões tranquilas, o *gênio* é antes carregado por uma torrente de ideias. No homem em que domina a imaginação, as ideias ligam-se pelas circunstâncias e pelo sentimento: com frequência, vê ideias abstratas apenas a partir de suas relações com ideias sensíveis. Ele confere às abstrações uma existência independente do espírito que as fez; ele realiza seus fantasmas, seu entusiasmo aumenta com o espetáculo de suas criações, isto é, de suas novas combinações, únicas criações do homem. Carregado pela multidão de seus pensamentos, entregue à facilidade de combiná-los, forçado a produzir, ele encontra mil provas especiosas e não pode assegurar-se de nenhuma delas. Ele constrói edifícios audaciosos nos quais a razão não ousaria habitar e que mais agradam por suas proporções do que por sua solidez. Ele admira seus sistemas como admiraria o plano de um poema e os adota por sua beleza, crendo amá-los por sua verdade.

O verdadeiro e o falso nas produções filosóficas não são os caracteres distintivos do *gênio*.

Existem muito poucos erros em Locke e muito poucas verdades em milorde Shaftesbury. E, no entanto, o primeiro é apenas um espírito grandioso, penetrante e justo, e o segundo é um *gênio* de primeira ordem. Locke viu; Shaftesbury criou, construiu, edificou. Devemos a Locke grandes verdades friamente percebidas, metodicamente seguidas, secamente anunciadas, e a Shaftesbury sistemas brilhantes frequentemente pouco fundamentados e, no entanto, plenos de verdades sublimes, e, mesmo em seus momentos de equívocos, ele ainda agrada e persuade pelos encantos de sua eloquência.

No entanto, o *gênio* acelera os progressos da Filosofia pelas mais felizes e inesperadas descobertas. Em um voo de águia, ele se eleva em direção a uma verdade luminosa, fonte de mil verdades que, só depois, a tímida multidão de sábios observadores atingirá rastejando. Mas, ao lado dessa verdade luminosa, ele colocará as obras de sua imaginação. Incapaz de andar pelo caminho e de percorrer sucessivamente seus trechos, ele parte de um ponto e lança-se em direção ao final. Ele extrai das trevas um princípio fecundo. Raramente segue a cadeia das consequências, ele é *prime-sautier* [impulsivo], para empregar uma expressão de Montaigne. Ele imagina mais do que vê, produz mais do que descobre, provoca mais do que conduz: anima um Platão, um Descartes, um Malebranche, um Bacon, um Leibniz, e, de acordo com o tanto de imaginação presente nesses grandes homens, ele faz que eclodam sistemas brilhantes ou que se descubram grandes verdades.

Nas imensas e ainda não aprofundadas ciências do governo, o *gênio* possui o seu caráter, e seus efeitos são tão facilmente reconhecíveis quanto nas artes e na Filosofia. Mas duvido que o *gênio*, que muitas vezes apreendeu de que maneira os homens em certas épocas deviam ser conduzidos, seja ele mesmo apto para conduzi-los. Certas qualidades do espírito, tal como algumas do coração, pertencem a uns e não a outros. Nos maiores homens, tudo anuncia inconvenientes ou limitações.

O sangue-frio, essa qualidade tão necessária àqueles que governam, sem a qual raramente se faria uma aplicação justa dos meios às circunstâncias, sem a qual estaríamos sujeitos às inconsequências, sem a qual nos faltaria presença de espírito; o sangue-frio que submete a atividade da alma à razão e que a preserva em todos os casos de temor, embriaguez e precipitação, não é ele uma qualidade que poderia existir nos homens em que domina a imaginação? É essa qualidade absolutamente oposta ao *gênio*? Este tem sua fonte em uma sensibilidade extrema que o torna suscetível a uma multidão de novas impressões pelas quais pode ser desviado de seu principal intento, constrangido a faltar com o segredo, a abandonar as leis da razão e, pela irregularidade da conduta, perder a autoridade que teria conquistado pela superioridade das luzes. Forçado a sentir, determinado por seus gostos e por suas aversões, distraído por mil objetos, adivinhando muito, prevendo pouco, levando seus desejos, suas esperanças, ao excesso, acrescentando ou subtraindo sem parar à realidade dos seres, os homens de *gênio* me parecem mais próprios para derrubar ou fundar os Estados do que para mantê-los, mais adequados para restabelecer a ordem do que para segui-la.

Na condução dos assuntos públicos, o *gênio* não é mais cativado pelas circunstâncias, pelas leis e pelas normas de conduta do que o é pelas regras do gosto [584] nas belas-artes ou pelo método na Filosofia. Há momentos em que ele salva a pátria que poria a perder no momento seguinte se conservasse o poder. Os sistemas são mais perigosos em política do que em Filosofia. A imaginação que extravia o filósofo o faz somente cometer erros, a imaginação que extravia o homem de Estado o faz cometer infrações e produzir a infelicidade dos homens.

Portanto, que o *gênio*, na guerra e no conselho, tal como uma divindade, percorra com um olhar a multidão dos possíveis, veja o melhor e o execute, mas que ele não dirija por muito tempo os assuntos em que é preciso atenção, combinações, perseverança. Que sejam Alexandre e Condé os mestres das eventualidades e pareçam inspirados no dia de uma batalha, naqueles instantes em que falta o tempo para deliberar e em que é preciso que a primeira ideia seja a melhor; que, nesses momentos, eles decidam onde é preciso ver, de uma só vez, as relações entre uma posição e um movimento com seus exércitos, as de seu inimigo e o fim a que se propõe, mas que se prefira Turenne e Marlborough quando for necessário dirigir operações de toda uma campanha.

Nas artes, nas ciências e na condução dos assuntos públicos, o *gênio* parece alterar a natureza das coisas: seu caráter espalha-se por tudo que toca, e suas luzes, lançando-se para além do passado e do presente, clareiam o futuro. Ele toma a dianteira do século que não pode segui-lo, deixa para trás o espírito que o critica com razão, mas que em sua marcha regular jamais abandona a uniformidade da natureza. Para o homem que deseja defini-lo, ele é mais sentido do que conhecido: caberia a ele mesmo falar de si e este verbete, que eu não deveria ter feito, teria de ser a obra de um desses homens extraordinários que honram este século e que, para conhecer o *gênio*, não precisariam senão olhar para si mesmos.

(LFN)

Gesto (*Dança*), Cahusac [7, 651]

A dança é a arte dos *gestos*. No verbete *Dança*, nos volumes precedentes, explicamos o objeto e a origem dessa arte. Ver *Dança*. Resta, aqui, apenas uma observação a ser feita para contribuir com seus progressos e para empregar utilmente os meios de que ela dispõe, e que, no entanto, deixa ociosos desde que ela existe.

Essa observação será pouco apreciada por nossos artistas: eles se encontram em uma rotina diversa; e, em geral, a rotina é a bússola dos artistas modernos que adquiriram certa reputação na dança do teatro.

Observar, refletir e ler lhes parecem distrações nocivas aos movimentos do corpo, aos quais eles se aplicam de preferência. Seus braços e suas posições crescem em ornamento; e a arte não avança. Portanto, cabe ao amor pela arte não desanimar diante de uma antiga obstinação que lhe é muito nociva. Chegará talvez o momento em que o espírito de reflexão será associado à execução mecânica dos saltos e dos passos. Enquanto isso, a verdade já estará escrita.

Certo é que os movimentos exteriores do rosto são os *gestos* mais expressivos do homem: então por que, nos nossos teatros, todos os bailarinos se privam da vantagem que lhes ofereceria essa expressão superior a todas as outras?

Os gregos e os romanos tinham uma razão muito forte para recorrerem à máscara, não só na dança, mas também na **[652]** declamação cantada de suas representações trágicas e cômicas. Os lugares imensos onde se reuniam os espectadores criavam afastamentos tão grandes que não se teria ouvido a voz nem distinguido nenhum dos traços do rosto, se alguém não tivesse recorrido à invenção das máscaras que se trocavam na mesma representação, segundo as diversas exigências da ação teatral.

A máscara não os privou de nada e lhes ofereceu as duas vantagens das quais o afastamento os privaria. Nós nos encontramos na situação oposta: a máscara nos incomoda sempre e quase nunca é útil.

1º) Apesar do hábito que adquirimos de recorrer a ela, é impossível que ela não atrapalhe a respiração; 2º) por conseguinte, ela diminui as forças; e o desconforto e o esgotamento são um inconveniente considerável num semelhante exercício.

A máscara, ainda que a desenhemos e a pintemos o melhor possível, é sempre inferior à tonalidade da natureza, não pode ter nenhum movimento e só pode ser da maneira como se mostrou num primeiro momento; considerando isso, podemos nos opor à abolição de um excesso tão nocivo à dança? Nas artes, o hábito deve prevalecer sempre sobre os meios seguros de um embelezamento que perdemos por indolência? Que virtude podemos obter em imitar de maneira servil a conduta e a maneira dos bailarinos precedentes? Nunca nos convenceremos de que todo o seu saber consistia apenas em certas tradições tirânicas que o verdadeiro talento desdenha e que só a mediocridade considera como leis?

Os bailarinos que merecem que se lhes responda objetaram-me 1º) que, às vezes, a dança viva demanda esforços que influem de maneira desagradável no rosto do bailarino; 2º) que, não sendo habitual dançar com o rosto descoberto, apenas as mulheres adquirem desde a infância o cuidado de ajustar os seus traços com os encantos que elas têm naturalmente, e que sua destreza proporciona às diferentes entradas de dança que executam.

Essas duas razões são apenas pretextos: os encantos do rosto são proporcionais ao sentimento, e a expressão marcada pelos movimentos de seus traços são os encantos mais desejáveis para um homem de teatro. Admitimos que certos caracteres exigem a máscara, mas são poucos, e não é por causa dos supostos esforços que é preciso fazer para que dancem bem que a máscara se torna necessária, mas apenas porque um rosto humano aí seria um contrassenso ridículo. Tais são os ventos, os sátiros, os demônios; todos os outros são nobres ou ternos ou alegres. Todos eles tirariam vantagem da expressão que lhes emprestariam os traços do rosto.

Além do mais, a arte dos Laval e dos Marcel, que sentiram o que a dança deveria ser, é um apoio seguro para a bela natureza; o *gesto* que ela anima encontra nas suas práticas mil maneiras de se embelezar. Eles estudaram as energias secretas da natureza humana; conheciam as suas forças, as possibilidades, a ligação. Os caminhos que semelhante conhecimento pode lhes indicar são mais que suficientes para tornar os diferentes movimentos do corpo flexíveis, rápidos, deslumbrantes e suaves. É sob a influência de tais mestres que, sem o uso da palavra, a dança francesa pode adquirir essa expressão encantadora que lhe confere tantas graças quanto exibem a boa poesia e a excelente música. Os *pas de deux*, sobretudo de galanteio ou de paixão; os *pas seuls* graciosos, os belos *développements* dos braços e das outras partes do corpo que se fazem sob uma máscara impassível, qualquer dia, enfim, receberão, pelos cuidados dos nossos excelentes mestres, a vida que lhes falta, que sozinha pode reavivar a dança e satisfazer plenamente os verdadeiros amadores.

(FY)

Graça (*Belas-Artes*), Watelet [7, 805]

A palavra *graça* é utilizada nas artes com muita frequência. Ao que parece, no entanto, desde sempre costuma-se atribuir ao sentido implicado por ela qualquer coisa de incerto, de misterioso; por consenso geral, prefere-se sentir aos poucos o que ela quer dizer a propriamente explicá-la. Seria verdade que a graça, que tanto poder exerce sobre nós, nasce de um princípio inexplicável? Estaríamos autorizados a pensar que, para imitá-la nas obras de arte, é suficiente um sentimento cego, uma certa disposição incompreensível? Sem dúvida que não. Para restringirmo-nos ao que concerne à arte da pintura, creio que a graça das figuras imitadas, como corpos vivos, consiste principalmente na perfeita estruturação dos membros, na exata proporção entre eles e na justeza de suas articulações. É nos movimentos e posturas de um homem ou de uma mulher que se distingue sobretudo a graça que encanta os olhos. Ora, se os membros têm as medidas que devem mesmo ter relativamente ao seu uso, se nada prejudica o seu desenvolvimento, se, por fim, as articulações e junções são tão perfeitas que a vontade **[806]** de se mover não encontra nenhum obstáculo e os movimentos doces e afáveis são executados sucessivamente, na ordem mais precisa, então a ideia que exprimimos pela palavra graça será excitada. E que não se apresente como uma objeção pretensamente razoável que uma figura que não é tal como a que descrevo poderia ter certa graça peculiar; que não se diga que há defeitos que têm suas graças. Seria impossível, creio eu, provar que isso é verdade. Quando se tentasse estabelecer a opinião que ataco, identificar-se-ia, sem dúvida, no exame dos fatos, circunstâncias alheias, gostos particulares, usos estabelecidos, hábitos decorrentes dos costumes, enfim, preconceitos nos quais se funda essa opinião. Nada me parece tão producente para a corrupção das artes e das letras quanto estabelecer meios de agradar e ter êxito independentes dos grandes princípios que a razão e a natureza estabeleceram. Talvez seja tão nocivo separar, como se faz hoje em dia, a ideia da beleza daquela das graças, quanto distinguir enfaticamente, nas letras, uma boa obra de uma obra de gosto. Um pintor que pinta uma figura de mulher acredita lhe dar a graça que a ela convém, tornando-a mais longa do que ela deveria ser, ou seja, dando à figura o comprimento de nove cabeças em vez de oito. Mas seria mesmo possível chegar, por um segredo tão banal, a esse efeito tão poderoso, a essa graça tão raramente encontrada? Sem dúvida que não. Contudo, é mais fácil tomar esse atalho do que observar com precisão a construção interior dos membros, a justa posição e operação dos músculos, o movimento das juntas e o balanço do corpo. Acontece às vezes de o artista de que falei conseguir produzir uma ilusão passageira. Mas ele deve esse êxito a um exame de seu trabalho que é tão pouco refletido quanto cego. É assim que uma obra cujo plano não foi realizado por completo ou que carece de plano, na qual a razão é muitas vezes ferida, em que a língua não é respeitada, usurpa por vezes o título de *gosto*. Entrego ao juízo de cada um considerar se poderia haver um gosto verdadeiro que não exija a mais justa combinação de espírito e razão. Da mesma maneira, poderia haver graça verdadeira que não tivesse por princípio a perfeição dos corpos relativamente ao uso a que estão destinados?

(**PPP**)

Harmonia (*Gramática*), Diderot [8, 50]

Chama-se *harmonia* a ordem geral que reina entre as diversas partes de um todo, em consequência da qual elas concorrem, o mais perfeitamente possível, seja para efeito do todo, seja para o fim a que o artista se propôs. Do que se segue que para declarar que reina uma harmonia perfeita num todo é preciso conhecer o todo, as suas partes, a relação dessas partes entre si, o efeito do todo e o fim a que o artista se propôs. Quanto mais se saiba a respeito dessas partes, mais se estará convencido de que existe harmonia entre elas, e mais sensível se estará a tal harmonia. Inversamente, quanto menos se saiba a respeito dessas partes, menos condições se terá para se sentir que há harmonia entre elas ou declarar algo a respeito. Se o primeiro relógio fabricado caísse nas mãos de um camponês, este o examinaria, perceberia algum arranjo entre as partes, e concluiria que ele tem um uso; mas, por desconhecer qual é esse uso, não diria mais, ou inferiria um uso errado. Passemos a mesma máquina para as mãos de um homem mais instruído ou mais inteligente, que esteja em condições de descobrir, pelo movimento uniforme da agulha e pelas direções iguais do quadrante, que ela está destinada a medir o tempo, e sua admiração seria maior que a do camponês. Uma admiração ainda maior seria a do observador mecânico que estivesse em condições de dar uma razão para a disposição das partes relativamente ao efeito conhecido. E o mesmo para outros, a cujo exame esse instrumento fosse submetido. Quanto mais complicada uma máquina, menos condições temos de julgá-la. Se numa máquina complicada ocorrem fenômenos que nos parecem contrários a sua harmonia, é porque não conhecemos o todo e a sua destinação, o que recomenda que sejamos mais circunspectos ao nos pronunciar a respeito. Pode acontecer que, tomando o todo pelo que ele não é, pronunciemos bom o que é mau, mau o que é bom, mau ou bom o que não é nem uma coisa nem outra. Transportou-se a palavra *harmonia* para a arte de governar, dizendo-se, *reina uma grande harmonia em tal Estado*; para a sociedade dos homens, dizendo-se, *vivem na harmonia mais perfeita*; para as artes e suas produções, sobretudo para as artes que têm por objeto o uso de sons ou de cores (ver *Harmonia em música*); para o estilo. Diz-se também *a harmonia geral das coisas, a harmonia do universo*. Ver *Natureza* etc.

(**PPP**)

Harmonia (*Música*), Rousseau [8, 50]

Harmonia é, segundo o sentido que lhe deram os antigos, a parte que tem por objeto a sucessão agradável dos sons, na medida em que são graves ou agudos, por oposição às outras partes da música chamadas de rítmica e métrica, cadência, tempo e compasso. Segundo alguns, a palavra *harmonia* vem do nome de uma musicista do rei da Fenícia, a qual foi à Grécia com Cadmo e para lá levou os primeiros conhecimentos da arte a que empresta o seu nome.

Os gregos não nos deixaram nenhuma explicação satisfatória de todas as partes de sua música: a da harmonia, que é a menos imperfeita, também foi apresentada apenas em termos gerais e teóricos.

O senhor Burette e o senhor Malcolm fizeram pesquisas eruditas e engenhosas sobre os princípios da harmonia dos gregos. Esses dois autores, a exemplo dos antigos, distribuíram em sete partes toda a sua doutrina sobre a música, a saber: os sons, os intervalos, os sistemas, os gêneros, os tons ou modos, as nuances ou mudanças, e a melopeia ou modulação. Ver todos esses verbetes nas suas palavras correspondentes.

Segundo os modernos, harmonia é precisamente o efeito de vários tons ouvidos ao mesmo tempo, quando disso resulta um todo agradável; de sorte que, nesse sentido, harmonia e acorde significam a mesma coisa. Porém, emprega-se mais comumente essa palavra no sentido de uma sucessão regular de vários acordes. Falamos da escolha dos sons que devem fazer parte de um acorde para torná-lo harmonioso. Logo, só nos resta explicar, aqui, em que consiste a sucessão harmônica.

O princípio físico que nos ensina a formar acordes perfeitos não nos mostra como estabelecer também sua sucessão; nem uma sucessão regular e, no entanto, necessária. Um dicionário de palavras elegantes não é uma arenga, nem uma coletânea de acordes harmoniosos, nem uma peça musical. Na música, são necessários um sentido e uma ligação, assim como na linguagem. Mas onde conseguiremos tudo isso a não ser nas próprias ideias que o tema deve fornecer?

Todas as ideias que o acorde perfeito pode produzir reduzem-se à ideia dos sons que o compõem e dos intervalos que eles formam entre si. Logo, somente pela analogia dos intervalos e pela relação dos sons é que podemos estabelecer a ligação em questão; e aí se encontra o verdadeiro e único princípio de onde derivam todas as leis da harmonia, da modulação e também as da melodia.

Para falar, aqui, somente da frase harmônica, desenvolveremos as três regras seguintes, sobre as quais sua construção está fundamentada, e que são apenas consequências imediatas do princípio que acabamos de expor.

1º) O baixo fundamental só deve se movimentar por intervalos consonantes, pois o acorde perfeito só produz semelhantes intervalos: a analogia é evidente. **[51]**

Esses intervalos devem ser relativos ao modo. Assim, depois que se formou o acorde perfeito menor, percebe-se convenientemente que o baixo não deve subir além da terça maior.

Ainda pela mesma analogia, devemos preferir os intervalos que são gerados primeiro, isto é, aqueles cujas razões são as mais simples. Por conseguinte, sendo a quinta a mais perfeita das consonâncias, a progressão por quintas é também a mais perfeita das progressões.

Deve-se observar que o movimento diatônico prescrito às partes superiores é apenas uma consequência dessa regra.

2º) Enquanto dura a frase, devemos observar a ligação harmônica; isto quer dizer que se deve dirigir a sucessão da harmonia de tal maneira que ao menos um som de cada acorde seja prolongado até o acorde seguinte. Quanto mais sons comuns há entre os dois acordes, mais perfeita é a ligação.

Aí se encontra uma das principais regras da composição; e não podemos negligenciá-la sem produzir uma harmonia ruim. No entanto, ela possui algumas exceções, das quais falamos no verbete *Cadência*.

3º) Uma sequência de acordes perfeitos, mesmo bem ligados, ainda não basta para constituir uma frase harmônica; pois se a ligação basta para fazer que se admita sem relutância um acorde depois de outro, ela não o anuncia, ela não faz que seja esperado, e não obriga o ouvido plenamente satisfeito com cada um dos acordes a prolongar sua atenção àquele que o sucede. É necessário algo que una todos esses acordes e que anuncie cada um deles como parte de um todo maior, o qual o ouvido possa discernir e deseje ouvir em sua totalidade. Na música, são necessários um sentido e uma ligação, assim como na linguagem: é o efeito da dissonância; é por ela que o ouvido apreende o discurso harmônico, distingue suas frases, seus repousos, seu começo e seu fim.

Cada frase harmônica é concluída com um repouso que chamamos de cadência, e esse repouso é mais ou menos perfeito segundo o sentido que lhe atribuímos. Toda a harmonia é precisamente uma sequência de cadências, em que, porém, por meio da dissonância, eludimos o repouso tanto quanto desejamos, preparando assim o ouvido a prolongar sua atenção até o final da frase.

Portanto, a dissonância é um som estranho que se junta aos de um acorde, para ligar esse acorde a outros. Logo, essa dissonância deve de preferência formar a ligação. Isto quer dizer que ela sempre deve ser tomada no prolongamento de algum dos sons do acorde precedente; o que também a torna menos dura ao ouvido. Isto se chama *preparar a dissonância*.

Logo que essa dissonância é executada, o baixo fundamental tem um movimento determinado, assim como a dissonância, para ir resolver-se sobre alguma das consonâncias do acorde seguinte. Isto se chama *salvar a dissonância*.

A dissonância é ainda necessária para introduzir a variedade na harmonia; e essa variedade é um ponto ao qual o harmonista não pode se aplicar muito. Mas é nessa ordenação geral que devemos buscá-la, e não no detalhe de cada nota ou de cada acorde, como fazem os pequenos gênios; caso contrário, mal evitaremos, nas suas produções, a sorte de um grande número de nossas músicas modernas, que, todas enegrecidas de fusas, todas cheias de dissonâncias, não podem, pela bizarrice de seus cantos ou pela dureza de sua harmonia, afastar a monotonia e o tédio.

Tais são as leis gerais da harmonia; pois não abarcamos, aqui, as da modulação, que apresentaremos em seu devido lugar. Além disso, há várias regras particulares que dizem respeito à composição propriamente dita, e das quais falaremos noutra parte.

Por vezes, emprega-se a palavra *harmonia* para designar a força e a beleza do som. Assim, diz-se que uma voz é harmoniosa, que um instrumento possui harmonia etc.

Enfim, no sentido figurado, denominamos de harmonia a justa conformidade das partes e o seu concurso para a perfeição do todo: tal é a harmonia do Estado, a boa harmonia, isto é, a concórdia que reina entre as cortes, entre ministros etc.

Por uma passagem de Nicômaco, vemos que, por vezes, os antigos atribuíam esse nome à consonância da oitava.

(FY)

Imaginação, Imaginar (*Lógica, Metafísica, Literatura, Belas-Artes*), Voltaire [8, 560]

Imaginação é o poder que todo ser sensível experimenta em si de representar em seu espírito coisas sensíveis. Essa faculdade depende da memória. Vemos homens, animais, jardins, essas percepções entram pelos sentidos, a memória as retém, a imaginação as compõe. Eis por que os antigos gregos chamaram as Musas de *filhas da Memória*.

É essencial salientar que essas faculdades de receber ideias, de retê-las e de compô-las estão entre a classe de coisas das quais não podemos dar qualquer razão; essas molas invisíveis de nosso ser estão nas mãos do Ser supremo que nos criou, e não nas nossas.

A imaginação, esse dom de Deus, talvez seja o único instrumento com o qual compomos ideias, até mesmo as mais metafísicas.

Pronunciais a palavra *triângulo*, mas pronunciais somente um som se não representais a imagem de um triângulo qualquer. Se não o tivésseis visto, se tendes olhos, ou tocado, se sois cego, certamente não teríeis tido a ideia de um triângulo. Não podeis pensar no triângulo em geral se vossa imaginação não figura algum triângulo em particular, mesmo que confusamente. Vós calculais, mas é preciso que representeis unidades redobradas, sem o que há apenas vossa mão que opera.

Vós pronunciais os termos abstratos, *grandeza*, *verdade*, *justiça*, *finito*, *infinito*, mas se não tendes a imagem de alguma grandeza, não é outra coisa a palavra *grandeza* que um movimento de vossa língua que atinge o ar? O que querem dizer as palavras *verdade*, *mentira*, se vós não percebestes por vossos próprios sentidos que uma coisa que vos foi dita existia de fato, e que a outra não existia? E não é dessa experiência que compondes a ideia geral de verdade e de mentira? E quando vos perguntam o que entendeis por tais palavras, podeis vos impedir de figurar alguma imagem sensível que vos faça recordar que por vezes vos disseram o que existia, e que, muito frequentemente, o que não existia? **[561]**

Tendes a noção de justo e de injusto de outro modo que não pelas ações que vos pareceram ser de tal maneira? Em vossa infância, começastes por aprender a ler com um professor. Tínheis o desejo de soletrar bem, mas soletrastes mal. Vosso professor vos bateu e isso vos pareceu muito injusto. Vistes o salário ser recusado a um operário e mil outras coisas similares. A ideia abstrata do justo e do injusto não é outra coisa que esses fatos confusamente misturados em vossa imaginação?

O finito em vosso espírito não é outra coisa que a imagem de alguma medida limitada? Não é o infinito outra coisa que a imagem dessa mesma medida, que prolongais sem fim?

Em vós, todas essas operações não atuam mais ou menos da mesma maneira como quando ledes um livro? Ledes coisas em um livro e não vos preocupais com os caracteres do alfabeto, entretanto, sem eles não teríeis qualquer noção dessas coisas. Prestai um momento de atenção e então percebereis os caracteres sobre os quais deslizava vossa vista. Desse modo, todos os vossos raciocínios, todos os vossos conhecimentos, estão fundados sobre imagens traçadas em vosso cérebro. Vós não vos apercebeis, mas parai por um momento para refletir, e então vereis que essas imagens estão na base de todas as vossas noções. Cabe ao leitor ponderar essa ideia, ampliá-la ou retificá-la.

Nos seus onze ensaios sobre a imaginação, com os quais enriqueceu as folhas do *Espectador*, o célebre Addison diz, em primeiro lugar, que o sentido da visão é o único que fornece ideias à imaginação. Não obstante, é preciso confessar que os outros sentidos também contribuem para tanto. Um cego de nascença ouve em sua imaginação a harmonia que não mais atinge seu ouvido: à mesa, ele sonha e os objetos que resistiram ou cederam às suas mãos ainda causam o mesmo efeito em sua cabeça. É verdade que o sentido da visão é o único que fornece as imagens, e como se trata de uma espécie de tato que se estende até as estrelas, sua imensa extensão enriquece mais a imaginação do que todos os outros sentidos em conjunto.

Há dois tipos de imaginação. Uma que consiste em reter uma simples impressão dos objetos, outra que arranja essas imagens recebidas e as combina de mil maneiras. A primeira foi chamada *imaginação passiva*, a segunda, *ativa*. A passiva não vai muito além da memória e é comum tanto aos homens quanto aos animais. Daí o fato de o caçador e seu cão perseguirem igualmente as bestas em seus sonhos, de escutarem igualmente o barulho de sua galhada, e que, ao dormirem, um grite e o outro lata. Os homens e as bestas fazem então mais do que se recordar, pois os sonhos jamais são imagens fiéis. Essa espécie de imaginação compõe os objetos, mas nela não é o entendimento que age, e sim a memória que se equivoca.

Essa imaginação passiva certamente não necessita da ajuda de nossa vontade no sono, tampouco na vigília. Apesar de nós mesmos, ela pinta o que viram os nossos olhos, ouve o que havíamos ouvido e toca o que havíamos tocado. A eles acrescenta, deles subtrai. É um sentido interno que age com domínio absoluto. Por isso, nada é mais comum do que se ouvir dizer que *não se é o mestre de sua imaginação*.

Aqui devemos nos admirar e nos convencer do pouco poder que se tem. Como entender que, por vezes, ao sonhar, produzimos discursos consequentes e eloquentes, versos melhores do que aqueles que faríamos sobre o mesmo tema se estivéssemos acordados? Que até mesmo resolvemos problemas matemáticos? Eis aí, certamente, ideias muito bem combinadas que de nenhum modo dependem de nós. Ora, se é incontestável que se formam em nós ideias consequentes durante o sono, independentemente de nossa vontade, então quem nos assegurará que elas não são produzidas do mesmo modo durante a vigília? Existe um homem que preveja a ideia que terá em um minuto? Não parecerá que as ideias nos são dadas tal como os movimentos de nossos membros? E se o padre Malebranche tivesse se limitado a dizer que todas as ideias são dadas por Deus, teríamos podido combatê-lo?

Essa faculdade passiva, independente da reflexão, é a fonte de nossas paixões e de nossos erros. Longe de depender da vontade, ela a determina, nos dirige aos objetos que pinta ou nos desvia de acordo com a maneira com que os representa. A imagem de um perigo inspira o temor, a de um bem enseja desejos violentos. Somente ela produz o entusiasmo da glória, do partido, do fanatismo, é ela quem espalha tantas doenças do espírito, fazendo que miolos moles fortemente impressionados imaginem que seus corpos haviam se transformado em outros corpos. É ela que persuadiu tantos homens de que estavam possuídos ou encantados e que iriam de fato ao sabá, pois lhes disse que iriam. Essa espécie de imaginação servil, comumente presente no povo ignorante, foi o instrumento pelo qual a imaginação forte de alguns se serviu para dominar. É ainda essa imaginação passiva dos cérebros facilmente abaláveis que por vezes transmite às crianças as marcas evidentes de uma impressão que uma mãe recebeu. Há inumeráveis exemplos disso e este que agora escreve este verbete viu alguns tão impressionantes que desmentiria seus olhos se deles duvidasse. Esse efeito da imaginação é quase inexplicável, tanto quanto qualquer outro efeito. Não se conhece melhor como temos percepções, como as retemos, como as arranjamos. Entre nós e os primeiros impulsos de nosso ser, há o infinito.

A *imaginação ativa* é aquela que une à memória a reflexão e a combinação. Ela aproxima muitos objetos distantes, separa aqueles que se misturam, os compõem e os modifica. Ela parece criar quando nada faz senão arranjar, pois não é dado ao homem fabricar ideias, ele apenas pode modificá-las.

No fundo, essa imaginação ativa é então uma faculdade tão independente de nós quanto a imaginação passiva. E uma prova de que ela não depende de nós é que, se propuserdes a cem pessoas igualmente ignorantes que imaginem certa máquina nova, 99 não imaginarão nada, apesar de seus esforços. Se a centésima pessoa imagina algo, não é evidente que se trata de um dom particular que ela recebeu? É esse dom que chamamos gênio; é aí que se reconhece algo de inspirado e de divino.

Esse dom da natureza é a *imaginação de invenção* nas artes, na ordenação de um quadro, na de um poema. Ela não pode existir sem memória, mas dela se serve como de um instrumento com o qual realiza todas as suas obras.

Depois de ter visto que se ergueu uma grande pedra que a mão não podia mover, a imaginação ativa inventou as alavancas e, em seguida, as forças moventes compostas, que não são senão as alavancas disfarçadas. Para executá-las, primeiramente é preciso figurar no espírito as máquinas e seus efeitos.

Não se trata desse tipo de imaginação que o vulgo chama de *inimigo do juízo*, como também fazem com a memória. Ao contrário, ela não pode agir senão com um juízo profundo. Ela combina sem cessar os seus quadros, corrige os seus erros, erige seus edifícios com ordem. Há uma admirável imaginação na Matemática prática e Arquimedes tinha, no mínimo, tanta imaginação quanto Homero. É através dela que um poeta cria suas **[562]** personagens, dá-lhes caracteres, paixões, inventa sua fábula, dela apresenta a exposição, reitera o nó, prepara o desenlace, trabalho que exige um juízo ainda mais profundo e, ao mesmo tempo, mais refinado.

Em todas essas *imaginações de invenção*, é preciso uma arte grandiosa, até mesmo nos romances. Aqueles que dela carecem são desprezados pelos melhores espíritos. Um juízo sempre sadio reina nas fábulas de Esopo. Elas sempre serão o deleite das nações. Há mais imaginação nos contos de fada, mas tais imaginações fantásticas, sempre desprovidas de ordem e bom senso, não podem ser estimadas. Por fraqueza, as lemos, e, pela razão, as condenamos.

A segunda parte da imaginação ativa é aquela de detalhes, a que comumente se chama de imaginação no mundo. Ela é o encanto das conversações, pois sem cessar apresenta ao espírito aquilo que os homens mais amam: objetos novos. Ela pinta com vivacidade o que os espíritos frios apenas desenham, faz uso das circunstâncias mais impressionantes, apresenta exemplos, e quando esse talento se mostra com a sobriedade que convém a todos os talentos, ela granjeia o império da sociedade. O homem é de tal modo maquinal que, por vezes, o vinho oferece essa imaginação que a ociosidade aniquila. Há nisso de que se humilhar, mas também de que se admirar: como é possível que um pouco de certo licor que impediria um cálculo nos daria ideias brilhantes?

É, acima de tudo, na poesia que essa imaginação de detalhe e de expressão deve reinar: em outras partes, ela é agradável, mas aqui é necessária. Quase tudo é imagem em Homero, em Virgílio, em Horácio, sem que nos apercebamos disso. A tragédia demanda menos imagens, menos expressões pitorescas, grandes metáforas e alegorias do que o poema épico ou a ode, mas grande parte dessas belezas, quando bem dispostas, dão à tragédia um efeito admirável. Um homem que sem ser poeta ousou fazer uma tragédia, fez com que Hipólito dissesse,

"Desde que vos vi, abandonei a caça". Mas o Hipólito que o verdadeiro poeta faz falar, diz:

"Meu arco, minhas flechas, meu carro, tudo me importuna". Essas imaginações jamais devem ser forçadas, exageradas, gigantescas. Ptolomeu, em um conselho de uma batalha que ele não viu e que ocorreu distante dele, não pode pintar.

"Montanhas de mortos privados de honras supremas/ Que a natureza obriga-os a se vingar/ E cujos troncos podres exalam nos ventos/ Aquilo com o que fazer a guerra dos que restam vivos". Uma princesa não deve dizer a um imperador,

"Os vapores de meu sangue irão engrossar o raio/ Que Deus já preparou para te reduzir a pó". Percebe-se bem que a verdadeira dor não se contenta com uma metáfora tão rara e tão falsa.

Não são poucos os exemplos desse erro. Nós o perdoamos nos grandes poetas, ele torna os demais ridículos.

A mesma imaginação ativa que constitui os poetas lhes confere entusiasmo, isto é, segundo a palavra grega, essa emoção interna que de fato agita o espírito e que transforma o autor no personagem que ele faz falar. Pois aí se encontra o entusiasmo; ele consiste na emoção e nas imagens. O autor então diz precisamente as mesmas coisas que diria à personagem que ele introduz.

"Eu o vi, eu corei, eu empalideci à sua visão, Uma agitação surge em minha alma perturbada, Meus olhos não veem mais, não posso falar."

A imaginação então ardente e sensata não aglomera figuras incoerentes. Por exemplo, ela não diz, para representar um homem espesso de corpo e espírito:

"Que ele está ladeado de carne, gabionado com toucinho". E que a natureza, "ao construir as muralhas de sua alma, Antes pensou na bainha que na lâmina".

Há imaginação nesses versos, mas ela é grosseira, desregrada e falsa. A imagem da muralha não pode se ligar à de bainha, é como se dissséssemos que um navio entrou no porto a toda brida.

Permite-se menos imaginação na eloquência do que na poesia, a razão disso é evidente. O discurso ordinário deve se afastar menos das ideias comuns. O orador fala a língua de todo o mundo, o poeta fala uma língua extraordinária e mais requintada. O poeta tem a ficção como base de sua obra, por isso a imaginação é a essência de sua arte, é apenas o acessório para o orador.

Dizemos que certos rasgos de imaginação acrescentaram grandes belezas à pintura. Acima de tudo, menciona-se esse artifício com o qual um pintor colocou um véu na cabeça de Agamenon no sacrifício de Ifigênia, artifício, não obstante, bem menos belo do que se o pintor tivesse tido a habilidade de fazer ver na face de Agamenon o conflito entre a dor de um pai, a autoridade de um monarca e o respeito por seus deuses, tal como Rubens, que teve a arte para pintar nas feições e na atitude de Maria de Médici a dor do parto, a alegria de ter um filho e a satisfação com a qual ela olha essa criança.

Em geral, quando são apenas engenhosas, as imaginações dos pintores honram mais o espírito do artista do que contribuem para as belezas da arte: todas as composições alegóricas não valem a bela execução da mão que dá valor aos quadros.

Em todas as artes, a bela imaginação é sempre natural, a falsa é aquela que reúne objetos incompatíveis, a bizarra pinta objetos que não possuem nem analogia, nem alegoria, tampouco verossimilhança, tal como os espíritos que lançam à frente de seus combates montanhas carregadas de árvores, que atiram canhões para o céu, que constroem uma via no caos. Lúcifer que se transforma em um sapo, um anjo cortado em dois pelo tiro de um canhão e cujas partes logo se reúnem etc. A imaginação forte aprofunda os objetos, a fraca os aflora, a dócil se apoia em pinturas agradáveis, a ardente amontoa imagens sobre imagens, a sensata é aquela que, com discernimento, emprega todos esses diferentes caracteres, mas que muito raramente admite o bizarro e sempre rejeita o falso.

Se a memória formada e exercitada é a fonte de toda imaginação, essa mesma memória sobrecarregada a faz perecer. Por isso, aquele que preencheu a cabeça com nomes e datas não tem o espaço que é preciso para compor as imagens. Os homens ocupados com cálculos ou com negócios espinhosos comumente possuem a imaginação estéril.

Quando ela é demasiado ardente, demasiado tumultuosa, ela pode se degenerar em demência. Mas notamos que essa doença dos órgãos do cérebro é algo bem mais frequente nas imaginações passivas, limitadas a receber a profunda impressão dos objetos, do que nas imaginações ativas e laboriosas, que reúnem e combinam ideias, pois a imaginação ativa [563] necessita sempre do juízo, a outra é independente dele.

Não seria talvez inútil acrescentar a este verbete que, pelas palavras *percepção, memória, imaginação, juízo*, não se entende órgãos distintos, dos quais um tem o dom de sentir, o outro de relembrar, um terceiro de imaginar, um quarto de julgar. Mais do que se pensa, os homens são inclinados a crer que se trata de faculdades diferentes e separadas. Entretanto, é o mesmo ser que realiza todas essas operações, que apenas conhecemos por seus efeitos, sem nada poder conhecer desse ser.

(LFN)

Imitação (*Gramática, Filosofia*), Diderot [8, 567]

Imitação é a representação artificial de um objeto. A cega natureza nada imita; é a arte que imita. Se procede mediante vozes articuladas, a imitação chama-se discurso, e este é oratório ou poético. Ver *Eloquência* e *Poesia*. Se procede mediante sons, a imitação chama-se música. Ver o verbete *Música*. Se procede mediante cores, a imitação chama-se pintura. Se procede com a madeira, a pedra, o mármore ou outro material similar, a imitação chama-se escultura. Ver o verbete *Escultura*. A natureza é sempre verdadeira. Por isso, a arte só se arrisca a ser falsa em sua imitação quando se afasta da natureza, por capricho ou por não conseguir se manter próxima a ela. A arte da imitação, em qualquer gênero que seja, tem sua infância, seu estado de perfeição e seu momento de decadência. Os que criaram a arte não tiveram outro modelo além da natureza. Os que a aperfeiçoaram não foram, a rigor, mais do que imitadores dos primeiros. Mas nem por isso deixam de merecer o título de homens de gênio, pois se apreciamos o mérito das obras é menos por sua invenção primeira e pela dificuldade dos obstáculos superados que pelo grau de perfeição a que chegaram e pelo efeito que produzem. Na natureza, alguns objetos afetam-nos mais do que outros; e mesmo que a imitação dos primeiros seja mais fácil do que a dos segundos, interessa-nos mais do que a destes. O julgamento do homem de gosto e o do artista são bem diferentes. A dificuldade de traduzir certos efeitos da natureza deixa o artista suspenso em admiração. O homem de gosto simplesmente desconhece esse mérito da imitação, cuja apreciação depende em demasia de uma técnica que ele ignora. O que fixa o seu olhar são as qualidades de conhecimento mais geral e mais comum. A imitação é rigorosa ou livre. Aquele que imita a natureza rigorosamente é o seu historiador. Ver *História*. Aquele que a recompõe, que a exagera, que a enfraquece, que a embeleza, que dispõe dela a bel-prazer, é o seu poeta. Ver *Poesia*. É-se historiador ou copista em todo gênero de imitação. É-se poeta de qualquer maneira que se pinte ou que se imite. Quando Horácio disse aos imitadores, *ô imitatores servum pecus*, não se dirigia nem aos que se propunham a natureza como modelo nem aos que, caminhando sobre os passos dos homens de gênio que os haviam precedido, buscavam ir adiante. Quem inventa um gênero de imitação é um homem de gênio. Quem aperfeiçoa um gênero de imitação já existente ou alcança nele a excelência também é um homem de gênio. Ver o verbete a seguir.

(**PPP**)

Imitação (*Poesia, Retórica*), Jaucourt [8, 567]

Podemos definir *imitação* como o empréstimo de imagens, pensamentos, sentimentos, que se extrai dos escritos de algum autor e dos quais se faz um uso distinto, aproximado ou indo além do original.

Nada é mais permitido do que fazer uso das obras que estão à mão de todo o mundo. Copiá-las não é um crime. Ao contrário, segundo Quintiliano, é nelas que é preciso recolher a abundância e a riqueza dos termos, a variedade das figuras e a maneira de compor. Em seguida, acrescenta esse orador, temos de nos aplicar com afinco à imitação das perfeições que neles vemos, pois não se deve duvidar que uma boa parte da arte consiste na imitação habilmente disfarçada.

Que alguns digam que a imitação é apenas uma espécie de servidão que tende a sufocar o vigor da natureza. Longe de enfraquecer essa natureza, as vantagens que daí se tiram apenas servem para fortificá-la. Foi o que provou o senhor Racine em uma agradável obra, cuja síntese decorará este verbete.

Estesícoro, Arquíloco, Heródoto, Platão, foram imitadores de Homero, que provavelmente não teria podido ele mesmo ter levado de uma só vez a poesia ao seu mais alto grau de perfeição sem a imitação daqueles que o precederam. Virgílio quase nada escreveu que não tivesse imitado: ele segue Homero, Teócrito, Hesíodo, assim como os poetas de seu tempo, [**568**] e é por ter tido tantos modelos que ele se tornou, por sua vez, um modelo admirável.

Reconheço que não é impossível que homens mais favorecidos pelos céus que outros possam eles mesmos abrir um novo caminho e aí marcharem sem guias, mas tais exemplos são tão maravilhosos que devem passar por prodígios.

De fato, mesmo o mais feliz dos gênios tem necessidade de ajuda para crescer e se manter, ele não encontra tudo em si próprio. A alma não poderia conceber, tampouco dar à luz uma produção notável, se não tivesse sido como que fecundada por uma fonte abundante de conhecimentos. Sem os dons da natureza, nossos esforços são inúteis; e nossos esforços são imperfeitos se não se acompanha esses dons, se a imitação não os aperfeiçoa.

Mas não é suficiente conhecer a utilidade da imitação, é ainda preciso saber quais regras se deve seguir para retirar dela as vantagens que é capaz de proporcionar.

A primeira coisa a fazer é escolher um bom modelo. Deixar-se enganar por guias perigosos é mais fácil do que se pensa. É preciso sagacidade para discernir aqueles aos quais devemos nos entregar. O quanto Sêneca não contribuiu para corromper o gosto dos jovens de seu tempo e do nosso? Lucano extraviou vários espíritos que quiseram imitá-lo e que não possuíam o fogo de sua eloquência. Levado como os outros, o seu tradutor teve a tola ambição de lhe furtar a glória do estilo empolado.

Não é sequer preciso se aplicar tanto a um modelo excelente, que sozinho nos conduzisse e nos fizesse esquecer dos outros escritores. Como uma abelha diligente, é preciso voar por todos os lados e abastar-se do néctar de todas as flores. Virgílio encontra ouro no dejeto de Ênio e aquele que pinta Fedra, a partir de Eurípides, ainda acrescenta novos traços aos que Sêneca lhe apresenta.

O discernimento não é menos necessário para colher nos modelos que se escolheu as coisas que se deve imitar. Nem tudo é igualmente bom nos melhores autores; e tudo isso que é bom não convém igualmente a todos os tempos e lugares.

Ademais, não basta escolher bem, a imitação deve ser feita de maneira nobre, generosa e plena de liberdade. A boa imitação é uma invenção contínua. É preciso, por assim dizer, transformar-se em seu modelo, embelezar seus pensamentos e, pelo feitio que lhe conferimos, adequar-se a eles, enriquecer o que dele se toma e abandonar o que não se pode aprimorar. Assim imitava La Fontaine, como ele diz claramente: "Minha imitação não é uma escravidão/ Não emprego senão a ideia, os modos e as leis que os nossos próprios mestres seguiram./ Se, além disso, neles alguma passagem repleta de excelência/ Pode entrar em meus versos sem violência. Eu aí a transporto e quero que nada tenha de afetado, Buscando tornar meu esse ar de antiguidade".

Malherbe, por exemplo, mostra como se pode enriquecer o pensamento de outro pela imagem sob a qual ele representa o tão conhecido verso de Horácio, *pallida mors oequo pulsat pede, pauperum tabernas, regumque turres*: "O pobre em sua cabana, coberta pelo colmo, está sujeito às suas leis; E a guarda que vela nos muros do Louvre, dela não defende nossos reis".

Sófocles faz que o infeliz Ájax diga ao encontrar seu filho, estando prestes a morrer: ὦ παῖ, γένοιο πατρὸς εὐτυχέστερος, τὰ δ' ἄλλ' ὁμοῖος. Virgílio exprime a mesma coisa de uma maneira diferente: *Disce, puer, virtutem ex me, verumque laborem, Fortunam ex aliis.*

E nós encontramos na Andrômaca a mesma ideia expressa ainda de uma nova maneira: "Fala a meu filho sobre os heróis de sua raça: Tanto quanto puderes, conduze-o sobre suas pegadas; diz-lhe por quais proezas seus nomes brilharam, Antes o que fizeram do que aquilo que foram".

O sr. Despréaux, que, brincando, dizia "que apenas era um indigente vestido com os despojos de Horácio", enriqueceu-se tanto com esses despojos que deles constituiu um tesouro, que a ele pertencia com justiça. Imitando sempre, ele sempre é original. Ele não traduziu o poema latino, mas com ele justou, pois nesse gênero de combate não é vergonha ser vencido.

Se Virgílio não houvesse ousado justar contra Homero, não teríamos sua magnífica descrição da descida de Eneias ao inferno, tampouco a admirável pintura do escudo de seu herói. Aqui é preciso convir que o poeta latino nos ensina como é preciso proceder para se tornar original ao imitar: é dessa maneira que os grandes pintores e escultores imitam a natureza, quero dizer: embelezando-a. Ver a *obra* do senhor Abade Fraguier sobre as imitações da *Eneida*.

A aprovação constante que a *Ifigênia* de Racine teve no teatro francês certamente justifica a opinião daqueles que põem essa tragédia entre as mais belas. Ao compará-la à peça de mesmo nome, que foi o deleite do teatro de Atenas, ver-se-á de que modo se deve imitar os antigos. Eurípides, de acordo com Aristóteles, não confere à sua Ifigênia um caráter constante e fixo. Primeiramente, ela declara que perece pelo assassinato injusto cometido por um pai bárbaro. Em um momento seguinte, ela muda de juízo, desculpa esse pai e roga a Clitemnestra que, pelo seu amor, não odeie Agamenon. Percebendo o equívoco de Eurípedes, o autor da *Ifigênia* moderna tomou o grande cuidado de evitá-lo: ele pintou essa filha de modo sempre respeitoso e sempre submissa à vontade de seu pai.

Assim, nascida da leitura contínua de bons originais, a imitação abre a imaginação, inspira o gosto, engrandece o gênio e aperfeiçoa os talentos; é o que faz que um de nossos melhores poetas diga: "Meu fogo se inflama diante de sua luz, tal como um jovem pintor instruído por Coypel e por Largillière, Desses mestres que o conduzem, Familiariza-se com a pincelada; Toma nobremente suas maneiras, E compõe com seus espíritos".

Não nos enrubesçamos, então, por consultar guias hábeis, sempre prontos a nos conduzir. Seja lá quais forem os nossos mestres, a grande distância que vemos entre nós e eles não deve nos atemorizar. A carreira em que eles correram tão gloriosamente ainda está aberta. Tomando-os por modelos e por rivais em nossas imitações, nós podemos alcançá-los; se não os alcançarmos, ao menos podemos nos aproximar deles, e junto aos grandes homens ainda existem lugares honoráveis. A reputação de Lucrécio não impediu que Virgílio surgisse e a glória de Hortênsio não diminuiu o ardor de Cícero pela eloquência. Que homem era mais apto a desanimar seus rivais do que Corneille? No entanto, ele encontrou um par, e embora um outro tenha merecido a mesma coroa, a sua permaneceu-lhe intacta, nada perdendo de seu brilho. **[569]**

Terminemos por dizer que é à imitação que os modernos devem sua glória e que é dessa mesma imitação que os antigos tiraram sua grandeza.

(LFN)

Melodia (*Música*), Rousseau [10, 319]

Em música, *melodia* é a disposição sucessiva de vários sons que, juntos, constituem um canto regular. A perfeição da melodia depende das regras e do gosto. O gosto faz que se encontrem belos cantos; as regras ensinam a bem modular. Não é preciso mais que isso para compor uma boa melodia. **[320]**

Os antigos restringiam mais do que nós o sentido dessa palavra: entre eles, a *melodia* era apenas a execução do canto; sua composição se chamava *melopeia*. Entre nós, uma e outra se chamam melodia. Mas como a constituição de nossos cantos depende inteiramente da harmonia, a melodia não constitui uma parte considerável da nossa música. Vide *Harmonia* etc. E também o verbete *Fundamental*, sobre a seguinte questão: se a melodia deriva da harmonia.

(FY)

Música (*Ordem enciclopédica, Razão, Filosofia ou Ciência da Natureza, Matemática, Matemáticas mistas, Música*), Rousseau [10, 898]

A *música* é a ciência dos sons, enquanto são capazes de afetar agradavelmente o ouvido, ou a arte de dispor e de conduzir os sons de tal maneira que, de sua consonância, de sua sucessão e de suas durações relativas resultem sensações agradáveis.

Supõe-se comumente que essa palavra venha de *musa*, pois se crê que as musas inventaram essa arte. Mas Kircher, seguindo Diodoro, remonta esse nome a uma palavra egípcia, sustentando que foi no Egito que a música começou a se restabelecer após o dilúvio, e que desta se recebeu a primeira ideia a partir do som que produziam os caniços que crescem nas margens do Nilo, quando o vento soprava nos seus tubos. A música divide-se naturalmente em *especulativa* e em *prática*.

A música especulativa é, se assim podemos falar, o conhecimento da matéria musical, isto é, das diferentes proporções entre o grave e o agudo, e entre o lento e o breve, das quais a percepção é, segundo certos autores, a verdadeira origem do prazer do ouvido.

A música prática é aquela que ensina como os princípios da especulativa podem ser aplicados, isto é, a conduzir e a dispor os sons em relação à sucessão, à consonância e ao compasso, de tal maneira que o tom agrade ao ouvido. É o que se chama de arte da composição. Ver *Composição*. Com relação à produção atual dos sons pelas vozes ou pelos instrumentos, que se chama execução, é a parte puramente mecânica, que, supondo a faculdade de entoar com precisão os intervalos, demanda apenas o conhecimento dos caracteres da música e o hábito de exprimi-los.

A música especulativa divide-se em duas partes, a saber: o conhecimento da proporção entre os sons e a medida dos intervalos, e aquele dos valores ou do tempo.

A primeira é propriamente aquela que os antigos chamaram de *música harmônica*. Ela ensina em que consiste a harmonia e revela os seus fundamentos. Apresenta as diferentes maneiras pelas quais os sons afetam o ouvido em relação aos seus intervalos; o que se aplica igualmente à sua consonância e à sua sucessão.

A segunda foi chamada de *rítmica*, pois ela trata dos sons e leva em consideração o tempo e a quantidade. Ela contém a explicação dos ritmos e dos compassos longos e curtos, vivos e lentos, dos tempos e das diferentes partes nas quais os dividimos, para aplicar-lhes a sucessão dos tons.

A música prática se divide em duas partes, que correspondem às duas precedentes.

Aquela que corresponde à música harmônica, e que os antigos chamavam de melopeia, contém as regras para produzir cantos agradáveis e harmoniosos.

A segunda, que corresponde à música rítmica, e que se chama *ritmopeia*, contém as regras para a aplicação dos compassos e dos tempos; em uma palavra, para a prática do ritmo.

Porfírio apresenta outra divisão da música enquanto tem por objeto o movimento mudo ou sonoro; e, sem a distinguir em especulativa e prática, ele encontra as seis partes seguintes: a *rítmica*, para os movimentos da dança; a *métrica*, para a cadência e o número; a *orgânica*, para a prática dos instrumentos; a *poética*, para a harmonia e a métrica dos versos; a *hipocrítica*, para as atitudes das pantomimas; e a *harmônica*, para o canto.

Atualmente, a música se divide de forma mais simples em *melodia* e *harmonia*; pois o ritmo é para nós um estudo limitado demais para constituir um ramo particular.

Pela melodia dirigimos a sucessão dos sons de maneira a produzir cantos agradáveis. Ver *Melodia, Cantos*.

A harmonia consiste propriamente em saber unir, a cada um dos sons de uma sucessão regular e melodiosa, dois ou vários outros sons que, impressionando o ouvido ao mesmo tempo, deleitam agradavelmente os sentidos. Ver *Harmonia*.

Os antigos escritores diferem bastante entre si acerca da natureza, do objeto, da extensão e das partes da música. Em geral, davam a essa palavra um sentido muito mais extenso do que o que lhe resta hoje em dia. Sob a designação de música eles compreendiam não só a dança, o canto, a poesia, como acabamos de ver, mas também a coleção de todas as ciências. Hermes assim definiu a música: o conhecimento da ordem de todas as coisas. Também era a doutrina da escola de Pitágoras e daquela de Platão, os quais ensinavam que tudo no universo era música. Segundo Hesíquio, os atenienses davam a todas as artes o nome de música.

Daí todas essas músicas sublimes das quais nos falam os filósofos: música divina, música do mundo, música celeste, música humana, música ativa, música contemplativa, música enunciativa, orgânica, ódica etc.

Sob a influência dessas vastas ideias é que se devem entender várias passagens dos antigos sobre a música, que seriam ininteligíveis com o sentido que atualmente damos a essa palavra.

Parece que a música foi uma das primeiras artes. É muito provável, ainda, que a música vocal tenha sido inventada antes da instrumental. Pois os homens não só devem ter feito observações sobre os diferentes tons de sua própria voz, antes de encontrar algum instrumento, mas devem ter aprendido bem cedo, pelo concerto natural dos pássaros, a modificar sua voz e sua garganta de uma maneira agradável. Também não tardaram a imaginar os instrumentos de sopro. Diodoro, como eu disse, e vários antigos atribuem sua invenção à observação do silvo dos ventos nos caniços ou outros tubos das plantas. Essa também é a opinião de Lucrécio.

At liquidas avium voces imitarier ore
Ante fuit multo, quam levia carmina cantu [**899**]
Concelebrare homines possint, aureisque juvare;
Et Zephyri cava per calamorum sibila primum
Agresteis docuere cavas inflare cicutas.
[Para imitar com a boca as líquidas notas dos pássaros
Que vieram muito antes dos homens, e puderam deleitar suas orelhas
Celebrando com o leve poema no canto;
E Zéfiro, pela primeira vez, por meio da flauta e dos sussurros no oco,
Ensinou aqueles homens rústicos a soprar no oco da flauta pastoril/cicuta.]

Com relação aos outros tipos de instrumentos, as cordas sonoras são tão comuns que os homens devem ter observado precocemente os seus diferentes sons, o que originou os instrumentos de cordas.

Quanto aos instrumentos nos quais batemos para deles tirarmos som, como os tambores e os tímpanos, eles devem sua origem ao ruído surdo que produzem os corpos ocos quando os percutimos.

É difícil sair dessas generalidades para estabelecer algo sólido sobre a invenção da música reduzida à arte. Muitos antigos atribuem-na a Mercúrio, assim como a da lira. Outros querem que os gregos dela sejam devedores a Cadmo, que, salvando-se da corte do rei da Fenícia (*Aten. Deipn.*), trouxe para a Grécia a musicista Harmonia. Em uma passagem do diálogo de Plutarco sobre a *Música*, Lísias diz que foi Anfion quem a inventou; em outra, Sotérico diz que foi Apolo; numa outra, ainda, parece que ele confere honras a Olimpo. Pouco se concorda a respeito de tudo isso. A essas primeiras invenções sucederam Quíron, Demódoco, Hermes, Orfeu, o qual, segundo alguns, inventou a lira. Depois destes vieram Phoecinius e Terpandro, contemporâneos de Licurgo, que deu regras à música. Algumas pessoas lhe atribuem a invenção dos primeiros modos. Enfim, acrescentam-se Tales e Thamiris, que se diz serem os inventores da música puramente instrumental.

Esses grandes músicos viviam antes de Homero. Outros mais modernos são Laso de Hermíone, Melnípides, Filoxeno, Timóteo, Frínis, Epigônio, Lisandro, Símico e Diodoro; todos eles aperfeiçoaram consideravelmente a música.

Como se pretende, Laso foi o primeiro que escreveu sobre a música, no tempo de Dario Histaspes. Epigônio inventou um instrumento de quarenta cordas chamado *epigonium*. Símico inventou também um instrumento de 35 cordas chamado *simmicium*.

Diodoro aperfeiçoou a flauta, acrescentando-lhe novos orifícios; e Timóteo, a lira, acrescentando-lhe uma nova corda, o que lhe rendeu uma multa dos lacedemônios.

Como os antigos escritores se expressam muito obscuramente sobre os inventores dos instrumentos de música, também são muito obscuros a respeito dos próprios instrumentos: deles mal conhecemos outra coisa além dos nomes.

Os instrumentos geralmente se dividem em instrumentos de cordas, instrumentos de sopro e instrumentos que percutimos. Por instrumentos de cordas, queremos dizer aqueles que os antigos chamavam de *lyra*, *psalterium*, *trigonium*, *sambuca*, *cithara*, *pectis*, *magas*, *barbiton*, *testudo*, *trigonium*, *epigonium*, *simmicium*, *epandoron* etc. Todos esses instrumentos eram tocados com a mão, ou com o plectro, espécie de arco.

Por instrumentos de sopro, queremos dizer aqueles que os antigos chamavam de *tibia*, *fistula*, *tuba*, *cornua*, *lituus* e os órgãos hidráulicos.

Os instrumentos de percussão eram chamados de *tympanum*, *cymbalum*, *crepitaculum*, *tintinnabulum*, *crotalum*, *sistrum*.

A música era objeto da mais alta estima entre diversos povos da Antiguidade, principalmente entre os gregos, e essa estima era proporcionada pelo poder e pelos efeitos surpreendentes que lhe atribuíam. Seus autores não presumem nos apresentar uma noção muito ampla da música, dizendo-nos que era usada no céu e que proporcionava o divertimento principal dos deuses e das almas dos bem-aventurados. Platão não teme dizer que não se podem fazer modificações na música sem que haja uma na constituição do Estado; e pretende que é possível determinar os sons capazes de fazer nascer a baixeza da alma, a insolência e as virtudes contrárias. Aristóteles, que parece ter feito sua política só para opor seus sentimentos aos de Platão, no entanto, concorda com ele a respeito do poder da música sobre os costumes. O judicioso Políbio nos diz que a *música* era necessária para abrandar os costumes dos arcádios que habitavam um país onde o ar é triste e frio; que aqueles de Cinete, que negligenciaram a música, ultrapassaram em crueldade todos os gregos, e que não há nenhuma cidade onde se tenham visto tantos crimes. Ateneu assegura-nos que, outrora, todas as leis divinas e humanas, as exortações à virtude, o conhecimento do que concernia aos deuses e aos homens, as vidas e as ações dos personagens ilustres eram escritos em versos e cantados publicamente por um coro, ao som dos instrumentos. Não se tinha encontrado meio mais eficaz para gravar no espírito dos homens os princípios da moral e o conhecimento de seus deveres.

A música fazia parte do estudo dos antigos pitagóricos. Eles se serviam dela para incitar o espírito às ações louváveis e para se inflamar do amor à virtude. Segundo esses filósofos, nossa alma era, por assim dizer, formada apenas de harmonia; e eles acreditavam fazer reviver, por meio da música, a harmonia primitiva das faculdades da alma, isto é, a harmonia que, de acordo com eles, nela existia antes que animasse nossos corpos, quando habitava os céus.

Atualmente, a música parece destituída desse grau de poder e de majestade, a ponto de nos fazer duvidar da verdade desses fatos, ainda que sejam atestados pelos historiadores mais judiciosos e pelos mais sérios filósofos da Antiguidade. Entretanto, encontram-se na História moderna alguns fatos semelhantes. Se Timóteo excitava os furores de Alexandre com o modo frígio e, em seguida, acalmava-o até a indolência com o modo lídio, uma música mais moderna ia mais longe ainda, ao excitar, segundo dizem, em Erric, rei da Dinamarca, tamanho furor que ele matava seus melhores criados. Aparentemente, esses criados não eram tão sensíveis à música quanto o seu príncipe. Caso contrário, na certa ele teria sido exposto à metade do perigo. D'Aubigné narra ainda outra história muito parecida com aquela de Timóteo. Ele diz que, no tempo de Henrique III, o músico Glaudin, tocando nas bodas do duque de Joyeuse, no modo frígio, animou não o rei, mas um cortesão que se descuidou a ponto de pôr a mão nas armas na presença de seu soberano; mas o músico se apressou em acalmá-lo ao empregar o modo hipofrígio.

Se nossa música pouco exerce seu poder sobre as afecções da alma, em contrapartida ela é capaz de agir fisicamente sobre o corpo; como testemunha a história da tarântula, conhecida demais para falar dela aqui. Como testemunha esse cavalheiro gascão do qual Boile diz que, ao som de uma cornamusa, não podia reter sua urina. Ao que se deve acrescentar o que narra o mesmo autor a respeito dessas mulheres que se desfaziam em lágrimas quando ouviam certo tom pelo qual o resto dos ouvintes não era afetado.

[900] Lê-se, na história da Academia das Ciências de Paris, que um músico foi curado de uma violenta febre por um concerto executado em seu quarto.

Os sons agem mesmo sobre os corpos inanimados. Morhoff faz menção a certo Petter, o Holandês, que, com o som da sua voz, quebrava um copo. Kircher fala de uma grande pedra que vibrava ao som de certo tubo de órgão. O padre Mersenne fala também de um tipo de ladrilho que o registro do órgão abalava como o faria um terremoto. Boile acrescenta que os assentos frequentemente tremem ao som dos órgãos; que muitas vezes ele os sentiu vibrar sob a sua mão com certos tons do órgão ou da voz, e que lhe asseguraram que todos aqueles que eram bem-feitos vibravam com algum tom determinado. Essa última experiência é inegável, e qualquer um pode verificá-la cotidianamente. Todo mundo ouviu falar desse famoso pilar de uma igreja de Reims (S. Nicaise) que se abala muito sensivelmente ao som de determinado sino, ao passo que os outros pilares permanecem quase imóveis. Mas o que rouba do som a honra do maravilhoso é o fato de que esse pilar se abala igualmente quando alguém retira o badalo do sino.

Todos esses exemplos, dos quais a maior parte pertence mais ao som que à música, e para os quais a Física pode dar algumas explicações, não fazem que, para nós, se tornem mais inteligíveis nem mais críveis os efeitos maravilhosos e quase divinos que os antigos atribuem à música. Vários autores afligiram-se para tentar explicar a sua razão. Wallis os atribui, em parte, à novidade da arte, e os rejeita, em parte, por conta do exagero dos antigos; outros os atribuem somente à poesia. Outros supõem que os gregos, mais sensíveis que nós pela constituição de seu clima ou por seu modo de vida, podiam ser comovidos por coisas que não nos teriam tocado de maneira alguma. O sr. Burette, mesmo aceitando todos esses fatos, sustenta que eles não provam a perfeição da música que os produziu: nisto ele não vê nada que aldeões arranhadores de instrumentos não poderiam fazer, segundo ele, tão bem quanto os primeiros músicos do mundo. A maior parte desses sentimentos está fundada no desprezo que temos pela música antiga. Mas será que, assim como o pretendemos, esse desprezo é tão bem fundado? Isto é o que se examinou muitas vezes, e que, considerando a obscuridade da matéria e a incapacidade dos juízes, talvez ainda teria necessidade de sê-lo.

A natureza desta obra e os poucos conhecimentos que nos restam sobre a música dos gregos proíbem-me igualmente de tentar esse exame. Com base nas explicações que nossos autores, tão pouco preparados para essa antiga música, forneceram-nos a respeito dela, contentar-me-ei apenas em compará-la em poucas palavras com a nossa.

Para formarmos acerca da música dos antigos a ideia mais clara possível, é preciso considerá-la em cada uma de suas partes: *sistemas*, *gêneros*, *modos*, *ritmo* e *melopeia*.

O resultado desse exame pode se resumir a isto: 1º) que o grande sistema dos gregos, isto é, a extensão geral que eles davam do grave ao agudo a todos os sons de sua música, excedia em apenas um tom a extensão de três oitavas. Ver as tabelas gregas que Meibômio colocou no início da obra de Alípio.

2º) Que cada um de seus três gêneros e mesmo cada espécie de um gênero eram compostos de, pelo menos, dezesseis sons consecutivos na extensão do diagrama. Que a metade desses sons era composta de sons fixos que eram os mesmos para todos os gêneros; mas que a afinação dos outros, sendo variável e diferente em cada gênero particular, multiplicava consideravelmente o número dos sons e dos intervalos.

3º) Que eles tinham, pelo menos, sete modos ou tons principais, fundados sobre cada um dos sete sons do sistema diatônico, os quais, além de suas diferenças do grave ao agudo, ainda admitiam, cada qual de sua modificação própria, outras diferenças que indicavam o seu caráter.

4º) Que o ritmo ou a métrica variava entre eles, não somente segundo a natureza dos pés com que os versos eram compostos, não somente segundo as diversas combinações desses mesmos pés, mas também segundo os diversos tempos silábicos, e segundo todos os graus, do rápido ao lento, aos quais eles eram suscetíveis.

5º) Enfim, quanto ao canto ou à melopeia, pode-se julgar a variedade que devia estar em voga pelo número dos gêneros e dos modos diversos que eles lhe atribuíam, segundo o caráter da poesia, e pela liberdade de juntar ou dividir em cada gênero os diferentes tetracordes, conforme isto convinha à expressão e ao caráter da ária.

Por outro lado, os poucos conhecimentos que, de diversas passagens aqui e ali dispersas, podemos recolher nos autores sobre a natureza e a construção de seus instrumentos, bastam para mostrar quão longe eles estavam da perfeição dos nossos. Suas flautas tinham poucos orifícios, suas liras ou cítaras tinham poucas cordas. Quando elas tinham muitas, várias dessas cordas eram elevadas ao uníssono ou à oitava, e, além disso, como a maior parte desses instrumentos não possuía trastes, deles só se podiam tirar, quando muito, uma quantidade de sons proporcional à de cordas. O aspecto de suas trompas e de seus trompetes basta para mostrar que eles não podiam igualar o belo som daqueles de hoje; e, em geral, deve-se mesmo supor que sua orquestra não era nada barulhenta, para conceber como a cítara, a harpa e outros instrumentos semelhantes podiam ser ouvidos. Quer eles tocassem as suas cordas com o plectro, como nós fazemos em nossos timpanões, quer as pinçassem com os dedos, como lhes ensinou Epigônio, não compreendemos bem que efeito isto devia produzir na sua música, que tão frequentemente se fazia ao ar livre. Não sei se, em um teatro como aquele de Atenas, cem guitarras poderiam ser ouvidas bem distintamente. Em uma palavra, é perfeitamente certo que, por si mesmo, o órgão, esse instrumento admirável e, por sua majestade, digno do uso ao qual é destinado, suprime absolutamente tudo o que os antigos jamais inventaram nesse gênero. Tudo isto deve ser atribuído ao caráter de sua música. Inteiramente ocupados com sua divina poesia, eles só se preocupavam em bem exprimi-la pela música vocal; estimavam a instrumental apenas na medida em que ela valorizava a outra: eles não suportavam que ela a encobrisse; e, sem dúvida, estavam bem afastados do ponto do qual vejo que nos aproximamos: o de fazer com que as partes cantantes sirvam apenas de acompanhamento à sinfonia.

Além disso, parece comprovado que eles não conheciam a música com várias partes, o contraponto, em uma palavra, a harmonia no sentido que nós lhe atribuímos. Se empregavam essa palavra, era apenas para exprimir uma agradável sucessão de sons. Ver sobre esse assunto as dissertações do senhor Burette, nas *Memórias da Academia das Belas-Letras.*

Portanto, nesse aspecto levamos vantagem sobre eles, e é um ponto considerável, já que é certo que a harmonia é o verdadeiro fundamento da melodia e da modulação. Mas não estamos abusando dessa vantagem? É uma dúvida pela qual somos muito tentados quando ouvimos nossas óperas modernas. Quê! Esse caos, essa confusão de partes, essa quantidade de instrumentos diferentes, que parecem se insultar uns aos outros, esse estrondo de acompanhamentos que abafam a voz sem apoiá-la; então, tudo isso constitui as **[901]** verdadeiras belezas da música? É daí que ela tira sua força e sua energia? Logo, seria preciso que a música mais harmoniosa fosse ao mesmo tempo a mais comovente. Mas o público aprendeu bem o contrário. Consideremos os italianos, nossos contemporâneos, cuja música é a melhor, ou, antes, a única boa do universo, na opinião unânime de todos os povos, com exceção dos franceses, que preferem a deles. Vejam que sobriedade nos acordes, que escolha na harmonia! Essas pessoas não pensavam em avaliar pelo número das partes a estima que eles tinham por uma música; precisamente, suas óperas são apenas duos, e toda a Europa as admira e as imita. Certamente, não é à força de multiplicar as partes de sua música que os franceses conseguirão fazer que ela seja apreciada pelos estrangeiros. A harmonia dispensada oportunamente é admirável: possui encantos aos quais todos os homens são sensíveis; mas ela não deve absorver a melodia, nem o belo canto. Os mais belos acordes do mundo jamais interessarão como as inflexões comoventes e bem moderadas de uma bela voz; e todo aquele que refletir imparcialmente sobre o que mais o toca em uma bela música bem executada sentirá que, o que quer que dela se possa dizer, o verdadeiro império do coração pertence à melodia.

Enfim, triunfamos pela extensão geral do nosso sistema, que, não se encontrando mais restrito a quatro ou cinco oitavas apenas, doravante não possui outros limites a não ser o capricho dos músicos. Todavia, não sei se com isso temos tanto para nos felicitarmos. Era então um mal tão grande a música antiga só ter a oferecer sons plenos e harmoniosos, extraídos de um belo *medium*? As vozes cantavam sem se esforçar, os instrumentos não miavam incessantemente nas proximidades do cavalete; os sons desafinados e surdos que tiramos ao correr a mão pela escala dos instrumentos e os ganidos de uma voz que se excede são feitos para comover o coração? A antiga música sabia enternecê-lo deleitando os ouvidos; a nova, ferindo-os, apenas aturdirá o espírito.

Assim como os antigos, possuímos o gênero diatônico e o cromático; este nós até ampliamos; mas, como nossos músicos o misturam, confundem-no com o primeiro, quase sem gosto e sem discernimento, ele perdeu uma grande parte de sua energia e produz muito pouco efeito. Em breve, este será um tema que os grandes mestres desdenharão. Para o enarmônico, o temperamento fê-lo desaparecer; e de que nos serviria, se nossos ouvidos não são sensíveis a ele e os nossos órgãos não podem mais executá-lo?

Aliás, observai que a diversidade dos gêneros não é para a nossa música uma verdadeira riqueza; pois é sempre o mesmo teclado afinado da mesma maneira; em todos os gêneros são os mesmos sons e os mesmos intervalos. Nós possuímos exatamente doze sons, todos os outros são apenas suas oitavas; e nem mesmo sei se recuperamos pela extensão do grave ao agudo o que os gregos obtinham pela diversidade da afinação.

Possuímos doze tons; que digo eu? Temos 24 modos. Quantas riquezas além das dos gregos, que nunca tiveram mais que quinze deles, os quais ainda foram reduzidos a sete por Ptolomeu! Mas cada um desses modos tinha um caráter particular: o grau do grave ao agudo era a menor de suas diferenças; o caráter do canto, a modificação dos tetracordes, a posição dos semitons, tudo isto os distinguia muito melhor que a posição da sua tônica. Nesse sentido, só possuímos dois modos, e os gregos eram mais ricos que nós.

Quanto ao ritmo, se quisermos compará-lo à métrica da nossa música, toda vantagem ainda parecerá se encontrar do nosso lado. Pois, sobre quatro ritmos diferentes que eles praticavam, nós possuímos, pelo menos, doze tipos de métrica; mas se os seus quatro ritmos realmente produziam tantos gêneros diferentes, não poderíamos dizer o mesmo das nossas doze métricas, que são realmente apenas modificações de duração dos dois únicos gêneros de movimento, a saber: de dois e de três tempos. Isto não quer dizer que a nossa música não pôde admitir tantos deles quantos admitia a música dos gregos; mas, se prestarmos atenção ao gênio dos professores dessa arte, reconheceremos facilmente que todo meio de aperfeiçoar a música, que disto tem mais necessidade do que pensamos, doravante é inteiramente impossível.

Incluímos, aqui, uma passagem de canto na métrica sesquiáltera, isto é, em dois tempos desiguais, cuja razão é de dois para três; métrica certamente tão boa e tão natural quanto muitas daquelas que estão em uso, mas que os músicos jamais adotarão, pois seu mestre não lhas ensinou. Ver as pranchas de música.

O grande vício da nossa métrica, que talvez seja um pouco aquele da língua, é o de não ter suficiente relação com as palavras. A métrica dos nossos versos é uma coisa, a da nossa música é outra, totalmente diferente, e, muitas vezes, contrária. Como a prosódia da língua francesa não é tão sensível quanto o era aquela da língua grega, e os nossos músicos, com a cabeça cheia de sons exclusivamente, não se preocupam com outra coisa, há tão pouca relação de sua música com as palavras no que diz respeito ao número e à métrica quanto há relativamente ao sentido e à expressão. Isto não significa que eles não saibam executar corretamente um *tenuto* nas palavras *acalmar* ou *repouso*; que eles não sejam muito aplicados ao exprimir a palavra *céu* pelo emprego de sons altos, as palavras *terra* ou *inferno* pelo emprego de sons baixos; ao vibrar o som prolongadamente nas palavras *raio* e *trovão*; ao precipitar *um monstro furioso* pelo emprego de vinte arrebatamentos vocais e outras puerilidades semelhantes. Mas, para abranger a ordem de uma obra, para exprimir o estado da alma em vez de se entreter com o sentido particular de cada palavra, para restituir a harmonia dos versos, para imitar, em uma palavra, todo o encanto da poesia por meio de uma música conveniente e relativa, isto é o que eles entendem tão pouco que pedem aos seus poetas pequenos versos entrecortados, prosaicos, irregulares, sem número, sem harmonia e salpicados de palavrinhas líricas: *jorrai*, *voai*, *glória*, *murmúrio*, *eco*, *gorjeio*; sobre as quais esgotam toda a sua ciência harmônica. Eles começam mesmo por compor suas árias e, em seguida, a elas fazem que o versificador ajuste palavras. A música governa, a poesia é a serva; serva tão subordinada que nem sequer na ópera percebemos que são versos o que ouvimos.

A antiga música, sempre vinculada à poesia, a seguia passo a passo, exprimia-lhe exatamente o número e a métrica, e aplicava-se apenas a dar-lhe mais esplendor e majestade. Que impressão não devia causar, em um ouvinte sensível, uma excelente poesia assim expressa? Se a simples declamação nos arranca lágrimas, que energia não deve lhe acrescentar todo o encanto da harmonia, quando ele a embeleza sem abafá-la! Por que a velha música de Lully nos interessa tanto? Por que todos os seus êmulos permaneceram tão atrasados em relação a ele? É que ninguém entendeu como ele a arte de associar a música às palavras. É que o seu recitativo é, de todos, aquele que mais se aproxima do tom da natureza e da boa declamação. Mas quão longe disto ainda o consideraríamos se quiséssemos examiná-lo de perto! Portanto, não julguemos os efeitos da música antiga pelos da nossa, já que ela não nos oferece mais nada semelhante.

A parte da nossa música que corresponde à melopeia [**902**] dos gregos é o canto ou a melodia; e não sei qual deve prevalecer nesse aspecto, pois se nós possuímos mais intervalos, eles os possuíam, em virtude da diversidade dos gêneros, mais variados que os nossos. Além disso, como a modulação é uniforme em todos os nossos tons, faz-se necessário que o canto nisso seja semelhante; pois a harmonia que o produz tem seus caminhos prescritos e esses caminhos são os mesmos em todo lugar. Assim, as combinações dos cantos que essa harmonia comporta só podem ser muito boas. Por isso, todos esses cantos procedem sempre da mesma maneira. Em todos os tons, em todos os modos, sempre os mesmos traços, os mesmos finais; nesse ponto, não percebemos nenhuma variedade de gênero nem de caráter. Então, tratais da mesma maneira o afetuoso, o gracioso, o alegre, o impetuoso, o grave e o moderado? Vossa melodia é a mesma para todos esses gêneros, e gabai-vos da perfeição de vossa música? O que deveriam dizer os gregos, que possuíam modos e regras para todos esses caracteres, e que, com isso, os exprimiam como queriam? Dir-me-ão que nós também os exprimimos? Para tanto nos esforçamos, pelo menos; mas, para falar francamente, eu não acho que o sucesso corresponde aos esforços de nossos músicos. Aliás, e isso concerne particularmente à música francesa, que meios empregamos para tanto? Um só: o movimento; nós o ralentamos nas árias graves, o aceleramos nas árias alegres. Executai uma ária qualquer; vós a quereis terna? Cantai lentamente, respirai forte, gritai. Vós a quereis alegre? Cantai rapidamente, marcando o compasso. Quereis algo furioso? Correi até não poder mais. O senhor Jeliotte trouxe à baila árias chatas e triviais da Pont Neuf; delas ele fez árias ternas e patéticas, ao cantá-las lentamente, com o seu conhecido bom gosto. Ao contrário, vi uma *musette* muito terna d'*Os talentos líricos* tornar-se pouco a pouco um minueto razoavelmente belo. Tal é o caráter da música francesa; variai os movimentos, dela fareis o que for do vosso agrado: *Fiet avis, & cum volet, arbor* [deve ser ave, e, quando quiser, árvore]. Mas os antigos também possuíam essa diversidade de movimentos, e, além disso, para todos os caracteres possuíam regras particulares cujo efeito se fazia sentir na melopeia.

O que pretendo concluir de tudo isso? Que a antiga música era mais perfeita que a nossa? De jeito nenhum. Ao contrário, julgo que a nossa é incomparavelmente mais erudita e mais agradável; mas penso que a dos gregos era mais expressiva e mais enérgica. A nossa é mais conforme à natureza do canto; a deles se aproximava mais da declamação. Eles só procuravam comover a alma; e nós só queremos agradar aos ouvidos. Em uma palavra, o mau uso que fazemos da nossa música provém apenas de sua riqueza; e talvez sem os limites em que a imperfeição daquela dos gregos a manteve encerrada, ela não teria produzido todos os efeitos maravilhosos que dela nos relatam.

Desejou-se muito ver alguns fragmentos da antiga música. Quanto a isto, o padre Kircher e o senhor Burette trabalharam para contentar a curiosidade do público. Nas nossas pranchas de música, encontram-se dois trechos de música grega traduzidos para a nossa notação por esses autores. Mas quem ousará julgar a música antiga a partir de tais exemplos? Eu os suponho fiéis. Gostaria mesmo que aqueles que quisessem julgá-los conhecessem suficientemente o gênio da língua grega; que, não obstante, refletissem sobre o fato de que um italiano é juiz incompetente de uma ária francesa, e que comparassem os tempos e os lugares. Acrescentamos à mesma prancha uma melodia chinesa extraída do padre Du Halde, e, em outra prancha, uma melodia persa extraída de Chardin; e, em outro lugar, duas canções dos selvagens da América extraídas do padre Mersenne. Em todos esses trechos, encontrar-se-á uma conformidade de modulação com a nossa música que a uns poderá tornar admirável a bondade e a universalidade de nossas regras, e a outros talvez tornar suspeita a fidelidade ou a inteligência daqueles que nos transmitiram essas melodias.

A maneira como os antigos notavam sua música estava estabelecida sobre um fundamento muito simples, que consistia nas proporções dos sons expressos por cifras, ou, o que dá no mesmo, pelas letras de seu alfabeto. Mas, em vez de se prevalecerem dessa ideia para limitar-se a um pequeno número de caracteres fáceis de conceber, perderam-se em uma multidão de sinais diferentes, com os quais complicaram gratuitamente a sua música. Boécio retirou do alfabeto latino caracteres correspondentes aos dos gregos. Gregório, o Grande, aperfeiçoou seu método. Em 1024, Guido de Arezzo, beneditino, introduziu o uso das pautas; sobre as suas linhas ele fixou as notas em forma de pontos, designando, por sua posição, a elevação ou a descensão da voz. Kircher, no entanto, sustenta que essa invenção era conhecida antes de Guido; este inventou, ainda, a gama, e aplicou às notas da escala os nomes tirados do hino de São João Batista, que ela conserva ainda hoje. Enfim, esse homem nascido para a música inventou, segundo se diz, diferentes instrumentos chamados de *polyplectra*, tais como o *cravo*, a *espineta* etc.

Segundo a opinião comum, os sinais da música receberam seu último acréscimo considerável em 1330. Jean Muria, ou de Muris, ou de Meurs, doutor de Paris, ou o Inglês, segundo Gesner, inventou então as diferentes figuras das notas que designam a duração ou a quantidade, e que, atualmente, chamamos de *semibreves, mínimas, semínimas* etc.

Laso foi, como dissemos, o primeiro que escreveu sobre a música; mas sua obra está perdida, assim como vários outros livros dos gregos e dos romanos sobre a mesma matéria. Aristóxeno, discípulo de Aristóteles, é o mais antigo escritor que nos resta nessa ciência. Depois dele vem Euclides, conhecido por seus elementos de Geometria. Aristides Quintiliano escrevia depois de Cícero. Alípio veio em seguida; depois dele Gaudêncio, o filósofo; Nicômaco, o pitagórico; e Bacchius.

Marco Meibômio legou-nos uma bela edição desses sete autores gregos, com uma tradução latina e notas.

Plutarco escreveu um diálogo da música. Ptolomeu, célebre matemático, escreveu em grego os princípios da harmonia, no tempo do imperador Antonino, o Piedoso. Esse autor mantém uma posição intermediária entre os pitagóricos e os aristoxenistas. Muito tempo depois, Manuel Briênio também escreveu sobre o mesmo assunto.

Entre os latinos, Boécio escreveu no tempo de Teodorico; e, por volta da mesma época, certo Cassiodoro, Marciano e santo Agostinho.

Entre os modernos, temos Zarlino, Salinas, Valgulio, Vincenzo Galilei, Doni, Kircher, Banchieri, Mersenne, Parran, Perrault, Wallis, Descartes, Holder, Mengoli, Malcolm, Burette, e, enfim, o célebre senhor Rameau, cujos escritos têm de singular o fato de que tiveram grande êxito sem que ninguém os tenha lido.

Ainda mais recentemente, temos os princípios de acústica de um geômetra que nos mostra até que ponto poderia chegar a Geometria em boas mãos, para a invenção e a solução dos mais difíceis teoremas da música especulativa.

(FY)

Poesia (*Belas-Artes*), Anônimo [12, 837]

Poesia é a imitação da bela natureza expressa pelo discurso metrificado. A prosa ou a eloquência é a própria natureza expressa pelo discurso livre.

O historiador e o orador nada têm a criar, a eles é necessário gênio apenas para encontrar o aspecto real presente em seus objetos. Eles nada têm a acrescentar, nada a subtrair, apenas ousam por vezes efetuar uma transposição, enquanto o poeta forja para si os seus modelos, sem que a realidade o estorve.

De modo que, se quiséssemos definir a poesia por oposição à prosa ou à eloquência, que aqui tomo pela mesma coisa, nos limitaríamos à nossa definição. O orador deve dizer a verdade de uma maneira crível, com a força e a simplicidade que persuadem. O poeta deve dizer o verossimilhante de uma maneira que o torne agradável, com toda a graça e energia que encantam e surpreendem. Entretanto, como o prazer prepara o coração para a persuasão e como a utilidade real sempre agrada o homem, que jamais esquece seu interesse, segue-se que o agradável e o útil devem se reunir na poesia e na prosa, mas aí se colocando em uma ordem conforme ao objeto ao qual nos propomos nesses dois gêneros de escrita.

Se nos objetassem que existem escritos em prosa que são somente a expressão do verossímil, e outros em verso que não são outra coisa que a expressão do verdadeiro, responderíamos que, sendo a prosa e a poesia duas linguagens avizinhadas e cujo cerne é quase o mesmo, elas se dão mutuamente tanto a forma que as distingue quanto o cerne mesmo que lhes é próprio, de modo que tudo parece travestido.

Existem ficções poéticas que se apresentam com a roupagem simples da prosa, tais são os romances e tudo que abarca o seu gênero. Há mesmo assuntos verdadeiros que aparecem revestidos e ornados com todos os encantos da harmonia poética, tais são os poemas didáticos e históricos. Mas essas ficções em prosa e essas histórias em verso não são nem pura prosa, tampouco pura poesia. Trata-se de uma mistura das duas naturezas, cuja definição não deve ser levada em conta. São caprichos feitos para estar fora da regra, e cuja exceção é absolutamente sem consequências para os princípios. Conhecemos, diz Plutarco, sacrifícios que não são acompanhados nem de coro nem de sinfonias, mas, no que diz respeito à poesia, não conhecemos nenhuma sem fábulas e sem ficção. Os versos de Empédocles, os de Parmênides, os de Nicandro, as sentenças de Teógnis, não são poesia; são somente discursos comuns que tomaram a verve e a medida poética para elevar seu estilo e insinuá-lo mais facilmente.

Existem, no entanto, diferentes opiniões sobre a essência da poesia. Alguns pretendem que essa essência consista na ficção. Trata-se apenas de explicar o termo, de estar de acordo sobre sua significação. Se por ficção eles entendem o mesmo que *fingir* ou *fingere*, dos latinos, a palavra *ficção* deve significar apenas a imitação artificial de caracteres, costumes, ações, discursos etc., de tal modo que fingir seria a mesma coisa que representar ou contrafazer, então essa opinião recupera aquela da imitação da bela natureza que estabelecemos ao definir a poesia.

Se as mesmas pessoas restringem a significação desse termo, e por ficção entendem o ministério dos deuses que o poeta faz intervir para colocar em movimento as molas secretas de seu poema, é evidente que a ficção não é essencial à poesia, pois, de outro modo, a tragédia, a comédia e a maioria das odes deixariam de ser verdadeiros poemas, o que seria contrário às ideias mais universalmente admitidas.

Enfim, se se pretende que ficção signifique figuras que conferem vida às coisas inanimadas e corpo às coisas insensíveis, que as fazem falar e agir, tal como são as metáforas e as alegorias, então a ficção não é mais que um pendor poético que pode convir à própria prosa. É a linguagem da paixão que desdenha da expressão vulgar; é o adereço, e não o corpo da poesia.

Outros acreditaram que a poesia consistia na versificação. Esse preconceito é tão antigo quanto a própria poesia. Os primeiros poemas foram hinos que se cantavam e o canto aos quais se associava a dança. Homero e Tito Lívio dão prova disso. Ora, para que se forme um concerto dessas três expressões, das palavras, do canto e da dança, seria necessário que elas tivessem uma medida comum que as fizesse coincidir, sem a qual a harmonia teria sido desconcertada. Essa medida seria o colorido, isso que primeiro toca todos os homens, ao passo que a imitação, que dela seria o fundo e como que o desígnio, escapa à maioria dos olhos que a observa sem atenção.

No entanto, essa medida jamais consistiu nisso a que se chama de um verdadeiro poema, e se ela o esgotasse, a poesia seria apenas uma brincadeira de criança, um frívolo arranjo de palavras que a mínima transposição faria desaparecer.

A verdadeira poesia não é desse modo: por mais que se inverta a ordem, que se alterem as palavras, que se rompa com a medida, ela perde a harmonia, é verdade, mas não perde sua natureza. A poesia das coisas permanece sempre, a encontramos em seus membros dispersos e isso não impede que se admita que um poema [838] sem versificação não seja um poema. As medidas e a harmonia são as cores sem as quais a poesia é apenas uma estampa. Se quiserdes, o quadro representará os contornos ou a forma, quando muito a luz e as sombras locais, mais aí não se verá o perfeito colorido da arte.

A terceira opinião é aquela que põe a essência da poesia no entusiasmo. Mas essa qualidade não convém igualmente à prosa, uma vez que a paixão em seu grau máximo não sobe menos às tribunas do que sobe aos teatros? E quando Péricles troava, fulminava e estupefazia a Grécia, o entusiasmo reinava em seus discursos com menos propriedade do que nas odes pindáricas? Se fosse preciso que o entusiasmo se mantivesse sempre na poesia, quantos poemas verdadeiros não deixariam de sê-lo? A tragédia, a epopeia, a própria ode, seriam apenas poéticas em algumas passagens tocantes: tendo no restante apenas um calor ordinário, elas não mais possuiriam o caráter distintivo da poesia.

Mas, dir-se-á, o entusiasmo e o sentimento são uma mesma coisa, e a meta da poesia é a de produzir o sentimento, de tocar e de agradar. Aliás, o poeta não deve experimentar o sentimento que deseja produzir nos outros? Que conclusão tirar disso? Que os sentimentos do entusiasmo são o princípio e o fim da poesia? Que será essa a sua essência? Sim, se desejarmos que a causa e o efeito, o fim e o meio, sejam a mesma coisa, pois se trata aqui de precisão.

Detenhamo-nos então em estabelecer a essência da poesia na imitação, uma vez que ela encerra o entusiasmo, a ficção e a própria versificação como meios necessários para que se pinte perfeitamente os objetos.

Ademais, as regras gerais da poesia das coisas estão todas encerradas na imitação. Com efeito, se a natureza quisesse se mostrar aos homens em toda a sua glória, isto é, em cada objeto, com toda a sua perfeição possível, essas regras que se descobriu com tanto esforço, que se segue com tanta timidez e, muitas vezes, até mesmo correndo riscos, teriam sido inúteis para a formação e o progresso das artes. Os artistas teriam pintado escrupulosamente as faces que se lhes apresentassem diante dos olhos, sem serem obrigados a escolher. Nada além da imitação teria feito toda a obra, e unicamente a comparação a teria julgado.

Mas como ela fez um jogo que mistura seus traços mais belos a uma infinidade de outros, foi preciso escolher, e é para que essa escolha seja feita com maior segurança que as regras foram inventadas e propostas pelo gosto.

A principal é a de unir o útil ao agradável. A meta da poesia é a de agradar, e a de agradar ao agitar as paixões. Mas, para proporcionar um prazer perfeito e sólido, ela deve sempre agitar aquelas que nos importa manter vivas, e não as que são inimigas da sabedoria. O horror ao crime, do qual se segue a vergonha, o temor, o arrependimento, sem contar os outros suplícios; a compaixão pelos infelizes, que possui uma utilidade quase tão ampla quanto a própria humanidade; a admiração pelos grandes exemplos, que deixam no coração o aguilhão da virtude; um amor heroico e, por consequência, legítimo: eis aí, conforme o testemunho de todos, as paixões de que deve tratar a poesia, que não é feita para fomentar a corrupção nos corações deteriorados, mas para ser o deleite das almas virtuosas. Deslocada em algumas das situações, a virtude sempre será um espetáculo comovente. Existe no fundo dos corações mais corrompidos uma voz que sempre fala em favor dela e que as pessoas honestas ouvem com tanto prazer que aí encontram uma prova de suas perfeições. Quando a poesia se prostitui e se entrega ao vício, ela comete um tipo de profanação que a desonra: os poetas licenciosos degradam a si próprios; não é preciso censurar suas belas elocuções, isso seria uma injustiça ou falta de gosto, mas, de medo de dar crédito ao vício, não é preciso louvá-los por isso.

E ainda mais: alguma vez os grandes poetas pretenderam que suas obras, o fruto de tantas vigílias e trabalhos, fossem destinadas unicamente a agradar a superficialidade de um espírito vão ou a despertar o torpor de um Midas desocupado? Se essa fosse a sua meta, seriam eles grandes homens?

Não que a poesia não possa se prestar a um amável gracejo. As musas são risonhas e sempre foram amigas das graças, mas, para elas, os pequenos poemas são antes distrações do que obras. Elas devem outros serviços aos homens, cuja vida não deve ser uma perpétua diversão, e o exemplo da natureza que elas têm como modelo lhes ensina a nada fazer de considerável sem um plano sensato, que tende à perfeição daqueles para quem elas trabalham. Assim, mesmo que elas imitem a natureza em seus princípios, gostos e movimentos, devem também imitá-la em suas perspectivas e no fim ao qual ela se propõe.

Podemos reduzir as diferentes espécies de poesia a quatro ou cinco gêneros. Por vezes, os poetas contam o que ocorreu, apresentando-se como historiadores, mas historiadores inspirados pelas musas; por vezes, preferem fazer como os pintores e apresentar os objetos aos olhos, a fim de que o espectador se instrua por si mesmo e que seja mais tocado pela verdade. Outras vezes, aliam suas expressões àquelas da música e se entregam inteiramente às paixões, que são o único objeto dessa arte. Por fim, lhes ocorre abandonar inteiramente a ficção e conferir todas as graças de sua arte a assuntos verdadeiros que, de direito, parecem pertencer à prosa. Donde resulta que há cinco tipos de poesia: a poesia fabular ou narrativa, a poesia de espetáculo ou dramática, a poesia épica, a poesia lírica e a poesia didática.

Por essa divisão não pretendemos dizer que esses gêneros estejam de tal maneira separados uns dos outros que jamais se reuniriam, pois quase sempre é precisamente o contrário que ocorre: raramente se vê reinar um único e mesmo gênero do princípio ao fim de um poema. Existem narrativas na lírica e paixões fortemente pintadas em poesias de narrativa. Por toda parte, a fábula alia-se à História, o verdadeiro ao falso, o possível ao real. Compelidos pela condição de agradar e tocar, os poetas creem-se no direito de tudo ousar para ter sucesso.

Consequentemente, a poesia se encarrega do que há de mais brilhante na História. Ela se lança aos céus para pintar a marcha dos astros, embrenha-se nos abismos para examinar os segredos da natureza. Ela vai até os mortos para descrever as recompensas dos justos e os suplícios dos ímpios. Ela compreende todo o universo: se esse mundo não lhe é suficiente, cria novos mundos que ela embeleza com moradas encantadas que povoa com mil habitantes diversos. Trata-se de uma espécie de magia: ela ilude a imaginação e o próprio espírito e, por meio de invenções quiméricas, acaba por proporcionar aos homens prazeres reais.

No entanto, todos os gêneros de poesia não tocam e agradam do mesmo modo. Cada gênero nos toca na medida em que o objeto que é próprio de sua essência pintar e imitar é capaz de nos emocionar. Eis por que o gênero elegíaco e o gênero [**839**] bucólico possuem mais atrativos para nós do que o gênero dogmático.

As aparências de paixões que a poesia pode excitar, acendendo em nós paixões artificiais, satisfazem à necessidade que temos de estar ocupados. Ora, os poetas excitam em nós essas paixões artificiais ao apresentar à nossa alma as imitações dos objetos capazes de produzir em nós paixões verdadeiras. Mas, como a impressão que a imitação causa não é tão profunda quanto aquela que o próprio objeto teria causado; como ela não causa uma impressão profunda, posto que não alcança a razão, pela qual não há ilusão nessas sensações; enfim, como a impressão causada pela imitação não afeta vivamente senão a alma sensitiva, ela se esvai rapidamente. Essa impressão superficial causada por uma imitação artificial desaparece sem ter consequências duradouras, como teria uma impressão causada pelo próprio objeto que o poeta imitou.

O prazer que sentimos ao contemplar as imitações que os poetas podem fazer de objetos que em nós teriam excitado paixões cuja realidade nos teria sido um fardo é um prazer puro: ele não é seguido pelos inconvenientes que acompanhariam as emoções profundas que o próprio objeto teria causado.

Eis aí de onde procede o prazer que constitui a poesia, eis ainda por que consideramos com satisfação pinturas cujo mérito consiste em colocar diante de nossos olhos aventuras tão funestas que nos teriam provocado horror se as tivéssemos visto de verdade. Uma morte como a de Fedra, uma jovem princesa que expira com terríveis convulsões, acusando-se de crimes atrozes, dos quais se puniu com veneno, seria objeto para se evitar. Estaríamos muito longe de poder nos distrair com as ideias tristes e funestas que tal espetáculo não deixaria de imprimir em nossa imaginação. A tragédia de Racine, que nos apresenta a imitação desse acontecimento, nos emociona e nos toca, sem deixar em nós a semente de uma tristeza duradoura. Nós desfrutamos de nossa emoção sem sermos alarmados pelo temor que ela prolonga por tanto tempo. É sem realmente nos entristecer que a peça de Racine faz que vertamos lágrimas, e sabemos muito bem que nosso choro terminará com a representação da engenhosa ficção que o provocou. Disso segue-se que o melhor poema é aquele cuja leitura ou representação mais nos emociona ou nos interessa. Ora, é na medida dos encantos da poesia do estilo que um poema nos interessa e nos emociona.

(LFN)

Quadro (*Pintura*), Jaucourt [15, 804]

Quadro é a representação de um tema, que o pintor encerra num espaço, normalmente ornado por um caixilho ou moldura. Os quadros de grandes dimensões são destinados a igrejas, salões, galerias e outros lugares espaçosos; os de dimensões médias, que denominamos quadros de cavalete, bem como os pequenos, encontram-se por toda parte.

A natureza é representada a nossos olhos num belo quadro. Se nosso espírito não se engana a respeito, ao menos nossos sentidos nela são iludidos. A figura dos objetos, sua cor e os reflexos da luz, as sombras, enfim, tudo o que o olho pode apreciar encontra-se num quadro, como vemos na natureza. Esta se apresenta num quadro sob a mesma forma que a vemos realmente. Parece até que o olho, seduzido pela obra de um grande pintor, acredita, por vezes, perceber movimento em suas figuras.

A indústria dos homens encontrou alguns meios de tornar os quadros mais capazes de causar impressão sobre nós; nós os envernizamos, encerramo-los em molduras que lançam uma nova luz sobre as cores, que, na medida em que os separam dos objetos vizinhos, parecem reunir melhor entre elas as partes de que são compostos, um pouco como uma janela, que parece reunir diferentes objetos vistos através de sua abertura.

Enfim, nas composições destinadas a serem vistas a certa distância, alguns pintores mais modernos se permitem posicionar partes de figuras em relevo, que entram na ordenação e são coloridas como as outras figuras pintadas, entre as quais se colocam. Alega-se que o olho, que vê distintamente essas partes em relevo saírem da tela, seria assim mais facilmente seduzido pelas partes pintadas, as quais são realmente planas, de modo que estas iludiriam mais facilmente nossos olhos. Mas aqueles que viram a abóbada da Anunciata de Gênova e a de Jesus em Roma, nas quais foram introduzidas figuras em relevo nas ordenações, não acham que o seu efeito seja igualmente maravilhoso.

Os homens que não possuem a inteligência da mecânica da pintura não estão em condições de julgar o autor de um quadro: para isso, é preciso dirigir-se aos artistas. No entanto, a experiência nos ensina que é preciso fixar bem os limites desse conhecimento de discernir as mãos dos grandes mestres nos quadros cujos nomes nos são dados. Com efeito, os especialistas não estão suficientemente de acordo entre si quanto a esses quadros célebres, que, por assim dizer, já fizeram sua fortuna e cuja história todos conhecem. Quanto àqueles cujo estado ainda não é certo, em virtude de uma tradição constante e ininterrupta, não há outro nome sob o qual devam aparecer no mundo a não ser os seus e aqueles de seus amigos. Os quadros dos outros, e sobretudo os de concidadãos, são originais duvidosos. Censuramos a alguns desses quadros por serem meras cópias, os outros por serem pastiches. O interesse consegue introduzir a incerteza no julgamento da arte, que não deixa de se perder, nem mesmo quando opera de boa-fé.

Sabemos que muitos pintores se enganaram acerca de suas próprias obras, e por vezes tomaram uma cópia pelo original que eles mesmos haviam pintado. Vasari conta, como testemunha ocular, que Giulio Romano, após ter feito o drapejamento num quadro que Rafael pintava, reconheceu como seu original a cópia que Andrea del Sarto havia feito dele.

Em se tratando do mérito dos quadros, o público não é um juiz tão competente quanto quando se trata do mérito dos poemas. A perfeição de uma parte das belezas de um quadro, por exemplo, a perfeição do desenho, só é bastante sensível aos pintores ou aos conhecedores que estudaram a pintura tanto quanto os próprios artistas. Contudo, demoraríamos muito se discutíssemos quais são as belezas de um quadro do qual o público é um juiz irrecusável, e quais são as belezas de um quadro que só poderiam ser apreciadas a seu justo valor por aqueles que conhecem as regras da pintura.

Exigem, por exemplo, que observemos três unidades num quadro: em relação ao tempo, à vista e ao espaço; ou seja, que devemos representar somente um assunto (1) que pode se passar num único momento; (2) que pode facilmente ser apreendido numa única visada; (3) que se encerra no espaço que o quadro parece compreender.

Prescrevem também regras para os quadros alegóricos. Mas pensamos que as alegorias, sempre difíceis e constantemente frias nas obras, possuem o mesmo caráter nos quadros. As relações não se apresentam de imediato, é preciso buscá-las, é custoso apreendê-las, e raramente somos recompensados por sua dificuldade. A pintura é feita para agradar o espírito através dos olhos e os quadros alegóricos só agradam os olhos através do espírito, que adivinha o seu enigma.

(TK)

Som (*Música*), Rousseau [15, 345]

Quando a agitação comunicada ao ar por um corpo violentamente atingido chega ao nosso ouvido, nele produz uma sensação que chamamos de ruído. Mas há uma espécie de ruído contínuo e apreciável que chamamos de som.

A natureza do som é o objeto das pesquisas do físico; o músico o examina apenas por suas modificações, e neste verbete o consideramos segundo essa última ideia.

Há três coisas a serem consideradas no som: 1º) o grau de elevação entre o grave e o agudo; 2º) o de intensidade entre o forte e o fraco; e 3º) a qualidade do timbre, que também é suscetível de comparação do surdo ao estridente, ou do agudo ao suave.

Em primeiro lugar, suponho que o veículo do som não seja outra coisa que o próprio ar. Pois que, primeiramente, entre o corpo sonoro e o órgão auditivo, o ar é o único corpo intermediário do qual estamos perfeitamente certos da existência; pois não devemos multiplicar os seres sem necessidade; e porque o ar basta para explicar a formação do som; e, além disso, porque a experiência nos ensina que um corpo sonoro não produz som em um lugar totalmente privado de ar. Se quisermos imaginar outro fluido, a ele podemos facilmente aplicar tudo o que temos a dizer do ar neste verbete.

A continuidade do som só pode nascer da duração da agitação do ar. Enquanto essa agitação dura, o ar vem incessantemente impressionar o órgão do ouvido e assim prolonga a percepção do som. Mas não há maneira mais simples de conceber essa duração que supor no ar vibrações que se sucedem e que, a cada instante, renovam assim a sensação do som. Além disso, essa agitação do ar, qualquer que seja a sua espécie, só pode ser produzida por uma comoção semelhante nas partes do corpo sonoro. Ora, é um fato certo que as partes do corpo sonoro experimentam tais vibrações. Se tocamos o corpo de um violoncelo enquanto dele tiramos som, sentimo-lo vibrar sob a mão e percebemos bem sensivelmente as vibrações da corda durarem até que o som se extinga. A mesma coisa ocorre com um sino que fazemos soar, batendo-lhe com o badalo; sentimo-lo, vemo-lo vibrar mesmo, e vemos saltitar os grãos de areia que jogamos sobre a sua superfície. Se a corda se distende ou o sino se fende, não há mais vibração, não há mais som. Portanto, se esse sino e essa corda só podem comunicar ao ar os movimentos que eles mesmos experimentam, não se pode duvidar que o som, pelo fato de ser produzido pelas vibrações do corpo sonoro, não seja propagado por vibrações semelhantes que o mesmo instrumento comunica ao ar. Tudo isso suposto, examinemos o que constitui a proporção dos sons do grave ao agudo.

Téon de Esmirna diz que Laso de Hermíone, da mesma maneira que o pitagórico Hipaso de Metaponto, para calcular exatamente as proporções entre as consonâncias, serviu-se de dois vasos semelhantes que ressoavam em uníssono; que, deixando um deles vazio e preenchendo um quarto do outro, a percussão de um e outro resultara na consonância da quarta; que, preenchendo em seguida um terço e depois a metade do segundo, a percussão dos dois havia produzido a consonância da quinta, depois a da oitava.

No relato de Nicômaco e Censorino, Pitágoras havia procedido de outro modo para calcular as mesmas razões. Dizem que ele suspendeu diferentes pesos nas mesmas cordas e determinou as proporções dos sons com base naquelas que encontrou entre os pesos tensores; mas os cálculos de Pitágoras são exatos demais para terem sido feitos dessa maneira; dado que, hoje em dia, com base nas experiências de Vincenzo Galilei, todos sabem que os sons estão entre si não como os pesos tensores, mas em razão subdupla desses mesmos pesos.

Enfim, inventou-se o monocórdio, chamado pelos antigos de *canon harmonicus*, pois fixava a regra de todas as divisões harmônicas. É preciso explicar seu princípio.

Duas cordas de mesmo metal, de igual espessura e igualmente esticadas formam um uníssono perfeito, se também forem iguais em comprimento; se os comprimentos forem desiguais, a mais curta produzirá um som mais agudo. Também é certo que ela produzirá mais vibrações em um tempo dado; de onde concluímos que a diferença dos sons do grave ao agudo procede apenas daquela do número das vibrações produzidas, em um mesmo espaço de tempo, pelas cordas ou instrumentos sonoros que as fazem soar. E como é impossível avaliar de outra maneira proporções entre esses mesmos sons, exprimimo-las por aquelas das vibrações que os produzem.

Sabemos ainda que, a partir de experiências não menos certas, as vibrações das cordas, aliás, como as de todas as coisas similares, são sempre recíprocas relativamente aos comprimentos. Assim, uma corda dupla de outra produzirá, no mesmo tempo, apenas a metade do número de vibrações desta; e a razão entre os sons que elas produzirão chama-se *oitava*. Se as cordas são como 2 e 3, as vibrações serão como 3 e 2; e a relação se chamará *quinta* etc.

A partir disto, vemos que, com cavaletes móveis sobre uma única corda, é fácil formar divisões que produzem sons em todas as razões possíveis entre si, e com a corda inteira: trata-se do monocórdio do qual acabo de falar.

Podemos produzir sons graves ou agudos por outros meios. Duas cordas de comprimento igual nem sempre formam o uníssono, pois, se uma é mais grossa ou menos esticada que a outra, ela produzirá menos vibrações em tempos iguais e, consequentemente, o seu som será mais grave.

Sobre essas duas regras combinadas estão fundamentadas a construção dos instrumentos de cordas, como o cravo, e a combinação dos violinos e baixos, que, por um contínuo e diferente encurtamento das cordas sob os dedos, produz essa prodigiosa diversidade de sons que admiramos nesses instrumentos. Deve-se raciocinar da mesma maneira sobre os instrumentos de sopro: os mais compridos produzem sons mais graves, se o sopro for igual. Os orifícios, assim como os encontrados nas flautas e oboés, permitem encurtá-los para produzir sons mais agudos. Quando neles sopramos mais, fazemos com que oitavem, e os sons tornam-se mais agudos ainda.

Se friccionarmos uma das cordas mais grossas de uma viola ou de um violoncelo, o que se deve fazer antes com suavidade do que com força e um pouco mais perto do cavalete do que de costume, prestando bastante atenção, um ouvido treinado perceberá distintamente, além do som da corda inteira, pelo menos o de sua oitava, o da oitava de sua quinta e o da dupla oitava de sua terça. Veremos mesmo vibrar e ouviremos ressoar todas as cordas elevadas ao uníssono desses sons. Esses sons acessórios sempre acompanham um som principal qualquer, mas, quando esse som é agudo, eles são menos perceptíveis. Chamamos [**346**] esses sons de *harmônicos do som* *principal*; a partir deles o senhor Rameau sustenta que todo som é apreciável e neles buscou o princípio físico de toda a harmonia. Ver *Harmonia*.

Uma dificuldade que restaria explicar seria a de saber como dois ou mais sons podem ser ouvidos ao mesmo tempo. Quando ouvimos, por exemplo, os dois sons da quinta, dos quais um produz duas vibrações, enquanto o outro produz três, não concebemos como a mesma massa de ar pode fornecer ao mesmo tempo esses diferentes números de vibrações, e, muito menos ainda, quando há mais de dois sons simultâneos. Mengoli e os demais se desembaraçam dessa dificuldade por meio de comparações. A mesma coisa ocorre, dizem eles, quando, a certa distância, jogamos na água duas pedras ao mesmo tempo, as quais produzem diferentes círculos que se cruzam sem se destruir. O senhor de Mairan apresenta uma explicação mais filosófica. O ar, segundo ele, é dividido em partículas de diversas grandezas, das quais cada uma é capaz de um tom particular e não é suscetível de nenhum outro; de sorte que, a cada som que se forma, as partículas análogas se agitam sozinhas, elas e seus harmônicos, enquanto todas as outras permanecem tranquilas até que, por sua vez, sejam colocadas em movimento pelos sons que lhes correspondem. Esse sistema parece muito engenhoso, mas a imaginação experimenta certa dificuldade em aceitar a infinidade de partículas de ar diferentes em tamanho e mobilidade, que deveriam estar distribuídas em cada ponto do espaço, para estarem sempre prontas, em caso de necessidade, a produzir em todo lugar a infinidade de todos os sons possíveis. Uma vez que elas tenham chegado ao tímpano dos ouvidos, concebemos menos ainda como muitas, atingindo-o simultaneamente, podem produzir uma perturbação capaz de enviar ao cérebro a sensação de cada uma delas em particular. Parece que se afasta a dificuldade em vez de superá-la. Mengoli pretendia prevenir-se dessa última objeção afirmando que as massas de ar carregadas, por assim dizer, de diferentes sons, atingem o tímpano apenas sucessivamente, alternadamente e uma de cada vez; porém, sem pensar demais com que ocuparia aquelas que são obrigadas a esperar que as primeiras tenham terminado sua função.

A intensidade do som depende da intensidade das vibrações do corpo sonoro; quanto maiores são essas vibrações, tanto mais vigoroso é o som e o ouvimos de longe.

Quando a corda está bastante esticada e não forçamos demais a voz ou o instrumento, as vibrações sempre permanecem isócronas, e, por conseguinte, o tom permanece o mesmo; seja porque amplificamos, seja porque suavizamos o som; mas, friccionando a corda com demasiada força, soprando ou gritando demais, podemos fazer com que as vibrações percam o isocronismo necessário à identidade do tom; e esta talvez seja a razão por que estamos mais sujeitos a cantar desafinado na música francesa, cujo principal mérito é o de bem gritar, do que na italiana, na qual a voz se modera mais sabiamente.

A velocidade do som, que pareceria ter de depender de sua força, desta não depende. Essa velocidade é sempre igual e constante, se não for precipitada ou retardada por essas alterações do ar; isto significa que o som, forte ou fraco, sempre fará a mesma trajetória e sempre percorrerá em dois segundos o dobro do espaço que terá percorrido em um. De acordo com Halley e Flamstead, na Inglaterra, o som percorre 1.070 pés da França em um segundo. O padre Mersenne e Gassendi asseguraram que o vento favorável ou contrário não acelerava nem retardava o som; isto é tomado por um erro desde as experiências que Derham e a Academia das Ciências fizeram sobre esse assunto.

Sem desacelerar seu movimento, o som se enfraquece ao se estender, e esse enfraquecimento, se a propagação for livre e não dificultada por nenhum obstáculo nem perturbada pelo vento, segue ordinariamente a razão dos quadrados das distâncias.

Quanto à diferença que se encontra entre os sons, ainda, pela qualidade do timbre, é evidente que não depende do grau de gravidade nem sequer do grau de intensidade. Por mais que um oboé se coloque exatamente em uníssono com uma flauta, por mais que suavize o som no mesmo grau, o som da flauta terá sempre um não sei que de suave e brando; o do oboé um não sei que de seco e áspero, que sempre impedirá que possamos confundi-los. Que diremos dos diferentes timbres das vozes de mesma intensidade e de mesmo alcance? Cada qual é juiz da prodigiosa variedade que aí se encontra. Entretanto, que eu saiba, ninguém examinou ainda essa parte que, tanto quanto as outras, talvez possa apresentar dificuldades; pois a qualidade de timbre não pode depender do número de vibrações que produz o grau do grave ao agudo, nem da intensidade ou da força dessas mesmas vibrações que produz o grau do forte ao fraco. Por conseguinte, para explicar essa última propriedade, será preciso encontrar, nos corpos sonoros, uma terceira modificação diferente dessas duas; o que não me parece uma coisa muito fácil; é preciso recorrer aos *Princípios de acústica*, do senhor Diderot, se quisermos aprofundar essa matéria.

Todas as três qualidades principais sobre as quais acabo de falar fazem parte, se bem que em diferentes proporções, do objeto da música, que é, em geral, o som modificado.

Com efeito, o compositor não só considera se os sons que ele emprega devem ser altos ou baixos, graves ou agudos, mas se devem ser fortes ou fracos, ásperos ou suaves; e ele os distribui entre diferentes instrumentos, em *récits* ou em coros, nos extremos ou no *medium* das vozes, com *pianos* ou *fortes*, de acordo com a conveniência de tudo isso. Mas é certo que toda a ciência harmônica consiste unicamente na comparação dos sons do agudo ao grave. De sorte que, como o número de sons é infinito, nesse sentido poderíamos dizer que essa mesma ciência é infinita em seu objeto.

Não concebemos limites necessários à extensão dos sons do grave ao agudo, e por menor que possa ser o intervalo que se encontra entre dois sons, sempre iremos concebê-lo como divisível por um terceiro som. Mas a natureza e a arte concorreram igualmente para limitar essa pretensa infinidade em relação à prática da música. Em primeiro lugar, certo é que, nos instrumentos, encontramos prontamente os limites dos sons, tanto no grave como no agudo. Alongai ou encurtai até certo ponto uma corda sonora: ela não produzirá mais som. Tampouco podemos aumentar ou diminuir à vontade a capacidade de uma flauta ou o seu comprimento: há limites para além dos quais ela não ressoa. A inspiração também possui suas leis: fraca demais, a flauta não produz som; demasiado forte, a um determinado ponto, assim como a corda muito curta, ela produz apenas um grito estridente que não é possível apreciar. Enfim, é uma coisa incontestável pela experiência que todos os sons sensíveis estão compreendidos em limites para além dos quais não são mais percebidos, quer sejam muito graves, quer muito agudos, ou tornam-se inapreciáveis. O senhor Euler fixou mesmo esses limites, de certa maneira; e segundo as suas experiências e seu cálculo, relatados pelo senhor Diderot, todos os sons perceptíveis estão compreendidos entre os números 30 e 7.552; isto significa que, segundo esse autor erudito, o som mais grave apreciável ao nosso ouvido produz 30 vibrações por segundo, e, o mais agudo, 7.552 vibrações no mesmo tempo, intervalo que compreende cerca de oito oitavas.

Por outro lado, pela geração harmônica **[347]** dos sons vemos que, dentre todos os sons possíveis, existe apenas um número muito pequeno que pode ser admitido em um bom sistema de música. Pois todos aqueles que não formam consonâncias com os sons fundamentais, ou que não provêm mediata ou imediatamente das diferenças dessas consonâncias, devem ser proscritos do sistema. Eis porque, por mais perfeito que possa ser atualmente nosso sistema de música, ele é, no entanto, limitado a apenas doze sons na extensão de uma oitava, dos quais todas as outras doze oitavas só contêm réplicas. Se quisermos considerar todas essas réplicas como outros tantos sons diferentes, multiplicando-os pelo número de oitavas que se limita à extensão dos sons perceptíveis, encontraremos o total de 96 como o maior número de sons praticáveis, em nossa música, sobre um mesmo som fundamental.

Não poderíamos avaliar, com a mesma precisão, o número dos sons praticáveis na música antiga. Pois os gregos formavam sistemas de música na mesma proporção, por assim dizer, das diferentes maneiras que possuíam para afinar seus tetracordes. Pela leitura de seus tratados de música, parece que o número dessas maneiras de afinar seus tetracordes era grande, e talvez fosse indeterminado. Ora, cada acorde particular mudava os sons da metade do sistema, isto é, as duas cordas móveis de cada tetracorde. Assim, vemos claramente quantos sons eles possuíam em uma única maneira de afinação, isto é, somente dezesseis; mas não podemos calcular ao certo o quanto esse número devia se multiplicar em todas as mudanças de modo e em todas as modificações de cada gênero, que introduziam novos sons.

Em relação aos seus tetracordes, os gregos distinguiam os sons em duas classes gerais, a saber: os sons estáveis e contínuos, cuja afinação jamais mudava, e que eram oito; e os sons móveis, cuja afinação mudava conforme o gênero e conforme a espécie do gênero. Estes também eram oito, ou mesmo nove ou dez, pois havia alguns que, por vezes, confundiam-se com alguns dos precedentes, e, por vezes, deles se separavam; esses sons móveis eram os dois intermediários de cada um dos cinco tetracordes. Os oito sons imutáveis eram os dois extremos de cada tetracorde e a corda *proslambanomenos*.

Uma vez mais, eles dividiam os sons estáveis em duas espécies, das quais uma se chamava *soni apieni* e continha três sons, a saber: *proslambanomenos*, *nete-synnemenon* e *nete-hyperboleon*. A outra espécie se chamava *soni baripieni* e continha cinco sons: *hypate-hypaton*, *hypate-meson*, *mese*, *paramese* e *nite-drezeugnumenon*.

Os sons móveis igualmente se subdividiam em *soni mesopieni*, que eram cinco, a saber: o segundo, no sentido ascendente, de cada tetracorde; e em cinco outros sons chamados *soni oxipieni*, que eram o terceiro, no sentido ascendente, de cada tetracorde.

Em relação aos doze sons do sistema moderno, a sua afinação nunca muda e eles são todos imóveis. Brossard sustenta que todos eles são móveis, baseado no fato de que podem ser alterados por sustenido ou bemol. Mas uma coisa é substituir um som por outro e outra coisa é mudar sua afinação. **(FY)**

Tragédia (*Poesia dramática*), Jaucourt [16, 513]

Tragédia é a representação de uma ação heroica cujo objetivo é excitar o terror e a compaixão.

Temos nesse assunto dois guias célebres, Aristóteles e o grande Corneille, que nos esclarecem e nos mostram o caminho.

O primeiro, tendo como principal objetivo em sua poética explicar a natureza e as regras da tragédia, segue seu gênio filosófico; considera somente a essência dos seres e as propriedades que deles derivam. Nele, tudo é repleto de definições e divisões.

Por outro lado, Pierre Corneille, tendo praticado a arte durante quarenta anos e examinado enquanto filósofo o que nela poderia agradar ou desagradar; tendo transpassado pelo impulso de seu gênio os obstáculos de várias matérias insurgentes e observado enquanto metafísico a rota que abrira para si, assim como os meios associados ao seu êxito; tendo enfim passado à prova da prática todas as suas reflexões e as observações daqueles que vieram antes dele, bem merece que respeitemos suas ideias e suas decisões, ainda que elas nem sempre estivessem de acordo com as de Aristóteles. Este, no final das contas, conheceu somente o teatro de Atenas; e se fosse verdade que os gênios mais ousados em suas especulações sobre as artes não vão além dos próprios modelos que os artistas inventores lhes forneceram, o filósofo grego não poderia ter dado nada mais do que o belo ideal do teatro ateniense.

No entanto, de outro lado, se de fato quando surge na literatura um novo gênero, como uma espécie de fenômeno que impressiona vivamente os espíritos, e ele é logo conduzido à sua perfeição pelo ardor dos rivais que a glória aguilhoa, então poderíamos acreditar que a tragédia já era perfeita entre os poetas gregos, que se serviram de modelos segundo as regras de Aristóteles, e que os outros que vieram depois apenas acrescentaram refinamentos que, com o intuito de dar-lhe um ar de novidade, acabaram degradando esse gênero.

Enfim, uma última razão que pode diminuir a autoridade do poeta francês é que ele mesmo era autor; e, como observamos, todos aqueles que deram regras após terem feito obras, ainda que tivessem alguma coragem, foram somente, não importa o que se possa dizer, legisladores tímidos. Semelhantes ao pai de que fala Horácio, ou ao amante de Agna, tomam às vezes as próprias falhas como ornamentos, ou, se as reconhecem como falhas, apenas falam delas designando-as por nomes muito próximos àqueles da virtude.

De todo modo, limito-me a dizer que a tragédia é a representação de uma ação heroica. Ela é heroica se é o efeito da alma levada a um grau extraordinário até um certo ponto. O heroísmo é uma coragem, um valor, uma generosidade que está acima das almas vulgares. É Heráclio que quer morrer por Marciano, é Pulquéria que diz ao usurpador Focas, com um orgulho digno de seu nascimento: "Tirano, desce do trono e dê lugar a teu mestre".

Os vícios entram na ideia desse heroísmo do qual falamos. Um escultor de estátuas pode figurar um Nero de oito pés de altura; assim como um poeta pode pintá-lo, se não como um herói, pelo menos como um homem de crueldade extraordinária, e se me for permitido o termo, de alguma forma heroico; porque, em geral, os vícios são heroicos quando têm por princípio alguma qualidade que supõe ousadia e uma firmeza pouco comum; tal é a ousadia de Catilina, a força de Medeia, a intrepidez de Cleópatra em Rodogune.

A ação é heroica, seja em si mesma, seja pelo caráter daqueles que a praticam. Ela é heroica em si mesma quando possui um grande objeto, como a aquisição de um trono ou a punição de um tirano. Ela é heroica pelo caráter daqueles que a praticam quando são reis e príncipes que agem ou quando agimos contra eles. Quando o empreendimento é de um rei, ele se eleva, se enobrece pela grandeza da pessoa que age. Quando é contra um rei, ela se enobrece pela grandeza daquele que atacamos.

A primeira qualidade da ação trágica é, portanto, que ela seja heroica. Mas nem sempre isso é suficiente: ela ainda deve ser de natureza tal que excite o terror e a piedade; é o que a diferencia e que a torna propriamente trágica.

A epopeia trata uma ação heroica tão bem quanto a tragédia; mas, sendo sua principal tarefa excitar o terror e a admiração, só comove a alma para elevá-la pouco a pouco. Não conhece esses sobressaltos violentos e tremores do teatro que formam o verdadeiro trágico.

A Grécia foi o berço de todas as artes; por conseguinte, é ali que devemos buscar a origem **[514]** da poesia dramática. Os gregos, nascidos em sua maioria com um gênio feliz, tendo o gosto natural de todos os homens para ver coisas extraordinárias, encontrando-se nessa espécie de inquietude que acompanha aqueles que possuem necessidades e que buscam satisfazê-las, tiveram que fazer muitas tentativas para encontrar o dramático. No entanto, não devem isso ao seu gênio nem a suas pesquisas.

Todos concordam que as festas de Baco ocasionaram o seu nascimento. O deus da vindima e da alegria tinha festas que todos os seus adoradores celebravam, tanto os habitantes do campo quanto aqueles que permaneciam nas cidades. Sacrificava-se um bode a ele, e, durante o sacrifício, o povo e os sacerdotes cantavam em coro a glória desse deus dos hinos, que a qualidade da vítima fez que fosse nomeado tragédia ou canto do bode, τράγος ώδή. Esses cantos não se encerravam somente nos templos, mas andavam pelos burgos. Arrastava-se um homem travestido de Silene, montado sobre um asno; e ele era seguido com cantos e danças. Outros, sujos de limo, penduravam-se nas charretes e, com a garrafa na mão, cantarolavam os louvores ao deus dos ébrios. Nesse esboço grosseiro vemos uma alegria licenciosa, misturada com culto e religião; vemos aí o sério e o brincalhão, cantos religiosos e árias báquicas, danças e espetáculos. É desse caos que surge a poesia dramática.

Esses hinos eram apenas um canto lírico, tal como o vemos descrito na *Eneida*, em que Virgílio, segundo toda a aparência, pinta os sacrifícios do rei Evandro, segundo a ideia que se tinha em seu tempo dos coros dos antigos. Uma porção do povo (os velhos, os jovens, as mulheres, as moças, segundo a divindade para a qual se fazia a festa) se dividia em duas posições para cantar alternadamente as diferentes estrofes até terminar o hino. Havia momentos em que as duas posições se reuniam, e até mesmo o povo cantava conjuntamente, o que produzia alguma variedade. Mas, como era sempre canto, reinava ali um tipo de monotonia que, no final, fazia os assistentes dormirem.

Para variar mais, acreditou-se que não seria fora de propósito introduzir um ator que narrasse algo. Foi Téspis que ensaiou essa novidade. Seu ator, que aparentemente foi o primeiro a contar as ações atribuídas a Baco, agradou a todos os espectadores. Mas logo o poeta lançou mão de assuntos estranhos a esse deus, que foram aprovados pela maioria. Enfim, essa narrativa foi dividida em diversas partes para interromper muitas vezes o canto e aumentar o prazer da variedade.

Mas como havia somente um único ator, isso não bastava. Era preciso um segundo para constituir o drama e fazer o que chamamos diálogo: no entanto, o primeiro passo havia sido dado, e isso era muito.

Ésquilo aproveitou o caminho aberto por Téspis e formou, de uma só vez, o drama heroico, ou a tragédia. Ele colocou dois atores em vez de um; fez que empreendessem uma ação para a qual transportou tudo o que poderia lhe convir da ação épica; colocou exposição, intrigas, esforços, desfechos, paixões e interesse; uma vez que havia apreendido a ideia de colocar o épico em espetáculo, o resto devia vir facilmente; deu a seus atores caracteres, costumes, uma elocução conveniente; e o coração, que originalmente havia sido a base do espetáculo, não passava agora de acessório e servia apenas de intermediário para a ação, da mesma forma como, outrora, a ação lhe havia servido.

A admiração era a paixão produzida pela epopeia. Para sentir que o terror e a piedade eram aquelas que convinham à tragédia, foi suficiente comparar uma peça em que tais paixões se encontrassem com alguma outra peça que produzisse o horror, o terror, o ódio ou a admiração somente; a menor reflexão foi o sentimento experimentado, e até mesmo sem isso as lágrimas e os aplausos dos espectadores bastariam para os primeiros poetas trágicos para fazê-los conhecer quais eram os assuntos verdadeiramente feitos para sua arte e quais deveriam preferir; e provavelmente Ésquilo fez essa observação desde a primeira vez que o caso se apresentou.

Eis a origem e o nascimento da tragédia; vejamos seus progressos e os diferentes estados pelos quais ela passou acompanhando o gosto e o gênio dos autores e dos povos.

Ésquilo deu à tragédia um ar gigantesco, traços duros, um movimento impetuoso; era a tragédia nascente bem conformada em todas as suas partes, mas ainda destituída dessa polidez que a arte e o tempo acrescentam às novas invenções. Era preciso conduzi-la a uma certa verdade, que os poetas são obrigados a seguir até em suas ficções. Isso coube a Sófocles.

Sófocles, afortunadamente nascido para esse gênero de poesia, com um grande fundo de gênio, um gosto delicado, uma facilidade maravilhosa para a expressão, reduziu a musa trágica às regras da decência e do verdadeiro; ela aprendeu a se contentar com uma marcha nobre e segura, sem orgulho, sem fasto, sem essa altivez gigantesca que está além do que chamamos heroico; sabia interessar o coração em toda a ação, trabalhava os versos com cuidado; em uma palavra, elevou-se por seu gênio e por seu trabalho a ponto de suas obras se tornarem o exemplo do belo e o modelo das regras. É também o modelo da Grécia antiga, que a Filosofia moderna mais aprova. Faleceu com 90 anos, no curso dos quais havia conquistado dezoito vezes o prêmio sobre todos os seus concorrentes. Diz-se que o último que lhe foi dado por sua última tragédia fê-lo morrer de júbilo. Seu *Édipo* é uma das mais belas peças que já apareceram e sobre a qual podemos julgar acerca do verdadeiro trágico.

Eurípedes ligou-se, de início, aos filósofos: teve por mestre Anaxágoras; tanto que suas peças são todas repletas de máximas excelentes para a conduta dos costumes; Sócrates nunca deixava de assisti-las quando estreavam. Eurípedes é terno, tocante, verdadeiramente trágico, embora menos elevado e menos vigoroso que Sófocles; no entanto, foi coroado apenas cinco vezes; mas o exemplo do poeta Menandro, a quem incessantemente se preferia um certo Filemon, prova que nem sempre é a justiça que distribui as coroas.

Morreu antes de Sófocles; cães furiosos o dilaceraram aos 75 anos; compôs 75 tragédias.

Em geral, a tragédia dos gregos é simples, natural, fácil de seguir, pouco complicada; a ação se prepara, se organiza, se desenvolve sem esforço; nela parece que a arte não tem a menor participação, e é nela mesma que encontramos a obra-prima da arte e do gênio.

Édipo, em Sófocles, parece um homem ordinário; suas virtudes e seus vícios nada apresentam que sejam de ordem superior. O mesmo se diz de Creonte e Jocasta. Tirésias fala com orgulho, mas de modo simples e sem exagero. Longe de fazermos uma censura aos gregos, é um mérito real que devemos invejar deles.

Sempre mostramos trechos pomposos, caracteres de uma grandeza sobre-humana, para ocultar os defeitos de uma peça que, sem isso, teria pouca beleza. Vestimos ricamente Helena, os gregos sabem pintá-la bela; possuem bastante **[515]** gênio para conduzir uma ação e estendê-la no espaço de cinco atos, sem jogar nela nada de estranho, nem deixá-la com nenhum vazio; a natureza lhes fornecia abundantemente tudo o que necessitavam, enquanto nós somos obrigados a empregar a arte, pesquisar, fazer vir uma matéria que sempre resiste; e quando as coisas, embora forçadas, estão quase prontas, ousamos dizer algumas vezes: "há mais arte entre nós do que entre os gregos, temos mais gênio que eles, e mais força".

Cada ato é terminado por um canto lírico que exprime os sentimentos que produziram o ato que vimos e que dispõe o seguinte. Racine imitou esse uso em *Ester* e na *Atália*.

O que nos resta dos trágicos latinos não é digno de ser comparado com os gregos.

Sêneca tratou o assunto do Édipo depois de Sófocles: a fábula deste é um corpo proporcional e regular, ao passo que a do poeta latino é um colosso monstruoso, repleto de adições inúteis; poderíamos recortar nela mais de oitocentos versos cuja ação não é necessária; do início ao fim, sua peça é quase o contraponto da de Sófocles. O poeta grego abre a cena com o maior de todos os quadros. Um rei à porta de seu palácio, um povo inteiro a gemer, altares completamente enfeitados em praça pública, gritos de dor. Sêneca apresenta o rei que se queixa a sua mulher, como um retor o teria feito no tempo do próprio Sêneca. Sófocles nada diz que não seja necessário, tudo é vigoroso nele, tudo contribui para o movimento. Sêneca é completamente sobrecarregado, esmagado pelos ornamentos; é uma massa corpulenta com cores vivas e nenhuma ação. Sófocles é naturalmente variado; Sêneca só fala por oráculos, por sacrifícios simbólicos, por sombras evocadas. Sófocles age mais do que fala e, até mesmo, só fala pela ação; Sêneca age apenas para falar e arengar; Tirésias, Jocasta, Creonte, não possuem caráter; o próprio Édipo não é tocante. Quando lemos Sófocles, afligimo-nos; quando lemos Sêneca, temos horror de suas descrições, ficamos desgostosos e contrariados com suas dimensões.

Passemos catorze séculos e cheguemos, de uma vez por todas, a Corneille, após dizermos uma palavra acerca de três outros trágicos que o precederam nessa carreira.

Jodelle (Etienne), nascido em Paris em 1532, morto em 1573, foi o primeiro a levar para o teatro francês a forma da tragédia grega, fazendo reaparecer o coro antigo em suas duas peças de Cleópatra e Dido; mas o quanto esse poeta permanece abaixo dos grandes mestres que ele trata de imitar? Nele há apenas muita declamação, sem ação, sem jogo e sem regras.

Garnier (Robert), nascido em Ferté-Bernard, no Maine, em 1534, morto por volta de 1595, caminha sobre os passos de Jodelle, mas com mais elevação em seus pensamentos e mais energia em seu estilo. Suas tragédias deliciaram os letrados de seu tempo, embora elas sejam lânguidas e sem ação.

Hardy (Alexandre), que vivera sob Henrique IV e ficara conhecido como o maior poeta trágico da França, só merece esse título por sua fecundidade espantosa. Além de conhecer mal as regras da cena e violar normalmente a unidade de lugar, seus versos são duros e suas composições grosseiras; enfim, eis agora a grande época francesa que nasce com Pierre Corneille.

Esse gênio sublime, tal como teria sido chamado nos mais belos dias de Atenas e Roma, superou quase de uma só vez as imensas nuances que havia entre as tentativas informes de seu século e as produções mais acabadas da arte; as estâncias eram mantidas bem próximas do coro, mas a cada passo Corneille fazia descobertas. Logo não havia mais estâncias; a cena fora ocupada pelo combate das paixões nobres, das intrigas, dos caracteres, tudo tinha verossimilhança; as unidades reapareceram e o poema dramático teve ação, movimentos, situações, golpes de teatro. Os eventos foram fundados, os interesses moderados e as cenas dialogadas.

Esse homem raro teria nascido para criar a poesia teatral se ela não houvesse existido antes dele. Reuniu todas as partes; o terno, o tocante, o terrível, o grande, o sublime, mas o que domina sobre todas essas qualidades e que as reúne nele é a grandeza e a ousadia. É o gênio que faz tudo nele, que criou as coisas e as expressões; em toda parte possui uma majestade, uma força, uma magnificência que nenhum de nossos poetas ultrapassou.

Com essas grandes vantagens, não deveria esperar concorrentes; talvez ele ainda não tivesse um em nosso teatro no que diz respeito ao heroísmo; mas o mesmo não ocorria do lado dos sucessos. Um estudo refletido dos sentimentos dos homens, os quais era preciso emocionar, veio a inspirar um novo gênero a Racine, quando Corneille começava a envelhecer. O primeiro havia, por assim dizer, aproximado as paixões dos antigos dos usos de sua nação; Racine, mais natural, atualizou peças totalmente francesas; guiado por esse instinto nacional que fizera serem aplaudidos os romances, a corte de amor, os carrosséis, os torneios em honra das damas, as galanterias respeitosas de nossos pais, ofereceu quadros delicados da verdade da paixão, que ele acreditou ser o que havia de mais poderoso sobre a alma dos espectadores para os quais escrevia.

No entanto, Corneille conhecia esse gênero e pareceu não querer se prender a ele; mas o senhor Racine, nascido com a delicadeza das paixões, um gosto refinado, alimentado pela leitura dos belos modelos da Grécia, acomodou a tragédia aos costumes de seu século e de seu país. A elevação de Corneille era um mundo aonde muita gente não conseguia chegar. Além disso, esse poeta possuía falhas: havia nele velhas palavras, discursos por vezes embaraçados, passagens que deixavam perceber o declamador. Racine teve o talento para evitar essas pequenas faltas: sempre elegante, sempre exato, combinava a maior arte ao gênio e se servia algumas vezes de um para substituir a outra; buscando menos elevar a alma do que a emocionar, pareceu mais amável, mais cômodo e mais ao alcance de qualquer espectador. Corneille é, como alguém disse, uma águia que se eleva acima das nuvens, que olha fixamente o solo, que se apraz em meio aos relâmpagos e ao corisco. Racine é uma pomba que geme nos bosques de murta em meio às rosas. Não há quem não ame Racine, mas nem todos estão de acordo para admirar Corneille tanto quanto merece.

A história da tragédia francesa não acaba aqui; mas caberá à posteridade continuá-la.

Os ingleses já possuíam um teatro, assim como os espanhóis, quando os franceses ainda tinham somente espetáculos de feira: Shakespeare (William) emergia quase ao mesmo tempo que Lope de Vega, e bem merece que nos atentemos ao seu caráter, pois nunca teve mestre nem igual.

Nasceu em 1564, em Stratford, no condado de Warwick, e morreu em 1616. Criou o teatro inglês por um gênio repleto de espontaneidade, de força e de fecundidade, sem nenhum conhecimento das regras. Encontramos nesse grande gênio o fundamento inesgotável de uma imaginação patética e sublime, fantástica e pitoresca, obscura e jubilosa, uma variedade prodigiosa de caracteres, todos tão bem contrastados a ponto de não haver **[516]** um único discurso sequer que pudesse ser transportado de um a outro; talentos próprios de Shakespeare e com os quais ultrapassou todos os poetas do mundo: há cenas tão belas, trechos tão grandes e tão terríveis, espalhados em suas peças trágicas, aliás monstruosas, que elas sempre foram representadas com o maior sucesso. Ele era tão bem-nascido com todas as sementes da poesia que podemos compará-lo à pedra engastada no anel de Pirro, que, pelo que nos diz Plínio, representava a figura de Apolo com as nove musas nessas veias que a própria natureza havia traçado sem nenhum recurso à arte.

Não apenas ele é o chefe dos poetas dramáticos ingleses, mas é sempre considerado o mais excelente; não teve modelos nem rivais, as duas fontes de emulação, os dois principais aguilhões do gênio. A magnificência ou a equipagem de um herói não pode dar a Brutus a majestade que ele recebe de algumas linhas de Shakespeare; dotado de uma imaginação tão forte quanto rica, pinta tudo o que vê e embeleza quase tudo o que pinta. Nos quadros de Albânia, os amores da série de Vênus não são representados com mais graça que a que Shakespeare dá àquelas que fazem o cortejo de Cleópatra, na descrição da pompa com a qual essa rainha se apresenta a Antônio nas margens do Cydnus.

O que lhe falta é a escolha. Algumas vezes, ao lermos suas peças, surpreendemo-nos com a sublimidade desse vasto gênio, mas ele não deixa subsistir a admiração. Aos retratos em que reinam toda a elevação e toda a nobreza de Rafael sucedem miseráveis quadros dignos dos pintores de taverna.

Nada de mais interessante do que o monólogo de Hamlet, príncipe da Dinamarca, no terceiro ato da tragédia com esse nome: conhecemos a bela tradução livre que o senhor Voltaire fez desse trecho.

"To be, or not to be! That is a question etc. Fica. É preciso escolher e passar num instante. Da vida à morte, ou do ser ao nada. Deuses cruéis! Se existis, iluminai minha coragem. É preciso envelhecer curvado sob a mão que me ultraja? Suportar ou acabar minha infelicidade e minha sina? Quem sou? O que me detém? O que é a morte? É o fim dos males, é meu único asilo; Após longos transportes, um sono tranquilo. Dorme-se e tudo morre, mas um terrível despertar Deve suceder talvez às doçuras do sono. Ameaçam--nos; dizem-nos que esta curta vida, De tormentos eternos é logo seguida. Ó morte! Ó momento final! Terrível eternidade! Todo coração só ao teu nome enregela, apavorado. Oh! quem poderia sem ti suportar esta vida; De nossos padres mentirosos suportar a hipocrisia? De uma indigna amante incensar os erros? Arrastar sob um ministro, adorar sua altivez? E mostrar os langores de sua alma abatida A amigos ingratos que desviam a vista? A morte seria muito doce nesses extremos; Mas o escrúpulo fala e nos grita: parai! Proíbe às nossas mãos este horrível homicídio. E de um herói guerreiro, faz um cristão tímido." [Baseado na tradução de Marilena Chaui, em *Cartas inglesas ou Cartas filosóficas*. São Paulo: Abril, 1973, p.40. (Col. Os Pensadores)]

A sombra de Hamlet aparece e leva o terror à cena, tamanho talento Shakespeare possuía para pintar: é por isso que soube tocar a imaginação fraca e supersticiosa dos homens de seu tempo e ter sucesso em certos lugares onde ele se sustentava unicamente pela força de seu próprio gênio. Há algo de tão bizarro e, com isso, de tão grave nos discursos de seus fantasmas, de suas fadas, de suas feiticeiras e de seus outros personagens quiméricos, que não apenas não poderíamos deixar de achá-los naturais, embora não tivéssemos nenhuma regra fixa para bem julgá-los, mas também seríamos constrangidos a confessar que, se tais seres existissem no mundo, é muito provável que falariam e agiriam da maneira como ele as representou. Quanto a suas falhas, sem dúvida nós as perdoaríamos na medida em que considerássemos que o espírito humano não pode ultrapassar os limites que o tom do século, os costumes e os preconceitos opõem a seus esforços.

As obras dramáticas desse poeta apareceram pela primeira vez reunidas *in-fólio* em 1623, e, desde então, os senhores Rowe, Pope, Théobald e Warburton deram a elas edições novas e cada vez melhores. Deve-se ler o prefácio que o senhor Pope escreveu sobre o caráter do autor. Ele prova que esse grande gênio, não obstante todas as suas falhas, merece ser colocado acima de todos os escritores dramáticos da Europa. Comparadas com outras mais polidas e mais regulares, suas obras podem ser consideradas como uma majestosa construção antiga de arquitetura gótica, em relação a uma edificação moderna de arquitetura regular; esta última é mais elegante, mas a primeira possui algo de maior. Encontra-se nela bastante material para suprir muitos outros edifícios. Reina nela mais variedade e os apartamentos são bem mais amplos, embora sempre cheguemos a eles por passagens obscuras, bizarramente arranjadas e desagradáveis. Enfim, todo o corpo inspira respeito, embora diversas partes sejam de mau gosto, mal dispostas e não correspondam à sua grandeza.

É bom notar que, em geral, é nos fragmentos isolados que os trágicos ingleses mais se destacam. Suas antigas peças, desprovidas de ordem, de decência e de verossimilhança, têm brilhos espantosos no meio da noite. Seu estilo é muito pomposo, muito cheio do exagero asiático, mas é preciso também admitir que as pernas de pau do estilo figurado sobre as quais a língua inglesa se ergueu no trágico elevam o espírito para bem alto, ainda que por uma marcha irregular.

Johnson (Benjamin) seguiu de perto Shakespeare e se mostrou um dos mais ilustres dramáticos ingleses do século XVII. Nasceu em Westminster por volta do ano 1575 e teve Cambden como mestre; mas sua mãe, recasada com um pedreiro, obrigou-o a adotar o ofício de seu padrasto; trabalhou por livre iniciativa nos prédios do Lincoln Inn, com a espátula na mão e um livro no bolso. O gosto pela poesia logo se sobrepôs ao esquadro; produziu obras dramáticas, se entregou inteiramente ao teatro e Shakespeare o protegeu.

Fez representar, em 1601, uma tragédia intitulada *A queda de Séjan*. Se me objetarem, diz ele no prefácio, que minha peça não é um poema segundo as regras do tempo, eu o reconhecerei; falta mesmo a ela um coro conveniente, que é a coisa mais difícil de realizar. De todo modo, não é necessário nem possível observar hoje a pompa antiga dos poemas dramáticos, dado o caráter dos espectadores. Se, não obstante, continua ele, cumpri os deveres de um ator trágico, tanto para a verdade da história e a dignidade dos personagens, quanto para a gravidade do estilo e a força dos sentimentos, não me imputai a omissão desses acessórios, em relação aos quais (sem querer me vangloriar) estou em melhor condição de dar regras do que de negligenciá-las por não as conhecer.

Em 1608, adaptou a *Conjuração de Catilina*; não falo de suas comédias, que muito o glorificaram. Segundo especialistas, Shakespeare e Johnson são os dois maiores dramáticos de que a Inglaterra pode se gabar. O **[517]** último forneceu tantas boas regras para aperfeiçoar o teatro quanto Corneille. O primeiro devia tudo ao prodigioso gênio natural que possuía; Johnson devia muito à sua arte e ao seu saber. É verdade que ambos são autores de obras indignas deles, não obstante a diferença de que, nas peças ruins de Johnson, não encontramos nenhum vestígio do autor da *Raposa* e do *Químico*, ao passo que, nos fragmentos mais bizarros de Shakespeare, encontrareis aqui e ali traços que vos farão reconhecer seu admirável autor. Johnson possuía, acima de Shakespeare, um profundo conhecimento dos antigos, dos quais lançava mão ousadamente. Não há poeta nem historiador romanos dos tempos de Sejano e Catilina que ele não tenha traduzido nas duas tragédias, nas quais esses dois homens forneceram-lhe o assunto; mas ele se apropria dos autores conquistando-os, e o que seria furto em outros poetas, nele é vitória e conquista. Morreu em 16 de agosto de 1637 e foi enterrado na abadia de Westminster; colocou-se sobre seu túmulo esse epitáfio curto e que diz tantas coisas: *Ó, raro Ben Johnson*.

Otway (Thomas), nascido na província de Sussex em 1651, morreu em 1685 aos 34 anos. Teve admirável sucesso na parte terna e tocante, mas há algo de muito familiar nos lugares que deviam ser sustentados pela dignidade da expressão. *Veneza salva* e *O órfão* são suas duas melhores tragédias. É uma pena que tenha fundado a primeira sobre uma intriga tão viciosa a ponto de os maiores caracteres que nela encontramos serem os de rebeldes e traidores. Se o herói de sua peça tivesse demonstrado tantas belas qualidades para a defesa de seu país quanto ele apresenta no que concerne a sua ruína, teríamos muito o que admirar nele. Pode-se dizer dele o que um historiador romano diz de Catilina: que sua morte teria sido gloriosa *si pro patria sic concidisset*. Otway possuía a arte de exprimir perfeitamente as paixões no trágico e de pintá-las com uma simplicidade natural; tinha também o talento de excitar às vezes as mais vivas emoções. A senhorita Barry, famosa atriz, que fazia o papel de Monime em *O órfão*, nunca pronunciava, sem verter lágrimas, essas três palavras: "ah, pobre Castálio!". Enfim, Beviledere me perturba e Monime sempre me enternece: assim, o terror conquista a alma e a arte faz correr choros honestos.

Congreve (William), nascido na Irlanda em 1672 e morto em Londres em 1729, foi o primeiro a apresentar no teatro inglês, com muito espírito, toda a correção e a regularidade que podemos desejar no dramático; a prova disso encontramos em todas as suas peças e, em particular, na bela tragédia d'*A esposa aflita*.

Rowe (Nicolas) nasceu em Devonshire em 1673 e morreu em Londres em 1718, aos 45 anos, e foi enterrado em Westminster, de frente para Chaucer. Mostrou-se tão regular quanto Congreve nas suas tragédias. Sua primeira peça, *A ambiciosa madrasta*, merece toda sorte de louvor pela pureza da dicção, pela justeza dos caracteres e pela nobreza dos sentimentos; mas de suas tragédias, a que ele mais gostava, e que foi também a mais estimada, era seu *Tamerlane*. Reina em todas as suas peças um espírito de virtude e de amor pela pátria que honram seu coração; vale-se, em particular, de todas as ocasiões que se apresentam para usar o teatro a fim de inspirar os grandes princípios da liberdade civil.

É hora de falar do ilustre Addison; seu Catão da Ática é o maior personagem, e sua peça é a mais bela como nunca houve em nenhum teatro. É uma obra-prima quanto à regularidade, a elegância, a poesia e a elevação dos sentimentos. Foi lançada em Londres em 1713, e todos os partidos, embora divididos e opostos, concordaram em admirá-la. A rainha Ana desejou que essa peça lhe fosse dedicada. O senhor Dubos traduziu algumas de suas cenas para o francês. O Abade Salviniano fez em italiano uma tradução completa; os jesuítas ingleses de Saint Omer verteram essa peça para o latim e a representaram publicamente para seus alunos. O sr. Sewell, doutor em Medicina, e o cavaleiro Steele a embelezaram de notas eruditas e cheias de gosto.

Todo o caráter de Catão está de acordo com a história. Ele excita nossa admiração por um romano tão virtuoso quanto intrépido. Enternece-nos à vista do fracasso de seus nobres esforços em defesa da causa pública. Faz crescer nossa indignação contra César quando mostra a mais eminente virtude oprimida por um tirano feliz.

Os caracteres particulares são distintos uns dos outros por nuances de cor diferente. Pórcio e Marco têm seus costumes e seus temperamentos; essa pintura se faz notar em todo o curso da peça na oposição que reina em seus sentimentos, ainda que eles sejam amigos. Um é calmo e de sangue-frio, o outro é cheio de fogo e vivacidade. Ambos se propõem a seguir o exemplo do pai; o mais velho o considera defensor da liberdade; o caçula o vê como inimigo de César; um imita sua sabedoria, e o outro, seu zelo por Roma.

O caráter de Juba é novo; ele toma Catão por modelo, com o qual se compromete ainda devido a seu amor por Márcia; a vergonha quando sua paixão é descoberta, o respeito que tinha pela autoridade de Catão, a conversa com Sífax concernente à superioridade dos exercícios do espírito em relação aos do corpo, embelezam ainda mais seus traços.

A diferença não é menos sensivelmente exposta entre os caracteres viciosos. Semprônio e Sífax são ambos feios, traidores e hipócritas; mas cada um à sua maneira; a perfídia do romano e a do africano são tão diferentes quanto seus humores.

Lúcio, o oposto de Semprônio e amigo de Catão, possui caráter doce, dado à compaixão, sensível aos males de todos aqueles que sofrem, não por fraqueza, mas por ser tocado pelas infelicidades às quais vê presa sua pátria.

As duas filhas são animadas pelo mesmo espírito do pai; a de Catão se interessa vivamente pela causa da virtude; ela busca refrear a paixão violenta na medida em que reflete sobre seu nascimento; e, por um artifício admirável do poeta, ela mostra quanto estimava seu amante na ocasião de sua suposta morte. Esse incidente é tão natural quanto necessário; e, no caso da filha de Catão, faz desaparecer o que teria havido de pouco conveniente nessa paixão. De outro lado, Lúcia tem caráter doce e terno, não pode disfarçar seus sentimentos, mas, após havê-los declarado, o medo das consequências a faz decidir esperar o desdobramento dos fatos em vez de tornar seu amante feliz. Eis o caráter tímido e sensível de seu pai, Lúcio; e, ao mesmo tempo, seu apego por Márcia também o compromete mais que a amizade de Lúcio por Catão.

No desfecho, que é de ordem mista, a virtude infeliz é abandonada ao acaso e aos deuses; mas todos os outros personagens virtuosos são recompensados.

Essa tragédia é muito conhecida para entrarmos nos detalhes de suas belezas particulares. O único solilóquio de Catão (ato V, cena I) deixará sempre os filósofos admirados. Termina assim: *Let guilt or fear* **[518]** *Disturb man's rest: Cato knows neither of em. Indifferent in his choice to sleep, or die.* "Que o crime [*sic*] ou o medo perturbem o repouso do homem. Catão não conhece nem um nem outro, indiferente em sua escolha entre dormir ou morrer."

Addison nos apraz por seu bom gosto e por suas pinturas simples. Quando Semprônio diz a Pórcio que ele estaria no auge da felicidade se Catão, seu pai, quisesse lhe conceder sua irmã Márcia, Pórcio responde (ato I, cena 2):

Alas! Sempronius, wouldst thou talk of love To Marcia whilst her father life's in danger? Thou migh'st as well court the pale trembling vestal. When she beholds the holy flame expiring. "O quê, Semprônio, desejarias falar de amor com Márcia, no momento em que a vida de seu pai é ameaçada? Poderíeis da mesma forma entreter vossa paixão com uma vestal trêmula e assustada diante do fogo sagrado prestes a se apagar sobre o altar." Como essa imagem é bela e bem colocada na boca de um romano! É ainda a majestade da religião que aumenta a nobreza do pensamento. A ideia é nova e, no entanto, tão simples que parece que todo mundo a teria encontrado.

Quanto à intriga de amor dessa peça, um de nossos belos gênios, grande juiz nesses assuntos, a condena em mais de um ponto. Addison, diz o senhor Voltaire, teve a complacência indolente de submeter a severidade de seu caráter aos costumes de seu tempo e corromper uma obra-prima por ter desejado agradar. No entanto, tenho pesar de subscrever essa decisão. É verdade que o senhor Addison reproduz a cena de amor, tema muito ordinário e desgastado; mas ele pinta um amor digno de uma virgem romana, um amor casto e virtuoso, fruto da natureza e não de uma imaginação desregrada. Por mais bela que seja Pórcia, é o grande Catão que o jovem príncipe de Massinisse adora em sua filha.

Os amantes são aqui mais ternos e, ao mesmo tempo, mais sábios que todos aqueles que já foram introduzidos no teatro. Em nosso século corrompido, é preciso que um poeta tenha bastante talento para excitar a admiração dos libertinos e torná-los atentos a uma paixão que nunca experimentaram, ou da qual apenas tomaram emprestada a máscara.

"Essa obra-prima dramática que tanto honrou nosso país e nossa língua", diz Steele, "destaca-se talvez tanto pelas paixões dos amantes quanto pela virtude dos heróis. Pelo menos, seu amor, que só produz caracteres de segunda ordem, é mais heroico do que a grandeza dos principais caracteres da maioria das tragédias."

Como prova disso, basta a resposta de Juba a Márcia (ato I, cena 5), quando ela o reprova com dignidade por entreter-se com sua paixão num tempo em que o bem da causa comum exigia que ele estivesse ocupado com outros pensamentos. Ele replica como Pirro a Andrômaco?

"Vencido, carregado de ferros, de arrependimentos consumado, Queimado com mais fogos que os que eu acendia, Tantos cuidados, tanto choro, tantos ardores inquietos..." Não, mas, ao adorar a filha de Catão, sabe que, para ser digno dela, deve cumprir seu dever. "Vossas censuras", responde sem pestanejar, "são justas, virtuosa Márcia, odeio-me por ir me juntar a nossas tropas etc." E, com efeito, ele a abandona.

Thy reproofs are just; Thou virtuous maid; I'll hasten to my troops etc.

O Catão francês do senhor Des Champs está para o Catão inglês assim como a Fedra de Pradon está para a Fedra de Racine. Addison morreu em 1719, com 47 anos, e foi enterrado em Westminster. Muito mais do que um dos mais puros escritores da Grã-Bretanha, é o poeta dos sábios.

Desde Congreve e ele, as peças do teatro inglês se tornaram mais regulares, os autores mais corretos e menos ousados; no entanto, os monstros brilhantes de Shakespeare agradam mil vezes mais do que a sabedoria moderna. O gênio poético dos ingleses, diz o senhor Voltaire, assemelha-se a uma árvore densa plantada pela natureza, lançando mil ramos ao acaso e desigualmente cruzados com força; ela morreria se quisésseis podá-la como árvore dos jardins de Marly.

Isto basta quanto aos ilustres poetas trágicos das duas nações rivais do teatro; mas como importa àqueles que gostariam de imitá-los conhecer bem o objetivo da tragédia e não menosprezar as escolhas dos temas e dos personagens que lhe convém, eles não brigarão por encontrarem a seguir alguns conselhos do senhor Abade Dubos, pois são próprios para esclarecimento nesse caminho espinhoso. Terminaremos por discutir com ele se o amor é a essência da tragédia.

O que faz que nos detenhamos com complacência sobre esse gênero de poema presidido por Melpômene é que ele afeta bem mais do que a comédia. É certo que os homens em geral não são tão comovidos pela ação teatral, no caso da tragédia, quanto como quando se entregam ao espetáculo durante a representação das comédias. Aqueles que se divertem com a poesia dramática falam mais vezes e com mais afetação das tragédias do que das comédias que viram; sabem um maior número de versos das peças de Corneille e de Racine do que de Molière. Enfim, o público prefere o encontro que damos a ele para diverti-lo fazendo-o chorar do que aquele que apresentamos para diverti-lo fazendo-o rir.

A tragédia, segundo a significação que se dava a essa palavra, é a imitação da vida e dos discursos dos heróis submetidos, por sua elevação, às paixões e às catástrofes, como quando revestem as virtudes mais sublimes. O poeta trágico nos mostra homens que se tornaram presas das maiores agitações. São deuses injustos, embora todo-poderosos, que exigem que se degole aos pés de seus altares uma jovem princesa inocente. É o grande Pompeu, conquistador de tantas nações e o terror dos reis do Oriente, massacrado por vis escravos.

Não reconhecemos nossos amigos nos personagens do poeta trágico; mas suas paixões são mais impetuosas, e como para essas paixões as leis não passam de um freio muito fraco, elas apresentam várias outras consequências se comparadas às paixões do poeta cômico. Assim, o terror e a piedade que a pintura dos eventos trágicos excita em nossa alma nos ocupa mais que o riso e o desprezo produzidos em nós pelos incidentes das comédias.

Se o objetivo da tragédia é excitar o terror e a compaixão, é preciso primeiramente que o poeta trágico nos faça ver personagens igualmente amáveis e estimáveis, e que em seguida os represente num estado infeliz. Começai por fazer estimar aqueles pelos quais desejaríeis me interessar. Inspirai a veneração pelos personagens destinados a fazer correr minhas lágrimas.

É, portanto, necessário que os personagens da tragédia não mereçam ser infelizes, ou, pelo menos, não tão infelizes quanto são. Se suas faltas são verdadeiros crimes, é preciso que os crimes tenham sido cometidos voluntariamente. Édipo não seria personagem principal de tragédia se soubesse antes do tempo de seu combate que usaria a espada contra seu próprio pai. **[519]**

Os infortúnios dos celerados são pouco apropriados para nos tocar; são um justo suplício cuja imitação não poderia excitar em nós nem terror nem verdadeira compaixão. Seu suplício, se o víssemos realmente, excitaria no máximo em nós uma compaixão maquinal; mas, como a emoção que as imitações produzem não é tão tirânica quanto a que o objeto mesmo excitaria, a ideia dos crimes que um personagem de tragédia cometeu nos impede de sentir por ele uma compaixão semelhante. Nada lhe ocorre na catástrofe que já não tenhamos desejado para ele muitas vezes durante a peça, e então aplaudimos ao céu que enfim justifica sua lentidão em punir.

Não obstante, não se deve proibir a introdução de personagens celerados na tragédia, desde que o principal interesse da peça não recaia sobre eles. O desígnio desse poema é justamente excitar em nós o terror e a compaixão por alguns de seus personagens, mas não por todos eles. Assim, para atingir seu alvo com mais precisão, o poeta pode até acender em nós outras paixões que nos preparam para sentir mais vivamente ainda as duas que devem dominar a cena trágica, a saber, a compaixão e o terror. A indignação que concebemos contra Narciso aumenta a compaixão e o terror em que nos lançam as infelicidades de Britânico. O horror que inspira o discurso de Enone nos torna mais sensíveis ao infeliz destino de Fedra.

Podemos então colocar personagens celerados na cena trágica, assim como podemos colocar carrascos no quadro que representa o martírio de um santo. Mas como censuraríamos o pintor que pintava homens amáveis que ele fez praticar uma ação odiosa? Da mesma forma, censuraríamos o poeta que concedesse a personagens celerados qualidades capazes de conciliá-los com a benevolência do espectador? Retratar o vício como belo seria ir contra a grande tarefa da tragédia, que deve ser a de purgar as paixões colocando sob nossos olhos os desvarios aos quais elas nos conduzem, bem como os perigos nos quais elas nos precipitam.

Os poetas dramáticos dignos de escrever para o teatro sempre viram a obrigação de inspirar o ódio ao vício e o amor pela virtude como a primeira obrigação de sua arte. Quando digo que a tragédia deve purgar as paixões, refiro-me somente a paixões viciosas e prejudiciais à sociedade, e é assim que a compreendemos bem. Uma tragédia que promovesse desgosto pelas paixões úteis à sociedade, tais como o amor pela pátria, o amor pela glória, o medo da desonra etc., seria tão viciosa quanto uma tragédia que tornasse o vício digno de ser amado.

Nunca façais homens inferiores a muitos daqueles com quem vivemos calçarem o coturno, pois, de outro modo, seríeis tão censuráveis quanto se désseis para representar, como dizia Quintiliano, o papel de Hércules a uma criança: *personam Herculis, & cothurnos aptare infantibus.*

Não somente é preciso que o caráter dos personagens principais seja interessante, mas é necessário que os acidentes que lhes ocorram sejam tais que possam afligir tragicamente pessoas razoáveis e causar medo em um homem corajoso. Um príncipe de 40 anos que represente estar em desespero e disposto a tirar a própria vida porque sua glória e seus interesses o obrigam a separar-se de uma mulher por quem é enamorado e amado há doze anos não nos faz, de modo algum, compadecer-nos de sua infelicidade; não poderíamos chorar por ele durante cinco atos.

Os excessos das paixões em que o poeta faz seus heróis caírem, tudo o que ele os faz dizer a fim de bem persuadir os espectadores de que o interior desse personagem está na agitação mais aflitiva, servem apenas para degradá-lo mais. Tornamos o herói indiferente ao desejarmos tornar a ação interessante. Aprendemos com o uso do que se passa no mundo, bem como com a experiência de nossos amigos na falta da nossa, que uma paixão satisfeita se desgasta de tal forma em doze anos que ela se torna um simples hábito. Um herói obrigado por sua glória e pelo interesse de sua autoridade a romper com esse hábito não deve com isso estar tão aflito a ponto de se tornar um personagem trágico; se sua aflição não beira o desespero, ele cessa de ter a dignidade requerida aos personagens da tragédia. Tal infelicidade não poderia abatê-lo se ele possuísse um pouco dessa firmeza sem a qual não poderia nem sequer ser um homem virtuoso, quanto mais um herói. A glória, dir-se-á, triunfa no fim, e Tito, de quem bem se vê que desejais falar, manda Berenice de volta à sua casa.

Mas isso não é justificar Tito, e sim prejudicar a reputação que ele deixou; dar-lhe um caráter tão mole e afeminado, até mesmo contra o testemunho da história, é desrespeitar as leis da verossimilhança e do patético verdadeiro. Além disso, embora *Berenice* seja uma peça muito metódica e perfeitamente bem escrita, o público não a revê com o mesmo gosto com que lê *Fedra* e *Andrômaca*. Racine escolhera mal seu tema; e, para dizer mais exatamente a verdade, ele teve a fraqueza de se comprometer em tratá-lo sobre as instâncias de uma grande princesa.

Dessas reflexões sobre o papel pouco conveniente que Racine representa em Tito, não segue que proscrevíamos o amor da tragédia. Não poderíamos culpar os poetas por escolherem como tema de suas imitações os efeitos das paixões que são os mais gerais e que todos os homens ressentem ordinariamente. Ora, de todas as paixões, a do amor é a mais geral; não existe quase ninguém que não tenha nesse assunto a infelicidade de senti-la pelo menos uma vez em sua vida. Só isso basta para nos interessar com afeição pelas peças daqueles que ela tiraniza.

Nossos poetas não poderiam, portanto, ser censurados por darem parte ao amor nas intrigas da peça se eles o fizessem com mais circunspecção. Mas levaram longe demais a complacência pelo gosto de seu século, ou, para dizer melhor, eles mesmos fomentaram esse gosto com demasiada pusilanimidade. Ao enaltecerem uns aos outros, fizeram da cena trágica uma ruela; que nos deixem passar em branco!

Racine colocou mais amor em suas peças que Corneille. Boileau trabalhava para reconciliar seu amigo com o célebre Arnaud, levou-lhe a tragédia de Fedra da parte do autor e pediu-lhe sua opinião. O senhor Arnaud, após ter lido a peça, disse-lhe: não há nada a repreender no caráter de Fedra, mas por que ele torna Hipólito apaixonado? Essa crítica é talvez a única que se pode fazer contra a tragédia de Fedra; e o autor, que a havia feito a si mesmo, se justificava dizendo: o que teriam pensado os janotas de um Hipólito inimigo de todas as mulheres? Quantos gracejos maus não teriam lançado sobre o filho de Teseu?

Pelo menos Racine reconhecia seu erro; mas a maioria daqueles que vieram depois desse amável poeta, achando que era mais fácil imitá-lo por seus pontos fracos do que pelos outros, foram ainda mais longe na direção errada.

Assim como o gosto que mobiliza os recursos da tragédia pelo amor não foi o gosto dos antigos, talvez ele não seja, de modo algum, o gosto de nossos descendentes. A posteridade poderá, pois, maldizer o abuso que nossos poetas trágicos fizeram de seu espírito e censurá-los por um dia terem dado o caráter de Tírcio e de Fileno; por terem feito todas as coisas por amor aos personagens ilustres que viviam em [**520**] séculos nos quais a ideia que se tinha do caráter de um grande homem não admitia mistura de tais fraquezas. Ela repreenderá nossos poetas por terem feito de uma intriga amorosa a causa de todos os movimentos que ocorreram em Roma quando ali se formou uma conjuração pela lembrança dos Tarquínios, assim como por terem representado os jovens desse tempo tão polidos e até mesmo tão tímidos diante de suas amantes, eles, cujos costumes são suficientemente conhecidos pela narrativa que faz Tito Lívio das aventuras de Lucrécio.

Todos aqueles que nos mostraram Brutus, Armínio e outros personagens ilustres dotados de uma coragem inflexível, tão ternos e tão galantes, não copiaram a natureza em suas imitações e esqueceram a sábia lição dada pelo senhor Despréaux no terceiro canto da *Arte poética*, no qual decide tão judiciosamente que é preciso conservar em seus personagens o seu caráter nacional: "Evitai, portanto, dar, assim como em Clélia, O ar e o espírito franceses à antiga Itália; E, ao fazer o nosso retrato sob o nome romano, Pintar Catão galante e Brutus damejador".

A mesma razão que deve engajar os poetas a não introduzir o amor em todas as suas tragédias deve talvez engajá-los também a escolher seu herói nos tempos distantes em relação ao nosso. É mais fácil que homens que conhecemos somente pela história nos inspirem veneração do que aqueles que viveram em épocas tão próximas da nossa, que uma tradição ainda recente nos instrui exatamente das particularidades de sua vida. O poeta trágico, diremos, saberá bem suprimir as pequenezas capazes de aviltar seus heróis. Sem dúvida, elas não faltarão, e o auditório se lembra delas; ele as repete quando o herói viveu num tempo tão vizinho do seu que a tradição o instruiu acerca dessas pequenezas.

É verdade que os poetas gregos colocaram em cena soberanos mortos havia pouco tempo, e, algumas vezes, até mesmo príncipes vivos; mas isso não era para fazer deles heróis. Propunham-se a agradar sua pátria tornando odioso o governo de um só; e era um meio de ter sucesso pintar reis com um caráter vicioso. É por um motivo semelhante que há muito se representa com sucesso no teatro vizinho do nosso o famoso cerco de Leyde, que os espanhóis fizeram por ordem de Filipe II, e que foram obrigados a retirar em 1578. Como Melpômene gosta de ornar seus personagens com coroas e cetros, ocorre nesse tempo de horrores e perseguições que ela escolhe por vítima nessa peça dramática um príncipe contra o qual todos os espectadores estavam revoltados.

(TK)

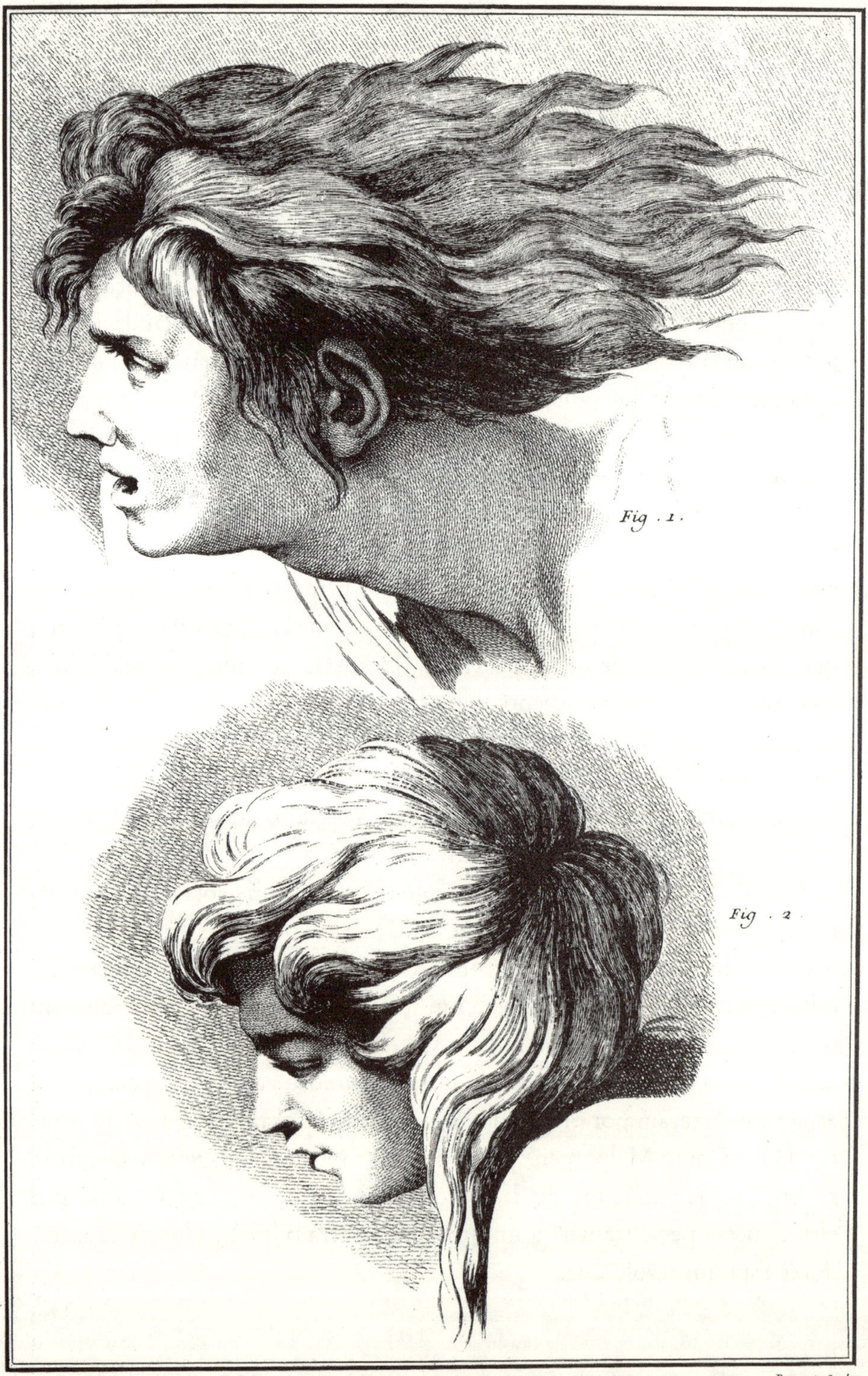

Raphael Pinxit — Prevost Sculp

Dessein, *Têtes*.

Desenho, cabeças.

Prevost Fecit

Dessein, les Ages.

Desenho, as idades.

Prevost Fecit

Dessein, Enfans.

Desenho, crianças.

C . N . Cochin Filius Del . Prevost fecit

Dessein,

Desenho.

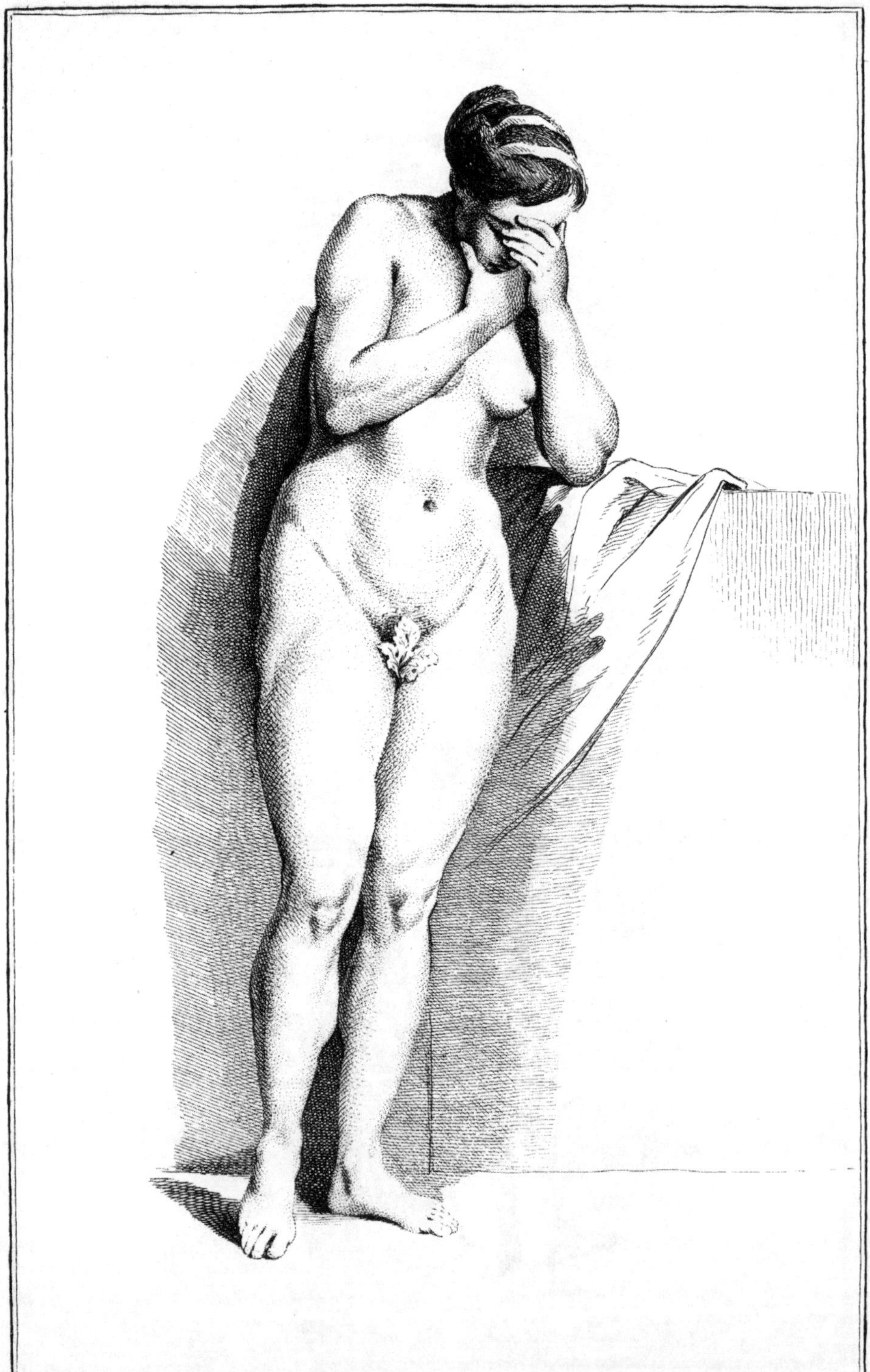

C . N . Cochin Filius Del .

Desehrt Fecit

Dessein,

Desenho.

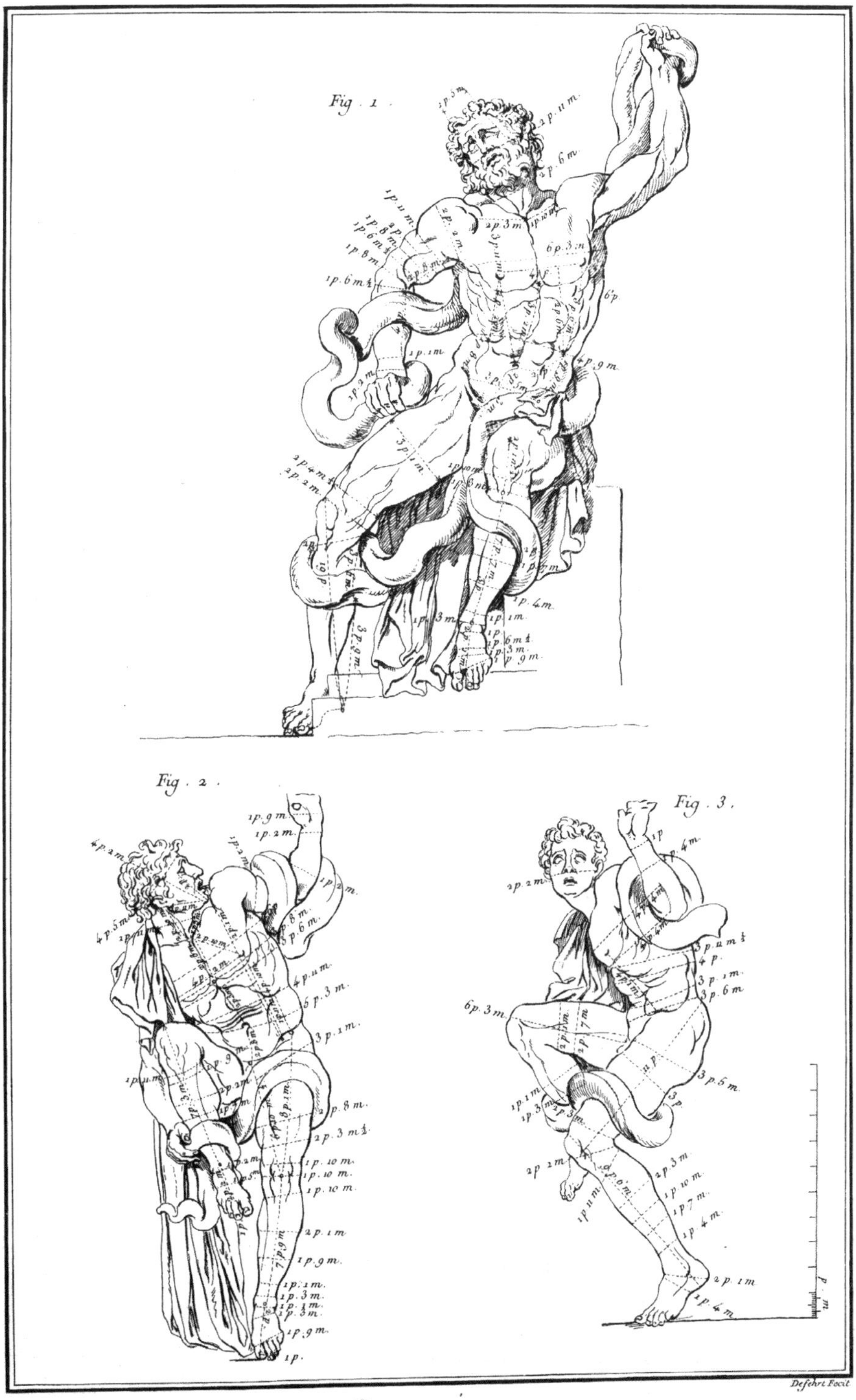

Defehrt Fecit

Dessein,

Proportions de la Statue de Laocoon.

Desenho, proporções da estátua de Laocoonte.

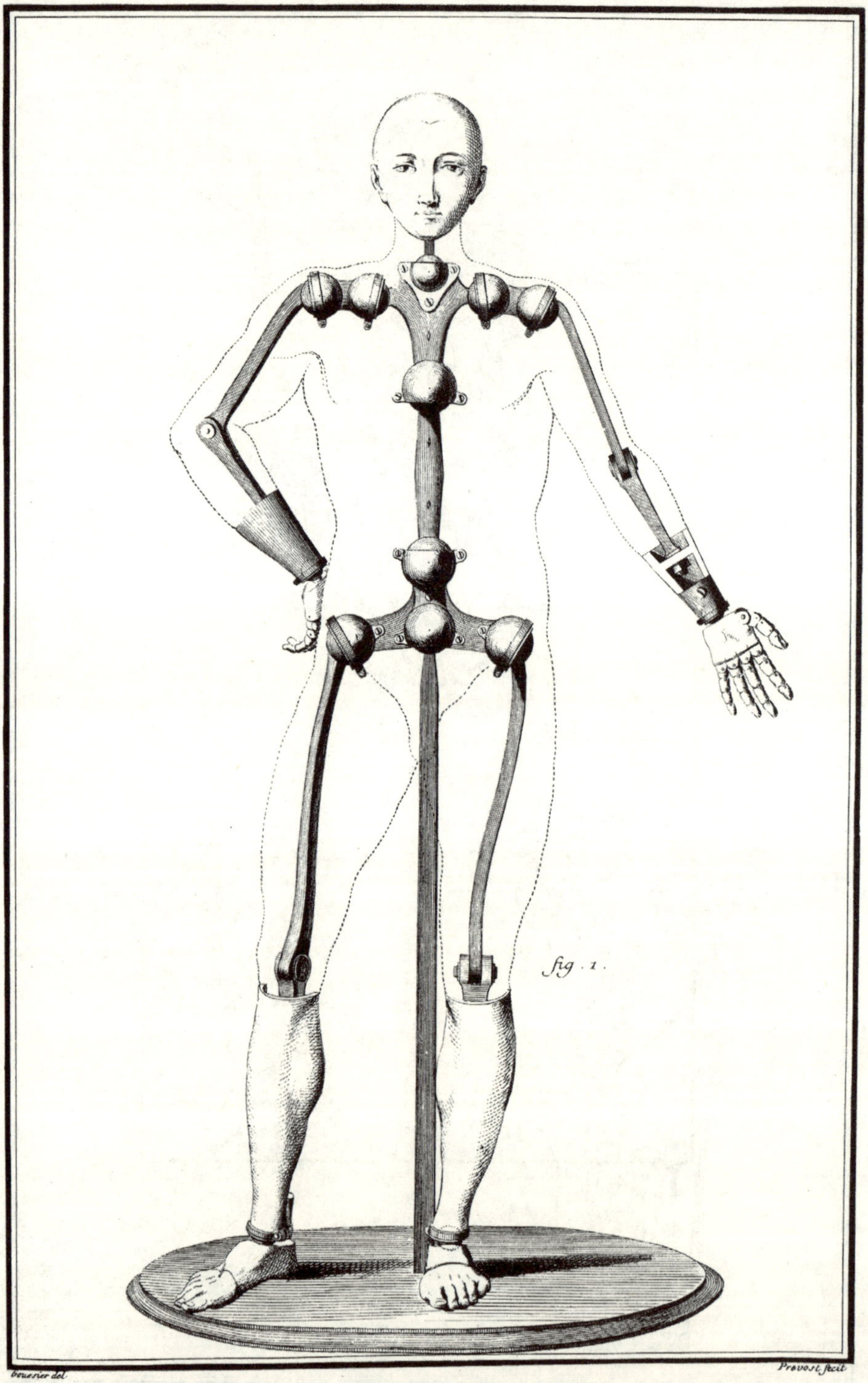

Boussier del. | Prevost fecit

Dessein,

Mannequin.

Desenho, manequim.

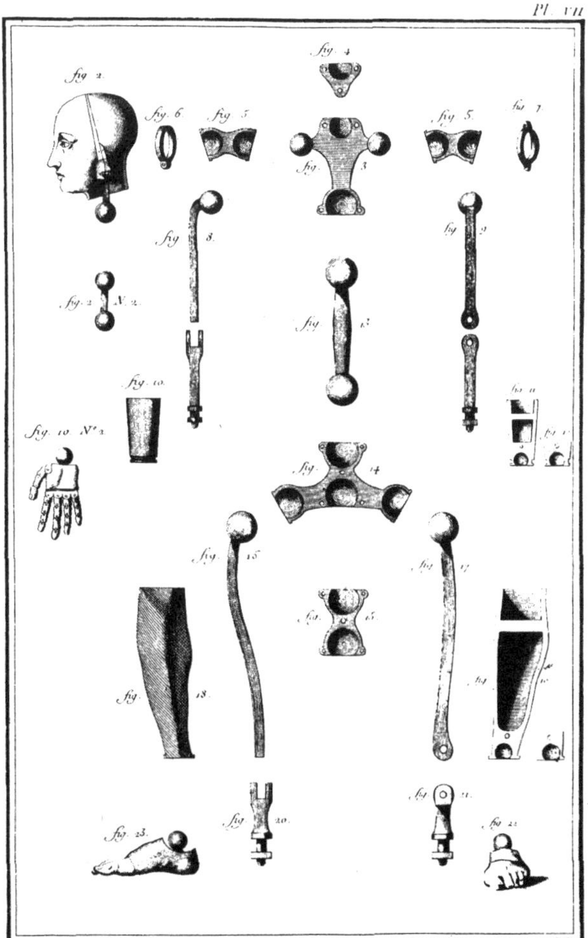

Dessein.

150. *Developemens du Mannequin*

Desenho, articulações do manequim.

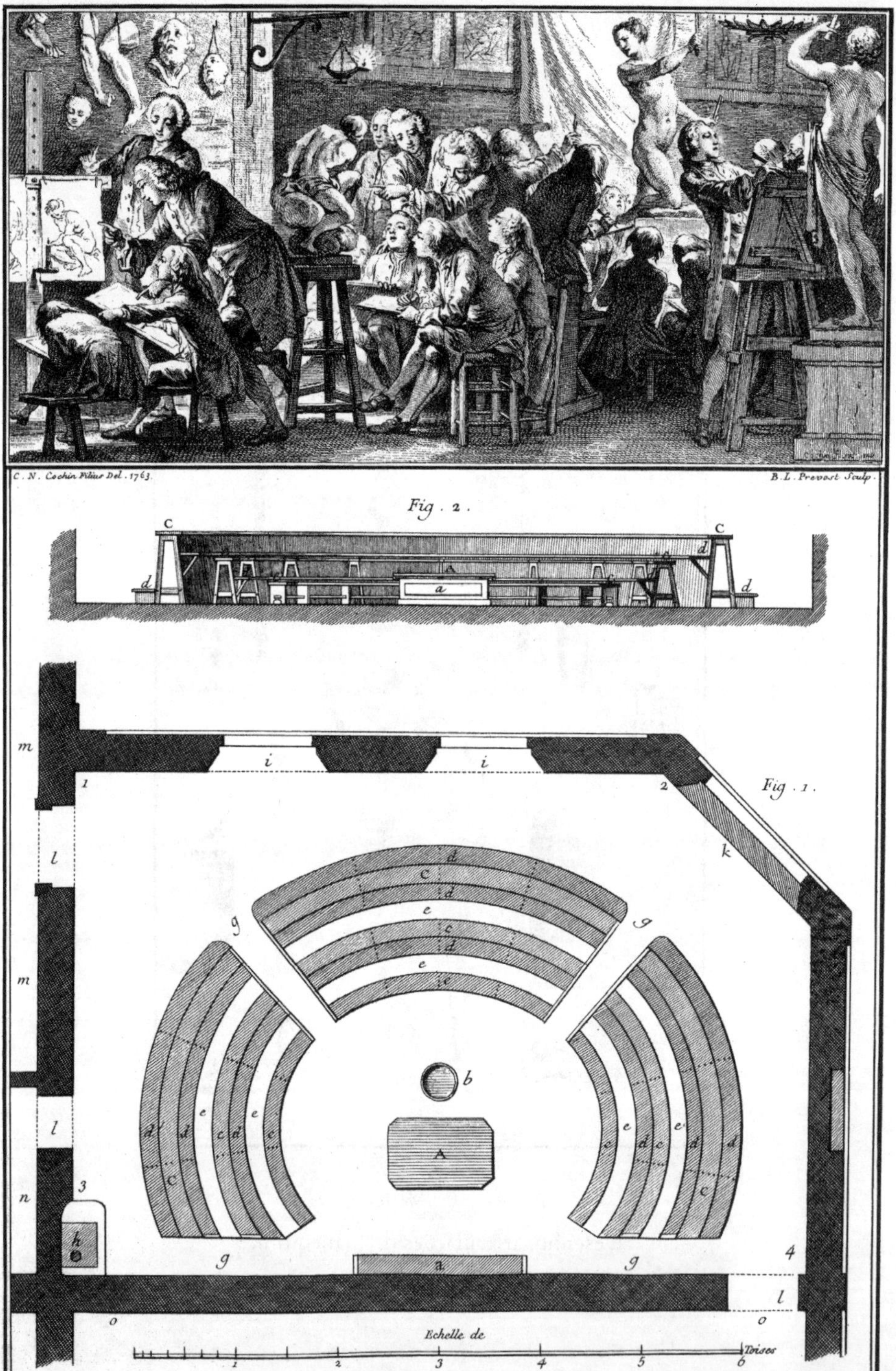

Ecole de Dessein.

Escola de desenho.

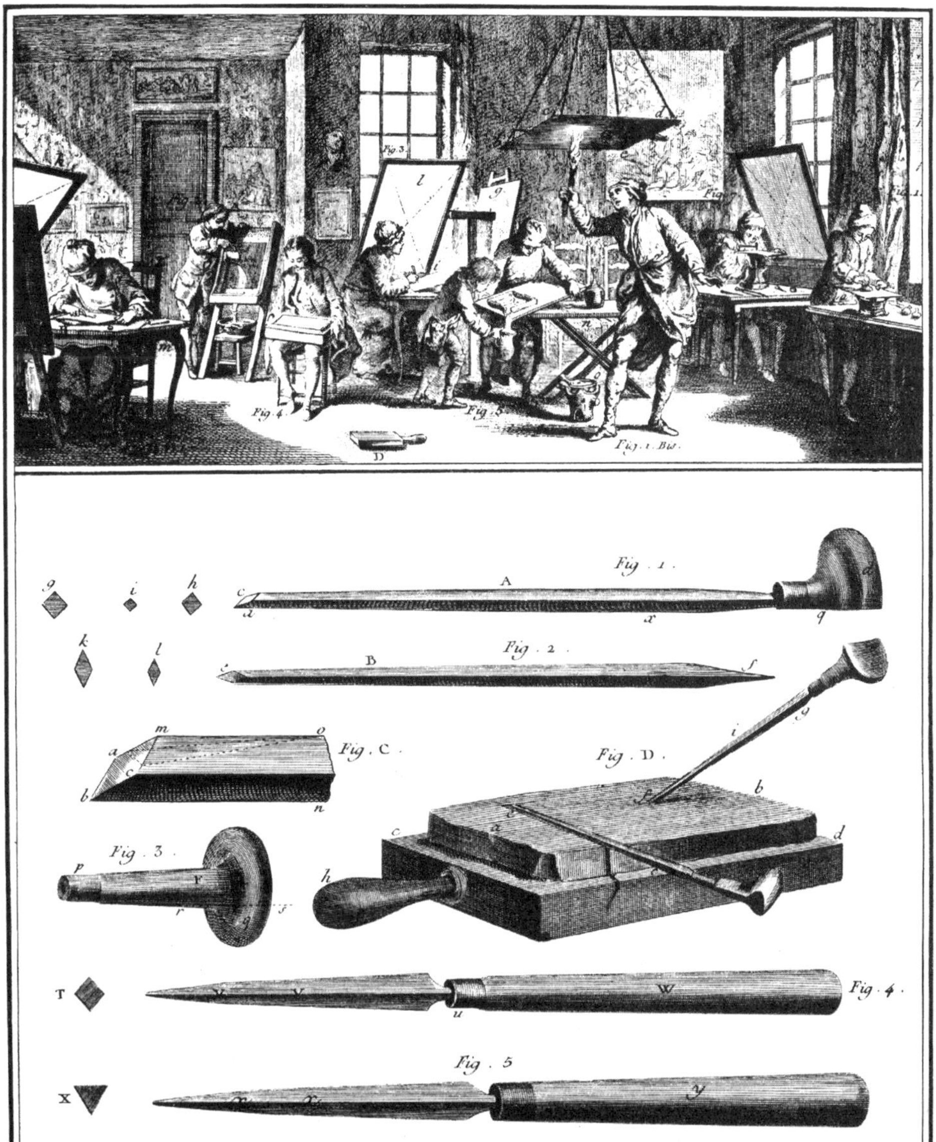

Deshrb Fecit

Gravure en Taille-douce.

Gravura com lima fina.

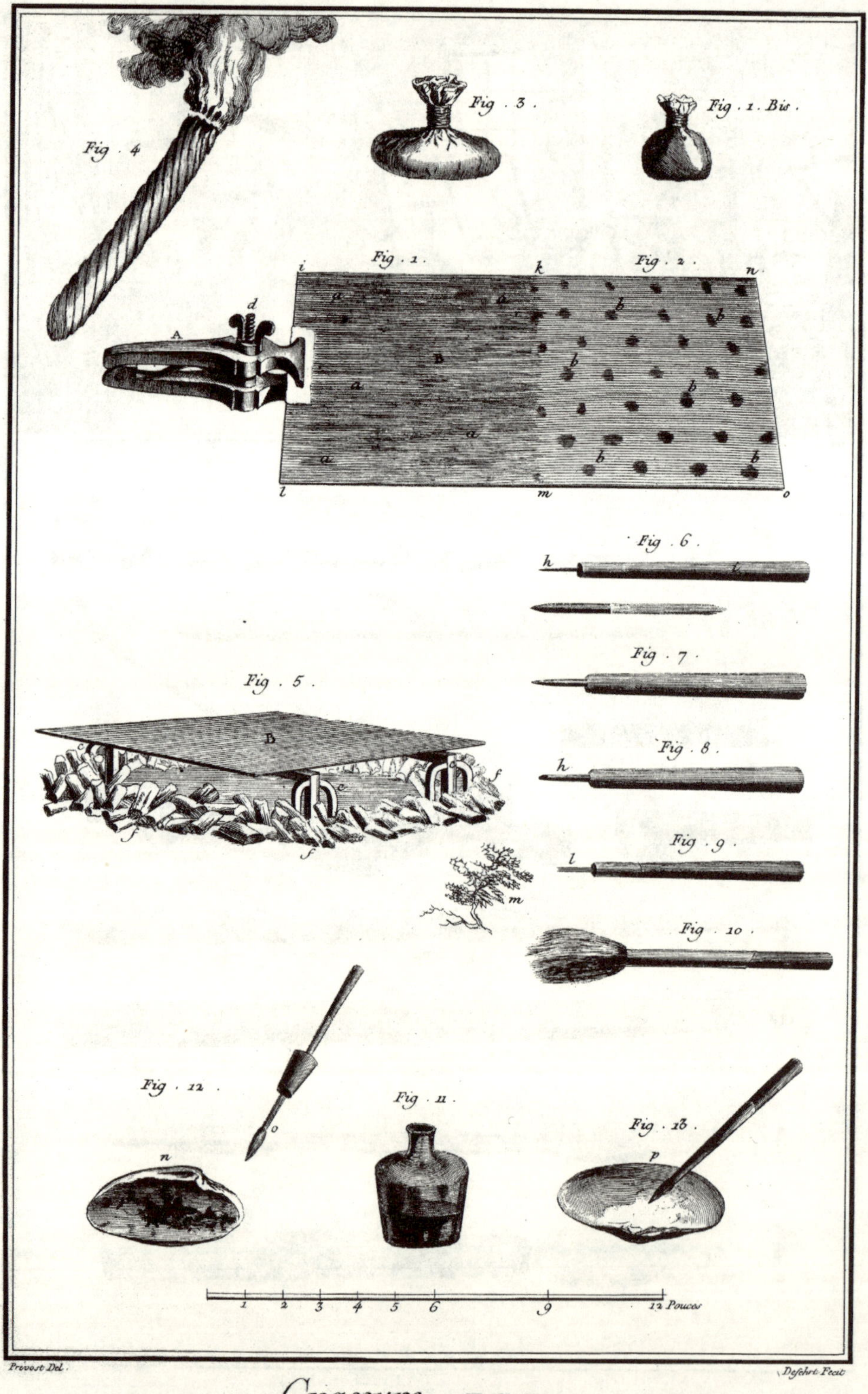

Gravure en Taille Douce.

Gravura com lima fina.

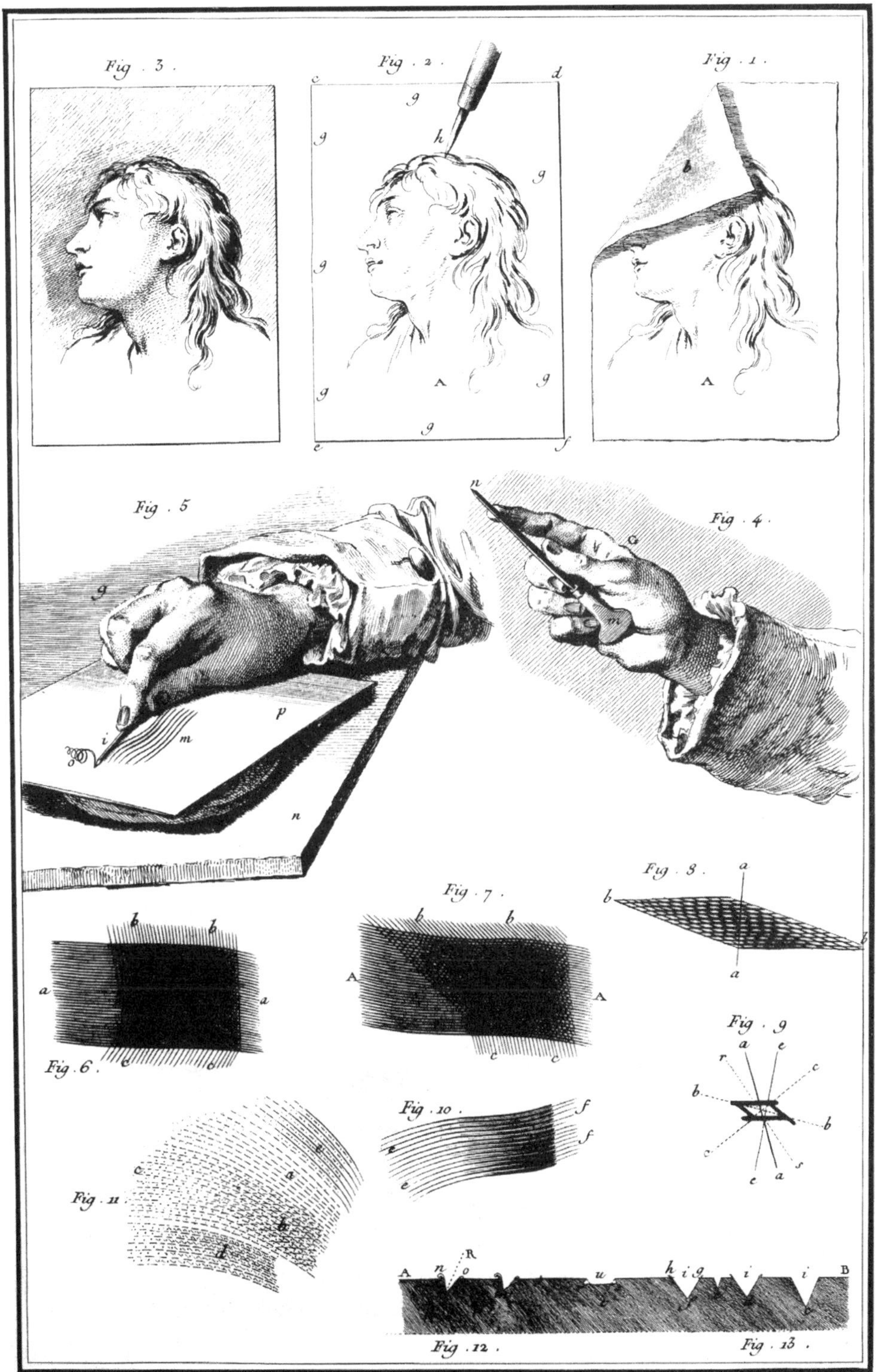

Defehrt Fecit

Gravure en Taille-douce

Gravura com lima fina.

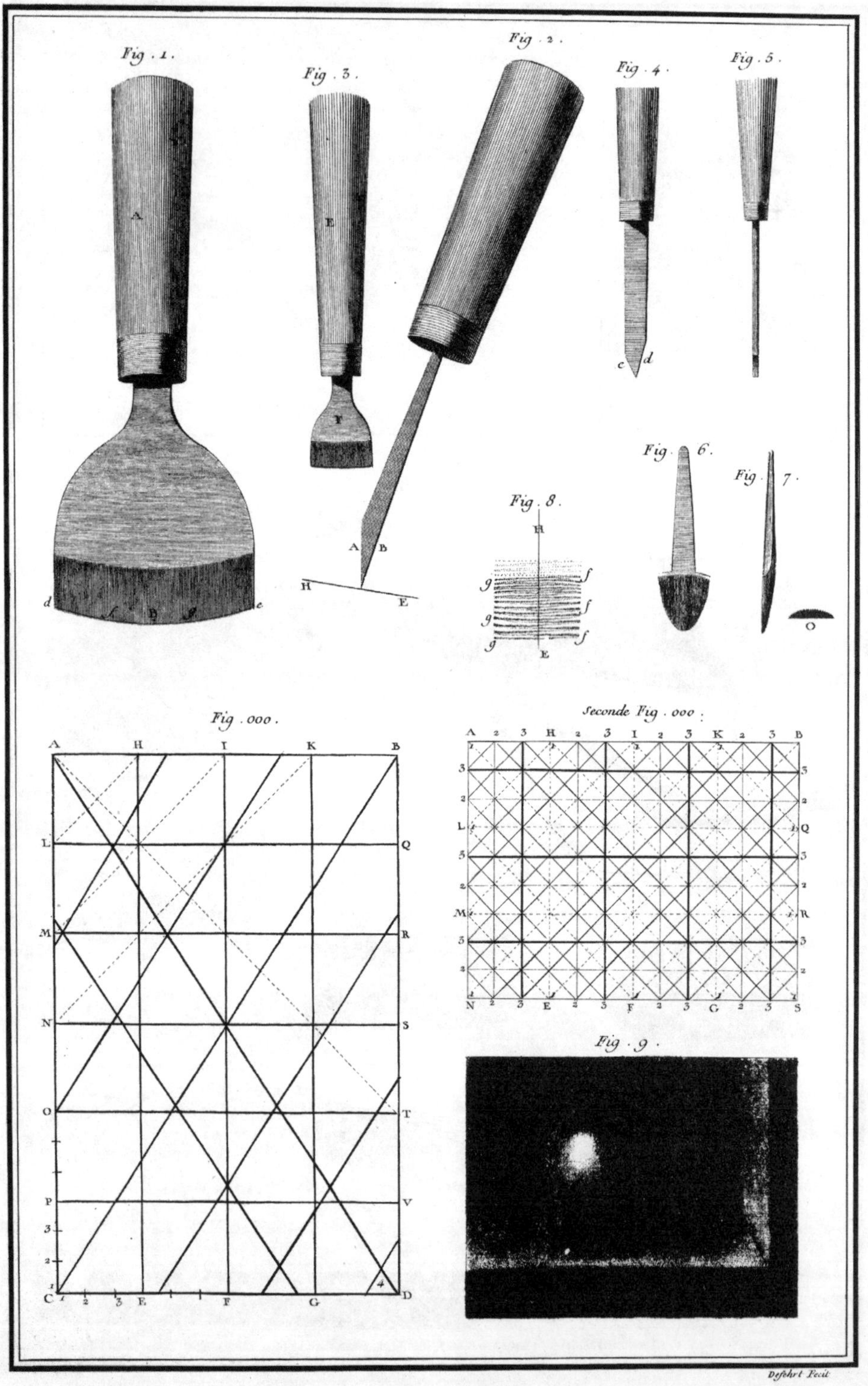

Defehrt Fecit

Gravure en Manière Noire.

Gravura com mezzo-tinto.

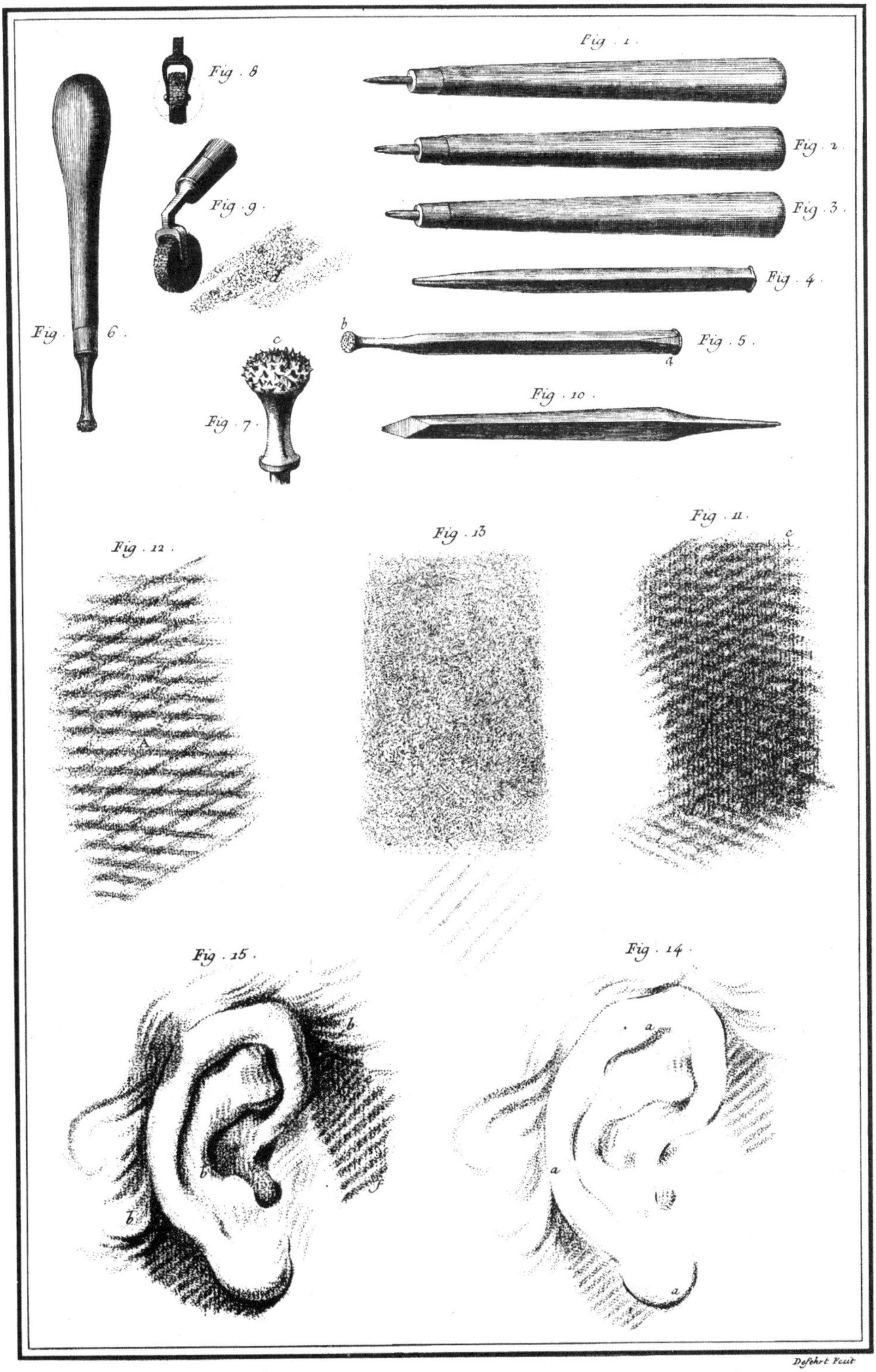

Defehrt Fecit

Gravure en Manière de Crayon.

Gravura em carvão.

Benard Fecit.

Sculpture,

Fonte des Statues Équestres, Figure Équestre de Cire, avec les Jets, les Events et les égouts des Cires.

Escultura. Fonte de estátuas equestres. Figura equestre de cera.

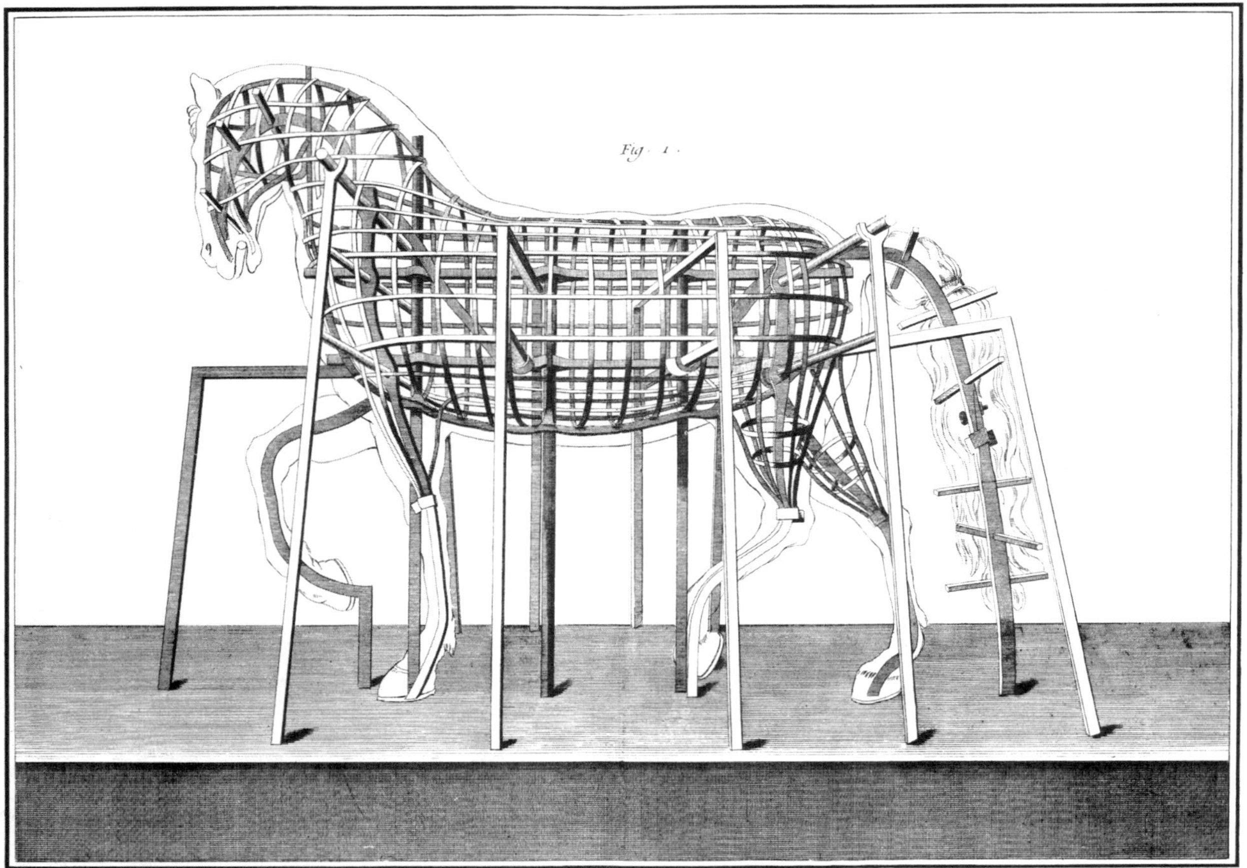

Sculpture, Fonte des Statues Equestres.

Armature de fer qui a été faite dans le Corps du Cheval, avec les Pointails et Piliers butants pour soutenir la Figure Equestre.

Escultura. Fonte de estátuas equestres. Armadura de ferro feita no corpo do cavalo com pontaletes e pilares de sustentação.

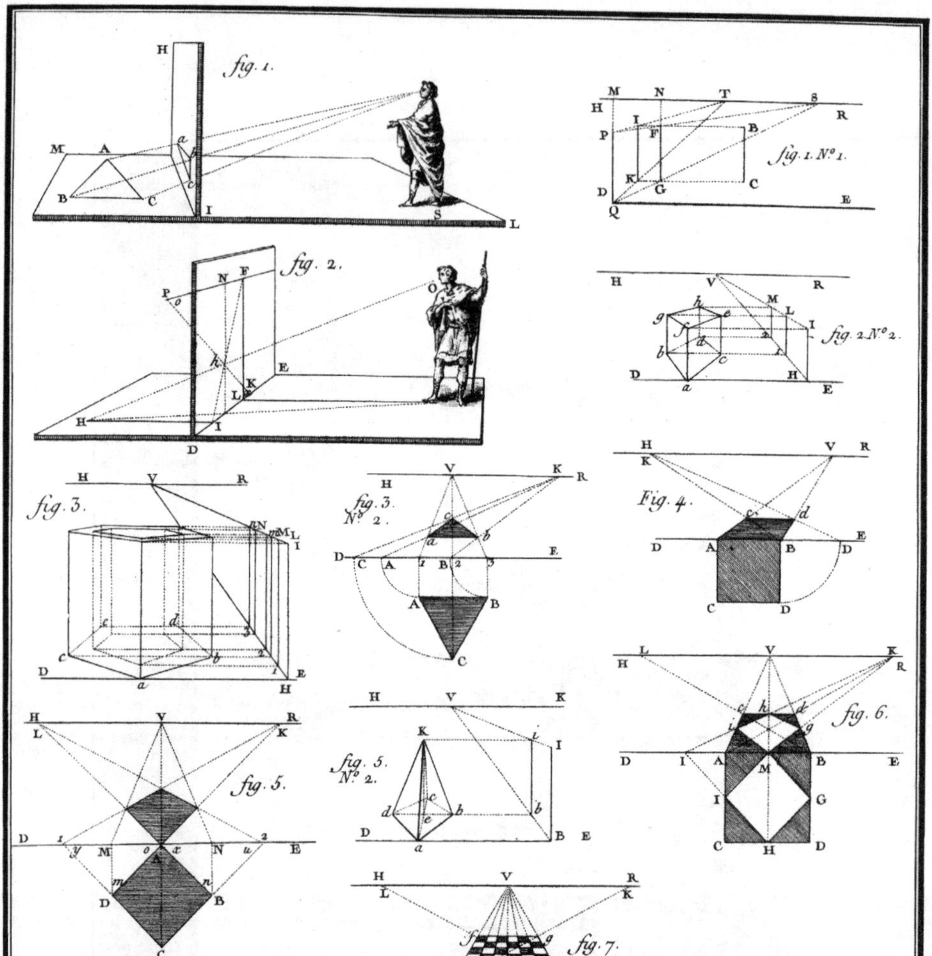

Goußier Del. Benard Fecit.

Perspective.

Perspectiva.

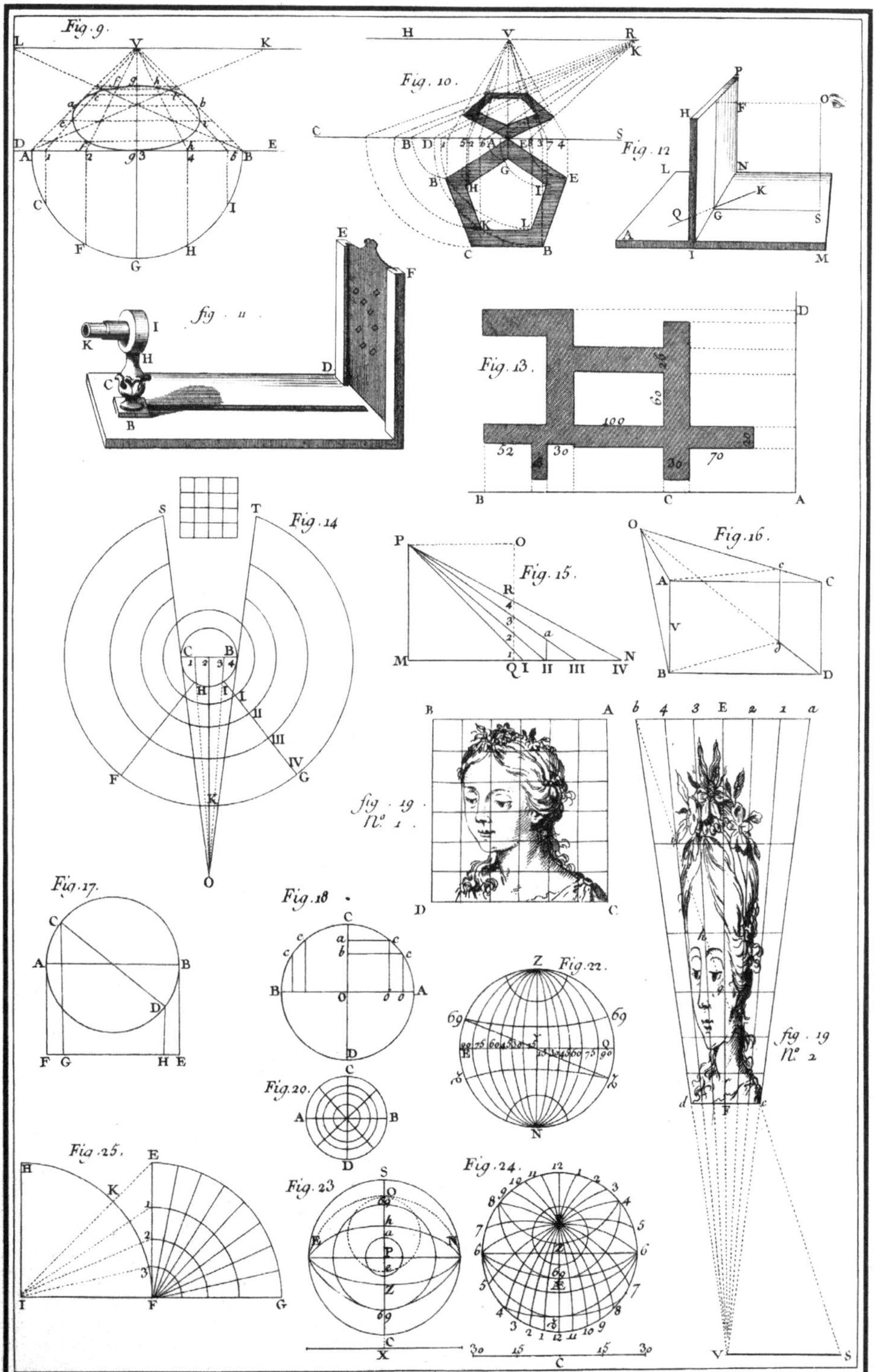

Goussier Del.

Benard Fecit.

Perspective.

Perspectiva.

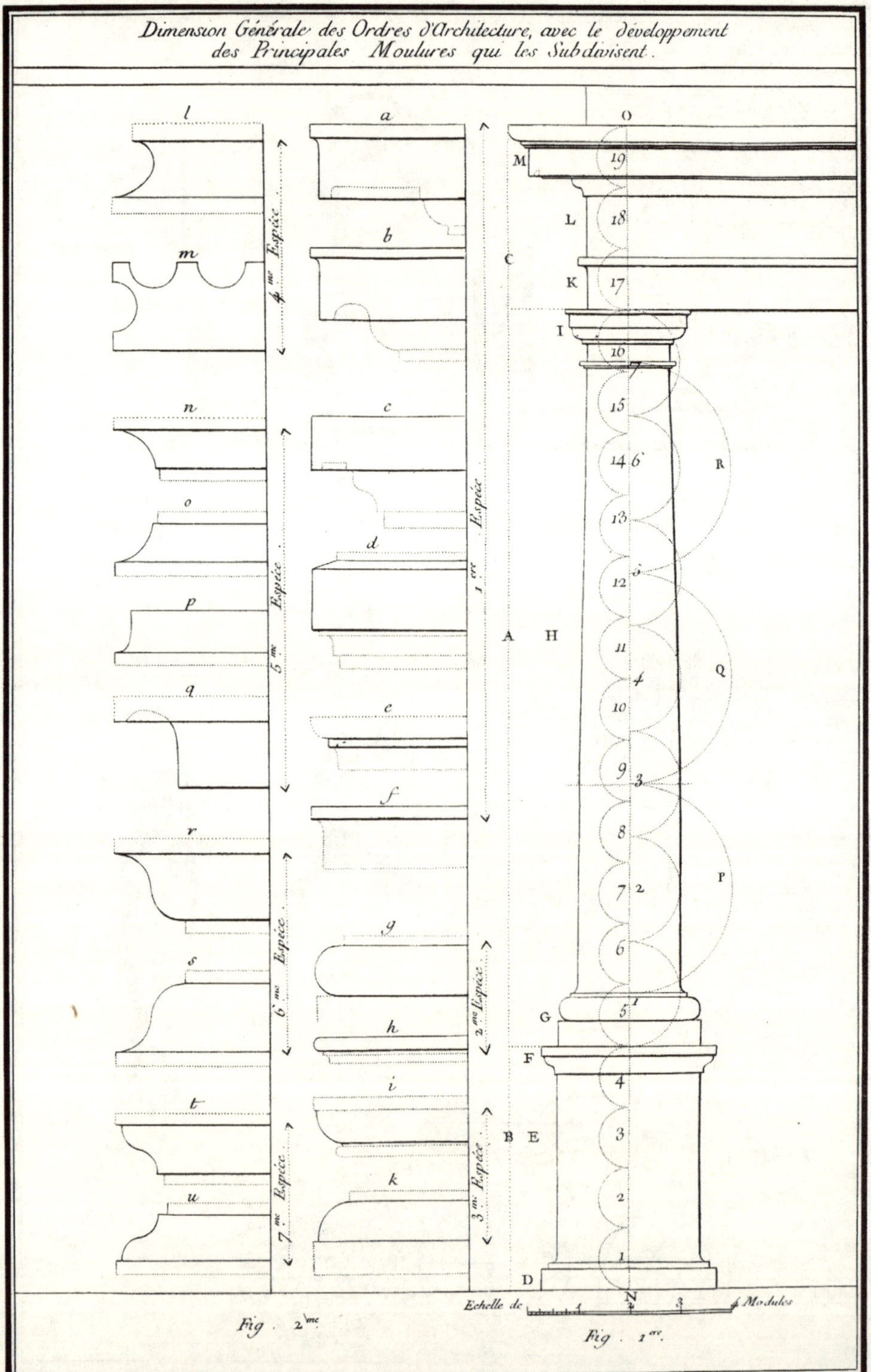

Architecture.

Arquitetura.

Benard Direx.

Architecture.

Arquitetura.

Ann. Carac Inv. — Benard Direx.

Architecture, Cariatides.

Arquitetura. Cariátides.

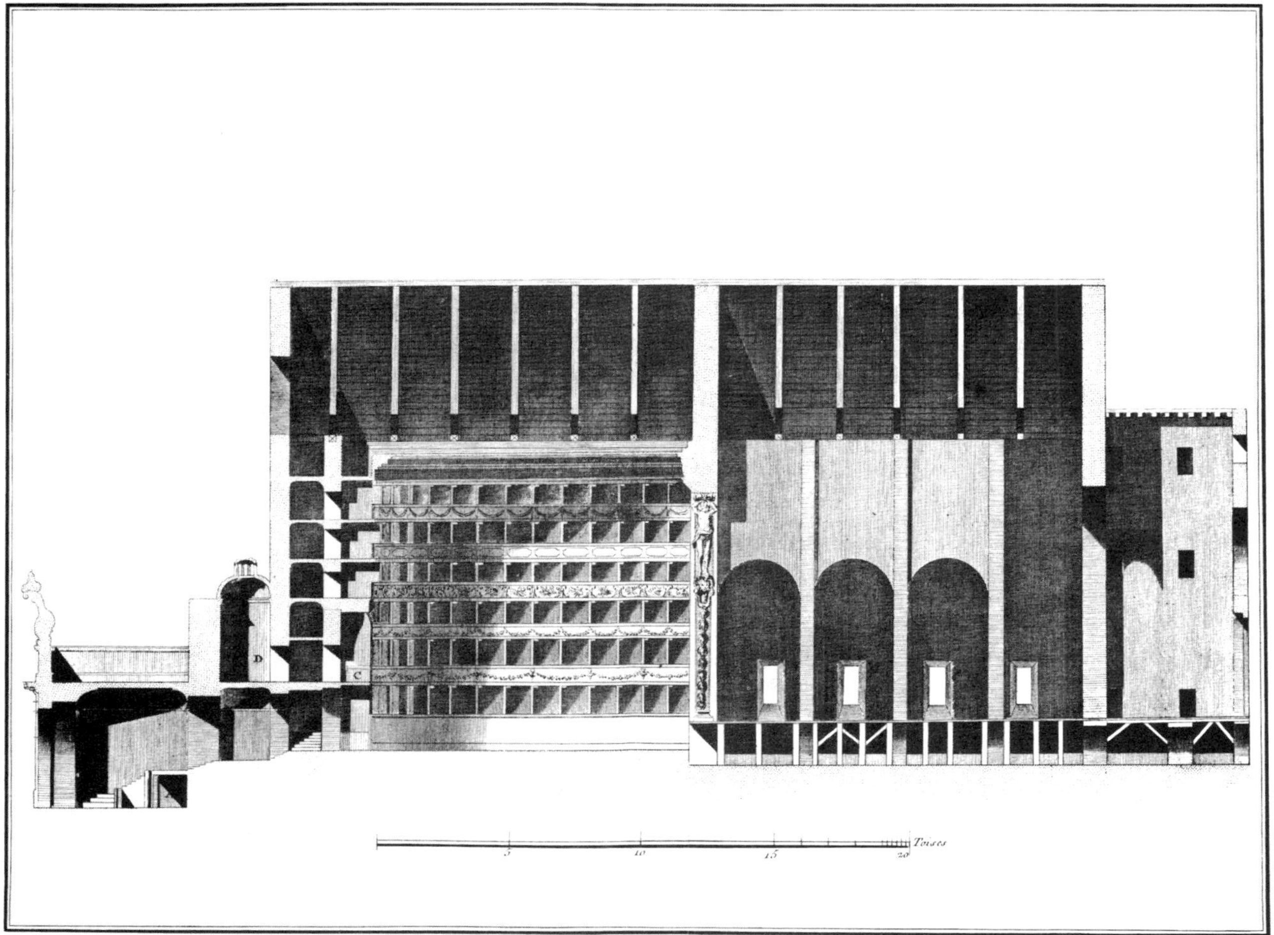

Salles de Spectacles, Coupe du Théatre Royal de S.t Charles à Naples.

Salas de espetáculos. Corte do Teatro Real de S. Carlos, em Nápoles.

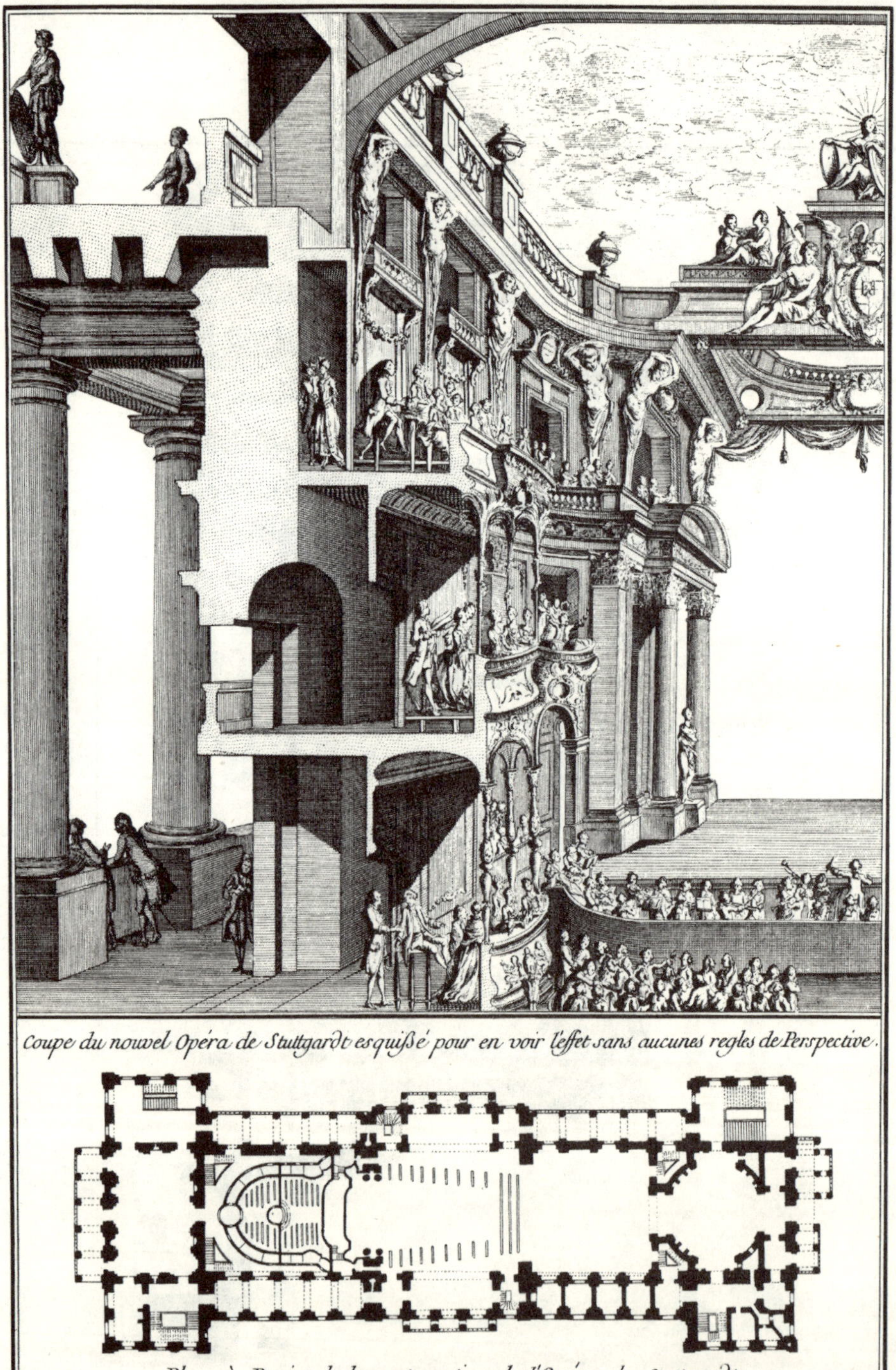

Coupe du nouvel Opéra de Stuttgardt esquißé pour en voir l'effet sans aucunes regles de Perspective.

Plan où Projet de la restauration de l'Opéra de Stuttgardt.

de la Guepiérre Del. *Benard Fecit.*

Salles de Spectacles.

Salas de espetáculos. Corte da nova Ópera de Stuttgart, sem regras de perspectiva. Plano ou projeto de restauração da Ópera de Stuttgart.

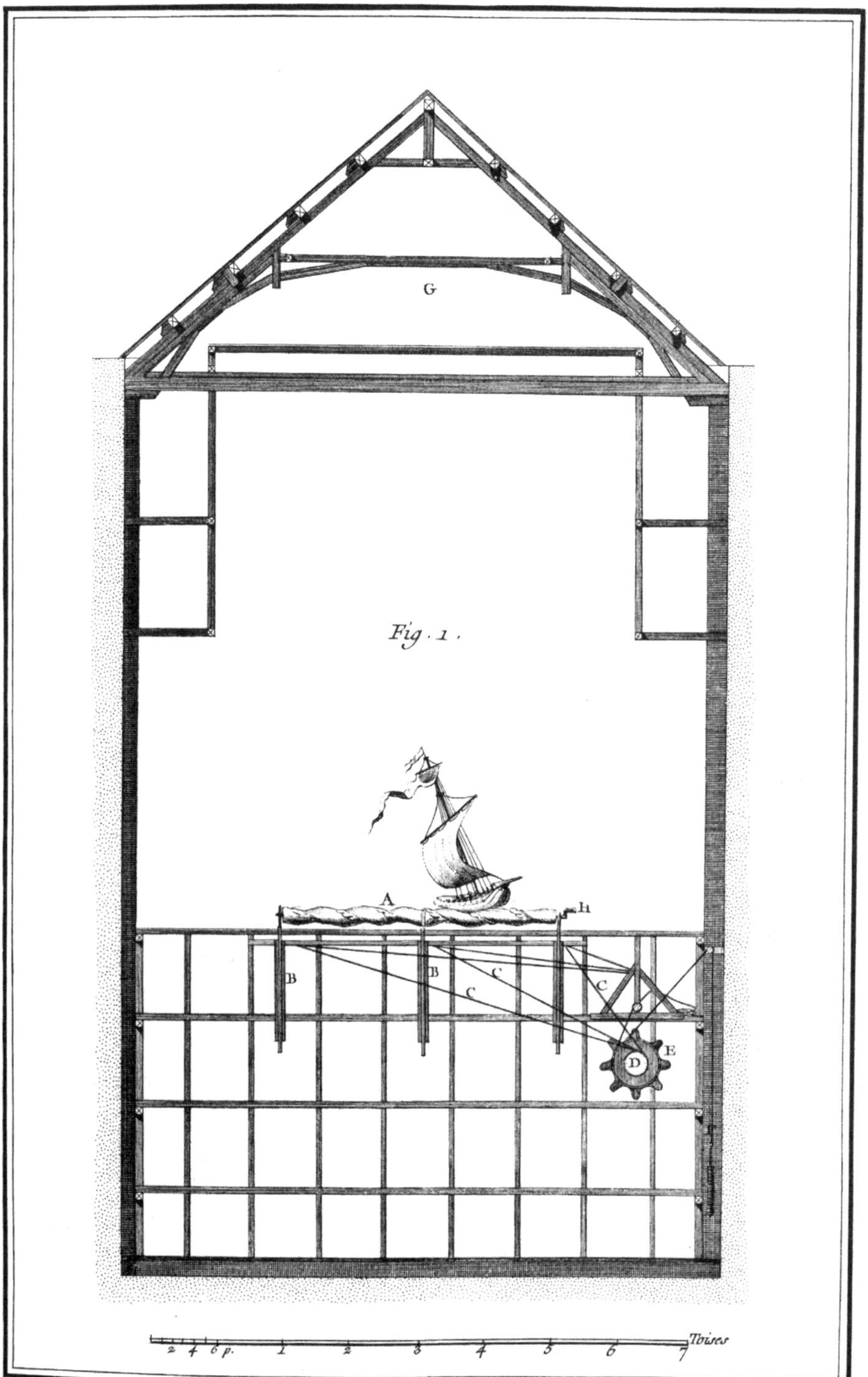

Radel Del. Benard Fecit.

Machines de Théatres,

Coupe sur toute la hauteur et la largeur avec les Rues de Mer équipées.

Máquinas de teatro. Corte em altura e largura, com mecanismo das ondas do mar.

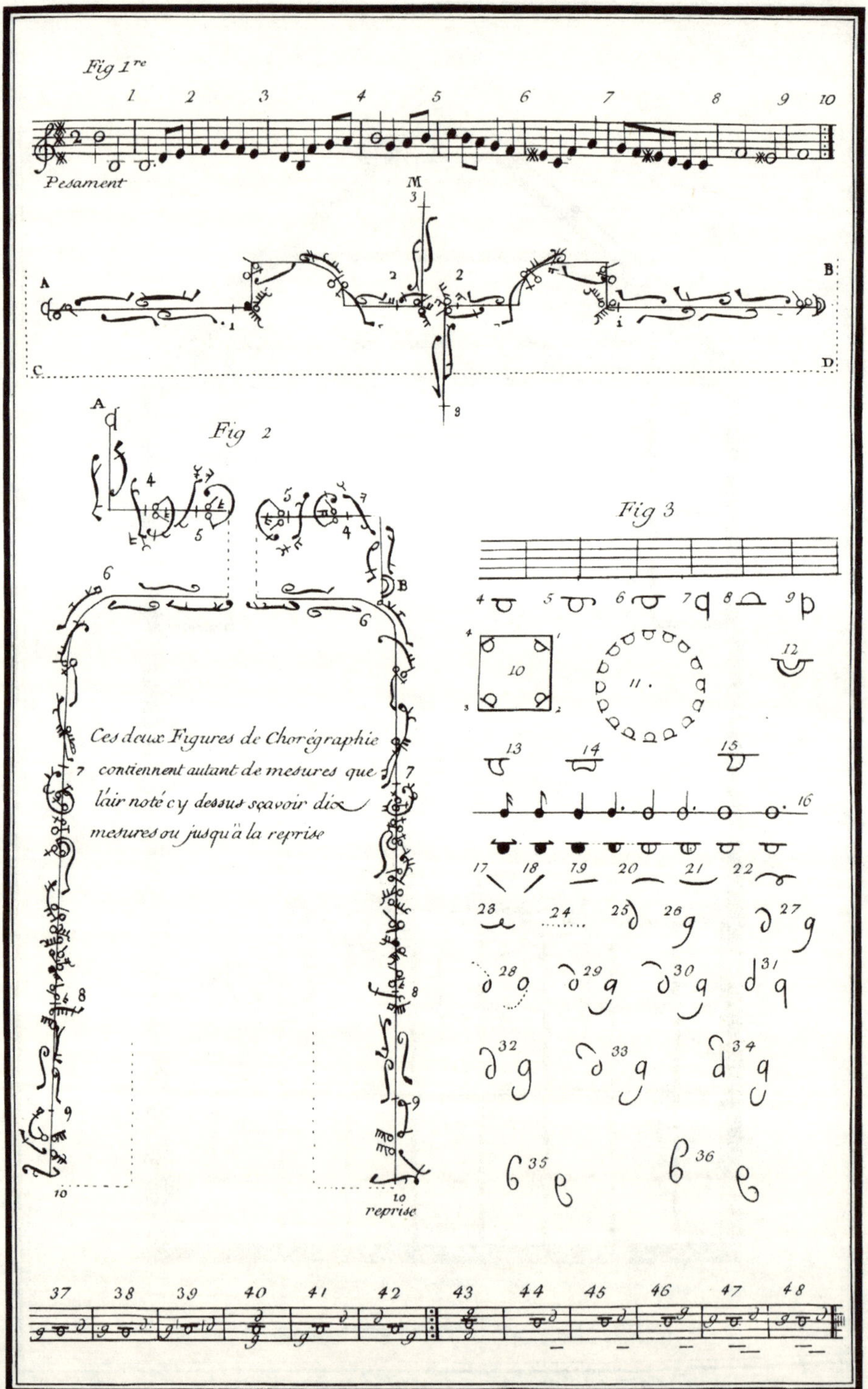

Chorégraphie
ou Art d'Ecrire la Danse.

Coreografia, ou arte de escrever a dança.

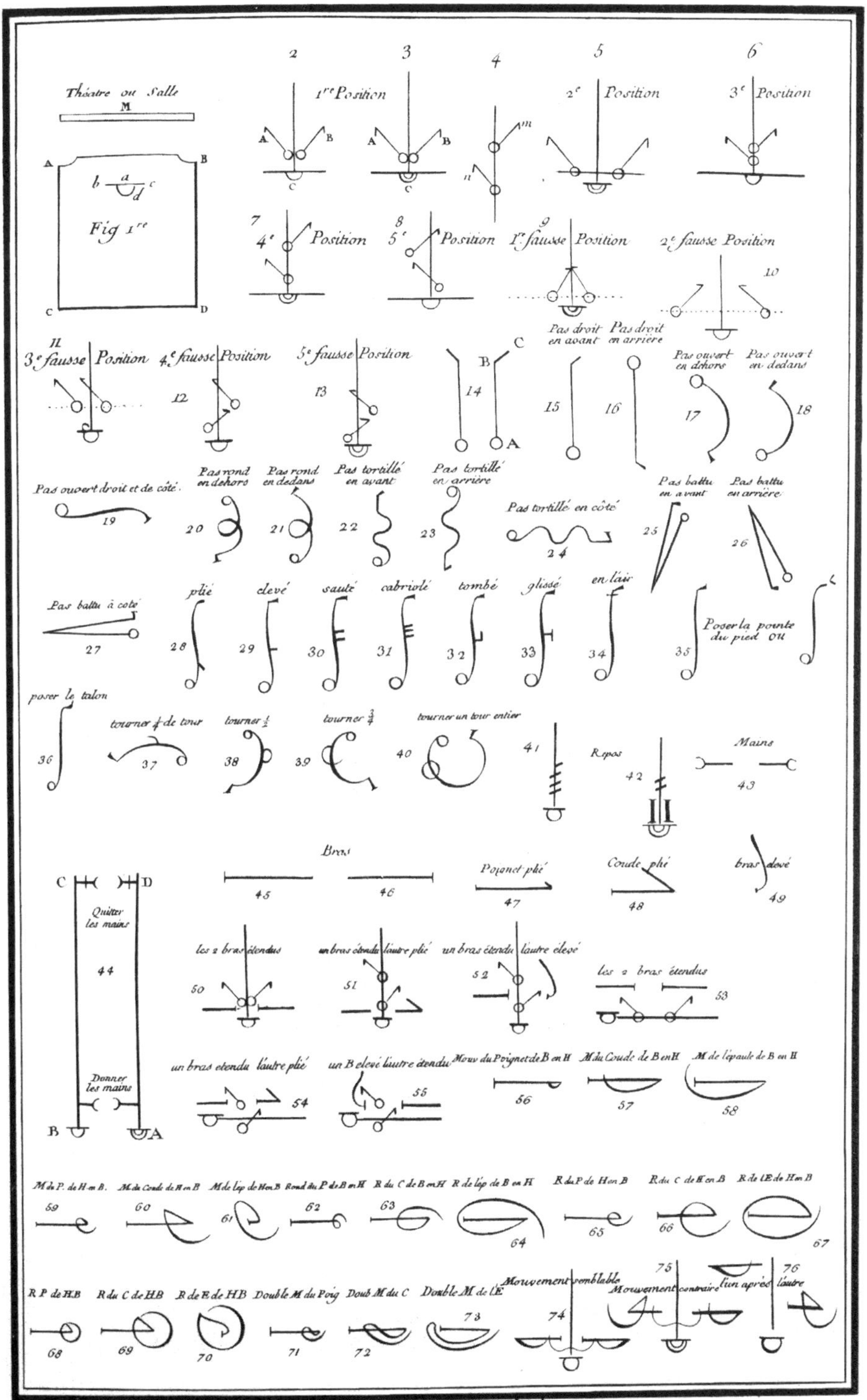

Chorégraphie
ou Art d'Ecrire la Danse.

Coreografia, ou arte de escrever a dança.

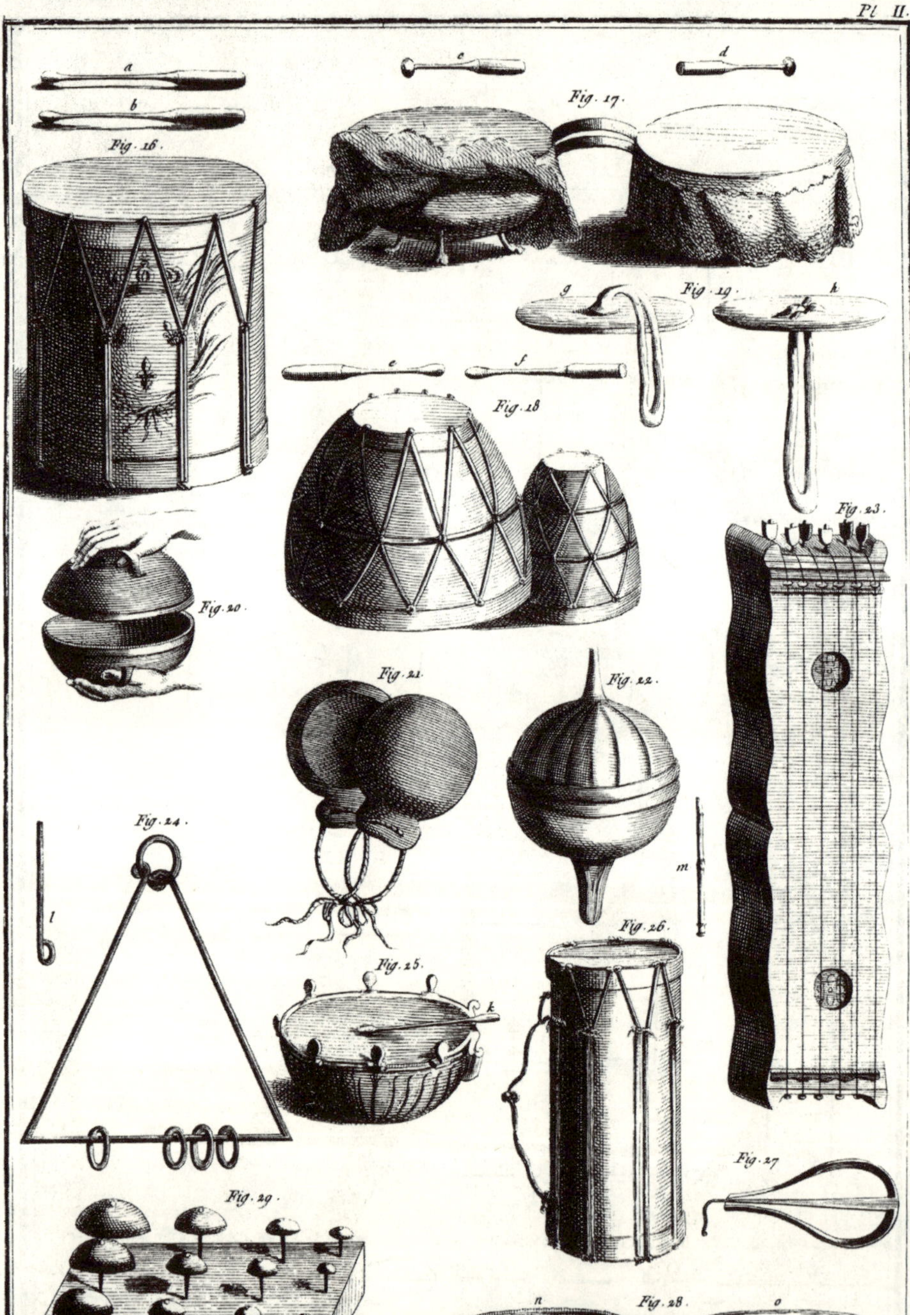

Benard Direxit.

Lutherie, Instrumens Anciens et Modernes, de Percussion.

Lutherie. Instrumentos de percussão antigos e modernos.

Lutherie, Instrumens anciens et Modernes, à cordes et à pincer.

Lutherie. Instrumentos de corda e dedilhamento antigos e modernos.

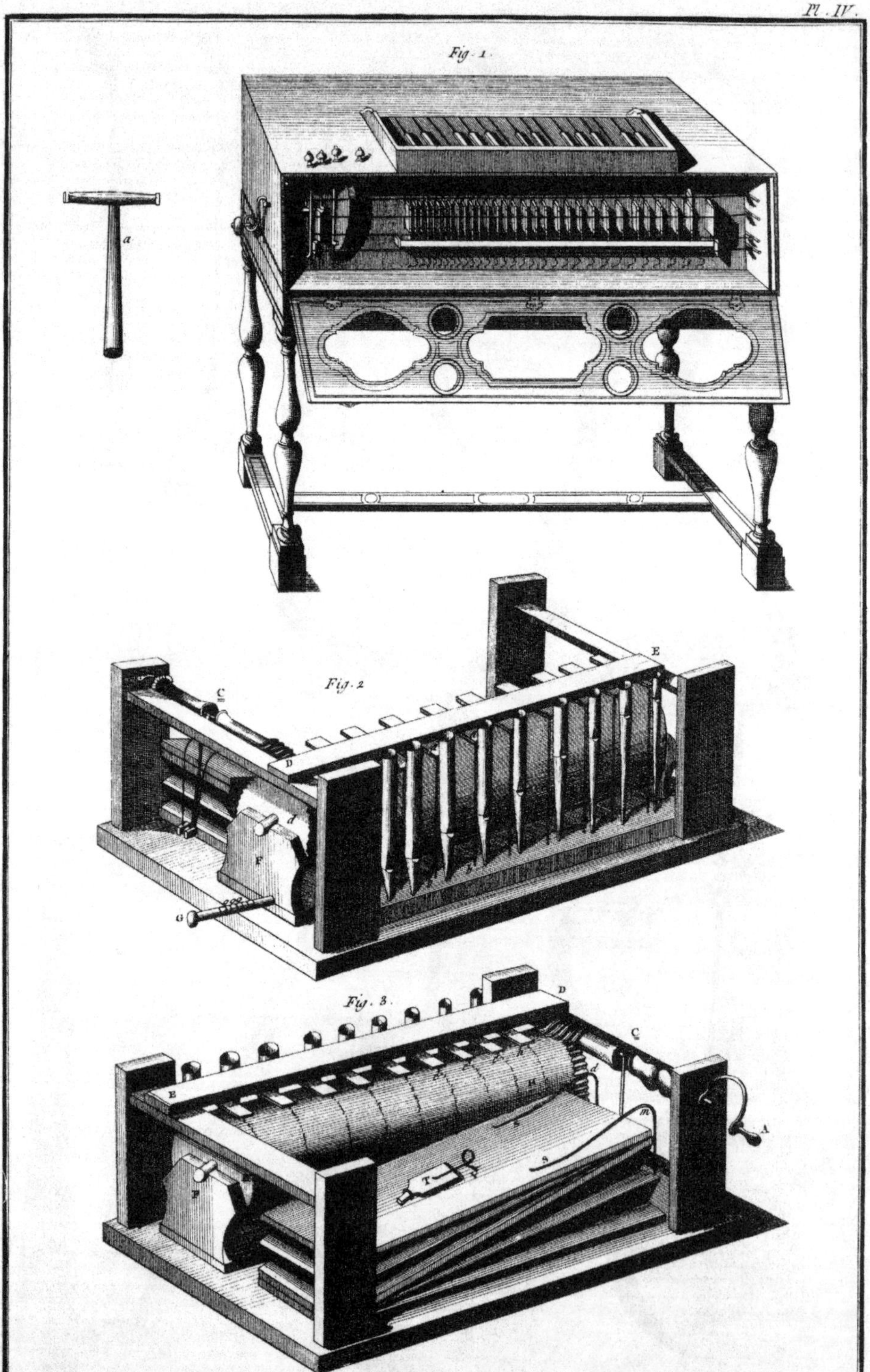

Benard Direxit

Lutherie, Instrumens qu'on fait parler avec une Roue.

Lutherie. Instrumentos à manivela.

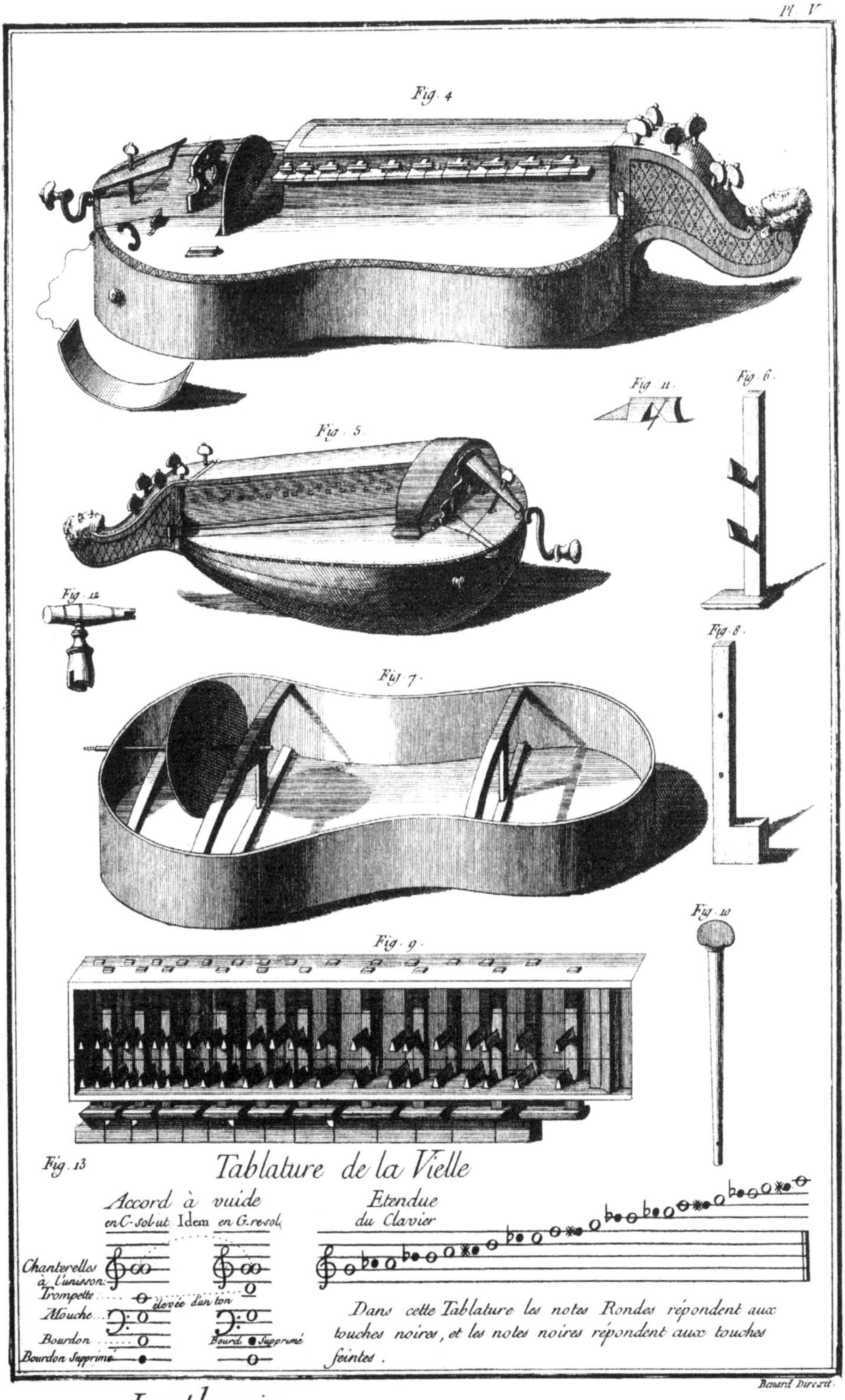

Lutherie, suite des Instruments qu'on fait parler avec la Roue

Lutherie. Instrumentos à manivela.

SOBRE O LIVRO

Formato: 16 x 23 cm

Mancha: 27,8 x 48 paicas

Tipologia: Venetian 301 BT 12,5/16

Papel: Off-white 80 g/m² (miolo)

Couché fosco encartonado 120 g/m² (capa)

1ª edição: 2015

EQUIPE DE REALIZAÇÃO

Capa

Andrea Yanaguita

Edição de texto

Alberto Bononi (Copidesque)

Tomoe Moroizumi (Revisão)

Editoração eletrônica

Eduardo Seiji Seki (Diagramação)

Assistência editorial

Jennifer Rangel de França

Impressão e Acabamento:
Geográfica
editora